本书系天津市社科规划重点项目"当代流行文化生成机制与传播动力研究"（项目编号：TJXC08-007）成果。

当代中国流行文化
生成机制与
传播动力阐释

孙 瑞 祥 —— 著

中国社会科学出版社

图书在版编目（CIP）数据

当代中国流行文化生成机制与传播动力阐释／孙瑞祥著. —北京：中国社会科学出版社，2018.11

ISBN 978-7-5203-3549-2

Ⅰ.①当… Ⅱ.①孙… Ⅲ.①现代文化—研究—中国 Ⅳ.①G12

中国版本图书馆 CIP 数据核字（2018）第 256837 号

出 版 人	赵剑英
责任编辑	王 茵 马 明
特约编辑	崔芝妹
责任校对	刘 琳
责任印制	王 超

出 版	中国社会科学出版社
社 址	北京鼓楼西大街甲 158 号
邮 编	100720
网 址	http://www.csspw.cn
发 行 部	010-84083685
门 市 部	010-84029450
经 销	新华书店及其他书店
印 刷	北京君升印刷有限公司
装 订	廊坊市广阳区广增装订厂
版 次	2018 年 11 月第 1 版
印 次	2018 年 11 月第 1 次印刷
开 本	787×1092 1/16
印 张	20.5
插 页	2
字 数	380 千字
定 价	86.00 元

凡购买中国社会科学出版社图书，如有质量问题请与本社营销中心联系调换
电话：010-84083683
版权所有 侵权必究

目 录

第一章 绪论 …………………………………………………………（1）
  第一节 论题主旨与意义 ………………………………………（1）
  第二节 研究思路与方法 ………………………………………（12）
  第三节 核心内容与基本观点 …………………………………（25）

第二章 流行文化与时尚潮流的传播动力 ……………………（43）
  第一节 流行文化理论辨析 ……………………………………（43）
  第二节 时尚潮流的当代特征与扩散机制 ……………………（70）
  第三节 流行文化的传播动力 …………………………………（89）

第三章 传播技术与文学文本的话语转换 ……………………（113）
  第一节 传播技术演进的文学/文化意蕴 ……………………（113）
  第二节 中国现代文学的媒介化生存 …………………………（127）
  第三节 中国当代流行文学的传媒转向 ………………………（146）

第四章 消费社会与媒体文化的欲望诉求 ……………………（164）
  第一节 消费主义价值观的张扬 ………………………………（165）
  第二节 媒体文化的市场动力与媒介文学事件 ………………（180）
  第三节 广告的欲望书写逻辑 …………………………………（197）

第五章 城市精神与流行文化的群体动力 ……………………（217）
  第一节 城市精神与休闲文化 …………………………………（217）
  第二节 中间阶层及其文化格调 ………………………………（233）
  第三节 后现代思潮与城市青年亚文化 ………………………（242）

结语　流行文化视阈中大众传播动力学的构建
　　　　——兼谈媒体文化低俗化与媒介素养教育……………………（265）

附录一　学贵得师,亦贵得友
　　　　——我与导师孟昭毅先生二三事………………………………（276）

附录二　我与传播学大师面对面
　　　　——纪念威尔伯·施拉姆访华35周年 ……………………（281）

附录三　孙瑞祥旅游通讯作品选
　　　　——刊载于《天津日报》(1989—1992) ……………………（287）

参考文献……………………………………………………………（314）

后记…………………………………………………………………（322）

第一章
绪　论

第一节　论题主旨与意义

一　论题关键词解析

本书以当代流行文化为研究对象，以流行文化（特别是媒体文化、流行文学）在当代中国的现实存在为核心研究内容，以当代中国流行文化的生成机制、传播动力分析为研究重点。其主旨是要解读与阐释影响（推动）当代中国流行文化生成和发展的要素构成、要素的作用机理与动力方式。本书主标题"当代中国流行文化生成机制与传播动力阐释"，比较准确地概括了论题主旨。本书的关键词可以分解为：当代中国、流行文化、生成机制、传播动力、阐释。这里有必要先对这些关键词进行简要解析，以便后文的展开。

1. 当代中国

在这里，"当代中国"首先是一个时间和场域维度。所指是改革开放以来，特别是20世纪90年代以来的中国内地。从社会层面上讲，这一时期中国内地正在加速社会转型、全面建设小康社会。这一时期中国人均国民总收入已从不足1000美元提高到2360美元，由低收入国家跃升至世界中等偏下收入国家行列。[①] "WTO"的加入以及一系列国际政治、经济、文化协定的签署，使中国进一步融入世界，迈向了经济全球化与文化多元化时代。此外，解析"当代中国"还有思想观念、制度建设与文化环境维度。用"混杂"和"多元"对这

---

① 国家统计局公布数字，2008年10月27日，新华网。

一维度加以概括是比较恰当的。改革开放以来，中国社会进入了历史转折期，这一时期的基本特征就是由封闭半封闭社会向开放社会转化；由农业社会向工业社会转化；由乡村社会向城市社会转化；由计划体制社会向市场体制社会转化；由同质的单一性社会向异质的多元性社会转化；由伦理社会向法理社会转化；由传统社会向现代社会转化。在这一转化过程中，中国社会呈现出前现代、现代与后现代等多种文化形态并置，计划与市场等多种经济制度交叉，守旧与前卫等多种文化观念互渗，高雅与低俗等多种文化产品重叠这样一种万花筒式的观念—制度—文化环境。正如南帆在《后革命的转移》中所言："中国的庞大版图之中，前现代、现代、后现代迥异的价值观念体系混杂于相同的历史空间，相互冲突同时又相互制约。某些区域的市场经济仍然是一个被压抑的主题，另一些区域的消费主义成了唯一的主宰。一些人毫无眷恋地抛下土地涌入城市，另一些人则正在玻璃幕墙背后怀念田园风光。许多时候，迥异的价值观念分别得到了权力机构的有力支持，派生出相互矛盾的现实。"[①]

当代中国呈现的"混杂"和"多元"并没有给我们的研究设置障碍，相反，它促使我们跳出狭隘眼界和僵化思维，自觉运用复杂系统与复杂性科学理论加以把握。正像迈克·费瑟斯通所说，在所谓后现代、现代性，甚至前现代的体验、实践之间，有着很大的相似性。因此，这就要求我们废弃那些诸如"传统""现代""后现代"之类的简单的二分法或三分法，而去关注那些最好被称为"跨现代"的体验与实践中的相似性和连续性。[②] 美国社会学家乔治·瑞泽尔也指出："我并不接受一种年代学的观点，所以不认为后现代性会取代现代性，而是认为我们既可以从现代的理论出发，也可以从后现代的理论出发来分析任何社会现象。……事实上，如果我们不把现代主义与后现代主义看成是相互更替的时代，而是看成不同的分析方式，那么，这种观点将会十分有用。"[③] 有两位同名学者温斯登也曾谈道："我们认为'现代主义'和'后现代主义'并不是相互排斥的两种选择，而是相互交界的两个话语领域……如果我们认为后现代主义这一边并不包含可用来刻画当前文化的更多资源的话，那么，我们就可以一如我们过去所做的那样，工作在现代主义的这一边。"[④] 面

---

① 南帆：《后革命的转移》，北京大学出版社 2005 年版，第 27 页。

② ［英］迈克·费瑟斯通：《消费文化与后现代主义》，刘精明译，译林出版社 2000 年版，前言第 6 页。

③ ［美］乔治·瑞泽尔：《后现代社会理论》，谢立中等译，华夏出版社 2003 年版，第 306—307 页。

④ 同上书，第 307 页。

对"混杂"和"多元"的现实环境，运用系统的观点与整合的方法来阐释当代中国流行文化，是方法论上的必然要求，也是适应当下中国社会特点的有效方法。

强调"当代中国"当然不意味着不要"全球视野"，恰恰相反，研究当代中国的流行文化必须强调全球视野。因为，无论何时何地，一种新的文化范式或文化精神的生成（演进、转型、更替与变迁），无外乎来自内源性与外源性两大因素的作用，并取决于两大因素之间的博弈。显然，中国当代流行文化生成的外源性因素众多，包括精神文化因素、物质文化因素，等等。此外，就学术资源而言，也是西方话语最先占据了流行文化这一研究领域，并取得了优势学术地位。因此，丰富的域外学术资源要为我所用，这既是一种需要，也是逻辑上的必然。总之，虽然论题的出发点与落脚点在当代中国，但我们必须要经历一次学术性国际漫游。以全球视野反观中国当下，会把问题看得更为清楚。

2. 流行文化

"流行文化"是本书的核心概念。但恰恰是这一核心概念却显得有些模糊和暧昧。模糊和暧昧的关键在于，流行文化与其他文化形态诸如主流文化、精英文化、民间文化乃至大众文化之间，存在一种"剪不断、理还乱"的关系，解释这些关系颇费口舌。作为人的第二本性的文化，既是人的本质属性，也是人的社会建构。只有在共同实践中将流行文化与其他文化形态加以细致比较，才能凸显流行文化特质。还应该看到，不同文化形态之间并不存在一条不可逾越的鸿沟，在一定时空条件下它们是可以相互转化的。但无论如何，为了研究的需要，我们应给出一个流行文化的基本定义。我们今天所关注的当代中国流行文化，是指在中国现代化进程中生成，与社会主义市场经济发展相契合并受市场规律支配，以城市大众为主体和主要消费对象，以流行和时尚为突出特征，以娱乐为基本功能，以现代生产方式生产经营，并通过大众传媒广泛传播的新型文化形态。受到篇幅限制，为避免论题过于宽泛，本书特别限定以媒体文化和流行文学为研究框架（关于所限定的这两个概念，后文有解释）。

特别要指出的是，在西方语境中，流行文化（popular culture）与大众文化（mass culture）是一对既有天然联系，又有鲜明差异的特殊范畴。在日常与学术语境中，二者有时具有互指性，有时也会产生称谓上的混淆、倒错现象。为此，本书在第二章对这一特殊范畴进行辨析。正是由于流行文化与大众文化的边界不清，所以在行文中有时会出现两个词语并用的情况，特别是在引用文献资料时会有这种情况，但应该不会造成理解上的混乱。

3. 生成机制

关于"生成机制"，这是一个带有自然科学色彩的术语。"机制"一词源于希腊文，指机器或有机体的构造、功能和相互关系。现该词含义已扩大，成为人文社会科学研究领域的常用术语，用以揭示研究对象的发生动因、存在机理与运动规律。近年来，国内一些人文社会科学工作者十分重视在各自的研究领域中对研究范式的转换与创新，文化的生成机制研究就是文化研究的一个新视角。比如2007年学者舒扬就出版了《当代文化的生成机制》一书。按照作者的说法，这一研究试图突破和超越以往人们对文化研究的单一思路，而从一个全新的多维视角来追问文化的发生和生成机制，以期从文化传统与当代文化的关系、文化的冲突与共生、文化的批判与反思以及当代文化发展的新形态等多个方面，来勾勒当代文化生成的多维图景，从而为当代文化生成的定位和发展寻找到合理的根据。[①] 该书特色在于对一般意义上的文化生成机制进行了学理性阐释与哲学思辨式反思，内容不乏可圈可点之处。但该书对流行文化这一特殊文化形态的生成机制没有特别论及。本书对流行文化的生成机制研究，主要站在文化生态学与文化社会学视角，侧重对当代中国流行文化生成的政治经济条件、文化环境、文化心理与社会思潮的分析，试图在社会体制机制、文化制度环境和精神文化层面，解读与阐释影响（推动）流行文化生成和发展的要素构成与作用机理，特别强调研究对象的当下性。

4. 传播动力

"传播动力"是本书提出的一个新概念。从一般意义上讲，人是具有自觉传播意识的动物，传播行为既是人的一项必不可少的日常活动，也是人类社会一种特有的文化现象，传播是人类社会发展的动力。本书所指"传播"主要是大众传播，有别于人际传播和组织传播等传播类型。在现代社会，没有大众传媒高度介入与积极响应的文化，是一种残缺的文化，是行之不远的文化，是难以获得增值的文化。流行文化更不例外，没有传播，流行文化就"流"不动也"行"不了。流行文化生成与繁盛的"动力源"构成复杂，有源自主流与非主流意识形态的政治驱动，有源自不同利益集团的经济驱动，有源自当下社会思潮与社会心理的文化驱动，等等。本书在综合分析流行文化动力源基础之上，

[①] 舒扬：《当代文化的生成机制》，中央编译出版社2007年版，代前言第2页。

重点讨论来自大众传播动力源的驱动作用问题。所谓大众传播动力源，就是把大众传播视为一个可以相对独立地发挥作用的社会动力系统，这一动力系统能量巨大，对流行文化的生成、繁盛与抑制起到难以替代的作用。换言之，本书重点探讨的是大众传播媒介是如何影响（推动、抑制）当代中国流行文化生成与发展的。需要申明的是，从社会学系统—功能理论与自组织理论视角看，作为社会子系统的大众传媒，是难以抛开社会整体系统孤立地发挥作用的，不同意识形态、利益集团、社会思潮与社会心理都在直接或间接地影响大众传媒效能的发挥。也就是说，所谓"传播动力"既表征作为社会制度化安排的大众传媒能够相对独立地发挥社会影响力，从而推动流行文化的生成与繁盛；也表征社会系统中其他动力源借助或利用大众传媒对流行文化施加各种影响。可以肯定的是，在大众传媒无时不在、无孔不入的当今社会，其他社会动力源要产生社会效能，不能脱离大众传媒这一文化"软权力"的介入。从这个意义上讲，流行文化的传播动力问题，其实质就是大众传播的社会作用与社会影响力问题。

为了更好地解读大众传播的社会作用与社会影响力，本书提出了"大众传播动力学"这一新概念。我们可以把大众传播动力学视为新闻与传播学理论、传播社会学理论乃至文化研究的一个新取向，它是在分析与大众传媒密切相关的社会文化现象或理论命题时（比如对"媒体文化"的研究）所选取的一种新的研究范式与视角、一种新的分析方法与技术（有关大众传播动力学概念，将在本书结语中进行概括）。需要说明的是，在本书语境中，"生成机制"与"传播动力"（或"动力源"）是一个问题的两个方面，二者是紧密联系、难以拆分的。其中有些研究范畴既可以视之为流行文化的生成要素与机制，也可以视之为流行文化生成与传播的动力源。比如，下文将要讨论的"消费社会与消费主义文化是当代流行文化生成的市场动力"，在这里，"消费社会"与"消费主义文化"既是流行文化的生成要素与机制，也是流行文化生成与传播的动力源。再如，作为媒体文化典型代表的商业广告，就具有鲜明的双重文化身份，一方面广告以其独特的文学/文化类型或曰"文化经济"，跻身于流行文化，成为流行文化重要的文本样态与行为模式；另一方面，广告又以其独特的创意逻辑与叙事策略成为引领流行文化的动力源。在当代中国，倡导时尚消费的商业广告既是流行文化生成的重要机制，也是其传播动力。因此，关于生成机制与传播动力，本书在一些论述中并不特别做出区分。

5. 阐释

"阐释"一词表达了本书在研究方法与论述策略上的一种设计。这里有必要先对"阐释"进行一番阐释。在古汉语中并没有"阐释"一词,"阐"和"释"是分开使用的。现代汉语"阐释"一词主要来源于西方语境。"阐释"在英语中对应的词汇有 explain、expound、interpret 等,但语义最贴近的应该是 expound。《新英汉小词典》对 expound 有两种解释:①详述理论、观点,陈述意见;②解释、说明《圣经》。《牛津高阶英汉双解词典》这样解释 expound:详加解释或详述某事物。《现代汉语词典》对"阐释"的解释比英语更简单:叙述并解释。以上各定义意思都比较接近。20 世纪以来,阐释学理论盛行于西方世界并取得了丰硕成果。20 世纪 80 年代中期随着国内掀起"文化热",阐释学理论开始引入中国,其基本观念和方法论原则被运用于文学、哲学领域的研究以及对"文化热"现象本身的理解。如今,阐释思想在人文社会科学领域影响广泛,成为一种具有普遍意义的研究方法与文化对策(有关阐释理论与方法本章还有讨论)。

本书之所以把"阐释"作为一个标题关键词,是要说明流行文化研究所具有的一个突出特征:"这种研究的对象,是我们所栖身的社会化世界——我们不是在同一门'精确学科'打交道。"① 也就是说,对流行文化的研究不是一种探寻规律的实验科学,而是一种探求意义的解释科学。既然是解释,就必然需要"投入理解"(韦伯语),就必然不具有解释的唯一性和真理性,就必然存在个人偏见、片面与误读。这就意味着本书不是在论证"科学道理",而是要体现一种文化关切。

二 研究历史回溯与现实基础分析

1. 国内外研究历史简要回溯

从发生学角度看,流行文化研究几乎与"准"流行文化同步形成,至少可以追溯到 17 世纪的欧洲(这里的流行文化是在与精英文化相对的意义上使用的)。当时,在两位法国文化巨匠蒙田和帕斯卡之间,就曾爆发了一场关于流行文化的娱乐心理和社会功用的论争。此后,随着资本主义社会的发展,流行

---

① [美] 约翰·费斯克等:《关键概念:传播与文化研究辞典》第 2 版,李彬译注,新华出版社 2004 年版,"本书前言"第 3 页。

文化研究成为西方学术话语的热点之一。对流行与流行文化的系统理论研究始于19世纪中叶以后。其间，法国社会学家加布里尔·塔尔德、古斯塔夫·黎朋等都出版了相关论著。在英国，流行文化研究可以追溯至19世纪英国文化与文学的研究传统。具体来说，主要是建立在19世纪中叶英国 M. 阿诺德思想基础之上，并在利维斯及其信徒的理论和实践中发展起来的。由英国学者多米尼克·斯特里纳蒂所著的《通俗文化理论导论》和约翰·斯道雷所著的《文化理论与通俗文化导论》，代表了当时英国学界对流行文化理论学术范畴的基本界定。近一个世纪以来，流行文化（大众文化）研究在西方取得了丰硕成果，形成了风格各异的理论流派。西方马克思主义法兰克福学派的本雅明、霍克海默、阿多诺等理论家都曾对流行文化（大众文化）进行过鞭辟入里的批判；英国新马克思主义伯明翰学派的霍加特、威廉斯、霍尔等主张文化唯物主义，成为当代文化研究的奠基人；美国理论家杰姆逊、费斯克以及法国学者布迪厄、鲍德里亚等也对当代流行文化（大众文化），特别是对电视等新的传播媒体进行了卓有建树的研究，他们的理论构成了当代流行文化研究的另一路径。

西方学术界关于流行文化（大众文化）研究的现状，可以通过近年来国内学者主持译介的相关著作获得信息。中央编译出版社2001年以来陆续出版了李陀主编的《大众文化研究译丛》，该译丛遵循先易后难的方式，围绕国外大众文化研究中我们较为熟知的诸如电视媒体、时装、肥皂剧等文化样式的研究进行译介，比较系统地介绍了异域文化研究的历史发展与现况，给我们的流行文化研究提供了一个很好的思路；该译丛已出版的有美国学者约翰·费斯克《理解大众文化》，英国学者安德鲁·古德温、加里·惠内尔《电视的真相》等。商务印书馆2000年以来陆续出版了周宪、许均主编的《文化和传播译丛》，该丛书着力于译介晚近西方文化和传播领域中的代表性论著，旨在拓宽人们的视野，深化对文化研究的理解，进而推动本土化研究；已出版的代表作有英国学者尼克·史蒂文森《认识媒介文化——社会理论与大众传播》等。南京大学出版社2000年以来陆续出版了张一兵主编的《当代学术棱镜译丛》，包括媒介文化、通俗文化、消费文化、全球文化等系列，选目集中在国外学术界20世纪90年代以来文化研究的最新趋向和热点问题上；包括英国学者戴维·莫利、凯文·罗宾斯《认同的空间》，美国学者伯格《通俗文化、媒介和日常生活中的叙事》，美国学者马克·波斯特《第二媒介时代》等著作。译林出版社2000年以来陆续出版了刘东、黄平主编的《人文与社会译丛》，译丛包括美国学者戴安娜·克兰《文化生产：媒体与都市艺术》、英国学者迈克·费瑟斯通《消费文化与后现代主义》等。上海三联书店2001年出版了吴士余主编的《视点》丛刊，以介绍国外学界新的人文思潮和学术信息为特色，丛刊第一辑为陆扬、王毅选编的《大众文化研究》。更多书目不再一一列举。上述西方学者的著述或宏观或微观，或论理或实证，对当代资本主义社会流行文化（大众文化）进行了全方位阐释，这对我们把握当代西方学界对流行文化的研究现况提供了直接有效的帮助。

  在中国内地，从总体上看，流行文化研究起步于20世纪80年代以来对包括西方现代哲学、当代文艺理论以及大众传播理论等在内的，代表西方当代学术思潮的前沿理论著作的大量译介。特别是进入20世纪90年代中后期以来，文化研究特别是流行文化研究在中国更是方兴未艾。当代中国文化研究包括流行文化研究虽然时间不长，但论题综合、理论前沿、成果丰富。在这一研究进程中，有一些具有标志性意义的学术活动特别值得关注，这些学术活动在不同层面对当代中国流行文化理论研究及其实践发挥了影响作用。比如，20世纪90年代初期到中期的文化知识界展开的关于"人文精神"与"世俗精神"的大讨论就是一例（本书第三章第三节讨论）。自1993年下半年、1994年上半年开始，一批以上海学者为主的知识分子在《上海文学》《读书》等杂志上发起了关于"人文精神"的讨论，直至90年代后期，这个话题依然被继续关注与讨论着。这场论争的核心问题实际上是如何看待伴随市场经济发展而越来越具形态的流行文化现象。面对流行文化，当时的中国知识界普遍存在精英主义文化立场。围绕对世俗化与大众文化的评价，知识分子形成了两种截然不同的派别："人文精神"派与"世俗精神"派，以及相应的两种价值取向：道德主义与历史—现实主义。富有戏剧性的是，正如有学者所言，在这场论争中，一种自称或被称为"后现代主义"的观点，以二元对立的"反方"出现，它在刻薄地消解、调侃"人文精神"倡导者的"启蒙"主义自恋的同时，几乎是毫无保留地认同消费主义文化逻辑和大众文化的现实。这场人文精神的大讨论，在某种程度上变成大众文化在20世纪90年代中国的入场式。再如，1994年文坛发生了所谓的"二王（王蒙与王彬彬）之争"，也为推进流行文化发挥了积极作用。实际上这场争论还是由"人文精神"大讨论引出的话题，论题主旨仍旧是如何评价中国社会1992年以来的世俗化趋势。所不同的是争论的话题更为具体、直接和切中要害（主要围绕王朔和他的小说展开）。进入新世纪以来，随着流行文化的迅猛发展，学术研讨活动也愈加活跃。特别值得一提的是2001年6月在武汉大学召开的"当代流行文化国际学术研讨会"。在国内举办关于当代流行文化的国际性专题学术研讨会，这还是第一次。会议发表的论文，从多层次、多角度对当代流行文化发展做了较全面的研究。研讨会论题广泛、理论前沿，例如，流行文化与音乐、影视、戏剧、网络之联系；流行文化与政治、经济、市场之关系；流行文化与精英文化、大众文化、通俗文化之关系；流行文化与种族、民俗之关系；流行文化与体育、旅游之关系，等等。而重点则落实在中国改革开放以来流行文化研究上，揭示了其表现形式、特征及对社会发展的影响，为新世纪中国文化建设提供了许多富有启示性的学术成果，推动了当代中国流行文化理论研究与对策研究的进程。

除此之外，自20世纪90年代初以来，海外华人与内地学者发表或出版了大量有关文化研究（包括流行文化研究）的文章、译文、论著、译丛等。1994年，《读书》杂志率先载文介绍美国的文化研究状况（李欧梵等：《什么是"文化研究"》《文化研究与地区研究》，《读书》1994年第7期、第8期）。自1995年以来，西方文化研究的相关专论也不断在国内刊物发表，《国外文学》《文学评论》《外国文学》等刊物上经常见到此类文章。国内多家出版社纷纷推出有关流行文化（大众文化）研究的译介丛书，不下几十种（前文已介绍）。在译介西方文化研究经典理论的同时，国内学者以敏锐的学术眼光和干预现实的理论勇气，紧密贴近中国的流行文化实践，以本土化视点对中国流行文化现况与发展各抒己见，形成了一批有个性、有创建的研究成果。比如，较早出版的有戴锦华的《隐形书写——90年代中国文化研究》、戴锦华主编的《书写文化英雄——世纪之交的文化研究》、王晓明主编的《在新意识形态的笼罩下——90年代的文化和文学分析》、南帆的《双重视域——当代电子文化分析》等。天津社会科学院出版社2000年以来汇集国内外学者关于文化研究的论文，在《先锋学术论丛》中推出《文化研究》专题，内容涉及20世纪90年代以来国内几次大的人文学术讨论，如关于大众文化的讨论、关于人文精神的讨论、关于后现代与后殖民的讨论、关于全球化时代第三世界文化战略问题的讨论等。此外，还有陆扬、王毅的《大众文化与传媒》，王岳川的《中国镜像——90年代文化研究》，潘知常、林玮的《大众传媒与大众文化》，朱效梅的《大众文化研究——一个文化与经济互动发展的视角》等。近年出版的论著还有孙英春的《大众文化：全球传播的范式》、钟琛的《当代文学与媒介神话：消费文化语境中的"媒介文学事件"研究》、陶东风主编的《当代中国文艺思潮与文化热点》、邹贤尧的《广场上的狂欢：当代流行文学艺术研究》、高宣扬的《流行文化社会学》、贾明的《现代性语境中的大众文化》，等等。

综上所述可以看出，中外关于流行文化（大众文化）研究的学术资源十分丰富，为后续研究奠定了坚实的理论基础。但也应该看到，以往的学术资源尚存在一些缺憾、盲点或空白。显而易见的是，西方语境下的流行文化理论不足以在整体上说明、解释和诊断当下中国的流行文化问题。就国内学者的研究而言，尚有一些未被关注或关注不够的理论与实践问题有待进一步开掘。正如本书所关注的，站在传播社会学、传播生态学、文化社会学等跨学科视角，研究当代中国流行文化，特别是媒体文化、流行文学的生成机制、传播动力要素与传播动力方式等问题，就是未被涉及或涉及不深的重要议题。

2. 现实研究基础分析

对本论题展开研究具有一定的现实基础。其一，从客观条件上讲，近一个世纪，特别是20世纪80年代以来，中外学界关于流行文化研究已取得丰富的理论成果，对这些学术资源的广泛占有、系统梳理和有效利用，可以为当下命题研究提供理论基础。此外，笔者还检索了近年来国内主要学术期刊发表的相关学术论文，并对其进行了初步梳理与分析。尤为重要的是，流行文化在当代中国已经牢固地占有了文化的一席之地，我们每一个研究者也都是流行文化的在场者，这为我们展开研究提供了熟悉的环境条件。顺便要说明的是，由于历史和语境原因，西方一些理论话语看上去是针对"大众文化"而非"流行文化"的言说，但这并不妨碍在当代中国流行文化研究中的应用。事实上由于翻译的缘故，一些针对"大众文化"的言说其实对"流行文化"同样有效，围绕两个不同范畴所积累的学术资源在很大程度上具有可通约性。其二，从主观条件上讲，作为研究者，笔者对流行文化这一当下命题一直持有比较浓厚的兴趣，给予了较长时间的关注，并取得了一些初步的研究成果。2001年，笔者参与了天津市"十五"社科研究规划课题"大众文化与传播研究"。课题研究成果以《大众文化与传播研究》为书名于2005年9月由天津人民出版社出版。该成果在2008年获得天津市第十一届社科优秀成果三等奖。2008年，笔者主持的"当代流行文化生成机制与传播动力研究"，获得天津市社科规划重点项目立项，已有一些相关论文在核心期刊发表。

三 论题的理论价值与实践意义

学术创新是理论研究者孜孜以求的美好愿望和目标。从哲学意义上讲，所谓创新是指研究者依据事物发展的客观规律，按照现实需要和自身意愿充分发挥主观能动性，对研究对象进行创造性再认识或积极改造的实践过程及结果。就人文社会科学理论创新而言，主要体现在思维方式与方法论层面上的创新、对既有理论体系的改造与新的理论体系的创生、对理论观点的补充完善、对研究空白的理论建树，等等。接受美学的倡导者、德国学者姚斯在谈到文学研究的方式时，提出了两种不同的研究路径，一种是"研究空白"，另一种是"重新提问"。至于本书的理论价值，既没有做到姚斯所言的"研究空白"，更难以实现他所主张的"重新提问"。本书主要是提出并初步阐释了当代中国流行文化的生成机制与传播动力问题，试图以当代中国流行文化的生成机制与传播动力分析为突破口，通过对生成机制与传播动力的要素分析，解析流行文化（媒体文化、流行文学）在当代中国生成与发展的政治、经济、社会和文化动因，描述流行文化传播的动力方式，阐释流行文化呈现与传播的规律。

笔者于2008年12月3日，以"当代中国流行文化生成机制与传播动力阐释"为搜索目标，对中国国家数字图书馆、CNKI中文期刊数据库、万方数据资源系统、龙源期刊库、人大复印资料数据库、维普期刊全文数据库进行了文献搜索。结果显示，在相关文献中，对当代中国流行文化的生成机制与传播动力进行系统探讨的研究成果，目前尚没有发现；但是在一些专著和论文中，涉及流行文化是如何生成的、它的传播动力是什么这一类相关内容。可以认为，本书有一个比较新的研究视角。当然，本论题研究是具有一定难度的，这并不在于要对当代中国流行文化存在状态做出现象学描述，也不在于要对当代中国流行文化生成机制与传播动力做出一般性阐释；而主要在于对作为一种非主流文化形态的流行文化受到国家意识形态、政治文化制度、文化产业政策及其变动不居的社会文化心理的多重影响与制约，做出既合规律性又合目的性的解析并非易事。

此外，我们注意到，近年来流行文化研究不仅成为学界热点，而且已经引起官方高度重视，本论题符合国家近期对学术研究选题的指导性意见。检索显示，在近年国家社科基金等立项指南中，已列入有关中国流行文化的研究项目。比如，在国家哲学社会科学研究"十一五"规划和国家社会科学基金项目2006年度课题指南中，就有"当代中国流行文化研究"这一选项。这也从一个侧面说明了该选题的理论价值和现实意义。就实践意义而言，本论题以经济全球化和文化多样化为国际大背景，紧密契合转型期中国社会文化发展的特点，特别是政府提出要大力发展文化创意产业这一文化战略。该论题研究有助于我们进一步思考国家文化政策、法规对流行文化发展产生什么影响；当代中国流行文化在跨文化传播策略上有什么经验教训；如何借鉴他国经验制定中国的对内对外流行文化传播策略；如何通过文化传播提升国家"软实力"，等等。虽然探讨这些问题不是本书主旨，但显然这些问题具有相关性，值得深化研究。

第二节 研究思路与方法

一 研究思路与基本框架

本书预设的论说场域既非宏观,亦非微观,而是中观。这里,我们不妨以美国社会学家罗伯特·金·默顿的"中层理论"作为这一研究思路的注脚。所谓中层理论,从研究对象上看,它指的是社会研究只涉及和解释那些有限的或部分的社会现象,而非整体或全部的社会现象。与社会学家帕森斯那种鸿篇巨制的社会学理论相比,默顿的理论要显得小巧而实在。他认为,任何宏大的理论都会面临更大的危险,因为诸多不同的问题会使概念本身产生很多歧义,过于庞杂的理论探讨非但不会使理论本身更容易得到理解,反而会使它变得更加模糊和混乱。默顿指出:"中层理论正如字面上所表明的,只涉及有限的社会现象。""既非日常研究中大批涌现的微观而且必要的操作性假设,也不是一个包罗一切、用以解释所有我们可观察到的社会行为、社会组织和社会变迁的一致性的自成体系的统一理论,而是指介于这两者之间的理论。""社会学中的中层理论主要用于指导经验探索。社会系统的一般理论远离特定的社会行为、社会组织和社会变迁,已不能解释我们观察到的现象;而对于特定事件的详尽而系统的描述又缺乏整体的概括性,中层理论则介于两者之间。当然,中层问题也具有抽象性,但它非常接近各种命题中的观察材料,而这些命题是可以进行经验检验的。"[①] 社会科学的一般研究,是以社会现象和社会问题为主要研究对象,以探索社会发展的本质和规律为宗旨,以监控、评估、分析和阐释社会发展变化为特点,以影响和推动社会发展和文明进步为使命。如果说社会科学的一般研究是一种"宏大叙事",那么,我们把流行文化定位于中观研究,它所指涉的是宏观(一般)文化范畴里的一个中观问题。关于当代中国流行文化生成机制与传播动力这一具体论题,属于中观框架里的一个中观问题。也就是说,这里预设的"问题域"既非日常化、琐碎化,亦非抽象化、宏观化,而是介于两者之间。可以说本书设置的研究范畴和分支论题,就是在社会学中层理论指导下对一种中观的文化现象的讨论。这种预设的一大好处,是有利于对主题的准确把握,可以在有限的篇幅中尽可能发挥研究者的阐释能力,使其论说

[①] [美]罗伯特·金·默顿:《论理论社会学》,何凡兴译,华夏出版社1990年版,第54—55页。

更具有系统性和建设性。

　　必须承认，中观的研究设计本身也存在一定的缺陷，最为明显的就是可能会导致对一些因素的忽视。不过，戴维·伊斯顿为层次分析做出的辩护提高了我们的信心。他说，在一个分析的层次上，每一个事物看来都与每一其他事物联系在一起。尽管我们的典型做法是从实在中分割出一部分以供具体研究，但我们也总是知道，这是以某种方式破坏实在。为了经验层次的研究目的，这是不可避免的，而且只要我们清醒地了解我们的所作所为，其损失可以是微乎其微的。[①] 事实上，采取中观的研究策略绝不意味着对论题处理的简单化和顾此失彼。恰恰相反，由于当代中国流行文化生成机制与传播动力的复杂性，需要我们运用复杂系统与复杂性科学理论加以分析。长期以来，受经典科学理性主义认识方法论的影响，人们习惯于用一种"简化范式"来认识和解释世界，认为"现象世界的复杂性能够以及应该从简单的原理和普遍的规律出发加以消解。复杂性只是现实的表面现象，而简单性才构成它的本质"[②]。自20世纪80年代中期以来，一些西方学者发现基于"简化范式"的认识具有"化简"和"割裂"两大弊端。为了克服简化范式的缺陷，法国著名思想家埃德加·莫兰提出了"复杂范式"。"复杂范式"与"中观策略"并不矛盾，运用"复杂范式"观照当代中国流行文化生成机制与传播动力，可以拓展研究思路，使我们从单一的、静态的、二元的、线性的思维方法转向非线性的、联系的、多元的、整合的思维方法。遵循"复杂范式"还要强调历史眼光。尽管我们论在当下，但文化形态的演进是一个历史过程，总可以从历史中寻求某些答案。追问既往有助于明了当下。

　　鉴于流行文化是一个极为宽泛的文化概念，为了避免研究范畴的大而无当和重点不突出，本书特别强调以"媒体文化"和"流行文学"（主要指流行小说）作为核心研究对象。流行文学或流行小说是我们比较熟知的概念，它是一种具有鲜明的市场意识与消费主义特征，体现与迎合时尚，借由大众媒体精心策划与广泛传播，并在特定时空与特定社会群体中引起强烈反响的文学作品、文学现象与文学事件。对此，本书主要关注两点，一是20世纪90年代以来在中国内地出现的具有流行文学特征的文学作品、文学现象与文学事件。比如一个时期以来人们热议的所谓"女性'个人化'写作""美女作家群""'70后'

---

　　① ［美］菲力普：《社会科学中的整体论思想》，吴忠等译，宁夏人民出版社1988年版，第80页。
　　② ［法］埃德加·莫兰：《复杂思想：自觉的科学》，陈一壮译，北京大学出版社2001年版，第266页。

作家"" '80后'作家",以及"下半身写作""胸口写作"等。二是关注大众传媒以及大众传播技术对流行文学的影响,即文学的"媒介化生存"与"传媒转向"等问题。

相对而言,"媒体文化"是一种界定模糊的新概念,有必要多做一些解释。从文化类型学上讲,"媒体文化"是运用新的文化分类方法与标准做出的一种文化类型区隔。随着现代传媒的发展,媒介的文化影响力越发凸显,至少从麦克卢汉1964年提出"媒介即信息"开始,"媒体文化"就确立了自己独有的文化身份,逐渐受到全社会的普遍关注。戴安娜·克兰指出:"研究文化产品的社会科学方法的主要目标,应该是发展一些利用媒体的特点解释媒体广泛传播的文化产品性质的理论。媒体是怎样塑造和构架文化的?创造和广泛传播这些产品的广义语境产生了什么样的影响?"事实上,"近年来,媒体文化逐渐受到比较年青一代的社会科学家的青睐。在一些新近的社会学理论中,文化,尤其是媒体文化,已经成为一个重要角色,影响了当代社会生活的方方面面"。[①]

从流行文化研究的角度看,"媒体文化"的外在特征十分鲜明,主要是对文本/文化呈现渠道、方式与策略上的一种界定,是指那些由大众媒体策划制造、刻意操纵、深度介入和广泛传播的文化现象。媒体文化具有"媒介事件"特征(关于媒介事件与媒介文学事件,在本书第四章第二节讨论),比如"超女"现象、商业广告等。有研究者指出,媒体文化的提出自有其特定的意义,虽然文化离不开媒体,但是以往在有关文化的研讨中,人们很少涉及媒介的方式,无论是讨论传统概念中的"作品",还是新批评概念中的"文本",它们都是自主的,似乎并不受媒介方式干扰,因此对它们的评价也与媒介方式无关。无论是以文字的、影像的,还是以音响的、造型的方式呈现,它们都是作品或文本,有着所有作品或文本的共同的抽象特性。而媒体文化概念的提出,则是另一种文化的分类原则,它是强调文化的媒体呈现方式,强调媒体的存在和发展对社会文化的产生和发展给予的巨大影响。自从加拿大著名批评家麦克卢汉在20世纪60年代提出"媒介即信息"这一惊世骇俗的理论以来,人们在讨论文化问题时越来越关注到具体的媒介方式,也就是说批评家们逐渐认识到,在新的理论背景下已无法忽视文化的媒介手段,文化已不再是抽象的文化,而是具体的、与一定的符号物质形态紧密相连的文化。当然这也是各种符号理论迅速发展的原因之一,正是在不同的符号的形态和符号关系中人们读出

[①] [美]戴安娜·克兰:《文化生产:媒体与都市艺术》,赵国新译,译林出版社2001年版,前言第1页、导论第1页。

了不同意义的文化。①

20世纪90年代中期，英国学者尼克·史蒂文森原本想写一部名为《社会理论与大众传播》的著作，后来考虑到社会语境的变化，于是将原书名改为《认识媒介文化》，而原拟定的"社会理论与大众传播"则改为该著作的副标题。史蒂文森认为，修改的理由是十分明显的："许多现代文化是依凭大众传播媒介来传达的。各种各样的媒介传播着古典的歌剧、音乐、关于政客私生活的庸俗故事、好莱坞最新近的流言蜚语以及来自全球四面八方的新闻。这已深刻地改变了现象学意义上的现代生活经验，以及社会权力的网络系统。"② 当代文化与媒介的联系密不可分，以至于"面对文化也就是面对媒介，身处文化之中就是身处媒介之中"。③ 这样一来，在流行文化范畴内提出"媒体文化"概念并对其加以系统性研究，就成为一个自然而然的事情。如果说"媒体文化"主要是从文本/文化呈现渠道、方式与策略上的一种界定，那么"流行文学"或"流行小说"则是从文本类型上做出的划分，用以区别流行文化的其他样态，诸如流行音乐、流行服饰、商业广告等。事实上，媒体文化与流行文学原本就难以截然分开，流行文学在很大程度上就是媒体文化的一部分，是媒体文化的一种重要表征。在这里对两者做出并置性区隔处理，主要是为了分析的方便。无论从历时性还是共时性角度看，作为流行文学母体的"文学"与大众媒体都具有深厚的亲缘关系，文学与大众媒体的联姻是近代以来中国乃至世界一个普遍存在的文化现象（关于这一点将在本书第三章讨论）。

二　研究方法论与研究方法

"范式"（paradigm）一词源于希腊文，有"共同显示"之意，由此引申出"型式""例证"或"模式"（pattern，example，model）等意。范式概念在社会科学研究中的运用，首推美国当代著名的科学史学家和科学哲学家托马斯·库恩（Thomas S. Kuhn），他在1962年出版的《科学革命的结构》（*The Structure of Scientific Revolutions*）④ 一书中，将"范式"概念视为科学研究活动开展的基础，以及科学研究的思想工具和实用工具。在库恩看来，范式是使一门学

---

① 蒋原伦：《媒体文化与消费时代》，中央编译出版社2004年版，第1—2页。
② [英]尼克·史蒂文森：《认识媒介文化——社会理论与大众传播》，王文斌译，商务印书馆2001年版，第12页。
③ 周宪：《中国当代审美文化研究》，北京大学出版社1997年版，第265页。
④ [美]托马斯·库恩：《科学革命的结构》，金吾伦、胡新和译，北京大学出版社2003年版。

科成为科学的必要条件或成熟标志,也是科学与非科学的"分界标准"。不过,在库恩的科学范式理论中,尽管"范式"是一个关键词,但库恩却从没有对它做出规定性的、简明扼要的解释,而是在不同的意义上使用了"范式"这一概念。尽管如此,库恩范式理论的基本含义我们还是能够理解和认同的。按照库恩的观点,所谓范式是由从事某种特定学科的科学家们所共有的世界观构成的,范式既是指从事某一学科的研究者在本体论、认识论和方法论方面共有的态度和信念,又是指在特定时期内某一研究领域所公认的理论模型或研究框架。概括地说,研究范式就是一组假说、理论、准则和方法的总和,是社会科学理论体系和研究活动过程重要的组成部分和构成因素。将 paradigm 翻译为"范式"很有味道,因为"范"在中文里有"模型""榜样"之义。《辞源》载:"范金者,谓为形范以铸金器。"范式可以被理解为是一种从根本上的规定或改变,就是方法论与方法上的规范与创新。

范式变革是一种学术追求,意味着理论或研究方法上的突破与创新,意味着研究者在方法论层面获得了新的感悟。作为一种哲学思想与价值观念,任何学术研究方法都离不开方法论的指导。一般方法论所涉及的主要是研究过程的逻辑和研究的哲学基础。虽然方法论通常不会明确地写在研究结论中,而且人们在进行研究时一般也不会特别意识到方法论方面的问题,但它却始终影响着研究者对研究问题的选择,也直接影响着对研究方式的选择,并且直接影响到结论的得出。一般地说,在社会研究中存在着两种基本的,也是相互对立的方法论倾向:一种是实证主义方法论;另一种是人文主义方法论。实证主义方法论认为,社会研究应该向自然科学研究看齐,应该对社会现象及其相互联系进行类似于自然科学那样的探讨;要通过非常具体、非常客观的观察,通过经验概括得出结论。同时,这种研究过程还应该是可以重复的。在研究方式上,定量研究是实证主义方法论的最典型特征。"只有当社会世界能够用数学语言来表示时,它的各个部分之间的确切关系才能得到证实。只有当资料可以通过可信的计量工具用数量来加以表示时,不同研究者的研究结果才能直接地加以比较。没有量化,社会学就只能停留在印象主义的臆想和未经证实的见解这样一种水平上,因而也就无法进行重复研究,确立因果关系和提供证实的通则。"[①] 而人文主义方法论则认为,在研究社会现象和人的社会行为时,需要充分考虑到人的特殊性,考虑到社会现象与自然现象之间的差别,要发挥研究者在研究

---

① [英]哈拉兰博斯:《社会学基础》,孟还等译,上海社会科学院出版社1986年版,第60—61页。

过程中的主观性，用韦伯的话说，就是要"投入理解"。在研究方式上，定性研究是人文主义方法论的典型特征。

流行文化既是一种社会实践活动，也是一种社会认识活动。流行文化研究既是一种中国的具有当下性的实践命题，也是一种源自西方的、具有深厚西方文化积淀的理论命题。有鉴于此，流行文化研究必须要特别讲求研究的方法论与方法。所谓"方法"，是人类在社会活动中从实践上或理论上把握历史与现实，为达到某种自觉目的而选择和采用的途径、手段、工具以及方式总和的指称。方法是由研究对象的特点、研究思路的选取和研究目的的设定等多种因素综合决定的。我们把符合事物发展的客观规律、能实现预期效果的研究方法称为科学方法。从方法论意义上讲，作为科学认识的主观手段，科学方法在现代科学发展中占有越来越重要的地位。科学方法是实现科学认识最有效的工具，它所提供的思维方式和操作步骤，能够引导科学认识主体沿着正确路线向问题的纵深发展，有效地达到科学认识的目的。一般而言，科学研究的目的是解释、预测和控制，即通过对研究对象实证知识的掌握与分析，解释事物的发生、发展和变化的规律，在此基础上对尚未出现的情况提出有根据的预测，最后通过操纵某一事物的某些决定性要素或条件，使该事物发生与我们的预期相一致的改变，其中，解释是科学研究最基本的目的。需要说明的是，阐释学所指称的"解释"与科学研究所指称的"解释"是有差别的。要探究当代中国流行文化生成机制与传播动力这一复杂命题，并提高其阐释的有效性，必须先要形成科学的方法。总之，论题本身的综合性与跨学科性决定了研究方法选择的多样性。本书是以"阐释"为研究取向的论题，所以，比较倾向于也适宜于采用人文主义方法论原则指导研究。本论题主要运用的研究方法包括跨学科的方法、语境化和去语境化的方法、阐释的方法、影响研究和平行研究方法、文献研究方法等。

1. 跨学科的方法

当代人文社会科学研究具有这样一种趋势，即"要阐明和解决我们这个时代的任何一个主要问题，都需要从不止一个学科中选取材料、概念和方法"[①]。戴锦华指出："作为一种朝向社会实践的文化实践，文化研究始终是一种越界行动。它拒绝恪守既有的学科建制与学科壁垒、它拒绝学院四壁高墙内的阻隔

---

① [美] C. 赖特·米尔斯：《社会学的想像力》，陈强、张永强译，生活·读书·新知三联书店2001年版，第153页。

与间离。相反，它不拒绝一切既有的、可资使用的理论与文化资源。……如果说存在着文化研究的传统与精神，那么它正是跨越学院与学科壁垒，直面思想与社会的挑战。"① 流行文化研究就是应该采取这样的态度和方法。

讨论跨学科的方法首先要说明什么是学科。《中国大百科全书》将学科定义为"知识门类"或"知识领域"。韦勃斯《国际辞典》把学科视为"知识、实践和规则系统"。我们现在所谈论的"学科"概念来自西方的知识系统。从亚里士多德开始就按照不同的知识领域分出了形而上学、逻辑学、伦理学、政治学、物理学、诗学等。此后一直延续下来，逐渐形成了一套完整的学科分类体系。中国古代也有自己的学术分类。《周易》的"形而上者谓之道，形而下者谓之器"，以"形上"与"形下"的标准分出"道"与"器"，也就有了后来的"学"与"术"之别。中文"跨学科"一词源自英文 interdisciplinarity，该词最早收入英国1937年出版的《新韦氏大词典》和《牛津英语词典增补本》。瑞士心理学家皮亚杰和奥地利学者 J.詹奇都把"跨学科"与"多学科""超学科"相区别，认为"多学科"是低层次的，利用多门学科的知识进行研究；"跨学科"是中等层次的、多门学科间相互作用、相互补充的合作研究；"超学科"则是高层次的、不存在学科界限的统一研究。② 所谓跨学科的研究方法，就是自觉地运用其他相关学科理论来研究本学科的特定研究对象的一种方法，目的在于通过运用跨学科理论工具更好地认识和把握特定研究对象的性质与运动规律。

严格地讲，跨学科本不归属一种特定的研究方法，而是更多地表示研究对象本身的特征。在此作为方法讨论是要强调流行文化本身的特殊性。当代中国流行文化是一个复杂的现实存在，它的孕育与发展不仅离不开特定的国际环境、政治环境、文化环境、市场环境以及消费环境，而且就其学理层面而言，它还置身于一个复杂的、具有前沿性的多学科交错的背景之中，比如批判理论、文化研究、女权主义、消费社会、后现代文化思潮，等等。正如学者所言："传播与文化研究属于多学科交叉的领域，没有统一的'正宗的'内容与术语。虽然变动不居，但它也是最具吸引力的研究领域之一。因为传播与文化研究发展了新的话语、新的理论、新的研究方法，甚至新的研究、辩论与分析的焦点（'错综复杂的问题群'）。在这个进程中，我们自己某些最根深蒂固的

---

① 戴锦华：《文化研究的理论与实践》，载［英］阿兰·斯威伍德《大众文化的神话》，冯建三译，生活·读书·新知三联书店2003年版，第4页。
② 参见金吾伦《跨学科研究引论》，中央编译出版社1997年版，第45页。

假设与信念都受到质疑,包括所谓'显而易见'和'常识'的东西完全如其所呈现的那么简单、那么无可争议这类假设。"① 这一观点用于流行文化研究同样是有效的。

值得注意的是,当代中国流行文化与主流文化、精英文化、民间文化乃至大众文化之间,呈现出既相互渗透、融合又相互冲撞、冒犯,甚至此消彼长的发展态势,对流行文化这一新的文化形态的把握已超越以往单一的文化艺术领域而具有了跨学科性质。就主要的方面而言,流行文化研究横跨了政治学、经济学、社会学、社会心理学、文化社会学、传播学、传播社会学、符号学以及文艺理论、文化研究、后现代理论等传统与新兴学科。特别是大众传播学,它不仅为流行文化研究提供了重要的理论平台,而且,流行文化本身就是大众传播现象,媒体文化也是流行文化的重要组成部分。因此,研究流行文化必然离不开大众传播。简言之,对流行文化这样一个复杂的文化现象展开研究,任何单一的阐释方法和理论尺度都存在局限性。借用沃勒斯坦(Immanuel Wallerstein)的话说,就是要运用"一体化学科方法"。沃勒斯坦在他的"世界体系研究"中,为了达到对研究对象的整体认识,他从经济、历史、社会学等学科汲取了大量的养料,在《现代世界体系》(*The Modern World-System*)一书中,他大量引用了不同学科的著名学者对同一问题的论述,就像是一场由不同学科的众多学者参加的学术讨论会。他把自己的这种方法称为"一体化学科方法"(unidisciplinary approach)。② 在流行文化研究中,我们要站在文化自觉的高度,秉持建构性与批判性并重的价值观,运用"一体化学科方法",从多维视角对流行文化予以理论观照。既有分析又有理解,既有归纳又有演绎,既有历史考察又有现实批评,只有这样,才可能在更高的层面和更广的视角追问流行文化在当代中国的生成机制与传播动力问题。

2. 语境化和去语境化的方法

所谓语境(context),"指表现在具体话语和文本中使用语言的环境"。③ 它包括的范围较广,狭义上指语言使用的上下文,但"在某种包罗万象的意味上,它可能用于描述更大的社会、政治与历史的情势与条件,某些行为、过程

---

① [美]约翰·费斯克等:《关键概念:传播与文化研究辞典》第 2 版,李彬译注,新华出版社 2004 年版,"本书前言"第 4 页。
② 参见尹保云《什么是现代化》,人民出版社 2001 年版,第 310—311 页。
③ 杨荫隆:《西方文学理论大词典》,吉林文史出版社 1994 年版,第 966 页。

或事件就处于这些情势与条件之中,并被赋予意义"。① 受传统形而上学思维模式的影响,以往有些研究往往缺乏自觉的语境意识,以至于因其不符合具体语境现实要求而失去了理论的解释效力。法国哲学家保罗·利科认为,对于文本有两种解读方式,一种是高度"语境化"(contextualization)的解读,另一种是"去语境化"(decontextualization)的解读。前者力图从作者所处的具体社会语境中理解文本,尽可能将文本还原成作者的言说,从而领会作者的本意。后者则倾向于从解读者自身的问题关怀出发,从文本中发现可以运用于其他社会语境的思想资源。按照笔者的理解,② 所谓语境化,简而言之就是指理论研究的历史化、过程化与地域化,就是强调发生学意义上理论生成的"此时此地",也就是恩格斯所讲的"这一个"。而去语境化则是研究者自觉地经历一个使文本的言说"陌生化",并由"陌生化"再到"重新熟悉化"即"重置语境"(recontextualization)的认识过程。也就是说,先要人为地将理论剥离出其生成的原始语境,使之成为一个"指向不明"的抽象言说,然后再将这一抽象言说放置在研究者熟悉的语境之中加以重新语境化。这就是对文本的一种有意"误读"。同样一种理论观点或文本言说,我们运用语境化和去语境化的方法加以处理,往往会得出迥异的解读和认识。

  运用语境化和去语境化方法解读西方流行文化理论有积极意义。一方面,从历时性角度看,西方大众文化研究中的一些理论观点或言说方式,都有其时间与空间上的唯一性或特指性,都有其理论生成的历史场景与缘由。因此,当代流行文化研究者必须要用语境化的方法,尽可能去探究其理论生成的根源,把前人对大众文化的解读直接还原于其生成的社会环境与学术背景中予以把握,力求品味其思想含义的原汁原味。另一方面,我们还要用发展的眼光看待历史与学术,以拿来主义的文化态度,运用扬弃的方法,自觉剥离西方理论中与当今社会或中国现实不相适应的成分,取其精华,以应用于变化了的流行文化的当下情景,尤其是它在当代中国的实践。这就要强调流行文化研究的中国化问题,要站在现实中国来认识和分析当下中国的流行文化现象,以区别于早期西方的、以"乌合之众"为前提的大众文化理论。比如,对法兰克福学派所创立的社会批判理论的解读,在语境化和去语境化处理中,我们能得到不同的

---

  ① [美]约翰·费斯克等:《关键概念:传播与文化研究辞典》第 2 版,李彬译注,新华出版社 2004 年版,第 58 页。
  ② 崔欣、孙瑞祥:《语境化:大众文化研究的一个理论问题》,《天津成人高等学校联合学报》2003 年第 3 期。

和更为丰富的内容。一言以蔽之，语境化和去语境化既是一种研究方法，也是一种学术态度。在研究方法上，我们既不能不加取舍地直接移用西方大众文化即成理论，也不能不顾全球化背景下西方意识形态及其文化观念对现实中国流行文化理论与实践所发生的影响。借用秦晖先生的精辟见解就是："主义可拿来，问题须土产，理论应自立。"①

3. 阐释的方法

阐释的方法原自阐释学（Hermeneutics，Hermeneutik）理论。阐释学又称解释学、诠释学，亦称"赫尔墨斯之学"[赫尔墨斯（Hermes）是希腊神话中传达消息的信使神。他主要传达主神宙斯旨意，在把神旨传达人间或把神界语言翻译、转换为人间语言时要做一些解释性工作]。古代的阐释学主要用来解释《圣经》的确切含义，所以又称为释经学。19世纪，德国神学家和哲学家弗里德利希·施莱尔马赫将语义学和《圣经》注疏的某些规则结合起来，使古老的阐释学成为一门具有普遍意义的学问。② 他的那句名言"哪里有误解，哪里就有解释学"，在阐释学界广为流传。至此，"阐释学"一词逐渐被用来指代一般阐释学，从对《圣经》内容的解释扩展为一种对一切文学形式的理解方法和原则进行探究的理论。由于康德和黑格尔的影响，尤其是狄尔泰的研究，阐释学日益兴盛起来。③ 进入20世纪，海德格尔建立了本体论阐释学，伽达默尔建立了历史阐释学，法国的保罗·利科在阐释学哲学和文论方面取得了成就，德国的姚斯和美国的赫什、尤尔等人成为文学阐释学派的代表人物。到了20世纪七八十年代，阐释学已经从哲学、文学扩展到电影学、电视学、新闻学、传播学等其他学科。

我们这里重点关注的当然不是阐释学的发展史，而是阐释作为一种研究方法的存在意义及其对我们的启示。在传统认识论中，"先见"或"偏见"一直是被人们努力铲除的对象，偏见与"理解"的关系成为势不两立、必欲两相决裂的关系。但本体论阐释学的创立者海德格尔的观点却与其相左，主张正是作为理解条件的"先见"使理解成为可能。他在《存在与时间》中写道："我们之所以将某事理解为某事，其解释基点建立在先有、先见与先概念之上，解释

---

① 秦晖：《求索于"主义"与"问题"间》，载《秦晖文选：问题与主义》，长春出版社1999年版，第438—468页。
② [美]韦勒克：《近代文学批评史》第2卷，杨自伍译，上海译文出版社1989年版，第371页。
③ 参见[美] R. J. 郝为德《阐释学的三个方面》，加州大学出版社1982年版；转引自李红秀《新时期的影像阐释与小说传播》，四川大学出版社2007年版，第9页。

绝不是一种对显现于我们面前事物的没有先决因素的领悟。"① 伽达默尔继承并发展了其老师海德格尔的先在结构本质观念，矫枉过正地提出了"成见是理解的前提"，充分肯定解释者或读者在阐释过程中的积极作用。伽达默尔从胡塞尔现象学中借用了"视野"（Horizon）这一术语，认为理解活动乃是个人视野与历史视野的融合，超出了视野人们便一无所见。只有解释者的先见和被解释者的内容能够融合在一起，产生意义，才会出现真正的理解。一切理解都是一种阐释，那种只有一个"唯一正确的阐释"的说法是不合理的。

　　阐释方法对于流行文化研究的有效性在于，流行文化是一种"文本性产品的生产"，它明显区别于"功能性产品的生产"（如汽车）。② 因而，对流行文化的分析不是一种探寻规律的实验科学，而是一种探求意义的解释科学。20世纪70年代末以来，对文化研究产生了广泛影响的美国人类学家福德·格尔茨（C. Geert）就是持这种观点的代表人物。格尔茨的思想可以说与马克思·韦伯的观点一脉相承。韦伯认为，社会文化领域不同于自然世界，研究前者的科学原则也不同于研究后者的科学原则。自然科学探讨的是规律性、因果性的关系与法则；而人的头脑是自由的，它不遵循自然界的法则。正因为如此，应当采用理解的方法或特殊化的方法，从内心理解去把握行为的意义。格尔茨继承了韦伯的这一思想，他根据韦伯关于人的定义，把文化看作一种人对符号的意义的解释。在《文化的理解》一文中格尔茨指出："我所采用的文化概念，本质上是符号论式的，同马克思·韦伯一样，我认为人是悬挂在他们自己编制的意义之网中的动物。在我看来，文化就是这些意义之网。而且我还认为，研究文化并非是寻求规律的实验性科学，而应是探求意义的解释性科学。"1983年，格尔茨在《模糊的类型：社会思潮的再塑》一文中又指出，人文社会科学近年来有三个基本趋势：一是学科与学科之间的界限越来越模糊；二是人文社会科学的学者越来越远离对通则的追求，而倾向于个案的深度诠释；三是人文社会科学的理论也发展出成熟的"类比"（analogies），以解释所谓的社会事实。格尔茨区分了两种科学研究方式，一种是追求规律的理论阐述，一种是寻求各种可能性的意义解释。③ 本书运用阐释的方法解读流行文化，这就意味着，有意也罢无意也罢，反正是在"误读"。

---

　　① 转引自金元浦《接受反应文论》，山东教育出版社1998年版，第65页。
　　② ［美］伯尔纳·吉安德隆：《阿多诺遭遇凯迪拉克》，载陆扬、王毅选编《大众文化研究》，上海三联书店2001年版，第219页。
　　③ 夏建中：《文化人类学的理论流派——文化研究的历史》，中国人民大学出版社1997年版，第325—326页。

4. 影响研究方法和平行研究方法

比较文学作为一门独立存在的学科具有一百余年的历史，在其学科发展过程中形成了众多富有特色的研究方法。借鉴和移用这些研究方法，对流行文化研究大有裨益。本书主要运用的是比较文学中的影响研究方法和平行研究方法。影响研究是比较文学最早形成的研究方法，也是法国学派主要采用的研究方法。影响研究奠定了比较文学作为一门独立学科的理论与实践研究基础。影响研究是把两种或两种以上的民族文学，包括作品、作家、文学思潮等的相互作用、相互联系作为研究中心，关注的是某种影响因素实际展开的过程，以及不同因素之间此消彼长的相关性，主要采用历时性考证法，以考察国际文学间文学交流史中的事实。平行研究是继影响研究之后由美国学派倡导的一种研究方法。平行研究是把并无直接关系的不同民族文学，在主题、题材、文体、情节、人物形象、风格特点等文学内部的诸多方面实际存在的相似性和差异性作为研究重点，经过推理分析，得出有益的，往往又是具有某种规律性、理论性的结论。[①] 一般而言，影响研究有利于揭示研究对象的发展轨迹，平行研究则有利于揭示研究对象的构成特征。把影响研究和平行研究结合起来，有利于对研究对象进行整体观照和全面考察。

作为比较文学通用的研究方法，影响研究和平行研究同样可以应用于流行文化研究。在本书中，对这两种研究方法的运用并非一种刻意设计与安排，文中也难以找到具体典型的应用案例，但其方法的影响却随处可见。从大的方面讲，探讨流行文化生成机制与传播动力本身就是一种影响研究，它要回答的是究竟哪些因素影响、推动和制约着流行文化。同样，有关流行文化与大众文化概念异同的历史考察与当代辨析，就是一种平行研究，它有助于对流行文化与大众文化的异同得出理性判断。再如，由传播技术手段的不同所导致的文本呈现方式的差异对文本传播效果的影响，网络文学、影视文学与印刷文学的双向互动影响，对不同类型流行文化样态间相似性和差异性的对比分析等，都运用了影响研究和平行研究方法。在笔者看来，作为一种研究方法，影响研究和平行研究不应囿于比较文学范畴，完全可以在一个更广泛的领域加以运用。就本书而言，对这两种方法的运用实际上是一种移用，已经部分地失掉了比较文学自身的话语特色，跳出了比较文学的框架，这种移用应该是有益的。[②]

[①] 孟昭毅：《比较文学通论》，天津人民出版社 2000 年版，第 105、184 页。
[②] 孙瑞祥：《当代流行文化研究路径与方法》，《新闻爱好者》2010 年第 6 期。

5. 文献研究方法

文献研究方法是本书采用的最基本的方法。文献研究是一种通过系统收集、查阅和分析现存的、与某一问题领域相关的各种以文字、数字、符号、画面等信息形式出现的文献资料，来探讨和分析相关社会行为、社会现象的研究方式。通过文献研究可以帮助研究者熟悉和了解本领域中已有的研究成果，为研究者提供可供参考的研究思路和研究方法，并为解释研究结果提供背景资料。本书最主要的文献来源包括中外相关的著作、论文、统计资料与数据等。

本书比较重视文献研究方法中的内容分析法。内容分析法是 20 世纪初从美国开始兴起的一种文献研究方法。它是对研究内容进行客观、系统和定量分析与描述的一种方法，它通过考察社会所提供的各类文本，包括人们所写的报道、文章、书籍、日记、信件，所拍摄的电影、电视及照片，所创作的歌曲、绘画等，来了解研究对象的行为、态度和特征，进而了解和说明社会结构及文化变迁。传播学研究者最早尝试利用内容分析的方法，对各种媒介所承载的信息进行系统的分析，以发现问题，证实假设，探索社会和文化变化的历史趋势。美国政治学家李普曼是运用内容分析法的先驱者之一，他曾与朋友查尔斯·梅尔茨在 1920 年进行了他们称之为"对新闻的一次检验"的调查。他们选择了当时以精确报道著称的《纽约时报》，研究了自 1917 年俄国十月革命以来该报在三年中所发表的有关苏维埃的文章，得出了"有关俄国情况不是实际所发生的新闻，而是人们期望看到的新闻"的结论。正是这一研究促使李普曼在 1922 年出版了《舆论学》一书。由精神病医生改行从事大众传播研究的政治学家拉斯韦尔，是使内容分析法更精确、更系统的关键人物。他在研究第一次世界大战中的宣传技巧时，就已采用了内容分析的方法，并获得博士学位。第二次世界大战期间，拉斯韦尔在美国国会图书馆组织了一项名为"战争时期通讯研究"的工作。他和助手们大规模地收集并分析德国的报纸资料，取得了令人满意的成果，他们所运用的方法也得到了社会的普遍承认。战后，拉斯韦尔与莱斯特合著了《政治语言学》一书，全面阐述了内容分析法。[1] 美国著名学者奈斯比特在其《大趋势》一书中，曾高度评价了他们的工作。在拉斯韦尔的推动下，内容分析法逐渐成为一种超出传播学范围，为社会学、政治学等众多社会科学研究者广泛使用的研究方法。本书采用这一方法对流行文化文本进

---

[1] 祝建华：《美国传播学研究方法综述》，载李彬《传播学引论》，新华出版社 1993 年版，第 246 页。

行内容分析，得出了一些相关结论。

总之，方法是实现研究目的的有效手段，方法的正确与使用得当是保障研究任务按照既定轨迹与目标顺利进行的前提。本书在研究方法上存在的缺陷与不足也是明显的。比如在分析流行与时尚的社会心理依据时，没能通过调研方法获得第一手实证材料，而是仅仅采用了一些文献资料。这有待于在后续研究中加以改进。

第三节　核心内容与基本观点

流行文化是社会文化系统中一个相对晚出又个性鲜明的文化形态。从流行文化的创造主体与功能看，它既不同于体现执政党意识形态和为国家权力所倡导的主流文化，也不同于知识分子孜孜以求的精英文化；它既与农业社会形成的民间文化存在本质差异，也与工业社会创生的大众文化不可等量齐观。作为一种全球性文化风暴，流行文化的生成是工业文明发展到一定阶段的产物，是现代人时尚生活方式的体现，是文化全球化与文化多样化的表征。改革开放以来，特别是 20 世纪 90 年代以来，作为一种全新的文化"嘉年华"，流行文化席卷了当今中国社会生活的各个角落，形成有目共睹的一种特殊文化景观。流行文化在当代中国的生成绝非偶然，是政治、经济、文化多种要素共同孕育的结果，既反映了当今世界文化的发展潮流，也体现了中国的现实文化诉求。学者有言："无视流行文化等于忽视了一种塑造我们生活的重要力量。"[1] 分析当代中国流行文化的生成机制与传播动力，有助于提高我们对这一文化形态特殊性质、生产方式、发展规律与未来走向的理性认识和科学把握。

从文化发展史的宏观角度看，无论何时何地，一种新的文化范式或文化精神的生成（包括演进、转型、更替与变迁），无外乎源自两大因素——内源性因素与外源性因素，以及两大因素之间的博弈。内源性因素导致的新的文化范式或文化精神的生成，是指在没有或基本没有外在另类文化范式或文化精神介入和影响的情况下，"由于文化模式内在的超越性与自在性矛盾的冲突和文化内在的自我完善的合理性要求而导致"[2]，是文化自组织自觉或自为的文化自

---

[1] ［美］约翰·R. 霍尔、玛丽·乔·尼兹：《文化：社会学的视野》，周晓虹等译，商务印书馆 2002 年版，第 23 页。

[2] 舒扬：《当代文化的生成机制》，中央编译出版社 2007 年版，第 45 页。

我否定与自我构建过程。外源性因素则是指外在另类文化范式或文化精神对原生文化模式的全面介入和影响,最终导致原生文化模式的断裂或嬗变。对原生文化模式而言,这是一种建立在非自觉意识上的被解构的过程。一般而言,文化生成的外源性因素要通过或借助于内源性因素发挥作用。因为从根本上说,外源性因素作用的发挥同样要基于原生文化模式内在的超越性与自在性矛盾的冲突和原生文化模式内在的自我完善的合理性要求。由于原生文化模式往往表现出超稳定性特征,缺乏生成新的文化范式或文化精神的内在动力,这就为外源性因素发挥作用提供了空间、创造了条件。

　　上述分析对阐释流行文化在当代中国的生成是有效的。需要注意的是,在文化全球化背景下,文化生成的内源性和外源性因素从外在形态上看并非总是界限分明的,在新的文化范式或文化精神生成过程中,常常难以厘清来自作用源的差异及由这些差异所导致的结果的不同。换言之,流行文化在当代中国的生成动因是复杂和多元的,是内源性因素与外源性因素共同作用的结果。显然,没有改革开放带来的思想"祛魅",没有经济社会高度发展和文化开放心、自信心、包容心的增强,流行文化在中国就难有生存土壤。同样,没有当今世界流行文化潮流的强力渗透和影响,没有流行文化生产者、消费者的积极投入与身体力行,没有大众传媒的推动,流行文化在当代中国的生成和发展就不会呈现如此波澜壮阔的情状。总之,本书认为,阐释当代中国流行文化生成机制与传播动力问题,需要一个宽阔的研究视角,需要在宏观把握当代中国现实环境的过程中寻求答案。

　　需要指出的是,一种新的文化范式或文化精神的生成并不意味着原有文化模式的消亡,文化的变迁也并不总是表明文化的断裂。上述认识基于英国社会学家吉登斯在《现代性的后果》一书中提出的"断裂"概念。他在分析西方社会转型及文化转型时指出,西方社会的文化转型具有非常明显的断裂性质。[①]如果这种断裂意味着对原有文化模式构成要素的全盘剔除和彻底反判,那么显然,吉登斯的"断裂"理论并不适用于流行文化在当代中国的情形。当代中国流行文化的生成与繁盛,并不表现为中国文化的断裂。应该说,不同文化形态间的文化冲突是难免的,并将长期存在下去。但就新生的、具有广泛社会基础的当代中国流行文化而言,它与其他文化形态之间不是一种"零和博弈",而是建立在文化自觉意识上的一种协商、融合、扬弃与再生。这既是事实,也是我们应有的文化态度。

---

　　① 转引自舒扬《当代文化的生成机制》,中央编译出版社2007年版,第44页。

一 中国社会发展的世俗化是流行文化生成的政治动力

当代中国流行文化是在中国实现现代化的进程中发展起来的。从社会学意义上讲,现代化之路就是"世俗化"之路。"世俗化是指一种文化与社会体制逐渐脱离神学(西方思想中)与玄学上的导引与控制的过程。换句话说,世俗化乃神学与玄学中的神圣权威与宇宙论逐渐地被凡俗人为的观点取代的过程。"① 换言之,"世俗化"就是指这样一个过程,即随着工业化进程的加快,宗教信仰和实践在人们的生活中正逐步下降。尤其是科学技术和新思想的不断出现与增长,以及由此而提供的安定的物质环境,使人们对前工业社会时期宗教所支持的道义与精神的必然依赖变得越来越少。② 正如法国启蒙思想家孔多塞所言,新的文化生成的进程乃是理性不断进步、发展的进程,一个国家的文明程度正是与原始社会阶段的"野蛮性"背道而驰的结果。借用 M. 韦伯的话说,一个民族文化程度的提升实际上是一个"祛魅"的历史进程。③

从政治文化层面看,社会发展的世俗化成为当代中国流行文化的催生剂,换言之,流行文化的兴起契合了中国社会发展的世俗化过程。相对于压抑人的肉体欲望、凭空提升人的道德价值和精神追求的政治虚幻时代产生的政治文化,流行文化对感性欲望的召唤与刺激极大地改善着人的政治生存状态,使人从神圣的政治宗教世界中解放出来,实现了向人的日常生活世界的回归。从历时性视角看,中国自明清之际的人性复苏,到五四时期的个性解放,再到"文化大革命"结束后的新时期个性张扬以及 20 世纪 90 年代以来的商业浪潮,"世俗化"的足迹一直都是与反对封建理学、批判僵化礼教、崇尚人性回归的政治梦想联系在一起的。直到 20 世纪末,饱尝了激进主义之苦的中国人才以空前的热情和规模进入了现代化——世俗化的跑道。这样,世俗化便成为在相当长一段时间里制约着大多数中国人的生活方式和文化心态的时代主导精神。④

不难发现,流行文化的内在品质与世俗化回归本真的政治反判精神是一脉

---

① 蔡勇美、郭文雄:《都市社会学》,中国台湾巨流图书公司 1989 年版,第 120 页;转引自贾明《现代性语境中的大众文化》,上海人民出版社 2007 年版,第 132 页。
② [英] 罗宾·科恩、保罗·肯尼迪:《全球社会学》,文军等译,社会科学文献出版社 2001 年版,第 120 页。
③ 转引自舒扬《当代文化的生成机制》,中央编译出版社 2007 年版,第 32 页。
④ 樊星:《论八十年代以来文学世俗化思潮的演化》,《文学评论》2001 年第 2 期。

相承的，正是世俗化的温润土壤培植了流行文化特立独行的文化精神。世俗化在文学上的表现最为明显，这也再次印证了那句名言："真正的问题都出现在'革命的第二天'。"① 在世俗化背景下，文学叙事方式与叙事伦理发生了当代转向，即由解放政治叙事转向生活政治叙事、由理想叙事转向欲望叙事、由公共话语叙事转向私人话语叙事，甚至由上半身叙事转向下半身叙事。这种转向既有回归人性、拨乱反正的一面，也有物欲崇拜、矫枉过正的一面。超越性的"启蒙理想主义"与激进主义思潮开始受到质疑，世俗化价值取向演化为一场日益迅猛的文学思潮。"欣赏世俗""理解世俗""坚持世俗立场"等文学主题正在日益鲜明地展示"老百姓自有他们的活法，他们甚至可能比思想家、政治家活得更痛快、更聪明、更自在"的人生主题。② 一时间，"潘多拉的匣子"被打开，文学演变为一场欲望的狂欢，"琼瑶热""三毛热""武侠小说热""汪国真热""王朔热"等通俗文学热，与西方哲学、文艺理论热一道风靡于大学校园与文学青年之中。作为媒体文化代表的商业广告，在世俗化转向中也十分具有典型性。"文化大革命"期间，商业广告被定性为"资产阶级的新闻科目中的一门本质上就令人作呕的学问"，被打入"十八层地狱"。1979 年 1 月 14 日，《文汇报》率先刊出思想杂谈《为广告正名》。文章对所谓"广告是资本主义生意经"等奇谈怪论进行了批驳，主张冲破社会主义报刊不能刊登工商广告的禁区。紧接着《人民日报》也发出了"必须研究广告学"的呼吁，由此揭开了中国广告崭新的一页，也预示着媒体文化世俗化时代的到来。

我们对世俗化之于流行文化作用的理解不能表面化、简单化和庸俗化。在当下中国社会发展的世俗化过程中，人们在政治文化层面上所表现出的世俗化状态是多元的：既有严肃与理性的世俗化，也有玩世不恭的世俗化；既有冷漠麻木的世俗化，也有颠狂纵欲的世俗化；既有"无知者无畏"的世俗化，也有不再"崇高"的世俗化。流行文化在当代中国之所以成为一种极富争议的文化范式，在很大程度上源自人们对政治世俗化的非理性认识或有意的误读，也源自人们由解放政治一下子转向生活政治的某种不习惯。作为当代中国流行文化的生成机制与传播动力，我们既要看到世俗化在对庸俗政治反判中的积极作用，也要警惕精神垃圾打着世俗化旗号的粉墨登场。

---

① [美] 丹尼尔·贝尔：《资本主义文化矛盾》，赵一凡等译，生活·读书·新知三联书店1989 年版，第 75 页。
② 樊星：《论八十年代以来文学世俗化思潮的演化》，《文学评论》2001 年第 2 期。

二 开放与自信的文化心态是流行文化生成的精神动力

流行文化是社会文化系统中一个文化子系统，是一种副文化形态。根据文化子系统在整体社会文化系统中的地位和影响，可以把文化分为主文化、副文化和反文化。主文化是指在一个特定社会文化体系中占主导或支配地位的文化子系统；副文化也称亚文化，是指在一个特定社会文化体系中居于从属和受支配地位的文化子系统；反文化是指与主流文化相反或反对主流文化的文化子系统，是副文化的一种极端呈现。一般说来，副文化对主文化是一种辅助与协商的关系，它反映的是社会文化多样性的一面。从一定意义上讲，一个社会副文化体系越发达，就意味着这个社会越开放。换言之，副文化的发达建立在高度开放与自信的社会文化心态之上，副文化的发达与否成为衡量一个社会文明度、开放度的重要文化指标。

历史的经验告诉我们，在开放与自信的文化心态严重缺失的年代，不可能有副文化的繁盛。数字表明，"文化大革命"时期，被誉为出版业"半壁江山"的上海，1967年全年出版图书降为319种，1968年降为273种，1969年仅为16种（且不论内容为何）。[①] 在全国的荧屏舞台上，这一时期也只有屈指可数的《地道战》等四个故事片和《红灯记》等八个样板戏，人们戏称为"四荤八素"。在这样的背景下，丰富多彩的副文化难有生存空间，所谓流行文化也以其畸形状态（"四荤八素"）流传于世。思想解放初期，流行文化在中国内地初露端倪，却是格外的步履维艰。比如港台流行音乐传入内地之初，就有人向这一新生事物挥舞起无情的大棒，认为港台流行音乐是资本主义畸形社会的产物，其中虽然也有少数民歌和思乡的歌曲，"但多数是内容消极、颓废、情调低级、庸俗的陈腔滥调之作"；认为流行音乐是"比下等还低劣的东西"，"用这样的音乐能创造高度的社会主义精神文明吗"[②]？

中国的改革开放既是经济层面的大事件，更是精神和文化层面的大事件，它培育了官方与国民开放自信的文化心态，而这种文化心态又转化为流行文化强大的精神推动力。唯有开放，我们才能拥抱世界，并通过世界反观自我，不断增强文化自醒意识，锤炼中华民族不偏食、善消化的文化之"胃"；唯有自

[①] 陈立旭：《都市文化与都市精神——中外城市文化比较》，东南大学出版社2002年版，第163页。

[②] 谭冰若、苏夏等：《对当前音乐问题的讨论》，《新华文摘》1981年第6期。

信,我们才能勇于向世界发出邀请,跨时空嫁接生命力旺盛的文化之"藤",并在大胆引入外来文化的同时,积极创生具有高度融合力的本土文化。拥有开放与自信的文化心态,就会在文化政策上鼓励文化多样性,尊重并吸纳域外不同文化的优点,正视并革除自身文化的缺陷,为非主流的流行文化的生存创造更加宽广和适宜的空间。

开放与自信的文化心态建立在开放的社会环境之中。所谓开放的社会环境,在思想文化与制度建设层面就是,在内部可以存在各种思想流派,人们的思想可以平等地相互交流、争论和批判;对于外部,不拒绝接受外来文化和思想,不故意设置各种旨在阻碍思想、文化交流的障碍,真正实现"百花齐放,百家争鸣"。一个开放与自信的文化心态还建立在"文化自觉"之上。"文化自觉"是社会学家费孝通在20世纪末提出的一个文化命题,表明的是对本土文化与域外文化所应秉持的一种理性态度。按照费孝通的说法,文化自觉是指生活在一定文化中的人要对其文化有"自知之明",也是指生活在不同文化中的人,在对自身文化有自知之明的基础上,了解其他文化及其与自身文化的关系。他强调要以容忍的、理解的、欣赏的态度对待"异文化"。[①] 显然,随着中国现代化进程的加快,当代中国已经具备了开放社会的基本条件,相对宽松的政治文化环境和开放自信的文化心态为流行文化的兴盛提供了强大的精神动力。

三 后现代文化思潮的入场是流行文化生成的思想动力

如果说世俗化是当代中国流行文化发展的政治驱动器,那么,西方后现代主义文化思潮的入场则是当代中国流行文化发展的思想助推剂。后现代文化思潮自20世纪50年代末开始逐渐盛行于欧美发达国家,80年代中后期登陆中国,并迅速形成热门话题,在思想层面对中国流行文化理论与实践产生了直接影响。作为一种文化思潮,后现代主义不是指现代主义的末期,而是为现代主义文化传统的终结所提出的一种新的历史文化分期概念。它是在一种"物极必反"的意义上提出的,是指"现代主义走向极端之后",包含了在立场上对现代主义的全面反叛和矫正。杰姆逊曾明确指出,后现代主义是晚期资本主义的文化逻辑,它和各种"终结"的感觉及某种彻底断裂的假设相关。[②] 事实上,

---

[①] 费孝通:《文化自觉和而不同》,《民俗研究》2000年第3期。
[②] [美] 杰姆逊:《晚期资本主义的文化逻辑》,生活·读书·新知三联书店1997年版,第420—433页。

作为文化分期的后现代并不是后现代主义的核心，从本质上讲，后现代主义指涉的是当代西方文化的基本精神。用美国后现代主义者格里芬的话说："如果说后现代主义这一词汇在使用时可以从不同方面找到共同之处的话，那就是，它指的是一种广泛的情绪，而不是任何共同的教条———一种认为人类可以而且必须超越现代的情绪。"[1]

后现代文化思潮在西方的兴起有其深刻的社会与文化背景。主要原因在于，一是作为西方社会变革思想武器的现代主义发生了严重危机；二是当代西方严峻的社会现实击碎了人们的美好梦想，使社会文化心理发生了质的嬗变。经历了20世纪上半叶的种种劫难，在失去了赖以生存的"精神家园"和"自然家园"之后，西方社会开始反思人的存在价值，开始审视资本主义的发展逻辑，开始批判资本主义所信奉的意识形态。后现代文化思潮就是在对当代西方文化的忧思和历史的诘问中产生。反叛与解构是后现代主义的突出特征，也是后现代文化思潮的价值所在。后现代主义对"消解中心"和"不确定性"等核心价值的强调，是对现代主义秉承的终极价值与绝对化的反叛，具有积极的文化意义。后现代文化具有突出的两面性。一方面，它在填平精英文化与大众文化鸿沟的同时，还填平了艺术与生活的鸿沟。艺术成为人们日常生活的一部分，使人们的日常生活变得更富有艺术情趣和审美格调。另一方面，后现代文化又以反叛与解构的价值观和极端化的表现手法诠释人类社会，以玩世不恭的消极态度宣泄着"另类"文化情绪。这样的反判与解构是一种"过正"的"矫枉"，很容易滑向文化怀疑主义和虚无主义。

中国是一个欠发达国家，缺乏生成后现代主义的社会条件与思想资源，但这并不意味着后现代文化思潮对中国没有影响。在全球化的今天，文化思潮的扩散与渗透是不可阻挡的。特别是处在文化转型期的中国，与世界"接轨"的情结随处可感，对西方发达社会一切新潮的东西都有一种"拿来主义"的急切心态，无论是否被误读，是否会水土不服、食洋不化，一律移植过来为我所用，并且总能自圆其说与发扬光大。后现代思潮的入场即是如此。在中国，后现代思潮的入场并不止步于哲学思辨层面，而是通过具体的文化行为最直接地展示出来，其典型当然就是大行其道的流行文化。如果说一种新的文化范式或文化精神的生成皆由内源性或外源性两大因素决定，那么，后现代文化思潮就是当代中国流行文化生成在思想层面的一个重要的外

---

[1] 转引自李惠国、黄长著主编《流变与走向——当代西方学术主流》，社会科学文献出版社2001年版，第2—3页。

源性因素。流行文化是后现代文化精神的体现,它和后现代文化思潮在精神品格上是同一的。杰姆逊就曾说,后现代时期"高级文化和所谓大众或商业文化间的旧的界线被取消了",后现代时期的文化就是大众文化,是"诸如电视连续剧和读者文摘文化,广告和汽车旅店,夜间节目和二流好莱坞电影以及各种所谓的准文学,等等"。①

以反叛与解构为主要特征的后现代文化思潮,之所以成为中国流行文化生成的思想动力,原因之一在于这种文化思潮契合了当代中国民众普遍存在的"去抑制"心理情绪,流行文化是实现"去抑制"的一种有效的文化途径。长久以来,正统的雅文化是中国社会的主流文化,这种带有形而上价值认同的严肃精神产品所追求的是深层的意义或永恒的价值。对雅文化的创造和欣赏都要以严肃的、高雅的、审美的态度对待,需要反复玩味甚至痛苦思索。对普通民众而言,这种文化带有强烈的精神抑制性,与大众审美情趣相去甚远。而体现后现代文化精神的流行文化则不同,它不仅是对雅文化的反叛与解构,而且其生产与消费深受商品逻辑支配,与游戏的、调侃的、日常的文化态度相适应,是一种没有深度体验、没有历史感且人人可以参与和效仿的文化形态。在后现代文化思潮驱动下,流行文化的展示价值大大消解了雅文化的膜拜价值,普罗大众真正成为文化的主角,使一幕幕文化"嘉年华"火爆上演。

四 消费社会与消费主义文化是流行文化生成的市场动力

长久以来,在人们的传统意识里总是把文化理解成具有精神特征和价值特征的存在物,而与人们现实的日常生活和行为,尤其是经济生活和行为保持距离。然而流行文化却与以往任何一种文化现象不同,它具有鲜明的商品性特征和消费主义倾向。正是消费社会形成的消费主义文化培植并推动了流行文化的兴盛(关于这一点将在本书第四章第一节讨论)。

现代消费早已脱离了原始义涵,不同于经济意义上对物品的消耗。它是一种发生在消费社会的、跨越温饱的、富含精神象征意义和具有高度选择性的文化行为。消费主义文化是出现在西方社会的一种生活态度和文化思潮,是一种以市场为动力,以消费至上价值观为核心的消费行为与文化观念,或者说它是现代消费行为在文化层面的显现。消费主义产生于 20 世纪二三十

---

① 王岳川、尚水:《后现代主义文化与美学》,北京大学出版社 1992 年版,第 75 页。

年代的美国，五六十年代开始向西欧、日本等国扩散，随之，对消费主义文化特征的研究也日趋盛行。消费社会的到来为消费主义文化提供了物质基础。事实上，消费社会并不是人类社会发展中的一个典型的社会形态，而是人们对当代社会生活状态的一种描述和解释。消费社会也并没有一个明确的时间起点，它是一个历史演进的过程。自20世纪以来，西方国家的科学技术取得巨大进步，工业生产飞速发展，生产力得到极大提高，西方社会已逐渐从生产型社会转型为消费型社会。尤其是第二次世界大战以后，西方国家社会发展迅速，商品极大丰富，人民生活水准大幅提高，进入了一个大众消费的时代。美国社会学家乔治·瑞泽尔谈道："总的来说，经济正在经历从以福特主义的制造性工作为主向以后福特主义的服务性职业为主的转变。更进一步看，人们似乎更少地强调生产而更多地强调消费，我们正在目睹一种'消费社会'的出现。"[1] 在消费社会中，消费充分强化了物对人的支配性和人对物的依附性，趋向于把消费当作一切经济活动的最终目的和最大利益，整个经济、社会和文化制度被一种消费商品的动力所支配和渗透。在这一新的消费社会里，人们不仅可以消费物质，而且还可以消费形象、消费精神资源与符号资源。总之，一切具有价值的东西，无论是使用价值、交换价值还是符号价值均可纳入消费与再生产。流行文化正是为满足人们在消费社会形形色色的消费需求应运而生，是消费的力量催生了流行文化，进一步看，流行文化就是消费文化，就是消费主义文化。

中国流行文化兴起和发展的语境虽然和西方国家不尽相同，但也和消费主义这一全球性文化观念与生态环境密不可分。中国虽然是一个发展中国家，但自社会主义市场经济体制确立以来，现代化建设不断推进，经济社会发展告别了长期以来的短缺匮乏状态，进入小康和富裕阶段。专家认为，20世纪90年代中后期是中国经济的一个分水岭，其突出特征是从短缺经济发展到饱和经济、从卖方市场转变为买方市场。2006年中国人均国民总收入突破2000美元，这标志着中国已由低收入国家步入中等收入国家行列。按照恩格尔的观点，随着国民收入的上升，家庭用于食品的费用支出比例开始下降，边际增长额首先用来购买耐用消费品，然后就是用于奢侈品、娱乐等方面。事实证明，随着恩格尔系数的不断下降，中国城乡居民用于非直接生存性消费明显增大，文化产品消费比重逐步增长。恩格尔系数的下降不仅为流行文化的兴盛提供了物质环境，而且使流行文化的消费性得以彰显。

---

[1] ［美］乔治·瑞泽尔：《后现代社会理论》，谢立中等译，华夏出版社2003年版，第49页。

消费主义文化的实质或曰旨归是市场，市场这只无形之手培育并操控着消费行为，也培育并操控着流行文化。市场经济不仅具有巨大的经济魔力，还具有巨大的文化价值。就流行文化而言，这种文化价值体现在两个方面：其一，市场经济制度将人从一切非经济的依附关系中解放出来，还人以独立自主的现实性存在，为人们富有个性化的文化追求提供了可能性。其二，市场经济制度培育了包括流行文化在内的新的文化形态，为经济的文化化与文化的经济化创造了条件。流行文化既具有文化属性，也具有经济属性，作为一种特殊的文化形态，它集中体现了经济的文化化与文化的经济化特征。文化经济是一个相对于物质经济而言的新概念，是对流行文化这一极富消费性的新型文化形态身份的市场确认。文化经济是指以文化观念产品的生产和消费为产业主体支柱的经济，是以创造和销售某种文化观念、文化符号和提供文化服务为主的产业。约翰·费斯克在提出"文化经济"这一概念时指出，在消费社会中，所有的商品既有实用价值，也有文化价值。"在文化经济中，流通过程并非货币的周转，而是意义和快感的传播。"[1] 没有市场经济制度的确立，没有消费社会的出现，没有消费主义文化的形成，流行文化就失去了其生存空间与市场动力。

最典型的莫过于商业广告这种流行文化现象。丹尼尔·贝尔就指出："在迅速变化的社会里，必然会出现行为方式、鉴赏方式和穿着方式的混乱。社会地位变动中的人往往缺乏现成的指导，不易获得如何把日子过得比以前'更好'的知识。于是，电影、电视和广告就来为他们引路。在这方面，广告所起的作用不只是单纯地刺激需要，它更为微妙的任务在于改变人们的习俗。妇女杂志、家庭指南以及类似《纽约客》这种世故刊物上的广告，便开始教人们如何穿着打扮，如何装潢家庭，如何购买对路的名酒——一句话，教会人们适应新地位的生活方式。"[2] 如果说当代社会就是消费社会，那么流行文化就是消费文化，而商业广告则是消费文化中最活跃的因子，是消费时代典型的欲望叙事（这一点将在本书第四章第三节讨论）。广告既是商业传播行为，也是文学/文化行为，广告在促进经济发展的同时，也给人们带来了一场场文化饕餮盛宴。

---

[1] [美] 约翰·费斯克：《理解大众文化》，王晓珏、宋伟杰译，中央编译出版社2001年版，第33页。

[2] [美] 丹尼尔·贝尔：《资本主义文化矛盾》，赵一凡等译，生活·读书·新知三联书店1989年版，第116页。

五　城市化、城市精神与休闲是流行文化生成的社会环境动力

城市是人类文明的结晶，是文化的空间化，表征着一种别样的生活方式。在所有的文化样态中，流行文化与城市特性结合得最为紧密，是伴随城市化进程不断成熟的文化。流行文化本质上就是现代城市文化，是现代城市生活方式在文化层面的体现（将在本书第五章第一节讨论）。所谓城市化，是指人类进入工业社会以后，社会经济的发展开始了，农业活动的比重逐渐下降、非农业活动的比重逐步上升的过程。与这种经济结构的变动相适应，出现了乡村人口的比重逐渐降低、城镇人口的比重稳步上升，居民点的物质面貌和人们的生活方式逐渐向城镇性状转化或强化的过程，这是一种复杂的社会、经济与文化变迁的过程。

从发生学角度看，近代城市是在摆脱乡村统治的斗争中成长与发展起来的。封建城堡对城市管理的放松，使城市在一种相对自由的环境中生长发育起来。这里没有封建领主，没有人身依赖，自由择业，成为一种自由混居地，一种相对摆脱乡村封建人身依附关系的生存空间，意味着人的肉体与精神的自由解放。城市化的过程也是世俗化的过程，是"祛魅"与寻求精神自由的过程。德国学者斯宾格勒对城市的精神自由曾予以充分的肯定，他说："城市是才智，大城市是自由的才智。"在这里"起作用的不是居民的数目而是精神"。[①] 他认为，一种文化的每个青春时期，事实上就是一种新的城市类型和市民精神的青春时期。[②]

根据一种文化功能论的观点，文化乃是人类适应环境的产物，具有自组织功能。如果说村落文化是人类由游牧狩猎生活走向定居生活所产生的文化形态，适应于相对封闭的社会环境，那么，流行文化则是人类由乡村生活走向城市生活所产生的文化形态，适应于相对开放的社会环境。开创了市民社会心理研究先河的德国社会学古典大师西美尔，曾为我们分析以流行文化为主体的城市文化特征提供了早期的理论视角。在《大都会与精神生活》一文中，西美尔第一次比较系统地研究了城市生活的社会心理。他指出，人们在都市生活中会发现，保持个性乃是一件十分困难的事情。因此，在都市环境中，个人有必要

[①] ［德］奥斯瓦尔德·斯宾格勒：《西方的没落》上，齐世荣译，商务印书馆1995年版，第209—210页。

[②] 同上书，第201页。

被夸大,夸大到足以被自我所认识。"人们被引诱去采用最具有特定倾向的怪异,也就是都市中夸张的癖性、反复无常和矫揉造作。但这些夸张所具有的意义并不在于它们这种行为的内容,而在于它要'与别人不一样'的形式,在于它以惊人方式吸引注意力的那种醒目之中。对许多性格类型来说,为他们自己保留一点自尊以及占有一席之地的感觉,只有通过别人的注意才能达到。"① 城市生活的这一特殊心态为流行与时尚提供了适宜的文化土壤。

　　城市化的推进为城市大众生活方式的改变提供了可能。从世界范围来看,20 世纪 90 年代以来,城市社会逐步进入休闲时代。休闲活动是人们在完成社会必要劳动时间后,为满足多方面的精神文化需要而自觉进行的一种文化创造与文化欣赏的社会活动。休闲以其独有的文化意蕴诠释着人的崭新生活方式与生命状态,是当代流行文化兴盛的又一重要社会背景与动力。总的说来,城市化、休闲生活方式与流行文化在内在精神品格上是相通甚至是一致的。美国休闲学家戈比认为:"休闲是从文化环境和物质环境的外在压力中解脱出来的一种相对自由的生活,它使个体能够以自己所喜爱的、本能地感到有价值的方式,在内心之爱的驱动下行动,并为信仰提供一个基础。"② 广义的休闲是指"人们以自身的生活方式愉快地、自愿地去做的事情"。③ 关于休闲动机,学者们提出有五种类型:一是发散剩余能量动机,即工作后仍有不少剩余的能量,欲在休闲中发散;二是休养动机,即在非常繁忙、紧张、疲劳时,欲在休闲中获得解放,恢复本来的状态;三是消除不满动机,即在工作中遇到不满,或产生消极情绪(愤怒、失败、挫折)时,欲在休闲中"净化",从而消除不满;四是补偿动机,即在工作中没能实现的愿望,欲在休闲中实现;五是工作延长动机,即在休闲中也进行同工作一样形态的活动,将休闲当作积极强化工作的手段。④ 无论是从休闲的定义还是从休闲的动机上看,流行文化都与休闲密切相关,流行文化不仅是休闲生活方式的核心样态,也是调节休闲与劳作的文化平衡器。

　　中国作为一个高速发展的发展中国家,城市化进程正在稳步推进。从经济、文化与社会发展的总体水平看,目前我们距离休闲时代的全面到来还尚需时日,但这并不意味着中国不存在休闲生活和休闲文化。尽管经济的发展是制

---

① [德]齐奥尔格·西美尔:《时尚的哲学》,费勇等译,文化艺术出版社 2001 年版,第 196 页。
② [美]杰弗瑞·戈比:《你生命中的休闲》,康筝等译,云南人民出版社 2000 年版,第 14 页。
③ [美]杰弗瑞·戈比:《21 世纪的休闲与休闲服务》,张春波等译,云南人民出版社 2000 年版,第 1 页。
④ 转引自张国良《新闻媒介与社会》,上海人民出版社 2001 年版,第 272 页。

约休闲的基础性因素，但休闲作为一种生活态度与生活方式具有内在的生成与发展逻辑。事实上，在中国城市休闲生活早已开启，以1995年实行5天工作制为标志，今天城市居民的日常生活已有1/3的时间在闲暇中度过。闲暇是流行文化得以产生和发展的必要前提，没有人们可以自由支配的闲暇时间，没有休闲的社会环境，没有人人都可享有的休闲权利，流行文化就失去了存在基础。相对于高雅文化而言，休闲生活与流行文化的联系更为密切，休闲生活对流行文化的多样化与娱乐性也提出了更高的要求。事实上，休闲与流行文化互为主体，一方面休闲是流行文化得以产生和发展的社会环境要素，另一方面，休闲也是流行文化的核心内容与表现主题，流行文化所彰显的就是一种具有休闲内涵的生活方式与文化意境。从这个意义上说，休闲文化与流行文化是异体同构。[1]

六 社会中间阶层与青年亚文化是当代流行文化生成的群体动力

由社会心理学家K.卢因创立的"群体动力学"，是我们阐释流行文化生成机制与传播动力的一个理论框架（将在本书第五章第二节讨论）。卢因认为，心理学家也可以像物理学家研究诸如重力之类的作用力一样，对形成人类行为的作用力进行量的分析。群体动力学主要研究团体与个体之间的关系，尤其致力于揭示团体规范对个体行为的制约与影响。从群体动力学角度看，作为社会的人，都在主客观上存在于（或者把自己认同于）某种特定的社会群体之中，孤立的个人是难以甚至无法在社会中生存的。作为群体必然要有群体意志、群体规范与群体价值观。显然，群体的文化选择在很大程度上制约和影响着群体成员的个人文化倾向。这种制约和影响机制以正式制度和非正式制度形式表现出来，或直接或间接，或即刻或潜在地对群体成员发挥着作用，这就是一种群体动力的客观存在。卢因最早应用群体动力学理论指导传播研究，发现传播对象并不像"魔弹论"所说是一个孤立的靶子，而是受到自身所属社会团体的规范影响。

卢因的群体动力学理论，为我们揭示了一个在今天看来比较容易理解的社会心理现象。同时，这一理论也引导我们开始从社会分层的角度切入流行文化生成机制与传播动力研究。实践表明，流行文化的创造、传播与消费同社会阶

---

[1] 孙瑞祥：《当代中国流行文化生成的动力机制——一种分析框架与研究视角》，《天津师范大学学报》（社会科学版）2009年第3期。

层的划分有着紧密的联系，具有不同社会身份的人在创造或享用流行文化产品方面具有不同的特点。虽然说流行文化就是大众的文化，适合于最广泛的社会人群，但事实上，流行文化同样具有鲜明的对象性，城市中最活跃的分子（文化先锋）是流行文化的直接制造者、传播者与享用者，是他们引领着流行文化的走向。对流行文化行为主体的身份识别，有赖于一个得到广泛认同的阶层分类框架的确定。说到底，人是文化生成机制与传播动力的核心，唯有人具有生成与推动文化的特异功能。而作为社会的人，都存在于某种特定的社会身份之中，不同社会身份的人在推动形态各异的文化方面具有不同的能力与优势。因此，从社会分层角度分析不同社会身份的人与流行文化的相关性就成为一个有意义的论题。

　　研究表明，现代社会与传统社会在阶层结构上的一个重要区别，就在于现代社会出现了一个庞大的社会中间阶层（或称为中产阶层、中产阶级）。所谓中间阶层，并不是对某个单一社会阶层的具体指称，而是对若干具有相似特征，特别是收入处于中等或中等以上水平的阶层的统称。笔者之所以关注社会中间阶层群体的划分及其当代走向，是试图从文化社会学视角解读它与流行文化的关联性（关于这一点将在本书第五章第二节讨论）。概括地讲，一个庞大的社会中间阶层的形成，既是维持社会稳定的一支重要的政治和经济力量，同时也是引导社会精神文化潮流的一支重要的社会力量，这支力量在相当程度上规约着今天流行文化的特征与走向。

　　中国中间阶层的形成有两个基本特点：一是中间阶层的分布呈现一定的区域性，主要集中在沿边沿海地区和经济发达的大中城市，在北京、上海等地居民中甚至出现了白领职业群体超过蓝领职业群体的现象。二是中国目前尚未形成中间阶层占主体的社会结构。虽然在中国中间阶层数量很少，但由于他们大部分都集中在发达城市的政府、媒体及新兴产业等重要的或前沿性部门，所以，他们的生活方式和价值取向在很大程度上直接影响着公众，在流行文化中，他们无疑是一群开风气之先的人。中间阶层作为社会"强势群体"具有与众不同的文化格调，他们创造的消费行为模式、生活方式以及社会价值态度，具有极高的社会示范性。

　　青年亚文化是社会分层的另一个视角（将在本书第五章第三节讨论），中间阶层与青年亚文化，是一个话题的两个方面，共同点在于中间阶层与城市青年都是流行文化的创造主体。中间阶层与城市青年在身份识别上既有重合又有差异（比如，城市青年包括在校大、中专学生，但中间阶层不涵盖这些学生，因为有稳定的职业和独立的经济来源是中间阶层的重要指标），是两种不同的文化坐标体系。城市青年作为城市聚落中一个具有特定年龄段的群体，他们在文化观念与行为上具有其他社会群体所不具备的特质，特别是在对流行文化的态度与流行文化消费方面，在他们身上所表现出的个性化具有更突出的典型性。从一定意义上讲，流行文化就是城市青年的文化，或者说，城市青年与社会中间阶层共同代表和引领着流行文化以及未来的潮流。在校大学生是一个特殊文化群体，是城市青年亚文化的典型代表。在精英教育时代，作为高等学府，大学校园与世俗社会存在一道天然屏障，大学生是"躲进小楼成一统"的"天之骄子"，与普通城市青年在文化选择上存在鲜明差异。但随着中国高等教育的快速发展，大学教育已进入大众化阶段，由此给大学校园也带来了深刻变化。如今，大学校园已成为反映城市青年亚文化的晴雨表、流行文化的策源地，大学生已成为引领时尚的急先锋。研究当代中国流行文化生成机制与传播动力，如果撇开在校大学生群体，就是一种严重缺欠。

七 大众传媒的议程设置是当代流行文化生成的传播动力

大众传媒对流行文化的生成与繁盛起着重要的影响与推动作用，关于这一点人们是有共识的。问题在于这种影响与推动的内在作用机理是怎样的，这还需要我们进一步加以研讨。这就涉及了大众传媒的社会功能这一讨论已久的话题。早在19世纪晚期，随着报业在西方的发展，一些学者已敏感地意识到大众传媒对社会变革具有的重大意义。哲学家、社会学家约翰·杜威对传播现象就予以了特别关注，他的一个重要思想便是"大众传播是社会变迁的工具"[①]。1915年，杜威在《民主与教育》一书中写道："社会不仅是由于传递、传播而得以持续存在，而且还应该说是在传递、传播之中存在着。……人们因共有的事物而生活于一个社会中，传播就是人们达到共同占有事物的手段。"[②] 1897年，社会学家库利在《社会变革的进程》中，深入探讨了传播的意义，认为社会因素对个人行为和性格的形成影响较大，社会变革的进程主要由社会环境的演化来决定，"而现存的传播系统决定着环境的范围……社会是人与人之间的相互发生影响；因为这种影响正是由传播所形成的，所以传播的历史是所有历

---

① ［美］埃弗里特·M. 罗杰斯：《传播科技学理》，庄克仁译，中国台湾正中书局1988年版，第97页。

② ［美］丹尼尔·杰·切特罗姆：《传播媒介与美国人的思想——从莫尔斯到麦克卢汉》，曹静生、黄艾禾译，中国广播电视出版社1991年版，第117页。

史的基础"①。

1948年,传播学奠基人之一、美国政治学家拉斯韦尔在《传播在社会中的结构与功能》一文中,运用社会学的结构功能理论,把整个社会比拟成生物有机体,提出了传播活动对于社会的存续和发展所具有的三大基本功能:一是监视环境的功能。无论什么时代,人类都必须不断地监测、了解自己生活的环境。大众传媒是实现环境监视最便捷的途径,它能开拓个人的视野,为社会与个人行动提供依据。传播学的集大成者施拉姆则把传媒的这种功能形象地比喻为"社会雷达"。二是协调关系的功能。这主要是指把社会的各个部分、各个环节、各种因素整合为一个相互协调的有机整体,以应付环境的变化和挑战,帮助个人了解世界上正在发生的事件的意义。三是传承文化的功能。大众传媒具有传承社会文化的功能,使社会的精神遗产,如科学知识、文学艺术、价值观念得到继承和发扬。过去,传承文化的职责主要由家庭、学校担当,所以这一功能也可视为教育功能。拉斯韦尔的"三功能说",指的是包括人际传播、群体传播、组织传播在内的一切社会传播活动的基本功能。这当然不是一个周全的概括,至少是忽视了传播的愉悦功能。中国传播学家张国良教授为此评论道:"原因在于,拉斯韦尔的兴趣偏重于政治、宣传,对娱乐就视而不见了。不管怎样,这是不应有的疏漏。"② 美国社会学家 C. R. 赖特在1959年发表《大众传播:功能的探讨》一文,对拉斯韦尔的三功能学说作了重要的补充,增加了"提供娱乐"这一新的功能。他指出,传播还具有娱乐的功能,即通过传播而使人获得一种满足与快乐感。从此,传播的四大功能说成为经典。

关于大众传媒的娱乐功能,还要特别提到美国心理学与传播学家威廉·斯蒂芬森提出的"游戏理论"。1967年,斯蒂芬森在《传播的游戏理论》一书中,把人类的所有行为分为工作与游戏两种,进而把传播也分为工作性传播与游戏性传播两种。他认为,与其从功利出发把传媒当成工具,不如以游戏为目的,把传媒视为玩具,传媒几乎所有的内容都含有游戏和娱乐的成分。现代社会激烈的竞争加大了人的精神压力,疏远了人与人的关系,传媒无疑是一个可供选择的情绪发泄渠道,它的娱乐功能具有发泄情绪的替代性作用。他认为,在人类的传播活动中有相当大的一部分是为了人类自身的满足和快乐,这一部分可以称为"游戏",从某种意义上来说,人类的传播源于人类追求快乐的本

---

① [美]丹尼尔·杰·切特罗姆:《传播媒介与美国人的思想——从莫尔斯到麦克卢汉》,曹静生、黄艾禾译,中国广播电视出版社1991年版,第104页。
② 张国良:《现代大众传播学》,四川人民出版社1998年版,第68页。

能，传播并不只是人类实现某种社会性改变的工具性行为，它只是为人类提供一种满足感和快乐感。人们的社会性活动（工作）是全体社会成员和所有社会机构的职能，大众传播虽然也是其中的一部分，但大众传播媒介不应将关注的重心放在"工作"上，而主要是为人们进行一种"传播"——一种以提供愉快为主的活动。社会越是进步，大众传播媒介的这一游戏功能就越突出，也越受社会的注意。因而，他还认为大众传播理论并不是信息的理论，而是游戏的理论。[①] 总体上看，斯蒂芬森的大众传播游戏论从过去人们不够重视的层面，强调了大众传播的消遣功能。这一观点的提出，促进了人们对大众传播娱乐性内容和形式的关注。虽然他的言词有些以偏概全，过分突出了游戏在传播中的地位，但不能不说他的观点具有一定的前瞻性，至少对于今天我们认识流行文化与大众传媒的关系是有帮助的。

以上都是有关大众传媒的一些基本功能的阐述，这些观点早已获得广泛共识。对于把握大众传媒影响与推动流行文化的内在作用机理而言，20世纪70年代初"议程设置"理论的问世，让人耳目一新，成为解释流行文化生成动力机制一个特别有用的理论工具。1972年，美国传播学家马克斯韦尔·麦考姆斯和唐纳德·肖在《舆论季刊》上发表《大众传播的议程设置功能》（"The Agenda-Setting Function of Mass Media"）一文，首次明确提出了"议程设置"理论，引起学界极大反响。这一论点的提出基于他们在1968年进行的有关大众媒介议程设置作用的实证性研究。当时美国正值总统竞选活动期间，他们调查了部分选民心目中所重视的主要社会问题，分析了他们所接触的大众传媒的讯息内容，然后将两者的结果加以对比，成功地验证了大众传播的议程设置作用的理论假设。议程设置功能理论的提出具有重要的意义。此前的许多研究主要是从个人态度改变的角度考察大众传播效果，并且不恰当地得出了大众传播的影响和效果"无力"或"有限"的结论。议程设置功能理论则从考察大众传播在人们的环境认知过程中的作用入手，重新揭示了大众传媒的有力影响，为效果研究摆脱"有限论"的束缚起了重要的作用。该理论暗示了这样一种媒介观，即传播媒介是从事"环境再构成作业"的机构。也就是说，传播媒介对外部世界的报道不是"镜子"式的反映，而是一种有目的的取舍选择活动。正是由于大众传媒具有议程设置功能，所以许多被称为"媒介事件"或"媒介文学事件"的流行文化现象得以发生（关于这一点将在本书第四章第二节讨

---

① ［美］威尔伯·施拉姆、威廉·波特：《传播学概论》，陈亮等译，新华出版社1984年版，第29页。

论）。

当然，议程设置功能在此只是代表传媒影响力的符号之一。大众传媒的动力生成机制是一个复杂系统，由传媒内外环境和社会心理等多种要素聚合而成，是个人、群体、组织乃至权力与权利等各种要素之间角力、博弈的结果。但尽管如此，在今天"媒介化"生存环境中，由"媒介依赖"所导致的"媒介崇拜"（将在本书第二章第三节讨论）确实存在于相当广泛的社会人群之中。大众传媒提供的消息和展现的社会图景，在很大程度上直接或间接左右着人们的文化态度与行为决策，这也是不争的事实。

第二章
流行文化与时尚潮流的传播动力

本书在绪论中已谈到，流行文化生成与繁盛的"动力源"构成复杂，有源自主流与非主流意识形态的政治驱动、有源自不同利益集团的经济驱动、有源自当下社会思潮与社会心理的文化驱动，等等。本书在综合分析流行文化动力源基础之上，重点讨论来自大众传播动力源的驱动作用问题。所谓大众传播动力源，就是把大众传播视为一个可以相对独立地发挥作用的社会动力系统，这一动力系统能量巨大，对流行文化的生成、繁盛与抑制起到难以替代的作用。本章站在大众传播动力学立场，讨论流行文化与时尚潮流的传播动力问题，也就是探讨大众传媒如何影响（推动、抑制）当代中国流行文化的生成、发展与走向。本章从对文化与流行文化辨析入手，提出了流行文化的基本概念与特征；运用传播社会学理论分析了时尚潮流的当代特征与扩散机制；从历时性与共时性两个维度，综合地阐释了流行文化的传播动力及其动力来源与成因。

第一节 流行文化理论辨析

一 文化是人的第二本性

文化学者经常要面对人们的一个提问，那就是"文化是什么"。如果回答"文化是指人类创造的一切"，这似乎有些过于笼统和含糊。而要把文化讲清楚，却也存在几分困难。其实出现这种情况的原因并不是因为"文化"这一词汇本身多么艰深，以至于我们难以用简明的语言来表述。恰恰相反，因为文化是我们日常生活的一部分，是司空见惯的寻常之物，是人的第二本性（第一本性是人的自然性），因为太熟悉而又缺少一个"陌生化"过程，反倒让我们不知如何表述为好。文化学者衣俊卿有言："一方面是丰富多彩、活生生的文化以其顽强的生命力和内在精神支撑这悲欢离合、酸甜苦辣的红尘人生，默默地谱写着世世代代循环往复、生生灭灭的历史；另一方面则是人对自己的文化的漠然无知。"① 对文化的"漠然无知"当然有些言重，但缺乏深刻的理性认知却是事实。文化的日常性与对文化感知的陌生性，既彰显着文化的丰富内涵，也恰恰说明有必要对文化进行再启蒙。其实在文化研究史上，从来就没有单纯意义上的文化研究，也没有单纯意义上的文化学科。"文化这个概念很吸引人，但也常常令人迷惑，因为它被以若干不同的方式使用着。在不同的语言、不同的学术传统中，它的侧重点也不一样，文化理论的一个重要任务就是指出文化及其相关概念的含义在历史上发生了怎样的变化。"② 本书核心话题是流行文化，流行文化研究的逻辑起点当然是文化，对文化关键词的理论梳理与解析，是展开流行文化研究的基础。

从文字学角度看，"文化"一词在中西典籍中均为古已有之。在中文里，"文"字的本义是指各色交错的纹理。《易·系辞下》云："物相交，故曰文。"许慎在《说文解字》中认为："文，错画也，象交叉。"由此衍生，"文"遂有文字、文章之义。"化"字的本义是指事物运动的变化过程。《易》曰："男女构精，万物化生。""文""化"合用则见于《易·贲卦》："观乎天文，以察时变；观乎人文，以化成天下。"在这里，天文与人文相对，天文是指天道自然，人文是指社会人伦。显然，文化从最初的联用便有了文治与教化之义。"文化"作为一个词组最早出现在西汉时期，刘向在《说苑·指武》中有"凡武之兴，为不服也，文化不改，然后加诛"。这里的"文化"指的就是文治教化，与"武功"相对而言。西语中"文化"（culture）一词主要来源于拉丁文"cultura"，原义为对土地的耕作及对动植物的培养，以后又逐渐演进为对人的身心培养、教育、信仰、发展等含义，是与自然存在的事物相对而言的。《牛津词典》把1510年作为文化的人文用法在英语中首次出现的时间，可见其历史也十分久远。从总体上看，中国古代侧重于从文治教化的层面界定文化，重在"过程"；西方则侧重于从物质技艺的层面界定文化，重在"结果"。早期东西方对文化的理解虽有差异，但其共同点也十分明显，那就是都将文化视为

---

① 《文化哲学——理论理性和实践理性交汇处的文化批判》，云南人民出版社2001年版，第3—4页。
② ［英］戴维·钱尼：《文化转向：当代文化史概览》，戴从容译，江苏人民出版社2004年版，第2页。

人类所特有的观念形态与行为方式。

关于文化的现代含义，在学界至今仍是一个尚无定论的话题。学者有言："围绕文化概念的普遍争论使得今天仍然无法得出一种'确切的'定义。像'文化'这样涵盖广泛的词，我们不能指望单单通过仔细的界定就可以把握其真谛。"[1] 英国文化研究理论家雷蒙·威廉斯在其《关键词：文化与社会的词汇》中指出，"文化"是英语中两三个比较复杂的词汇之一，他用大量篇幅解释了"文化"这一词汇的源流与含义。[2] 从19世纪文化作为一个学术概念问世以来，学界围绕着文化的含义、特征、内容及分类等问题一直争论不休。用来界定和说明文化本质的范畴更是五花八门，举凡观念、信仰、习惯、知识、艺术、科技、器物、道德、语言、礼仪、宗教、价值、行为、态度、气质、符号、理想、意义、情感、生活方式，等等，都成为表征文化涵盖对象的关键词。造成对文化的理解意见分歧的原因是多方面的，既有学科体系的定位归属与学术派别之争，也有方法论与意识形态的相悖，还有民族国家风俗习惯与语言表达方式的差异等。有学者指出，在文化研究史上，对于文化内涵的揭示基本上是顺着某类学科而来的，是为了说明在某一学科视域中的文化现象的。马克斯·韦伯说过，人是悬在由他自己所编织的意义之网中的动物，而文化就是对这些意义的解释系统，人类的生活现象在这一解释系统中得到认定和说明。而不同的学科背景、学术立场会导致对文化的不同解释，或者形成对文化不同层面的认识，这也导致了文化概念的内涵不断繁杂和丰富。[3] 凡此种种，都给我们界定文化并达成共识造成了一定的困难，这也恰恰说明，文化作为人的第二本性是人类社会的一种复杂存在。

早在18世纪，德国的启蒙思想家赫尔德尔就在其名著《人类历史哲学概要》中，对文化的基本特征作过较为系统的描述性分析。不过，文化的真正学术性意义，是19世纪以来随着社会学、人类学的不断发展与成熟而被赋予的。谈到文化理论研究的演进史，我们必须要提到英国文化人类学家爱德华·伯内特·泰勒（E. B. Tylor），是他在1871年出版的《原始文化》一书中，第一次把文化作为一个核心概念提出。他将文化的含义系统地表述为："文化，或文明，就其广泛的民族学意义来说，是包括全部的知识、信仰、艺术、道德、法

---

[1] ［美］约翰·R. 霍尔、玛丽·乔·尼兹：《文化：社会学的视野》，周晓虹等译，商务印书馆2002年版，第18页。

[2] ［英］雷蒙·威廉斯：《关键词：文化与社会的词汇》，刘建基译，生活·读书·新知三联书店2005年版，第101—109页。

[3] 转引自贾明《现代性语境中的大众文化》，上海人民出版社2007年版，第16—17页。

律、风俗以及作为社会成员的人所掌握和接受的任何其他的才能和习惯的复合体。"[①] 泰勒的文化定义被认为是关于文化研究的一个分水岭。因为在这一定义中,文化成为人类经验的总和,并涉及每一个社会成员,这不像此前的种种定义或多或少地偏向于某一侧面,或是成为某一阶层的专利。泰勒的定义虽然也是描述性的,但却第一次给予文化整体性的概念,这为后来的社会学家、人类学家研究文化现象框定了一个基本的范围。自泰勒以后,文化理论研究成为一个热点,有关文化的解说日渐增多。比较权威并系统归纳出的文化定义,源自《大英百科全书》中引用的美国著名文化人类学家克罗伯(A. L. Kroeber)和克拉克洪(C. Kluckhohn)1952年出版的《文化:对于观念与定义的评论》一书。该书共收集并分析了从1871年到1951年80年间有代表性的文化定义164条,其中162条为英文定义。这些定义分别由世界上著名的人类学家、社会学家、心理分析学家、哲学家、化学家、生物学家、经济学家、地理学家和政治学家提出,对文化的解说可谓见仁见智。在中国,20世纪以来不同时期的学者们对文化也都给予了不同程度的理论关注。比如,梁漱溟早在20世纪20年代就提出,文化乃是"人类生活的样法"[②]。他把人类生活的样法分为精神生活、物质生活和社会生活三大内容。1920年,蔡元培在湖南就文化问题发表演讲,提出"文化是人生发展的状况"[③]。梁启超、胡适等学术大家都对如何理解文化发表过高见。

虽然人们对文化定义的表述方法不尽相同,但迄今为止人们对文化内涵的理解还是可以达成共识的。不论文化的本质规定如何之多,文化的界定大致可以归纳为四种指向:一是历史层面的指向,文化标志着前人所创造的人工产物的历史积淀,亦即文化遗存;二是精神层面的指向,文化侧重于描述人类的心理特质如人格、审美观、价值取向和生活态度等;三是非自然层面的指向,这意味着文化主要用来说明人对自然产物的加工、改造、利用及其历史性成果;四是地域层面的指向,它从文化地理学视角出发,表征着世界不同部落、民族、国家、地区等社会文化区域所拥有的不同生存方式、生活样法和风俗习惯。

按照文化的基本性质与功能的不同,我们还可以把文化分解为物质文化、规范文化和认知文化三种类型。物质文化通常指通过有形的物质实体而反映出来的文化,它包括人类创造的一切物质产品,也包括这些产品所蕴含的社会意

---

① [英]爱德华·泰勒:《原始文化》,连树声译,上海文艺出版社1992年版,第1页。
② 梁漱溟:《东西文化及其哲学》,上海商务印书馆1929年版,第53页。
③ 《蔡元培美学文选》,北京大学出版社1963年版,第113页。

义。规范文化是社会存在的各种社会规范及这些规范所蕴含的社会意义。社会规范是人们在特定的环境中应该如何行动、如何思考与如何体验的一种社会或群体要求。认知文化即人们通过语言文字而获得的知识和信仰，它表达了人们对事物的认识程度和对事物的好恶倾向。

此外，根据文化子系统在整体文化系统中的地位和影响的不同，还可以把文化划分为主文化、副文化和反文化三类。主文化即主流文化，是指在一个特定社会文化体系中占主导或支配地位的文化子系统。副文化也称为亚文化，它是指在一个特定社会文化体系中居于从属和受支配地位，居于非主导地位的文化子系统。它与主文化有明显差异，但这种差异尚不至对主流文化构成伤害或威胁，它与主文化是一种辅助与协商的关系，它反映的是社会文化多样性的一面。从一定意义上讲，一个社会的亚文化体系越发达，这一社会就越开放，但随之而来的是，文化的整合也就越困难。反文化是指与主流文化相反或反对主流文化的文化子系统，严格地说，它是副文化的一种极端表现。反文化通常是在价值层面上予以界定的，它带有非政府、非权威、非道德和非理性倾向，对社会秩序具有一定的破坏作用，是社会应该加以抵制的文化现象。

对文化的不同界定带给我们很多启发。我们认为，文化的多义性恰恰体现了文化作为社会纽带的特殊性，对文化的界定过程就是对文化的再建构过程，就是对人之所以为人的哲学反思过程。正如有学者所指出的："关于什么是文化的提出，其实并不仅仅是人类开始了对文化的思考，而是对人类自身认识的一种进入。因为，当人们在谈论文化时，人类必然要牵涉到'人'这一主体，思考人与人、人与动物、人与环境、人与传统、人与历史、人与创造等各种问题。"[①]从另一角度看，尽管人们对文化的表述有很大的差异性，但人类文化的内在精神是一致的，人类在把握文化的精髓上是能够达成基本共识的。在当今全球化背景下，我们既要看到人类文化相冲突的一面，也要看到协调的一面；既要看到历史的一面，也要看到发展的一面。文化的多样性与文化的融合性如同一枚硬币的两面，相辅相成，这正是人类文化充满活力的体现。在这一认识基础上展开对当代中国流行文化的研究，就是找到了一种普适价值与认知尺度。

二　流行文化的基本概念

流行文化的兴盛是中国五千年文明发展史上空前的大事件，具有划时代的

[①] 陈华文：《文化学概论》，上海文艺出版社2001年版，第2页。

意义。流行文化在当代中国是一个充满生机与活力的新生事物，是一股不可阻挡的历史文化潮流。流行文化的发展打破了中国长期以来的一元主义文化发展模式，从制度上与观念上确立了社会民众的文化主体地位，尊重了社会民众的文化选择权利，推动了中国文化的多元化进程，开创了社会文化回归大众的新纪元。流行文化的发展对于一个长期处在文化闭锁状态，奉行"民可使由之，不可使知之"的愚民政策的古老中国来说，无疑是一个历史的大进步。作为一种文化形态分类，流行文化与主流文化、精英文化、民间文化乃至大众文化，同属于社会文化系统的一部分。解析流行文化就是要通过流行文化与其他文化形态的比较得出结论。显然，作为社会文化系统中一个相对晚出的文化形态，流行文化无论是从文化主体还是从文化功能上看，都与其他文化形态存在显著差别。它既不同于体现执政党意识形态和为国家权力所倡导的主流文化，也不同于知识分子孜孜以求的精英文化；它既与农业社会形成的民间文化存在本质差异，也与工业社会创生的大众文化不可等量齐观。我们今天所关注的当代中国流行文化，是指在中国现代化进程中生成，与社会主义市场经济发展相契合并受市场规律支配，以城市大众为主体和主要消费对象，以流行和时尚为突出特征，以娱乐为基本功能，以现代生产方式生产经营，并通过大众传媒广泛传播的新型文化形态。

显然，当代中国流行文化明显地区别于20世纪初以来以"白话文"为标志的中国早期的文化大众化运动，也有别于一般意义上的"工农兵文艺"。毛泽东的《在延安文艺座谈会上的讲话》标志着"工农兵文艺"的出现，并在"文化大革命"期间发展到顶峰。可以说，"工农兵文艺"具有十分强烈的"解放政治"色彩（区别于"生活政治"），是指受剥削、压迫的穷苦百姓喜闻乐见的文化，或者指有组织的群众性文化活动。我们基本赞同这样一种观点："工农兵文艺"虽然也是服务于民众的文化，具有通俗性，但它主要是作为意识形态的一部分而存在，其目的是教育民众，没有自己的独立性。"工农兵文艺"所面对的是被牢固地嵌于稳定的社会结构中的民众。无论从形式、内容，还是从传播方式来看，"工农兵文艺"都是古典文化形态的一种形式，是高雅文化与通俗文化的一种极特殊的结合。这种文化现象带有鲜明的理想主义色彩，希望利用通俗文化的形式，使民众接受更高层次的文化熏陶，所以究其实质，它是反通俗文化的。因而，不能把"工农兵文艺"看作是大众文化的形式，更不是流行文化的形式。简而言之，在中国，真正意义上的流行文化是当代社会的产物，是改革开放，特别是进入20世纪90年代后兴起的充满活力的文化形态。当代中国流行文化直接反映着社会主义市场经济条件下人民大众日常文化生活的观念、实践与感受，是为大众所广泛接受和参与的精神创造性活动及其成果。

流行文化是当下一种复杂的文化现象，半个多世纪以来，理论界众说纷纭，褒扬者有之，批判者更有之。研究者的一段评论很能说明问题："大众文化（也可指流行文化——引者注）作为一个覆盖全社会的现象，本身有着极为丰富的内涵，与我们这个充满多样性和矛盾性的社会一样，大众文化也是一个充满多样性和矛盾性的文化，既有同质型，又有丰富性；既是文化艺术的表现，又是日常生活的一部分；既是作为给人消费的商品，又是人精神需要的表现；既有通俗文化的性质，又与高雅文化结缘；既表现市民的喜乐爱好，又为官方正统文化所利用；既消解了中心，又成为中心；既表现了文化的民主化，又显示了文化的集权性；等等。"[1] 美国学者泰勒·考恩（Tyler Cowen）谈到文化艺术和商品、市场的关系时，分析了文化悲观论和文化乐观论两种不同观点。他指出，文化悲观论者对文化、艺术与市场的关系持强烈的否定观点："他们一般认为，市场经济促使文化堕落。现代比不上某个历史时期，如古典时期、启蒙运动、19世纪，或者甚至不及20世纪初叶。T. S. 艾略特（Thomas Sterns Eliot）的这一观点是这种悲观论的典型例子：'我们可以相当肯定地说，我们的时代是一个江河日下的时代；文化标准比50年之前的还要低。这种衰退的迹象如今见于人类活动的每个领域之中。'"[2] 而文化乐观论者则认为市场促进了艺术的发展："卡米尔·帕利亚为滚石乐队和好莱坞辩护，认为它们是现代世界上在艺术方面具有活力的力量。她甚至在其著作中对资本主义财富刺激艺术生产的方式大加赞扬。……赫伯特·甘斯在《流行文化和高雅文化》一书中赞扬了流行文化……文化研究理论家保罗·威利斯在其《日常文化》中赞扬了资本主义的消费主义的'象征性创造力'。"[3]

人类社会发展到今天已建构为一个多元世界，社会结构的多元性表现在文化形态上也必然多元。在人类社会发展的不同时期以及不同时期的不同社会阶层中，存在着不同的文化形态，所表现出的文化特征也自然各不相同。从称谓上看文化形态名目繁多，比如：主流文化、高雅文化、精英文化、流行文化、大众文化、民间文化、通俗文化、专业文化、群众文化，等等。本书无意厘清所有这些文化称谓之间的相互关系（有些称谓并不是一种科学的表述，而且，

---

[1] 贾明：《现代性语境中的大众文化》，上海人民出版社2007年版，导论第6页。
[2] [美] 泰勒·考恩：《商业文化礼赞》，严忠志译，商务印书馆2005年版，第13页。
[3] 同上书，第18页。

这些文化关系之间都是互以对方的存在为其存在条件，也就是说这种关系是相对的，是在一定条件下可以转化的)，解析流行文化的一个好办法，就是采用比较的方法，将具有可比性的不同文化形态并置在一起，通过寻求不同文化形态之间的相同点与相异点，以凸显流行文化的特征。本书仅就流行文化与主流文化、精英文化、民间文化和大众文化之间的关系展开论述，重点讨论流行文化与大众文化的关系。

三　流行文化与主流文化关系辨析

我们知道，主流文化是表达国家意识形态、体现执政党思想主张并作为社会统治思想的社会文化，它是国家政体的精神支柱，其主要功能在于从思想文化层面为现有统治提供合法性论证。主流文化的形成有两个基本条件，一是享有这种文化的人占社会的多数，在共同的社会生活中，大家都遵从这种文化；二是这种特定的文化子系统受到特定权力机构的支持，使得它成为该社会成员不得不遵循的价值观和行为方式。主流文化由于有国家强力机构的倡导、推行和保护而对整个社会文化的发展产生重大的导向、规范与控制作用。从根本上说，主流文化是一种代表官方的、以经典文献等形式传承于世的垄断性文化，它体系完备、结构严谨、形态雅致。从主流文化与流行文化的关系来看，两者之间既相互差异和对立，也相互渗透和协同。一般地说，流行文化是在主流文化出让的社会文化空间里，按照双方协商认同的方式，释放着自己的文化能量；而主流文化也需要借助于流行文化所培育的市场、所运用的手段和媒介，甚至直接采用流行文化形式来实现自己的文化传播目标和文化价值。有学者在谈到大众文化（流行文化）时指出，当代中国的大众文化一方面是主流文化予以肯定、让步、扶持和保护的结果；另一方面，大众文化一经产生、壮大起来，便具有了自身相对独立的地位、作用和运行规律，便会以各种形式和途径对主流文化产生有效力的影响。由于大众文化具有与生俱来的反映经济规律的市场精神、反映平民取向的民主精神和反映大众理想的审美精神，因而它的发展壮大及其全方位、高效能的社会化传播，能够有力地影响国家和政府的文化立法、文化政策、文化组织和文化管理方式，对于整个主流文化系统的进一步民主化、科学化、文明化发展产生重要的推动作用。[①]

前文有言，流行文化是社会文化系统中一个文化子系统，是一种副文化形

---

① 王忠武：《大众文化与社会发展》，《山东大学学报》2001年第1期。

态。副文化也称亚文化，是指在一个特定社会文化体系中居于从属和受支配地位的文化子系统。一般说来，副文化对主文化是一种辅助与协商的关系，它反映的是社会文化多样性的一面。从一定意义上讲，一个社会副文化体系越发达，就意味着这个社会越开放。从文化发展史看，流行文化与主流文化身份并不是一成不变的，相互之间存在转化的空间与可能性。在一些人的认识中存在一种误区，认为流行文化驾驭或表现不了严肃的主题，运用流行文化形式不能传递精英文化思想或主流文化意识。其实并非如此，事实上，流行文化在传递精英文化思想或主流文化意识方面自有其无可替代的优势。近年来国内一些精品电视剧在弘扬主旋律、深刻体现人文关怀方面取得了令人瞩目的成绩，就是一个明证。流行文化形式可以包装严肃话题，运用流行文化形式加以包装的严肃话题，往往可以取得运用严肃形式传播严肃话题难以取得的效果。比如，近些年来由官方发起的旨在弘扬主旋律的"五个一工程"（现在已不止"五个一"）就是一例。"五个一工程"的入选作品都既是官方认同的文化精品，也是市场接受的文化产品。可喜的是，近年来政府大力倡导发展文化产业（将在本书第四章第二节讨论），这将进一步推动主流文化与流行文化的沟通、互补与融合。

四 流行文化与精英文化关系辨析

我们一般定义的精英文化就是知识分子文化，它与流行文化是两种不同的文化系统，分属于两种不同的文化阶层。一直以来，两种文化系统泾渭分明、互不往来。尤其是精英文化，始终保持自己的文化矜持态度和高高在上的文化身份，对流行文化不屑一顾。从发生学角度讲，相对而言，精英文化生成并适合于传统社会，而流行文化生成并适合于现代社会，当然，这并不是说现代社会不需要精英文化。精英文化的创造者具有强烈的人文精神和"文以载道"的思想意识，代表着社会良知，崇尚高雅、理性和使命感。精英文化具有原创性、超越性、精神性、彼岸性和批判现实性，是和日常生活严重隔离甚至是对立的。精英文化总是高于现实，以一种对于道德、审美等精神价值追求的面貌出现，引领人们追求更高的精神价值。精英文化蕴含着浓烈的忧患意识、悲剧精神、人文关怀与道德祈望，具有个性化、精致化、理想化特点，契合了传统社会那种平和、舒缓、抒情、散淡、单调的生活状态。精英文化以其深刻的思想性与艺术性，发挥着独特的社会教化功能。而流行文化主要是一种感性文化、世俗文化或"快餐文化"，具有娱乐性、时尚性、媚俗性、技术性、复制性以及模式化、标准化、类型化等特点，发挥着娱乐大众和宣泄情绪的功能，契合了现代社会多元、快速、变动、竞争以及我行我素、游戏人生的生活状态与生命哲学。

有学者站在精英文化角度分析了它与大众文化（同样适用于流行文化语境）的差异，提出了四方面的不同。一是凡精英文化在内容上均不同程度地反映着人们对真、善、美理想境界的追求，体现高尚的道德情操和精神境界，而不像大众文化那样良莠混杂；二是精英文化在表现形式上比较规范，有确定的理论、形态，而不像大众文化那样形式庞杂，不断地花样翻新；三是精英文化的生命力持久，经典性的文化可以跨越不同的时代，不像大众文化那样热得快，冷得也快；四是精英文化层次比较高，一直是少数人欣赏的文化，不像大众文化那样普及，拥有最广大的受众。精英文化的职能和特点，决定了它不能像大众文化那样完全推向市场。①

笔者对上述分析是基本认同的。同时，笔者也以更为积极和乐观的态度看待流行文化。笔者认为，流行文化的繁盛为精英文化的发展注入了生机与活力，这种情形在当下中国尤为明显。因为，流行文化的一个突出作用，是为精英文化价值的最终实现提供了场域和平台，正是流行文化的大众化为精英文化传播奠定了雄厚的社会基础，使精英文化提升其社会影响力成为可能。看上去流行文化的兴起对精英文化的生存构成了威胁，但换一个角度理解，流行文化正在以民间身份与草根精神从外部对精英文化施以变革的动力，促使居于象牙塔中的高雅艺术进行自我反思，以实现其由说教化向交流化、由灌输型向贴近型、由自说自话式的终极关怀向现实关怀的转变。一句话，流行文化的繁盛促使精英文化态度有所转向。如果说"请民众注意"是精英文化君临天下的态度，那么，"请注意民众"则是市场条件下精英文化价值实现的新策略。当然，我们不是说精英文化一定要日常化、市俗化，那样也就失去了精英文化的存在价值。我们所要提出的是如何使精英文化能让更多的人去接近、去欣赏、去接受，这是实现精英文化价值最大化的基础。总之，我们不能因为精英文化的市场价值不如流行文化，而否定它的社会价值和存在意义；同样，我们也不能因为流行文化具有善于迎合市场的特点而使其文化价值遭到怀疑、贬损或根本不予承认。

事实上，精英文化与流行文化是一个相对概念，并非界线分明、不可逾

---

① 许长山、曾云莺：《大众文化的二重性及其价值引导》，《华北水利水电学院学报》2001年第2期。

越。正如霍金斯（Hawkins，1990）指出的，那些被认为是高雅文化的东西和那些被确认为是大众文化的东西经常共享着相似的主题，而一个特定的文本，在某一特定时期可被看作高雅文化，而在另一特定时期可能被看作通俗或大众文化。我们可以用歌剧的例子来说明这一点。在意大利，歌剧是一种流行的、被广泛认可的文化形式，歌唱家闻名遐迩，演出吸引了大量有见识和有批评眼光的观众。相比较之下，歌剧在英国则被看作一种精英趣味，调查显示，歌剧的观众比其他娱乐形式的观众年龄要大，这一点非常具有典型性，而它也吸引了比其他娱乐形式更高社会阶层的人。[①]

我们注意到，在当今后现代社会、消费社会与消费主义文化价值观影响与作用下，精英文化与流行文化二元分立的文化关系开始有所松动。人们更多看到的是在精英文化尽力保持本色不变的同时，与流行文化之间既有区别又有联系、彼此倚重、互为生存条件的特点与趋势。就文化的创造主体和消费主体而言，精英文化和流行文化具有共通性。两种文化形态的创造主体均为知识分子或文化人。所不同的是，流行文化的创造者通常被称为"文化商人"。跨越文商两界的文化商人，既通晓文化创造的基本规律，也深谙市场的运行法则。相对而言，文化商人较为注重市场效应，强调满足即时的功利性需要，满足受众个人化消费欲求。就消费主体而言，无论是普通社会大众还是文化精英，他们都是两种文化产品的共同受益者。文化精英在日常生活中要想逃脱流行文化的影响几乎是不可能的，普通社会大众也同样有资格成为高雅文化产品的欣赏者和参与者。事实上，在当今多元的文化格局中，文化消费者的身份界限已由传统的等级森严趋向于淡化模糊。比如在知识界，喜欢言情、武打一类被称为大众化作品的大有人在，20世纪90年代，北京大学还开设了武侠大师金庸先生的小说专题课，听众云集。精英文化和流行文化的融合与渗透趋势，是一个值得关注的文化现象。

五　流行文化与民间文化关系辨析

就流行文化与民间文化的关系来看，流行文化也不同于民间文化，但与民间文化有着千丝万缕的联系。民间文化一般以民间工艺、民间戏剧、歌谣、话本演义、民间宗教、祭祀礼俗等形式在民众中广泛流传，其主要功能在于为下

[①] ［英］阿雷恩·鲍尔德温等：《文化研究导论》修订版，陶东风等译，高等教育出版社2004年版，第17页。

层民众的生存与生活提供意义解释和娱乐休闲。正如恩格斯在谈到民间文学时说的那样：民间文学的"使命是使一个农民做完艰苦的日间劳动，在晚上拖着疲乏的身子回来的时候，得到快乐、振奋和慰藉，使他忘却自己的劳累，把他硗脊的田地变成馥郁的花园"①。一般认为，民间文化的创造主体源于下层阶级，带有一种自发性与自足性特点，它直接反映的是普通民众的日常生活和亲身体验，是生活经验的积累与提炼，具有浓郁的乡土气息和深广的历史渊源，是农业社会文化遗存的重要构成。美国大众文化批判理论家 D. 麦克唐纳在《大众文化理论》（1944）一文中，对民间文化与大众文化进行了比较，他提出，民间文化发端于下层，它是民众自然而然的经验表达，不受高雅文化的恩惠，是为民众自享，满足自身的需要。大众文化则是从上面下达，是为文化商人雇佣的技师制作，它的观众是被动的消费者，其参与程度就限制在买与不买的选择上面。②显然麦克唐纳是站在批判的视角来认识大众文化的，但他的确道出了民间文化与大众文化（部分地包括了流行文化）之间某种本质上的差异。

我们在分析流行文化与民间文化的关系时要特别强调，流行文化的繁盛离不开民间文化的支撑，民间文化是流行文化的生成土壤与环境。应该看到，当代中国流行文化的生成不是无源之水，凭空而来的，它有两个最基本的文化来源，一是本土文化，二是外来文化。本土文化是当代中国流行文化的重要文化资源，而民间文化则是本土文化的重要构成，一些土生土长的民间文化，在自身发展的过程中被更大量的社会人群所接纳、被文化商人所看中、被现代传播手段所包装，最终转化为流行文化，极大地丰富了流行文化的内容与形式。我们在阐释中国流行文化生成机制时，必须要注意到民间文化这一文化线索的存在以及所发挥的作用。近年来风靡一时的东北"二人转"，由传统的民间文化摇身一变跻身现代文化市场，成为都市流行文化的一道靓丽风景，就是一个例证。就外来文化而言，要想真正植入当今中国流行文化肌体，不产生排异性，也必须要顾及或倚重中华民族传统文化（包括民间文化）的文化精神及其在地缘上形成的文化优势。比如作为流行文化样态之一的商品广告就是如此。随着域外商品大量进入中国，域外商品广告必然要积极跟进。在广告创意策略上这些域外商品广告大量吸纳中国传统文化元素，因其广告创意具有"在地性"而增强了亲和力，有力地促进了商品销售。换言之，一种外来文化要在本地生根

---

① 《马克思恩格斯论艺术》四，人民文学出版社 1966 年版，第 401 页。
② 陆扬、王毅：《大众文化与传媒》，上海三联书店 2000 年版，第 19 页。

发芽，没有本地民间文化、传统文化资源的支撑是难以存活的。

换一个角度看，就现实情况而言，在一个开放型社会里，民间文化必然要受到经济全球化与文化多元化的冲击，其封闭保守的一面必然要遭遇市场规律的挑战，必然存在自身生存危机。应该看到，民间文化在自我救赎的过程中，市场意识也在逐渐增强，其中的一部分正跃跃欲试要与或正在与流行文化联姻，它要借助现代科技手段与大众传播媒介，堂而皇之地由口耳相传的作坊式生产步入工业化大生产的行列。流行文化在尊重民间文化并与民间文化保持一定距离的同时，也在实施着对民间文化的市场化包装与改造。特别是在文化创意产业高速发展的背景下，民间文化与流行文化的合作具有广阔的市场前景。

六 流行文化与大众文化关系辨析

"流行文化"是本书的核心概念。恰恰是这一核心概念却显得有些模糊和暧昧。模糊和暧昧的关键在于，流行文化与其他文化形态诸如主流文化、精英文化、民间文化乃至大众文化之间，存在一种"剪不断、理还乱"的关系，解释这些关系颇费口舌。应该说在上述所有的文化形态中，流行文化与大众文化的关系最为密切，但也是最难以厘清的。

难以厘清的原因大致有三。一是从内在精神与外在形式上看，流行文化与大众文化具有共通性，它们有着相似的美学观念、相仿的样态类型和基本相同的行为方式特征，原本就是你中有我、我中有你，难以拆分，可以说这两个名词具有同一指向，甚至就是一回事。当然，仔细分析并非如此。二是在中国传统语境中并没有流行文化概念，只有大众文化。而大众文化又有它的特指性（比如，毛泽东在《在延安文艺座谈会上的讲话》中所谈到的"工农兵文艺"），显然，在今天，政治范畴的大众文化与市场化的流行文化既有关联又指向不同。三是作为外来语的"大众文化"一词，是西文 mass culture 和 popular culture 的中文译名，显然这两个名词的含义是不同的。但在中文语境中，由于翻译的不统一，造成了这两个名词在实际使用上的长期混乱。究竟用 mass culture 还是用 popular culture 来表述大众文化是存在争议的。在国内学术话语中，一些论者常常是在未厘清差异的情况下使用"大众文化"一词（当然，一般来说并没有造成理解上的歧义），其所指就是"流行文化"，这已经成为一种习惯性用法。其实，厘清这两个概念并不难，厘清这两个概念也很有必要。这既涉及词汇运用的语境化和去语境化问题，也涉及西方历史上关于大众文化的理论纷争，同时更关乎我们今天对流行文化所持有的态度。厘清流行文化与大众文化关系的基础,是理解西方语境中的大众文化概念。谈到历史上大众文化的理论纷争,自然要联系西方"大众社会"理论以及法兰克福学派与伯明翰学派的大众文化观。

1. 大众与大众社会理论

在西方,大众与大众社会理论是一个相对独立的研究视角,众多学者都对西方现代化过程中大众与大众社会的形成与特征展开过系统研究。尽管理论繁多、众说纷纭,但对大众与大众社会特征的判断是基本一致的。英语中的 mass 指物时有"大量"和"多数"之意,指人时即指"大众"和"群众"。与中文语境不同,mass 一词在英语中带有贬义,是对下层族群和缺乏教养的人的称呼,而这一指称与大众社会理论密切相关。大众社会是与传统社会相对应的一种社会形态,是大众社会产生了大众文化。因此,要认识大众文化必然要先认识大众与大众社会。

根据大众社会理论,大众和大众社会的产生是工业化和城市化进程所造成的必然的、破坏性的后果。大众社会理论最初的政治意图是捍卫统治阶级的社会地位,企图压制中下阶层民众追求民主的精神,"他们重新伸张死板而僵硬之社会阶层的必要性,他们想要让精英稳固地掌握决策权,永远享有特权"[①]。19 世纪中叶,伴随着工业化和城市化的历史过程,经济与社会状况的大规模变化使资本主义到来之前的种种社会关系四分五裂,从而在社会实践层面上形成了"大众"和"大众社会"的概念。大众社会与传统社会存在着鲜明差别。传统社会的人们生活在公共的有机整体之中,人与人之间的关系以血缘和土地相联结,人们有共同的传统和约定俗成的价值标准,这些价值标准使人们自然而然地适应和顺从社会等级和差别,过着一种封闭的按部就班的生活。工业化和城市化破坏了传统的生活方式和价值标准。人们从小型的农业耕种到大规模的机械化生产,从偏僻的乡村到现代的都市,不仅是生产方式的转变,也不仅是生活方式的转变,而是社会结构、价值结构和人性结构的变化。正如英国学者多米尼克·斯特里纳蒂(Dominic Strinati)所指出的:"在大众社会和大众文化出现的背后,是与土地相联系的劳动为基础的土地所有制的消除,紧密结合的乡村社群的瓦解,宗教的衰落和与科学知识的增长相联系的社会的世俗化,机械化的、单调的、异化的工厂劳动的扩展,在拥塞着毫无个性特征的人群

---

① [英]阿兰·斯威伍德:《大众文化的神话》,冯建三译,生活·读书·新知三联书店 2003 年版,第 4 页。

的、庞大杂乱的城市中建立的生活模式，以及道德整合作用的相对缺乏。"[1]

大众社会理论认为，进入大众社会，无论如何社会的基础已不再是"人们"（people，folk），而是"大众"（mass）了。大众不是一个组织严密的社会群体，"这些公众不是组织起来的，而是非组织化地聚集起来的"，是指"一个分散的社会阶层"。[2] 早在18世纪后期，恩格斯在谈及英国工人阶级的状况时，就准确地描述了这一现象："好像他们彼此毫无相干，只在一点上建立了默契，就是行人必须在人行道上靠右边行走，以免阻碍迎面走来的人，谁对谁连看一眼都没有想到。所有这些人越是聚集在一个小小的空间里，每一个人在追逐私人利益时的这种可怕的冷漠，这种不近人情的孤僻就越使人难堪，越使人可怕。"[3] 大众，顾名思义是由众多人口构成，但大众并不是简单的人口众多的代名词，大众的出现表明了社会性质的变化以及人们和社会的关系发生了根本改变。"大众社会的概念不等于就数量而论的大型社会，世界上有许多社会（如印度）有着数目巨大的人口，然而就其组织而言仍然是传统的社会。"[4] 大众和传统的人群不同，他们和社会的联系不再是血缘式的、伦理式的、家族式的、地缘式的那种乡村社群式的模式，而是更多地与各类社会组织机构相联系，代之以新型的契约关系，不受非正式社会义务的束缚。

从另一角度看，大众和大众现象也是市民社会的产物，大众社会必然和市民社会的产生有着必然的关系。市民社会是在国家控制之外，具有自主性、自愿性和多样性的领域。市民社会是现代社会的组织形式，它是市场经济自发的经济力量的产物。经济关系构成了市民社会中主要的社会关系，经济的发展、市场经济的形成是产生市民社会的基本条件。在这样的市场经济社会中，个人摆脱了以自然纽带相联结的社会共同体的束缚，成为独立的个人存在，通过互相需要来建立个人之间的普遍关系。市民社会中表现出来的人的社会关系，也正是大众所处的社会状态。现代社会高度的开放性、流动性和组织化，使得大众成为能够自由选择和为自我争取利益的个体。同时，由于传统社会中血缘、家族、情感、宗教等紧密关系的削弱，大众社会中人与人的关系从亲情变为理

---

[1] ［英］多米尼克·斯特里纳蒂：《通俗文化理论导论》，阎嘉译，商务印书馆2001年版，第11页。
[2] ［美］约翰·R. 霍尔、玛丽·乔·尼兹：《文化：社会学的视野》，周晓虹等译，商务印书馆2002年版，第27页。
[3] 恩格斯：《英国工人阶级的现状》，载《马克思恩格斯全集》第2卷，人民出版社1978年版，第304页。
[4] ［美］德弗勒等：《大众传播学理论》，中国台湾五南图书出版公司1991年版，第174页。

性，变得疏远化和富有偶然性。在大众社会中，大众的流动和聚集以及社会化的生产和消费消磨掉了个体和小社群之间的差异，"他们被同化进了一群日益没有个性的大众之中，受一种他们能得到的、替代社群和道德的唯一资源——大众媒介——摆布"①，成为加塞特所说的"平均的人"和所谓"原子化"的人。"工业化和都市化帮助造成了所谓的'原子化'。这意味着大众社会是由这样的人构成的：他们只能像物理或化学复合物中的原子一样互相联系。大众社会由原子化的人们组成，他们相互之间缺乏任何有意义的或者在道德上的紧密联系。"② 这就是说，大众社会中的人们像原子一样孤立，而且人们之间的联系也像原子间的联系那样松散和疏远。更重要的是人们都像原子一样雷同相似，毫无个性特征，成为"同质化"的人。大众之所以有这样的特征，是由于作为现代人的大众虽然摆脱了传统的束缚而获得了自由，但是正如弗洛姆（Erich Fromm）所指出的那样，他们在摆脱了原始关系对自我束缚的同时，也失去了这种关系给他带来的安全感和归属感。传统的社会组织如家庭、乡村、教会，曾经为人们提供了心理认同感，而一旦失去了它们，人也就会感到孤独、焦虑和不安，于是就有逃避自由的心理倾向。而顺世与随俗，也就是主动放弃自己的个性和主体性使自己变得无所依傍，就成为他们普遍的心理特征。正因为如此，勒庞认为大众"更易于接受自己周围的人的判断和爱好"，而社会学家理斯曼（David Riesman）则认为大众属于由"他人引导"的人。就像海德格尔所说的那样："常人怎样享乐，我们就怎样享乐；常人对文学艺术怎样判断，我们就怎样阅读怎样判断；竟至常人怎样从'大众'中抽象，我们就怎样抽象；常人对什么东西愤怒，我们就对什么东西'愤怒'。这个常人不是任何确定的人，而一切人（却不是作为总和）都是这个常人，就是这个常人指定着日常生活的存在方式。"③

在西方知识精英看来，大众的出现不是什么好的兆头。早在19世纪的早期，黑格尔（Hegel）就预感到大众社会的来临，表现了他的忧虑。他以预告世界末日来临般的口吻说道："群众正在崛起！"将大众社会的到来视为时代的危机而惶惶不可终日。法国著名社会心理学家古斯塔夫·勒庞（Gustave Le Bon）说："当我们悠久的信仰崩塌消亡之时，当古老的社会柱石一根又一根

---

① [英]多米尼克·斯特里纳蒂：《通俗文化理论导论》，阎嘉译，商务印书馆2001年版，第15页。
② 同上书，第11—12页。
③ [德]海德格尔：《存在与时间》，陈嘉映等译，生活·读书·新知三联书店1987年版，第156页。

倾倒之时，群体的势力便成为唯一无可匹敌的力量，而且它的声势还会不断壮大。我们就要进入的时代，千真万确将是一个群体的时代。"① 英国哲学家卡莱尔（Thomas Carlyle）体察了19世纪英国社会变革中的种种危机，表达了"文明的忧思"，呼唤英雄的出现。尼采站在精英主义立场上提倡"超人"，即由少数精英分子来垄断和主宰社会和文化，将大众视为"庸人"和"群氓"。西班牙著名思想家奥尔特加·加塞特（Jose Ortega Y Gasset）在谈到当时西方社会情形时说："当代欧洲的公共生活凸现出这样一个极端重要的事实，那就是大众开始占据最高的社会权力。"② 他甚至把这一事实称作是"令人心悸的现象"，"让人望而生畏的现实"。因为"就'大众'一词的含义而言，大众既不应该亦无能力把握他们自己的个人生活，更不用说统治整个社会了"③。"大众把一切与众不同的、优秀的、个人的、合格的以及精华的事物打翻在地，踩在脚下……"而大众社会的典型特征是"平庸的心智尽管知道自己是平庸的，却理直气壮地要求平庸的权利，并把它强加于自己触角所及的一切地方"④。加塞特曾经描述过20世纪初大众蜂拥而出的景象："如今到处人满为患：城镇上布满了居民，屋宅里住满了房客，旅店里住满了旅客，列车上挤满了出行者，餐馆与咖啡店里坐满了顾客，公园里到处都是散步者，著名医生的诊室前挤满了病人，剧院里挤满了观众，海滩上挤满了游泳的人。寻求一块生存空间，这个往日一般来说不成其为问题的事情，现在倒成了我们每天要面对的问题。"⑤ 加塞特认为，经过了第一次世界大战，人口数量应该减少才是，为什么会出现如此多的大众呢？原来"组成大众的个人以前就已经存在，但他们并不是作为'大众'而存在，他们以小群体的方式散布于世界的各个角落，或者就是离群索居；他们的生活方式各异，相互隔绝，老死不相往来；每一个人或小群体各自占据着一块地盘：田野、乡村、城镇或者是大都市的一隅"⑥。大众就这样从传统社会的普通人群脱胎而出，成为现代社会中的重要力量。可想而知，在西方知识精英看来，大众文化就像洪水猛兽一般迎面扑来，个中滋味可以想见。

---

① [法] 古斯塔夫·勒庞：《乌合之众——大众心理研究》，冯克利译，中央编译出版社2000年版，导言第6页。
② [西] 奥尔特加·加塞特：《大众的反叛》，刘训练等译，吉林人民出版社2004年版，第3页。
③ 同上。
④ [西] 奥尔特加·加塞特：《大众的反叛》，刘训练等译，吉林人民出版社2004年版，第10页。
⑤ 同上书，第4页。
⑥ 同上书，第5页。

2. 法兰克福学派的大众文化观

大众社会产生了大众文化，人们对大众社会所持有的看法，也就形成了对大众文化的一种态度。以创立"社会批判理论"闻名于世的法兰克福学派，在对待大众文化的态度上是旗帜鲜明地持批判立场的。在法兰克福学派的社会批判理论中，最重要、最有影响力的就是对大众文化的批判。阿多诺是法兰克福学派中最早关注大众文化的人，是他"最先把大众文化和高等文化同时纳入现代文化的理论研究视野"[①]。早在1932年，阿多诺就在该学派机关刊物《社会研究杂志》创刊号上发表了《论音乐的社会情境》一文，开始了对大众文化的批判。此后，他又写了《论爵士乐》（1936）与《论音乐的偶像性和欣赏的退化》（1938）等文，把大众文化批判逐步引向社会批判理论。在其影响下，1941年的《哲学和社会科学研究》特辟一期研究大众文化的专刊，多维度地探讨了大众文化在发达资本主义国家的运行机制和特征。1944年，阿多诺和霍克海默在流亡美国期间出版了法兰克福学派的经典著作《启蒙辩证法》，它标志着法兰克福学派创立了具有鲜明特色的社会批判理论。其中的《文化工业：作为欺骗群众的启蒙》一文，第一次系统地、否定性地使用了"文化工业"这个概念。作者认为，资本主义的发展已经使"电影和广播不再需要作为艺术"，而转变成了"工业"，因此他们就以"文化工业"指代这些新的文化现象。该文被视为研究当代大众文化的开山之作，它奠定了法兰克福学派文化批判理论的基调。

对大众文化的研究，应追溯到法兰克福学派的外围成员瓦尔特·本雅明1936年发表的《机械复制时代的艺术作品》一文。本雅明在这篇文章里首先提出了20世纪20—30年代出现的一个新的文化现象，就是收音机、留声机、电影的出现带来的文化方面的变化。文中指出复制技术使文学艺术作品出现了质的变化，艺术品不再是一次性存在，而是可批量生产的，这就使艺术品从由少数人垄断性的欣赏中解放出来，为大多数人所共享。本雅明认为这是文化的革命和解放，它给无产阶级文化带来了新的广阔天地。可以看出，本雅明的观点与阿多诺尖锐抨击文化工业的批判立场大相径庭，这使他成为法兰克福学派中难得对大众文化持肯定态度的理论家。本雅明的观点招致了以阿多诺为代表的法兰克福学派核心层针锋相对的批评，这种批评首先就是从界定"文化工业"这一独创概念开始的。他们之所以不愿意使用"大众文化"这个概念，

[①] 徐贲：《走向后现代与后殖民》，中国社会科学出版社1996年版，第291页。

是因为他们认为大众文化之说会被理解成是大众享有的文化或文化的大众化。而事实上在他们看来，大众文化并非大众自己所为，而是政治和商业机制自上而下强加给大众的，目的是麻痹他们的视听使之依附于现存社会体制或是为追求最大的利润。按照阿多诺的观点，"对于大众文化来说，问题在于它并不真是大众的，与其说它是由人民创造的，不如说它被用来欺骗人民，它服务于统治者的利益并潜在地服务于极权主义"[①]。

关于文化工业的提出，阿多诺专门作过说明。1963年，他在《文化工业再思考》中这样解释道："'文化工业'（culture industry）这个术语可能是在《启蒙辩证法》这本书中首先使用的。……在我们的草稿中，我们使用的是'大众文化'（mass culture）。大众文化的倡导者认为，它是这样一种文化，仿佛同时从大众本身产生出来似的，是流行艺术的当代形式。我们为了从一开始就避免与此一致的解释，就采用'文化工业'代替了它。我们必须最大限度地把它与文化工业区别开来。文化工业把古老的和熟悉的熔铸成一种新的品质。在它的各个分支，特意为大众的消费而制作并因而在很大程度上决定了消费的性质的那些产品，或多或少是有计划地炮制的。各分支在结构上是相似的，或者至少是互相适应的，以便使它们自己成为一个几乎没有鸿沟的系统。这成为其可能，既是由于当代技术的发展水平，也是由于经济和行政的集中化。文化工业别有用心地自上而下整合它的消费者。它把分隔了数千年的高雅艺术和低俗艺术的领域强行聚合在一起。结果，双方都受其害。"[②] 阿多诺认为，文化工业一方面极力掩盖严重物化的异化社会中主客体间的尖锐矛盾，一方面大批量生产千篇一律的文化产品，将人的情感纳入统一的形式，纳入一种巧加包装的意识形态，最终是将个性无条件交出，淹没在平面化的生活方式、时尚化的消费行为，以及肤浅化的审美趣味之中。站在文化工业的立场上，阿多诺将流行文化的生产描绘为一种"标准化"的生产，即文化工业按照一定的标准、程序，大规模地生产多种复制品。他说："'工业'这个词不要太注意字面上的理解。它是指事物本身的标准化——例如西方的电影院常客了如指掌的那些东西的标准化，是指扩散技术的理性化，而不是严格地指那种生产过程。"[③] 标准化不仅扼杀了艺术创作的个性、自主性和创造性，而且扼杀了艺术欣赏的自

---

① ［英］戴维·麦克莱伦：《马克思以后的马克思主义》，余其铨、赵常林译，中国社会科学出版社1986年版，第349页。
② ［德］阿多诺：《文化工业再思考》，载陶东风等主编《文化研究》第1辑，天津社会科学出版社2000年版，第198页。
③ 同上书，第200页。

主性和想象力。在文化工业的复制品面前，艺术欣赏的自由主体逐渐瓦解了。而且，这种瓦解不是表现在生理上，而是在心理上。通过阿多诺对文化工业概念的解释，我们明显地看到法兰克福学派对大众文化所持的批判态度。

在以法兰克福学派为代表的文化精英主义者看来，"'大众文化'一词明显带有歧视性质，'大众'一词暗指一个未分化的集群，甚至指的是乌合之众（mob），而不是群体中的个体或成员。如此，大众文化就是没有文化的乌合之众"①。大众文化是粗俗的、标准化的，它摧毁了一切有差异的、出类拔萃的、个体性的、优质的和精选的事物。用 mass culture 指称大众文化，其实正是对他们所认为的大众文化批量化、标准化、庸俗化的批评，就如法兰克福学派所批判的那样。麦克唐纳（McDonald）就认为，大众文化单凭它那无所不在的影迹，它那让人难以言尽的数量，就已经足够威胁"高雅文化"的生机。不过，mass 一词尽管有贬义和轻蔑的含义，"但'大众'（mass）一词确实描述了当代文化的一个重要方面，即在 20 世纪晚期，许多（当然不是全部的）文化都是大众化生产、大众化传播、大众化消费的"②。

总体而言，法兰克福学派思想的形成是特定历史时期的产物，该学派对大众文化的批判在很大程度上揭露了当代资本主义社会文化领域消极腐朽的一面，具有深刻的历史意义。同时我们也明显地看出，法兰克福学派思想具有一定的时代局限性，带有浓重的悲观主义色彩以及情绪化的理论偏激，其思辨性远胜于它的实践性。进入 20 世纪 60 年代以后，随着社会变迁和大众文化的多维度发展，法兰克福学派理论已遭遇重大挑战，失去了原有的文化解释力和社会影响力。尤其是那种悲观的反工业文明的立场，与当今世界文化多元化的普遍要求难以融合。如今，法兰克福学派所竭力批判的文化工业已有了新的理解。1980 年初，欧洲议会所属的文化合作委员会首次组织专门会议，共同探讨"文化工业"的含义，"文化工业"已被置换为一种中性概念并正式与原有语境分离，成为当今的一种文化经济类型，这是法兰克福学派早期的代表人物们所不曾想见的。

3. 伯明翰学派的大众文化观

"伯明翰学派"即英国文化研究学派，兴起于 20 世纪 50 年代以后，其突

---

① ［美］约翰·R. 霍尔、玛丽·乔·尼兹：《文化：社会学的视野》，周晓虹等译，商务印书馆 2002 年版，第 22 页。

② 同上。

出标志是 1964 年在伯明翰大学创立的"当代文化研究中心",伯明翰学派也由此得名。在西方语境中,文化研究(culture studies)不是泛义的对"文化"的一般讨论,而是特指第二次世界大战以后在英国形成的一种知识流派,是在英国伯明翰学派推动下逐步成熟起来的对文化的一种跨学科研究。文化研究作为一种批判理论不仅直指 20 世纪资本主义的文化生产特征,而且与法兰克福学派的"文化工业"理论紧密相关,二者构成了对同一问题的两种不同的研究路径。文化研究注重现实关怀,具有问题意识,与现实社会保持密切联系,它所形成的观点与主张,对当代文学、大众传媒以及文化批评领域都产生着巨大的影响,同时,也是今天流行文化研究重要的认识来源与理论武器。伯明翰学派理论的突出贡献在于矫正了法兰克福学派过于浓重的批判色彩,为文化工业提供了新的研究思路。如果说批评理论家突出了文本意义的"生产性"和封闭性,那么文化研究者则注意到了文本意义解读的开放性,认为大众文化是由下而上产生的。与先前人们所着眼的大众文化的"异化"层面不同,伯明翰学派所关注的是大众文化的"能动"层面,关注的是文化与意义的关系,他们要追问的是,当人置身于大众文化之中时,意义与乐趣究竟是由谁人操纵以及又是如何产生的。他们用平民化的平等姿态积极包容各种文化产品,充分注意到文化产品的制作语境问题,说到底,他们是在公开地为大众文化进行辩护。

谈到伯明翰学派的大众文化思想,必须要谈到威廉斯,威廉斯以他早期的两部巨著——《文化与社会 1780~1950》(1958)和《漫长的革命》(1961),奠定了他作为文化研究先行者的地位,并以他后续的多部著作成为传播学文化社会学派的理论先锋,是他开辟了从宏观视野和多语境条件下诠释文化的跨学科文化研究的先河。对于大众,威廉斯予以了颠覆性的理解,其矛头直指法兰克福学派的大众观。以威廉斯为代表的伯明翰学派所指称的大众,是大众文化意义的生产者和流通者,这与阿多诺所说的大众文化的消费者必定认同文化工业产品是针锋相对的。法兰克福学派认为,大众是现代社会组织和意识形态将公民非个性化、同一化的结果,他是一种固定不变的、单质的群体。威廉斯则指出,大众的内涵不是固定不变的,他代表的是一种价值,一种相对的立场。而作为价值和相对立场,大众应当首先被理解为一种关系,而不是经验性实体或固定本质。为了与批判性的大众概念相区别,威廉斯等人坚持用"people"来代替"mass"。威廉斯反对精英主义文化的一统天下,提倡尊重一般民众文化传统和劳动者的尊严,他认为工会和其他劳工组织是参与文化民主进程并形成共同文化的重要力量。他提倡去发现那些被人瞧不起的大众娱乐文化方式,承认普通民众对狂欢传统的大众文化的满足与欣赏,尊重有差异的"他者"的平等的文化权利。他认为,事实上并没有批判学派所指称的大众,有的只是把人们看成大众的方法。就其突出的含义来说,他认为大众是指由众多人组成的广大民众,包括普通民众、工人阶级、老百姓或是"下里巴人"。他指出,都市化和工业生产形成的劳动关系均是大众观念形成的重要原因。许多人对于这个群体没有好感:"群众成为乌合之众的新名字,并且在词义中保留了乌合之众的传统特征:容易受骗,反复无常,群体偏见,兴趣和习性低级。根据这个证据,群众形成了对文化的永久威胁。"[①] 威廉斯认为,这是贵族的精英主义对于大众的蔑视,尤其是文化的蔑视。大众不是无知的群氓,人们没有理由阻止大众对于种种传播媒介的兴趣,正当的做法是让大众在广泛的接触之中进行自己的选择。一个有创造性的、民主的、富有活力的"共同文化"正是可以由他们创造出来。

伯明翰学派的大众文化思想还集中体现在费斯克身上。在《理解大众文化》和《阅读大众文化》这两部著作中,费斯克提出用"集体性对抗主体"和"流动主体"这两种主体特性来定义"大众"的基本概念。他认为大众由一个不断变化着的多层联系的系统构成,是一种"下层族类"身份,总是处在社会权力关系的弱者一端。从表面看,强调大众的下层性似乎与阿多诺等把大众看成受统治意识形态控制一脉相承,但费斯克所要说明的是大众的一种自我意识,他并非要宿命地成为统治意识形态的奴隶,其下层性决定了他们必然会有反抗意识,大众文化的基本结构就是大众和权力集团的对抗。大众文化的消费者虽然不能控制文化的生产,但可以控制对它的消费。费斯克提出,对大众文化的分析需要作"双重聚焦",一方面要注意它的意识形态内容,对此阿尔都塞的"意识形态"论和葛兰西的"文化霸权"论提供了极为重要的理论和方法;另一方面还要研究大众如何与现存的制度打交道,如何阅读它所提供的文本,如何利用它的材料资源创造大众文化。费斯克的大众文化主张突出表现在三个方面。一是反对以"经典"作为文化的标准。传统的文化观是以"艺术作品"为核心的,那些伟大的、杰出的艺术成品被称为"经典作品",它们的创作者便成为经典作家与人类领袖。这些经典作品的意义内在于作品之中,需要人们以崇敬、学习的态度去体会。经典作品及其创作者是文化的代表、权威和监护人,一切与他们的价值标准不相符合的都不仅是粗俗平庸的,而且也是威胁性的异己力量。二是强调大众在接受"文化工业"产品时的创造性。费

[①] [英]雷蒙德·威廉斯:《文化与社会》,吴松江、张文定译,北京大学出版社1991年版,第377页。

斯克指出，文化工业的产品并不代表大众文化本身，这些产品不过是大众进行意义生产和流通活动所需要的资源和材料。比如影视观众，他们并不是只能消极被动地接受文化工业的产品及其所期许的意识形态内容，他们在观看时可以，而且也不可避免地在生产和流通各种不同的意义。这种由大众主动参与的社会意义的生产和流动才是大众文化。对现存文化资源的创造性的、有选择的运用，这就是日常生存的文化。三是消解文化等级。"文化即生活"是伯明翰学派共有的文化观，他们以平等的眼光看待不同的文化，一方面承认精英文化与大众文化在内容上的差异，一方面又否认它们在审美价值上的高低。费斯克认为，因为大众在接受、消费文化产品时具有再创造性，所以对大众来说，高级艺术成品，即所谓经典作品与文化工业的产品这两种材料之间并无重要区别。经典只不过是许多文化材料中的一种，并不具有特殊的高级性。

总体而言，伯明翰学派同法兰克福学派一样，是研究文化工业的著名学术团体，他们都具有马克思主义的思想背景，都对当代资本主义社会持批判态度。所不同的是，法兰克福学派因其特殊的历史情境而具有更多的文化保守性，他们坚持文化精英立场，不信任工人及其他被压迫阶级的政治潜能和革命热情。伯明翰学派则具有英国传统的尊重个人自由的精神，对大众文化持乐观与肯定的态度，相信民众的独立意识，他们不会被文化工业完全同化。从学术发展轨迹上说，伯明翰学派显然是在批判和矫正法兰克福学派大众文化思想基础上，以与时俱进的积极姿态推进文化研究，并拓展了文化研究的领域。

以上简要地介绍了西方大众社会理论，以及法兰克福学派与伯明翰学派的大众文化观。值得注意的是，随着西方现代化的高速发展、民主进程的加快、大众地位的提高以及消费社会的形成，西方社会结构与文化结构发生了巨大变化，人们对大众文化的理解也相应发生了改变。如今，mass culture 一词的贬义和歧视意味在逐渐消退，带有了中性色彩，越来越多的人用 popular culture 来指称大众文化。今天，无论是在西方还是在中国，尽管大众文化已成为社会的一种常态文化，也就是具有了与一般流行文化相同的含义，但本书关键词仍旧采用流行文化而不是大众文化。除了前面提到的要彻底切割大众文化曾经有过的贬义和歧视色彩，还有更重要的原因，那就是在语义上大众文化不能完全替代流行文化。因为，"流行文化"一词无论是内涵还是外延都不同于或者大于大众文化。从语义上看，"流行的"和"大众的"所指对象其实并不相同，前者是指文化的物理性流动状态和流动规模，强调一种被普遍喜欢和热烈追随的"进行"时态；后者是指文化主体的阶层身份或人数规模，是对文化现象的一种静态反映。从文化主体身份和影响地域上看，流行既可以发生在"大众"之中,也可以发生在"小众"之中;既可以发生在普罗大众中间,也可以发生在上流社会、知识阶层;既可以发生在此地,也可以发生在彼地。而大众文化难以涵盖这些含义。从文化的指向性上看,流行文化既可以指一般意义的大众文化,还可以指在特定时期具有某种普及度的高雅文化或民间文化。也就是说它强调的是一种文化形态在一个时期里的流行状态,但这并不能改变文化形态原有的属性。总之,这两个名词相互之间还不能随便替代。

七 当代流行文化基本特征

从现象学视角看当下流行文化现象,简单地说就是一个包罗万象的大杂烩。笔者在中外文献索引中收集了冠之以流行文化(大众文化)标签的种种文化现象的举例,归纳有:通俗文学、报纸的消遣版面、家庭肥皂剧、卡拉OK、卡通作品、流行歌曲、摇滚乐、交际舞、时装表演、选美活动、现代广告、产品包装、居室装潢、网络文艺、电子游戏、电脑艺术、工艺美术、娱乐电影、追星族、电视连续剧、纪实文学、休闲杂志、武侠小说、言情小说、健身运动、购物商城、连锁店、麦当娜现象、节食减肥、小道消息、新潮时尚、MTV、CD、VCD、DVD、"POP"艺术、"闪客"、"打榜"、写真集、手机短信、3G手机、"超女"、"艳照门"、"女性'个人化'写作、"美女作家群"、"70后"、"80后作家"、"下半身"写作、"胸口写作"……甚至包括"足球运动,圣诞节庆祝活动,宇宙入侵者电子游戏,宾戈赌博,跳迪斯科,电视剧《东区人》,去麦当劳,钓鱼以及油煎鱼加炸土豆……"[①] 实在是难以尽数。2000年,中国经济出版社出版了一套由王皖强、蔡骐主编的《现代西方大众文化丛书》,包括了美、英、法、德、日、俄等国的大众文化样式,涉及的内容同样是五花八门,除了前面提到的还涉及:汽车、饮食、医疗保健、"超人"、香水、酒、咖啡馆、旅游、宠物狗、和服、住宅、交通、插花、沐浴、相扑,等等,不一而足。我们把这些流行文化(大众文化)样式大体归为四种类型,一是以印刷媒介为载体的流行文化现象,如休闲杂志、流行小说;二是以电子媒介为载体的流行文化现象,如家庭肥皂剧、贺岁片;三是以电脑互联网为载体的流行文化现象,如"晒客"、网络小说;四是体现在日常生活行为与器物中的流行文化现象,包括趣味、心态、形象、行为、物品、语言、环境

---

① [英]安德鲁·古德温、加里·惠内尔:《电视的真相》,魏礼庆、王丽丽译,中央编译出版社2001年版,第60页。

等多个方面,比如:流行服饰、节食减肥、追星族、流行语,等等。透过这些庞杂的名词、术语以及那些耳熟能详的表现形式,我们似乎能读懂流行文化的弦外之音,能触摸到流行文化的基本脉搏。无论流行文化的内涵多么深厚、外延多么宽广,其基本精神与表现特征我们还是大体可以把握的。学者们在谈论流行文化(大众文化)特征时,用了无数个"性",诸如商业性、产业性、娱乐性、复制性、平面性、消费性、快餐性、媚俗性,等等。我们认为,就决定当代流行文化(大众文化)基本性质的最突出、最重要的方面而言,这一文化形态的特征主要体现在它的商业性、娱乐性、复制性等方面,下面分别予以简要论述。①

1. 流行文化的商业性——推动市场经济发展的重要文化力量

在不同的政治经济制度中,文化产品的性质与身份是不同的。在中国传统的计划经济体制下,文化产品由官方无偿供给,文化活动由官方统一组织,文化内容以符合官方的价值标准为圭臬,并采用全民动员的灌输方式提供给有组织的群众。这是一种典型的具有浓重意识形态色彩的公益性文化事业,它所追求的是社会效益而非经济效益,重视的是使用价值而非交换价值。诚然,文化产品区别于一般的物质产品,文化产品的本质特征在于以其精神与审美要素满足人们的文化需求。但文化产品也是一种消耗了人的一般劳动的产品,片面强调文化产品的精神与审美属性而全然不顾它的劳动成本和商品属性,在理论上是说不通的,在实践上也是站不住脚的。

在社会主义市场经济条件下,作为产品的精神文化其商品属性得到了确认,文化产品不仅具有使用价值,还具有作为商品得以流通的交换价值。商品属性成为文化商品化的原动力,它内在地驱动着文化生产者将文化产品推向市场,使文化的劳动消耗得到必要而及时的补偿,以维持文化产品的扩大再生产。显然,在所有的文化产品中,流行文化是一种商业性质最强的文化。从市场法则讲,正像批判学派所言,现代社会中物质和文化产品没有真正的区别,汽车的生产和电影的生产一样为市场经济规律所决定。流行文化标准化的、程式化的和机械复制的产品,是刻板、琐细和流水线生产方式的必然产物,是文化商品化后的必然结果。流行文化产品的生产同普通商品的生产一样,不仅包括策划者和设计者的策划设计、产品的物化生产流程、社会化流通和消费的过程,而且其讲求计算成本和收益的生产理念也与普通商品的生产别无二致。流

---

① 参见崔欣、孙瑞祥《大众文化与传播研究》,天津人民出版社2005年版,第54—60页。

行文化的制作者无不试图以各种手段引领时尚潮流、满足民众文化娱乐需要，并以此实现商业收益的最大化。流行文化不仅其运作过程是商业性和市场化的，就其内容而言，它所张扬的诸如重实际、讲实效、图实惠、求实利之类的商业理念和商业精神，也符合现代人的一般消费心态，与消费主义价值观也一脉相承。一句话，流行文化已成为推动中国市场经济发展的一种重要的文化力量。

2. 流行文化的娱乐性——人类生命质量的重要标识

在农耕社会，娱乐与劳动是紧密联系的，不劳动就不能娱乐，劳动是娱乐的前提，否则就会导致"玩物丧志"。传统的文化与审美往往也是以摈弃娱乐性作为基本特征，认为娱乐是一种消极的心态。而在当代社会，娱乐第一次真正具备了自身的合理性，成为人类生命质量的重要标识。马克思、恩格斯就曾指出："并不需要多大的聪明就可以看出……关于享乐的合理性等的唯物主义学说，同共产主义和社会主义有着必然的联系。"[①] 娱乐固然可以为了工作，工作也可以为了娱乐，甚至娱乐就是工作的一部分。

如果说 19 世纪是需要巨著和产生了巨著的时代，是当之无愧的经典文化时代，那么，20 世纪就是消遣文化时代，尤其到了 20 世纪晚期，更演进为快餐文化时代。所谓经典文化就是有深度的文化，就是思维模式和价值理念超出一般的现象表层，超出个体的感官欲望，追求真善美的理想和永恒的终极价值。随着现代化的发展、生活节奏的加快以及价值观念的改变，19 世纪那种坐而论道于幽远飘渺之间的精英文化生活状态已不能为迅速崛起的市民社会生活所接受。后现代主义思潮的迅速崛起，使高雅文化的认识功能、教育功能乃至审美功能开始走向边缘化，生产和再生产快乐、解构经典成为流行文化的核心追求和制胜法宝，娱乐要求和消遣欲望在这个时代得到了加速膨胀和蔓延。一般来说，流行文化不追求高深的学问，也不受制于所谓崇高的理论，没有什么心灵的重负和十字架，它以其通俗易懂、轻松愉快、娱人耳目、悦人身心的特点，发挥着娱乐、消愁、遣兴的社会功能，为大众所喜闻乐见。流行文化正以各种轻松、休闲、刺激、"去中心化"的形式，从不同的方面向整个社会渗透，改变着人们日常生活的维度与向度。贝尔认为，大众文化是一种享乐主义、消费主义的文化，它不再和如何工作、如何取得成就相关，而只关心享乐和消费。他借用麦克唐纳的话说："大众文化的花招很简单——就是尽一切办

---

① [德] 马克思、恩格斯：《神圣家族》，人民出版社 1982 年版，第 166 页。

法让大伙高兴。"① 追求和制造快乐，已成为当今社会一道无处不在的文化景观，其背后潜藏着人对自身全面发展终极目标的祈盼。

3. 流行文化的复制性——为文化的大众化提供了便利

在文化等级森严的农耕时代，文化是极少数知识分子的个体活动，他们的文化产品带有高度鲜明的个性化印记，难以仿制，也难以替代，文化话语权带有神圣感和唯一性。以技术为先导的工业时代逐步打破了文化垄断与霸权，流行文化借助现代科技传播手段迅速发展起来。可以说，技术性是流行文化的内在品质之一，而复制性则是这种内在品质的突出特征。流行文化的复制性为文化的大众化提供了便利，使不同文化背景中的更多的人能以较低成本自主享用文化产品，为文化的普及做出了贡献。同时，流行文化的复制性也是文化产业化发展的必然要求，正如托夫勒所言："在这些大规模传播工具中，从报纸到广播、电视、电影，我们再一次发现工厂基本原则的体现。所有这些传播媒介工具，打上了完全相同印记的信息，传遍了千百万人的脑际，正如同工厂铸造相同规格的产品，销售给千百万个家庭去使用一样。大规模制造出来的标准化的'事实'，标准化的副本，大规模制造出来的成品，通过几个集中的'思想工厂'加工，源源不断地流向千百万消费者。没有这样广泛强大的情报信息通讯系统，工业文明不可能具有今天这样的规模和发挥如此有效的功能。"②

显然，流行文化的复制性也为文化平庸打开了方便之门，批评话语中所谓"平面无深度"常被归罪于流行文化的这种复制性特点。不仅如此，"在大众传播中，被媒介化了的东西涉及文化的各个方面。复制的不但是一种具体的产品，同时也是一种思想、一种生活方式、一种文化。既然一切都可以复制，那么，在大众文化中就有可能会呈现一种同质或趋向同质的现象。这就是一些学者所发现的现代文化现象：从来没有这么多人在不同的地域和语境中共享同一种文化"③。在文化产品复制与再生产方面，美国的时代—华纳公司算是一个典型的例子，它在早年推介罗伯特·詹姆斯·沃勒的畅销小说《廊桥遗梦》的过程中，就成功地实施了复制与再生产策略。先是华纳图书公司出版了这部小说，截止到1973年7月，共售出250万册。接着，时代—华纳属下的亚特兰

---

① [美]丹尼尔·贝尔：《资本主义文化矛盾》，赵一凡等译，生活·读书·新知三联书店1989年版，第91页。
② [美]托夫勒：《第三次浪潮》，生活·读书·新知三联书店1983年版，第81页。
③ 陈卫星：《传播的表象》，广东人民出版社1999年版，第260页。

大唱片公司灌制了根据这部小说创作的歌曲唱片，由作者本人演唱，同时还制作了音乐录像带。不仅如此，公司所属的杂志又报道、评析了这部小说和唱片，并刊登广告。公司还为时代—华纳有线电视网制作了一个短小节目，其中由这位作家作为流行歌手来推销自己的作品，并提供 800 这一电话号码以便电话订购。到 1996 年，华纳兄弟公司又把它拍成畅销电影和录像带。[①] 就此，时代—华纳公司成功地完成了一次文化造神运动，一段美丽又浪漫的爱情故事传遍了全世界的每一个角落。

第二节　时尚潮流的当代特征与扩散机制

尽管学界对流行文化有种种表述，但有一点是统一的，即流行文化的关键词是"流行"。紧紧扭住"流行"及与之伴生的"时尚"，就是切中了流行文化的要害。对流行与时尚的分析可以有多种视角，如社会学视角、社会心理学视角、文化研究视角、社会性别研究视角，等等。在这里，我们特别强调传播社会学视角，这是一种新兴的研究范式。显然，流行与时尚作为一种社会与社会心理现象，与传播特别是大众传播具有紧密的内在关联性。流行与时尚是一种传播现象，是流行与时尚符号经由传播的扩散所产生的一种社会行为与效果，这种社会行为与效果的呈现方式、扩散路径别具一格。运用传播社会学作为解读流行与时尚的理论分析工具，有助于拓展研究思路，丰富研究内容。

一　作为理论分析工具的传播社会学

这里，我们有必要对传播的概念以及传播学的形成与发展做一背景性交代。在中文语境中，"传"与"播"最早是分开使用的，它们与布、流、宣、扬、通、递诸字的含义略同，在用于人类信息交流时，其义位相同而义象各异。"传"表示纵横地传播；"播"表示广泛地传播；"布"表示伸展地传播；"流"表示连续地传播；"宣"表示庄重地传播；"扬"表示宏大地传播；"通"表示言语的通达；"递"表示物件的沟通。据考证，"传播"一词在中国出现于 1400 年前，可能始见于《北史·突厥传》中的"传播中外，咸使知

[①] ［加拿大］文森特·莫斯可：《传播政治经济学》，胡春阳、黄红宇、姚建华译，华夏出版社 2000 年版，第 173 页。

闻"一语。① 英语中的传播（communication）源于拉丁语的"communicatus"和"communis"，其原义为分享和共有。14 世纪时该词在英语中为 comynycacion，15 世纪以后逐渐演变为现代词型，到 19 世纪末它已成为大众化的日常用语。对传播媒介来说，英语中的"media"（媒体、媒介）一词大约在 20 世纪 20 年代才开始使用，据查，在 1878 年出版的英文牛津大词典第一卷中，还没有"大众媒介"这个名词，但 1928 年出版的最后一卷中就收进了这个词。②而用它来指称报纸、杂志、广播和电视则是在 20 世纪 50 年代。

雷蒙·威廉斯研究认为，Communication 这个词自从 15 世纪以来，其现代的普遍意涵就已经存在。该词源自拉丁文，是指"使普及于大众"、"传授"的动作。从 17 世纪末起，这个词有了一个重要的引申意涵，指的是"传播媒介、通讯工具"。进入 20 世纪，随着其他传递信息与维系社会联系的工具不断发展，Communication 开始用来指涉 Media，例如：新闻、广播。现在所通称的"传播工业"（communication industry）与"运输工业"（transport industry）有别。Communication 指的是报纸、广播里的资讯与观念；transport 是指载运人们与货物的交通工具。③ Medium 源自拉丁文 medium，意指中间。从 16 世纪末期起，这个词在英文中被广泛使用，最迟从 17 世纪初起，具有"中介机构"或"中间物"的意涵。将报纸视为广告宣传的一种媒介（medium），在 20 世纪初期变得很普遍。20 世纪中叶，media（媒体、媒介）的意涵也许主要就是据此而来。Media 被广泛地使用，源于广播与新闻报纸在传播通讯（Communications）上日渐重要。可以这么说，自从 20 世纪 50 年代以来，media 急速受到欢迎，经常被作为单数名词来使用。④ 从上述对这些语词运用的分析可以看出 20 世纪以来大众传播迅速崛起、兴盛和繁荣的轨迹。一言以蔽之，传播、媒介、媒体这些词汇是伴随大众传播技术、大众传播机构的兴起逐步具有了现代意涵，如今这些词汇已经成为我们日常生活的一部分。

作为新兴的研究领域和理论分析工具的传播社会学，当然是在传播的现代语境中形成的。传播社会学是以人类的传播现象为研究对象，以人类传播行为

---

① 方汉奇：《中国近代传播思想的衍变》，《新闻与传播研究》1994 年第 1 期。
② ［美］威尔伯·施拉姆、威廉·波特：《传播学概论》，陈亮等译，新华出版社 1984 年版，第 248 页。
③ ［英］雷蒙·威廉斯：《关键词：文化与社会的词汇》，刘建基译，生活·读书·新知三联书店 2005 年版，第 73—74 页。
④ 同上书，第 299—300 页。

与社会建构、社会变迁和社会发展之间的相互关系为研究范围,采用社会学与传播学的理论、观点与方法,探讨人类传播产生与发展的规律及社会作用的一门交叉性边缘学科。① 传播社会学作为新兴学科,发端于20世纪60年代末的西方社会。作为一门新兴的交叉性边缘学科,此前业已成熟的社会学与传播学为其奠定了坚实的理论基础。社会学发端于19世纪30年代,至今已有近180年的历史。传播学相对年轻,它滥觞于19世纪末叶,成形于20世纪20年代,蓬勃发展于两次世界大战之间,最终定型于20世纪60年代。传播社会学的创立,是传播学与社会学理论创新的结果,也是传播与社会实践提出的现实需要。面对新世纪全球化背景下呈现的复杂文化现象与传播困惑,传播社会学有责任也有可能予以积极的理论回应。在中国,传播社会学刚刚起步,具有广阔的理论与应用空间。作为流行与流行文化的一种理论分析工具,传播社会学的引入具有一定的创新意义。

从源流上看,传播社会学理论奠基者,是西方特别是美国的一些知名的社会学家。早在19世纪晚期,随着报业在西方的发展,一些学者敏感地意识到大众传媒对社会变革具有重大意义。传播问题开始被纳入社会学家的视野,"每人都将他所发现的这种含义置于他的更博大的社会学说的中心"②。在众多奠基者中,社会学家杜威、帕克和库利做出了特别贡献。有学者评论道,这些社会学家以他们对社会进步的关怀,把新闻与传播置于人类行为的实证分析层面,客观上打开了新闻学和传播学反思社会的新视角,并把它引向了社会科学研究轨道。从此,西方新闻学和传播学的理论表述不再仅仅是新闻传播的编史工作和经验化研究,而是延伸到了广阔的社会领域。③ 大众社会理论把媒介看作是第一位的,媒介被看作是大众社会的起因及维护者。这种理论基于这样一种观念,即媒介提供了一种看待世界的方法,提供了一个替代物或一个虚拟环境。它不但是操纵人们的强有力手段,也是帮助困境中的人们心灵得救的辅助手段。根据 C. 赖特·米尔斯所说,传播处在意识与存在之间,它影响着人们对他们存在的意识。④ 显然,这些传播社会学的理论奠基者都把传播视为推动

---

① 孙瑞祥:《新闻传播与当代社会——一种传播社会学理论视阈》,天津社会科学院出版社 2003 年版,第 21 页。
② [美] 丹尼尔·杰·切特罗姆:《传播媒介与美国人的思想——从莫尔斯到麦克卢汉》,曹静生、黄艾禾译,中国广播电视出版社 1991 年版,第 98 页。
③ 石义彬、单波:《20 世纪西方新闻与大众传播理论概观》,《国外社会科学》2000 年第 4 期。
④ [英] 丹尼斯·麦奎尔:《大众传播理论》,载张国良主编《20 世纪传播学经典文本》,复旦大学出版社 2003 年版,第 451 页。

社会发展的重要力量加以研究，他们较早地注意到传播对社会变迁、社会秩序的影响，他们对传播的社会功能的研究成果，在传播社会学发展史上具有重要的学术价值。

　　传播社会学是一门交叉性边缘学科，此类学科的一般特点是应用一门科学的方法去研究另外一门科学的研究对象，使不同的科学方法和研究对象有机地结合起来，从而揭示和发现新的规律。显然，传播学与社会学具有天然的理论可通约性，一方面，传播学的研究对象构成了社会学考察社会变迁深层原因的基本要素；另一方面，社会学作为传播学形成的重要基础，为传播学研究提供了分析传播机制的理论背景，两者的融合构成了一种新的研究范式，既拓展了传播学理论空间，也为社会学注入了新内容。传播社会学是一种开放性的研究取向，难以界定它的研究边际，只能大体勾勒出基本的研究框架。笔者以为，传播社会学研究具有与时俱进的品格和语境化的特点，其研究议题既有普适性又有针对性。就其基本的研究框架而言有这样一些要点：第一，传播作为人类创造的独有文化，是一个相对独立而又具有包容性与渗透性的社会系统，传播社会学应该研究人类传播的起源、发展与变革的历史过程；第二，传播的产生、发展与人所处的自然、社会环境密不可分，传播社会学应该从社会生态学视角研究传播与自然、社会环境及其各相关变量之间的关系；第三，文化传播在现代社会已经发展成为最富有朝气的产业门类，对传媒产品的生产、分配、储存、传递、控制过程及其消费方式的认识与评价，应构成传播社会学的重要研究内容；第四，传播形态的变迁离不开科学技术的发展，传播社会学还要特别关注由传播技术变革所带来的传播方式的演化，以及由此而来的对人际关系与社会交往产生的影响；第五，传播是一种文化现象，不同社会意识形态与文化背景对传播内容的生产、选择与使用具有不同的价值取向、审美要求与解读方法，传播的全球化、地域化与民族化既有相融的一面，也有冲突的一面。传播社会学要客观地描述与分析这一矛盾共同体，提出相应的积极对策与建议。[①]总之，传播社会学是从社会学与传播学的角度对各种传播现象进行整体研究，既包括人际传播、组织传播与大众传播，也包括新闻传播与非新闻传播；既包括传播对人与社会所产生的积极作用，也包括它所带来的负面影响。就其终极目的而言，传播社会学就是研究传播与人的社会化和现代化、传播与人的生活方式、传播与国家和社会发展、传播与人类文明之间的互动关系及其运作机制，为促进人类社会全面进步做出贡献。

[①] 孙瑞祥：《传播社会学：发展与创新》，《天津师范大学学报》2004 年第 2 期。

从古至今，流行与时尚反映着社会与文化变迁的轨迹，把握流行与时尚的运动规律，有助于深刻解读流行文化的生成机制与传播动力。运用传播社会学研究流行与时尚，就是将流行与时尚纳入传播的轨道，特别是要在现代传播技术条件下，将流行与时尚作为一种社会文化传播现象加以整体把握。从传播社会学角度探讨流行与时尚的形成机制、呈现方式与社会影响，特别是探讨在大众传播作用下流行与时尚所显现的新特点、流行与时尚和现代都市生活方式的关联性，其目的就是要推进对当代中国流行文化的系统性研究。

二 时尚潮流的当代特征与趋势

流行与时尚作为一种社会与社会心理现象，是当今社会实践提出的一个与大众传播密切相关的文化问题，也是流行文化研究的基础性问题。从语义学角度看，流行与时尚是两个密不可分而又差异明显的词汇。在汉语辞书中对这两个词的表述分别是："流行：广泛传布；盛行。时尚：当时的风尚。风尚：在一定时期中社会上流行的风气和习惯。"① "流行：迅速传播或盛行一时。时尚：一种外表行为模式的流传现象。如在服饰、语言、文艺、宗教等方面的新奇事物往往迅速被人们采用、模仿和推广。表达人们对美的爱好和欣赏，或借此发泄个人内心被压抑的情绪。属于人类行为的文化模式的范畴。时尚可看作习俗的变动形态，习俗可看作时尚的固定形态。"② "流行：传布，盛行。《孟子·公孙丑》上：'德之流行，速於置邮而传命。'《左传·僖公十三年》：'天灾流行，国家代有，救灾恤邻，道也。'"③ 在《辞源》中没有查到"时尚"一词，看来作为词组出现较晚。但"时"的第九个义项是指"时尚"。如《唐诗纪事》四六朱庆余《闺意》有云："妆罢低声问夫婿，画眉深浅入时无？"在《辞源》中意思相近的词有两个。一是"时俗"：当时的习俗风气。《管子·算地》："不观时俗，不察国本，则其法立而民乱，事剧而功寡。"《楚辞》宋玉《九辩》："何时俗之工巧兮，背绳墨而改错。"二是"时髦"：一时的杰出人物。今称新异应时为时髦。④ 在英语中，主要有两个词用来表示流行和时尚，一个是 vogue，一个是 fashion。《新英汉词典》对 vogue 是这样归纳的：一

---

① 《现代汉语词典》修订第 3 版，商务印书馆 1996 年版。
② 《辞海》第 1 版，上海辞书出版社 1999 年版。
③ 《辞源》修订第 1 版，商务印书馆 1983 年版。
④ 同上。

是时尚、流行物、时髦的事物、时髦的人物；二是流行、风行、时髦。对 fashion 是这样归纳的：一是样子，方式；二是（服饰等的）流行式样，（言语、行为等的）风尚，风气；三是风行一时的事务，红人，名流；四是（资本社会中的）上流社会等。从语义学角度看，无论是在汉语还是在西语中，"流行"与"时尚"都是含义十分清楚的概念。

传播学大师威尔伯·施拉姆曾经说过："好的理论赋予研究人员以掌握进行分析这个课题的智能把手。尽管这项理论可能终于证明并不完善，甚至于并不正确，而且它在实践中的重要意义也可能降低，但这一切都不能抹煞它作为起点的重要性。"[①] 对流行与时尚研究来说，一些"好的理论"就起到了这样的作用。作为一种特殊的社会文化现象，长久以来，人们对流行与时尚给予了高度关注，早在19世纪末，一些西方学者就从各自不同的学术旨趣出发，对流行与时尚及其相互关系进行了深入的理论阐发。这里特别要提到两位学者，一位是德国哲学家西美尔，另一位是法国社会科学巨匠塔尔德。西美尔关于时尚的研究和塔尔德的社会模仿理论，穿越百余年人类思想史，至今仍熠熠生辉。

德国哲学家齐奥尔格·西美尔（G. Simmel, 1858—1918）在其著名的《时尚的哲学》一书中对时尚提出了独到见解。他认为："时尚是既定模式的模仿，它满足了社会调适的需要；它把个人引向每个人都在行进的道路，它提供一种把个人行为变成样板的普遍性规则。但同时它又满足了对差异性、变化、个性化的要求。……凭借时尚总是具有等级性这样一个事实，社会较高阶层的时尚把他们自己和较低阶层区分开来，而当较低阶层开始模仿较高阶层的时尚时，较高阶层就会抛弃这种时尚，重新制造另外的时尚。因此，时尚只不过是我们众多寻求将社会一致化倾向与个性差异化意欲相结合的生命形式中的一个显著的例子而已"[②]。西美尔在谈到流行与时尚的特点时说："时尚的本质存在于这样的事实中：时尚总是只被特定人群中的一部分人所运用，他们中的大多数只是在接受它的路上。一旦一种时尚被广泛地接受，我们就不再把它叫做时尚了；一件起先只是少数人做的事变成大多数人都去做的事，例如某些衣服的式样或社会行为开始只是少数人的前卫行为但立即为大多数人所跟从，这件事就不再是时尚了。时尚的发展壮大导致的是它自己的死亡，因为它的发展

---

① [美]威尔伯·施拉姆、威廉·波特：《传播学概论》，陈亮等译，新华出版社1984年版，第130页。
② [德]齐奥尔格·西美尔：《时尚的哲学》，费勇等译，文化艺术出版社2001年版，第72页。

壮大即它的广泛流行抵消了它的独特性。"①

　　法国社会科学巨匠加布里埃尔·塔尔德（Gabriel Tarde，1843—1904）是法国社会学创始人之一，其代表作是 1890 年出版的《模仿律》，有关模仿的规律是他研究的核心话题，该书是社会心理学方面的第一部代表性著作。他认为社会过程不外乎两个方面，既个人创造与社会同化，前者为发明，后者为模仿，模仿是社会存在和发展的基本原则。塔尔德认为模仿有三条基本定律：一是下降律，即下层阶级具有模仿上层阶级的倾向；二是几何级数律，即在无干扰的理想状态下，模仿行为将以几何级数的速度增加；三是先内后外律，即个体对本土文化及其行为方式的模仿一般总是先于外域文化。他认为"互相模仿是人的普遍天性"，"模仿即是传播"。他把模仿规律细分为"逻辑模仿律"、"超逻辑模仿律"；"从内心到外表"和"从上到下"扩散的模仿律；还有双向互动中必然包含的"从下到上"流动的模仿律。塔尔德在该书第二版序言中这样定义模仿："一个头脑对隔着一段距离的另一个头脑的作用，一个大脑上的表象在另一个感光灵敏的大脑皮层上产生的类似照相的复写。"② 他认为"风俗—时尚—风俗"是社会运行的一个循环圈。时尚扎根而成为风俗。风俗向时尚过渡，然后又回归更加广泛的风俗。塔尔德指出：与"古风（antiquity）的威望占优势的时代和社会"相反，"在新奇事物的威望占优势的时代和社会里，广为人知的一句话是：一切新东西都值得钦佩"③。他认为，任何模仿行为都是先有思想上的模仿，后有物质上的模仿。换句话说，所谓从里到外的模仿就是指"思想的模仿走在思想的表达之前；模仿的目的走在模仿的表达之前。目的和思想是内在的东西，手段或表达是外在的东西"④。"与此同时，隐藏在模仿者脑子里的每一个模仿的幼芽，渗透到他的整个神经系统和肌肉系统中；这样的种子以新信念、新渴望、新思想或新智能的形式出现，不断成长为外在的符号，变成语词和行为，并根据从里到外的规律前进。"⑤ 他说："模仿的作用不仅是拓展自己的范围，而且是走向双向的互动。现在看来，模仿不仅对自身产生影响，而且对人与人之间的其他关系也产生影响。其终极结果是，它把一

---

　　① ［德］齐奥尔格·西美尔：《时尚的哲学》，费勇等译，文化艺术出版社 2001 年版，第 76—77 页。
　　② ［法］加布里埃尔·塔尔德：《模仿律》，何道宽译，中国人民大学出版社 2008 年版，序第 7 页。
　　③ 同上书，第 177 页。
　　④ 同上书，第 149 页。
　　⑤ 同上书，第 263 页。

切单向的关系转变为彼此的双向关系。"①

从传播社会学与文化社会学角度看，流行与时尚并不是一种单纯的日常生活现象，并不仅仅与个人好恶、兴趣相关，而是一种复杂的、具有特殊社会功能与文化内涵的社会文化现象。透过不同的流行与时尚，可以窥见人类社会在特定时期、特定地域、特定社会阶层中的社会心理、文化习俗、行为方式的总体面貌。对流行与时尚内涵和意义的把握，实际上就是对一种时代精神、文化审美趣味与社会生活方式的把握。从生成机制、文化特征与演变规律上看，当下的流行与时尚具有如下一些特征与趋势。

1. 流行与时尚具有鲜明的时代性，是理解现代性的一把钥匙

从发生学角度看，一种具有广泛扩散性和社会影响力的流行与时尚，很难出现在原始和自然的生活状态之中，只能产生于大众传媒影响下的现代社会。因为传统社会人们的思想观念相对保守，物质条件匮乏，生活变动缓慢，人与人交往受到时空限制，社会组织结构单一、低效，社会信息流通不畅，一切都是按部就班，一切都由传统和习俗所决定，是一个"传统导向社会"（理斯曼）。因此，在传统社会很难产生大范围的流行与时尚，即使存在，也只是局部性、小范围、短时期，在特定阶层和群体中引发共鸣，而不可能像今天这样对社会生活产生如此广泛、持久和深刻的影响。比如"楚王爱细腰，宫中多饿死"，就是王朝政治时代一时出现的宫闱时尚，与普罗大众毫不相干。英国学者乔安妮·恩特维斯特尔（Joanne Entwistle）曾引用布罗代尔（Femand Braudel）的话说："如果一个社会或多或少还具有某种稳定性的话，时尚就很少变化的可能——对于所有的社会阶层来说（甚至包括在已被确认的等级制度中处于最高地位的那些阶层），情形可能都是如此。"② 乔安妮·恩特维斯特尔在谈到服装中的时尚时认为，在西方"特殊的社会与历史条件促成了时尚的出现，而我们并不能说这些条件存在于所有的地方与所有的时间。中世纪和文艺复兴时期宫廷社会的发展、全球贸易的扩张、新兴社会阶层的出现以及城市生活的成熟，所有这一切都在不断变化，并在衣着体系的发展中起到自己的作用"③。由此可见，流行与时尚是在一定的社会历史条件下发生的，具有鲜明的时代

---

① [法]加布里埃尔·塔尔德：《模仿律》，何道宽译，中国人民大学出版社2008年版，第264—265页。

② [英]乔安妮·恩特维斯特尔：《时髦的身体》，郜元宝等译，广西师范大学出版社2005年版，第101页。

③ 同上。

特征。流行与时尚从无到有、从少到多、从影响小群体到影响大社会的嬗变过程，其实正反映了整体社会变迁从传统到现代的过程。现代社会具有生成流行与时尚的土壤环境，原因在于人们的社会交往半径大幅度扩展，接受新事物的意识与能力普遍提高。而都市生活的开启为流行与时尚增添了动力。有学者言道："工作性质的日益工业化使城市人口的日常生活越来越脱离自然的节奏：越来越多的人出门工作，有的到工厂，有的到矿井，有的到办公室，工作日不一定从黎明开始、在日暮结束。这种发展使社会生活的面貌为之一变：城市变得忙碌、拥挤、肮脏、喧闹，往往是生活与工作的危险之地；城市还提供了'现代生活的公共戏剧的宽阔舞台'（斯蒂尔），而在这个舞台上，时尚呈现出一派繁荣热闹的景象。"[1] 塔尔德在谈到模仿时指出："现代大都会的特征是内部事物大量地互相模仿；这个互相模仿的强度与人口的密度成正比，和居民的多样性、多重性成正比。"[2] 这也印证了流行与时尚和现代性的相关性。

在现代社会一切都是变动不居和转瞬即逝的。正如威廉·白瑞德（William Barret）所说："暂时乃是现代人的范畴，正如永恒是中世纪人的范畴。"[3] 19世纪的著名诗人波德莱尔正是在都市中找到了他称为现代性的特征，那就是瞬间性、短暂性和偶然性，而流行与时尚正契合了这些特征。"就现代性的经历而言，西美尔和现代性的文学先知波德莱尔都认为时尚是一种重要的社会现象。通过时尚我们可以把握现代性的偶然性和短暂性。"[4] 简而言之，"时尚就是理解现代性的一把钥匙"[5]。现代化研究者英格尔斯在谈论现代化时指出："正如戴手表常是一个人倾向于现代世界的第一个戏剧性象征，使用一架收音机很可能是他真正参与这个世界的开始。"[6] 在这里，收音机就是一种时尚，对一架时尚的收音机的使用，就成为一个人融入现代性的标志。

---

[1] ［英］乔安妮·恩特维斯特尔：《时髦的身体》，郜元宝等译，广西师范大学出版社2005年版，第146页。

[2] ［法］加布里埃尔·塔尔德：《模仿律》，何道宽译，中国人民大学出版社2008年版，第171页。

[3] ［美］威廉·白瑞德：《非理性的人》，彭镜禧译，黑龙江教育出版社1988年版，第52页。

[4] ［芬］尤卡·格罗瑙：《趣味社会学》，向建华译，南京大学出版社2002年版，第91页。

[5] ［英］乔安妮·恩特维斯特尔：《时髦的身体》，郜元宝等译，广西师范大学出版社2005年版，第152页。

[6] ［美］阿列克斯·英格尔斯等：《人的现代化》，殷陆君译，四川人民出版社1985年版，第140页。

2. 流行与时尚打破了"上行下效"模仿律，呈现出"众声喧哗"的狂欢景象

在传统社会，时尚具有鲜明的阶层等级特点，标示着社会中不同类型的生活方式并且区别出不同类型的人群。时尚作为一种社会生活和文化现象总是由特定的个人或群体所创造，这些个人或群体往往具有较高的社会地位和经济实力，他们的示范效应能产生广泛的社会影响，通过"上行下效"渗透到社会其他人群和阶层，使一种时尚得以流行。在传统的西方社会，时尚生活常常由贵族阶层所开创，"宫廷贵族的生活方式不仅仅是对其社会地位起标志作用，更是对其起了决定作用。一个宫廷贵族必须不断地将他自己同他的同等人区别开来，要突出相对于其他社会阶层和地位的人他自己的生活方式的优越性，尤其是相对于那些乡村贵族及城镇的富裕的资产阶级。生活方式和礼节成为社会竞争和对抗的竞技场"。"新时尚是由上流社会首创，然后'向下渗透'到社会各阶层，结果使得处于较低地位的人们争相模仿和效法。"[①] 塔尔德明确指出："无论社会组织是神权政治、贵族政治还是民主政治，模仿的历程总是遵循同样的规律。在距离（指社会距离——引者注）相等的情况下，模仿总是从高到低、从高位人到低位人，在地位低的阶层中，模仿的走向总是从里到外的。"[②] 显然，作为较低阶层的人群无论在社会地位还是经济实力上都无法与上流社会相匹敌，因此，他们的模仿和效法只是具有某种象征意义。在西美尔看来情况就是如此："不同的时尚在另一方面是用来区分不同的社会阶层的，因此认为较低阶层的成员并不是要仿效比他们高的阶层的铺张作风（像维布伦的理论模式所说那样），相反倒会更多地仿效他们的趣味。"[③]

然而在今天，情况发生了逆转，那种"上行下效"的单向模仿律被打破，流行与时尚呈现出"众声喧哗"的狂欢景象。当社会进入大众生产和大众消费时代，流行与时尚已成为大众社会的普遍现象。借助大众媒介这一民主形式，时尚的产生和传播方式也发生了很大的变化。"大众媒介的开放性使得社会各个阶层和人群处于共同的话语空间，拓宽了现代时尚传播的通道和途径，从而打破了时尚只从社会上层向下层渗透的单向传播路径，呈现了多种多样的产生

---

① ［英］柯林·坎贝尔：《求新的渴望》，载罗钢、王中忱主编《消费文化读本》，中国社会科学出版社 2003 年版，第 270 页。
② ［法］加布里埃尔·塔尔德：《模仿律》，何道宽译，中国人民大学出版社 2008 年版，第 166—167 页。
③ ［英］柯林·坎贝尔：《求新的渴望》，载罗钢、王中忱主编《消费文化读本》，中国社会科学出版社 2003 年版，第 268 页。

时尚的方法和途径，也导致了大众时尚的多元呈现与广泛流行。"① "早在 1970 年代后期，保罗·布卢姆伯格（Paul Blumberg）就曾撰文指出：'上流社会或中产阶级所设置的时尚标准，并不比那些失去地位的、反阶级的年轻人和反主流文化者设置的多。长头发，头饰圈，珠子项链，染色的衣服，背心，混杂的皮革制品和小山羊皮制品，精心制作的褪色的粗棉布工作服，以及其他所有的反主流文化装束的随身用具，不但嘲弄了既有阶级的物质地位符号，而且成功地散布到了敌对的阵营——在纽约第五大街和主要街道流行并被模仿。当蓝色的斜纹粗棉布工作衬衫正在纽约的布鲁明德尔斯公司销售之时，当摇滚明星米克·贾格尔当选为世界上穿着最考究的男人之时，认为时尚风格是在上层社会建立以后才逐渐向下渗透散布的理论，显然出了毛病。'"② 乔安妮·恩特维斯特尔也印证了这种说法："和 19 世纪相比，20 世纪的时尚和阶级身份的联系不再那么明显了。尤其是那些一度为少数精英阶层把持的'高等'时尚，在 20 世纪已经呈现出民主化和大众化的趋势，扩大到比以往更加广大的人群中去了。而且，阶级间的时尚等级也被颠倒过来，'高级时尚'不一定非得存在于社会等级的顶端而有可能从街头从青年亚文化中'冒上来'（波尔希默斯）。"③ 美国牛仔工装的流行，就是一个原自社会底层并出现"下行上效"逆向传播的典型。

3. 流行与时尚呈现出周期缩短、速度加快的明显趋势

《极速》是美国两位学者合做出版的一本书的书名，用"极速"来描绘当今社会生活状态十分恰当（关于《极速》一书后文有介绍）。速度是人类的一种生活状态，对速度的追求与渴望是人类一个具有自我挑战性的永恒话题。在当今极速时代，速度成为人们顶礼膜拜的对象，追求高速度成为现代人生活节奏的标志。人类不仅通过不断地改进交通设施与工具（比如高速公路、高速铁路）以提高身体的"行走"速度，而且更渴望追求精神和思想的"行走"速度。流行与时尚就是一个与精神和思想"行走"速度密切相关的文化命题。在当代社会，流行与时尚周期明显缩短，呈现出加速度嬗变趋势，你唱罢来我登场，各领风骚三五天，这是当今流行与时尚的真实写照。快餐文化、生死时速

---

① 贾明：《现代性语境中的大众文化》，上海人民出版社 2007 年版，第 160 页。
② ［英］柯林·坎贝尔：《求新的渴望》，载罗钢、王中忱主编《消费文化读本》，中国社会科学出版社 2003 年版，第 270 页。
③ ［英］乔安妮·恩特维斯特尔：《时髦的身体》，郜元宝等译，广西师范大学出版社 2005 年版，第 169 页。

（电影名）、宽带上网、一夜成名、速配闪婚……现实生活中的人们在与速度比拼，无所不用其"快"。几乎所有的信息传播与生活描述都是要告诉人们，这是一个变动不居、无法把握的世界，稍不留意，你就会被速度所淘汰。正如学者所言："我们确实生活在一个速度被神化了的时代——人们已经发展到更多的是用速度而不是来龙去脉去描述事物的地步……"①

法国后现代理论家保罗·维利里奥（Paul Virilio），以其有关"速度学"（dromology）的著作和对速度在后现代世界重要性的研究而闻名。维利里奥对时间主题比对空间主题更有兴趣，他认为速度的增加有助于消蚀空间上的差异，并且使得将空间从时间上区别出来变得日益困难。因此，维利里奥创造了"速度距离"这个概念，并认为它有助于消灭物理的和空间的维度。他说，除了使空间湮没以外，速度，尤其是知识和信息沟通的速度已经制造了一个令人迷乱的、肤浅的图像世界。我们面对的是概念化和表象性的危机，我们已经从一个形象稳定的世界走向另一个形象高度不稳定的世界："飞速消失的美学已经取代了以其物质支持来寻求形式和图像上进步性涌现的美学……在一种具有静态本质、以稳定的模拟图像为特征的显露美学曾经占统治地位的地方，我们现在则拥有一种具有飞逝本质、以昙花一现般不稳定的数字图像为特征的消失美学。"② 显然，这种"消失美学"已不折不扣地显现在当今的流行与时尚之中，流行周期越来越短、时尚变化速度越来越快已成为不争的事实。这种态势在近30年中国内地时尚潮流演进中就表现得十分鲜明。在此，我们以当下中国流行文化现象为例，对这种"消失美学"态势作一现象学描述。

改革开放之初的20世纪70年代末到80年代中期，是当代中国流行文化"小荷才露尖尖角"之时，这一时期的突出标志，是以港台为主体的，以流行歌曲、通俗小说、电视剧、商业广告为先导的流行文化产品涌入内地。此间港台爱情歌曲、台湾校园歌曲在内地到处传唱，喇叭裤、牛仔裤、交谊舞、迪斯科风行一时，邓丽君、《加里森敢死队》（美国电视剧）令人陶醉，"味道好极了"（咖啡广告语）成为口头语。70年代末，国外盒式录音带和录音机开始涌入中国城市，这一新兴录音设备和制品，由于使用方便而深受消费者的欢迎，从而带动了流行歌曲的发展。80年代初，国内开始建立录音制品出版社，1983年上海市和广州市在全国率先进行录像带的生产和经营，音像业在中国

---

① ［法］R. 舍普：《技术帝国》，刘莉译，生活·读书·新知三联书店1999年版，第4页。
② ［美］乔治·瑞泽尔：《后现代社会理论》，谢立中等译，华夏出版社2003年版，第193—194页。

得以迅速发展。1984年上海出现了全国第一家营业性卡拉OK厅，随后又出现了第一家音乐茶座、第一家营业性舞厅等，还建立了最早的文化演出公司，恢复了外国音乐的广播节目，一时间，在上海的大街小巷充满了流行文化气息。

  虽说80年代中国内地的总体文化倾向是张扬高雅的精英文化，即对诗歌、小说，乃至哲学、美学加以诗化、浪漫化、纯粹化，但流行文化也以共时态角色成为另一条文化主线。在80年代中期到90年代初期，流行与时尚又有了花样翻新。在港台流行文化产品大规模涌入的同时，内地本土流行文化生产也迅速走向规模化，从初期对港台流行文化样式的生硬模仿，转向立足于本土的自主创造。与此同时，随着国门渐开，来自欧美的诸如好莱坞影片、卡通画报一类的流行文化产品也登堂入室，共同构成了铺天盖地的流行文化景观。这其中，崔健的《一无所有》、费翔的《冬天里的一把火》，电视剧《霍元甲》，电影《黑炮事件》，以及霹雳舞、王朔热、三毛热、君子兰热、魔方游戏、琼瑶小说、人体油画艺术展、"今年二十，明年十八"（香皂广告语）等，都成为这一时期的流行文化时尚或街谈巷议的文化热点。与80年代的"现代性"情结不同，进入90年代，流行与时尚步伐迅速加快，并呈现一种"后现代文化"景观。此时流行文化无论是从流行范围、参与人数、市场化程度，还是从对大众的吸引力和所产生的娱乐效应方面，都远远超过了其他文化类型，几乎形成了流行文化的霸权态势。电视剧《渴望》《围城》《编辑部的故事》，电影《站直了，别趴下》《侏罗纪公园》《狮子王》《泰坦尼克号》，小说《废都》《白鹿原》，以及呼啦圈、追星族、迷你裙、麦当劳、蹦极跳、"松糕鞋"、吊带装、MTV、选美、"牙好，胃口就好，身体倍儿棒，吃嘛嘛香"（牙膏广告语）等，都是这一时期耳熟能详的流行文化和时尚追求符号。

  进入21世纪，"消失美学"进一步弥漫，一波又一波流行与时尚行情扑面而来，有如惊涛拍岸，来得也快去得也急，令人眼花缭乱，目不暇接。互联网的普及、WTO的加入、国外流行文化产品进入中国门槛的降低，以及政府对文化创意产业的倡导和休闲时代的到来，为流行与时尚注入了新动力。网络流行语、网上聊天、"翠花，上酸菜"（东北流行歌曲）、《还珠格格》、时尚杂志、室内装修、手机短信、手机拍照、"F4"、唐装、出境游、足球热、网吧、"超女"、"黄金周"、网络小说、3G通信……时尚的流行速度明显加快，文化的个性化色彩越发鲜明。特别是21世纪初，以网络"雷词"（特指富有震憾力之词语）为代表的网络流行文化现象，更是天天有创意，时时被刷新。2008年网络"雷词"比起2007年就显得"更高、更快、更强"，而且其互动性得以增强。比如"很×很××"原型本是"很好很强大"，但由于央视一则报道，迅即出现爆发版"很黄很暴力"。待到香港"艳照门"事发，马上有了后续版"很傻很天真"。接下来，"雷词"便如水银泻地，一发而不可收："很恒很源祥""很假很坦白""很乐很OPEN""很爽很摇滚""很丑很封建""很囧很娱乐"……如果说这些"雷词"只是文字游戏而已，未免过于简单化，网络"雷词"具有很强的社会性，在很大程度上折射社会现实。每当人们看到"范跑跑""朱坚强""秋雨含泪""兆山羡鬼"等"雷词"，就会想起汶川大地震。正是在此种意义上，"雷词"成了重大事件与社会风情备忘录。如果我们假借时空隧道将现在的"雷词"和30年前的时尚用词加以对比，就能真切地感受到时代变迁的步伐。以国内著名刊物《随笔》为例，1979年出版的《随笔》第二集上，刊有编者的文章《〈随笔〉的天地》，是这一集的"开篇"，也可看作稿约。文章说："在实现四个现代化的新长征中，我国家底子薄，人口多，经济生活上存在不少困难，社会风气中也还有不少给'四人帮'污染的一套。"编者列出了几十个词汇，说这些都是应该思考的问题，都可以写成"及人、及事、及情的闪烁哲理火花的笔记文学作品"。这些词汇是：人生、事业、生命、生活、青春、朝气、爱情、幸福、理想、荣誉、功勋、建树、挫折、失败、磨炼、考验、知识、学习、运动、劳动、传统、习惯、公德、操守、勇敢、坚强、忠贞、坚忍、刻苦、勤奋、进取、有恒、谦逊、诚实、达观、磊落、谨慎、克制、团结、友爱、聪明、机智、机警、恳切、自觉、整洁、礼貌……

无论是从社会意义还是从娱乐意义上看待流行与时尚，都无法改变一个基本事实，那就是极速时代背景下的流行与时尚呈现出周期缩短、速度加快、范围超广的明显趋势。正是在当今"速度情结"作用下，策划时尚、制造时尚、炒作时尚、追赶时尚、消费时尚成为一种新的审美趣味或"消失美学"。不安于现状，求异求变，躁动不安，成为现代人一种生活常态，难以控制，难以自拔，"就是静不下心来，对周围发生的事情和自身所处的位置缺乏透骨的敏锐，看什么都是'像云像雾又像风'，一抬脚就不由得'跟着感觉走'，一思索便觉得'你别无选择'，于是乎只有随着大流跑，盯住时髦追，这山望见那山高，打一枪换一个地方，整日里坐卧不宁，焦虑不安，恨不得'过把瘾就死'"[①]！我们既要看到极速时代流行与时尚急功近利、华而不实的一面，也要看到其善于审时度势、积极进取的一面。流行与时尚既是一种社会风情，也是一种人生态度。

[①] 解思忠：《盛世危言——民风求疵录》，中国档案出版社1994年版，第178页。

三 时尚潮流的扩散机制

美国学者埃弗里特·M.罗杰斯是发展传播学的重要开创者之一，他最早提出的创新扩散理论，不仅指出了传播对创新扩散的意义与重要性，而且难能可贵的是，他运用翔实的实证材料分析了创新扩散的内在机制与传播策略问题。作者独辟蹊径，从技术革新的信息是如何传播、扩散的角度，探讨了大众传播及人际传播在技术革新的普及过程中所发挥的不同作用。对新技术（包括新观点、新生活方式等）的推广和采纳，其实质是把"变化"引入采纳者个人、群体乃至整个社会生活和文化之中。从这一意义上说，对技术革新如何普及的研究，也就是对传播如何影响社会文化变迁的研究。罗杰斯认为，创新是指"一种思想、一种实践或是一个被个人或其他采纳团体认为是崭新的东西"[①]。"（技术创新）扩散是创新通过一段时间，经由特定的渠道，在某一社会团体的成员中传播的过程。它是特殊类型的传播，所含信息与新观念有关。传播的信息是有关一个新的观念，而观念之新奇度赋予扩散一种特质。新意味着扩散中含有某种程度上的不确定因素。扩散是一种社会变化，可以被定义为社会系统的结构和功能发生变化的过程。当新的方法被发明出来，随之被传播、被接受或拒绝，导致一定的结果，在这当中，社会发生了变化。"[②] 我们完全可以把罗杰斯使用的"创新"一词与本书讨论的时尚潮流加以并列理解，他提出的创新理念、创新属性和对社会成员采用创新的类别分析，对今天的流行与时尚研究具有深刻的启发意义。他提出的一些创新扩散的策略方法，可以直接用来指导今天大众传媒对流行与时尚的推动实践。罗杰斯的核心观点集中体现在他1962年出版的《创新的扩散》（*Diffusion of Innovations*，又译《技术革新的普及过程》）一书中，该书到1997年已再版4次，可见影响之大。通过介绍罗杰斯的创新扩散理论，我们可以从中感悟时尚潮流的扩散机制。

罗杰斯的一大理论贡献，是对农村的创新扩散研究。他在对农村中新事物（新药、新品等）的采纳和普及过程进行了深入研究后提出，新思想、新事物的普及、推广是一种特殊的传播形态，社会变化过程在很大程度上是创新、发

[①] ［美］埃弗里特·M.罗杰斯：《创新的扩散》第4版，辛欣译，中央编译出版社2002年版，第118页。

[②] 同上书，第5—6页。

明被推广采纳的过程。罗杰斯提出的这个传播与发展的模式，强调了大众传播在社会发展中的作用。罗杰斯认为，社会变化可以从两个层次来分析，一个是个人层次的现代化，即社会成员抛弃传统生活方式而采纳先进的现代生活方式；另一个是社会系统层次的现代化，即国家的发展，指整个社会采纳新发明，使用现代生产方式，改革社会组织以达到社会物质生活水平的提高。而这两个层次上的现代化，都离不开传播要素，离不开创新、发明的推广普及。[1] 1979年，罗杰斯与阿迪卡亚在《对创新推广的最新评论》中再次谈道：所有对社会变革的分析都会最终将重点放在传播的过程上。学习过程、推广过程和变化过程基本上都包含新思想的传播。[2] 罗杰斯指出："传播研究传统的一个特殊优点是它可以研究任何形式的创新，没有任何限制，不像教育研究传统主要研究教育创新、农村社会学家专注于农业思想、公共卫生研究传统所关心的是计划生育。传播研究传统的这种缺少内容定位的特点使传播学研究人员可以更专注于扩散过程本身。"[3] 也就是说，传播研究具有开放性与工具性，传播研究的兴趣在于关注传播扩散的过程，实质上就是关注传播扩散的机制问题，并不拘泥于某个特定对象。我们说大众传媒是流行与时尚的推进器与制动阀，就是从传播扩散的机制角度切入问题的。罗杰斯还提出"创新精神"和"采用速度"等概念，认为"创新精神是个体或其他单位比起同系统内其他成员更早采用新方法的程度"。"采用速度是社会系统中成员采用一项创新的相对速度。"根据创新精神和采用速度，他把社会系统成员划分为五个采用类别：一是创新者；二是早期采用者；三是中期采用者；四是晚期采用者；五是落后者。[4]

罗杰斯提出的"创新的五种属性"，即相对优势、相容性、复杂程度、可试验性、可观察性，[5] 为大众传媒引领时尚潮流提供了具有可操作性的机制与策略依据。"相对优势"是指某项创新相对于它所替代的原有方法（方案）而具有的优势。相对优势的程度通常可通过经济利润、社会威望及其他一些收益来衡量。对于许多人来说，采纳某项创新的动机之一就是为了赢得社会地位。

---

[1] 张国良主编：《新闻媒介与社会》，上海人民出版社2001年版，第313页。
[2] ［美］埃弗里特·M. 罗杰斯、龙尼·阿迪卡亚：《对创新推广的最新评论》；转引自常昌富、李依倩编选《大众传播学：影响研究范式》，中国社会科学出版社2000年版，第280页。
[3] ［美］埃弗里特·M. 罗杰斯：《创新的扩散》第4版，辛欣译，中央编译出版社2002年版，第71页。
[4] 同上书，第32页。
[5] 同上书，第190页。

早在 1903 年，法国社会学家加布里埃尔·塔尔德就曾指出，许多人仿效他人来采纳创新的一个主要原因就是为了寻求社会地位。对于特定的创新，如流行服饰等，采纳者从中得到的唯一好处可能就是采纳该创新所带来的社会名望。而事实上，如果系统内的其他许多成员也购买同样的流行服饰，如同样的短裙或牛仔裤等，那么该创新就不再为采纳者带来多大的社会名望了。一种特定服装的创新款式在推广的过程中，逐渐失去其带给采纳者社会名望的魅力，促使了新款式的诞生。许多服装款式只是流行一时的狂热，也就是说这种创新所代表的仅仅是整个文化不太重要的一个方面，它传播得很快，主要是因为它能给采纳者带来社会威望和盛名之后，它中止传播的速度也很快。[1] 由此罗杰斯得出结论："某项创新可被社会系统内成员感知的相对优势与该创新的采纳率成正比。"[2] 罗杰斯尖锐地指出，创新的这种象征社会地位的特质带来的结果之一，就是创新的过度采纳。"创新的过度采纳是指，在专家认为个人不应该采纳某项创新时，他或她却采纳了该创新。造成创新过度采纳的原因是采纳者对该新观念、新方案根本就知之不多；或者是因为无法预测该创新付诸实施后，所带来的效果或后果；或者仅仅是因为创新所代表的社会地位。有一些人在尝试新事物方面有很强的欲望，有时显出对创新盲目崇拜。他们不该采纳创新的时候却偏偏采纳了该创新。"[3] "有时候出现创新的过度采纳是因为，创新的某种属性或次要属性。这对于个人有巨大的吸引力，以至于该个人在做出采纳决策时完全忽略了其他方面的考虑。例如，尽管某种消费品创新从其他方面看来不值得采纳，但是这种新消费品象征着一种社会地位，而这一点对于某个人来说可能十分重要，那么这个人就会做出采纳行为（比如一些女士采取并不科学或并不适合自己的整容、减肥方法——引者注）。我们有必要进一步研究创新的过度采纳这一现象。"[4]

"相容性"是指创新与现有的各种价值观、以往的各种实践经验以及潜在采纳者的需求相一致的程度。相容性高的创新对潜在采纳者来说比较容易把握，也更符合潜在采纳者所处的现实情况。这种相容性有助于潜在采纳者理解该创新观念的意义，也会平添对它的亲近感。一项创新可能与当时的社会文化价值观和信仰等相容，也有可能不相容。如果某项创新与当时的文化价值观不

---

[1] ［美］埃弗里特·M. 罗杰斯：《创新的扩散》第 4 版，辛欣译，中央编译出版社 2002 年版，第 195—196 页。

[2] 同上书，第 199 页。

[3] 同上书，第 197 页。

[4] 同上书，第 198 页。

相符合的话,那么该创新的传播就会受到阻碍。① 由此罗杰斯得出结论:"社会系统内成员感知到的某项创新的相容程度与该创新的采纳率成正比关系。"② "复杂性"是指理解和使用某项创新的相对难度。任何新想法都可以依据其复杂程度来区分。某些创新对它们的采纳者来说意义明晰,而有些则相反。由此罗杰斯得出结论:"正如社会系统的成员所察觉的,某项创新的复杂性与它被采纳的比率是成反比的。"③ "可试验性"是指创新在有限的基础上可能进行试验的程度。这种试验是消除对创新的疑虑的手段。由此罗杰斯得出结论:"正如社会系统的成员所觉察到的那样,一项创新的可试验性与它的采纳率成正比。"④ "可观察性"是指创新成果能被其他人看到的程度。某些新想法的成果显而易见并能很容易地传播出去,而有些创新则很难被人觉察或很难向其他人描述。由此罗杰斯得出结论:"正如社会系统中的成员所觉察到的那样,一项创新的可视性与它的采纳率成正比(比如一款新潮服饰,由于可视性强,所以能够快速流行——引者注)。"⑤ 罗杰斯总结道,社会个人对上述五种创新属性的感知,在很大程度上决定着该创新的采纳率。"采纳率就是指系统内的成员采纳某项创新的相对快慢。"⑥

罗杰斯还提出了著名的"创新扩散曲线"即 S 形曲线。⑦ 也就是创新的扩散过程和扩散轨迹一般呈现为 S 形状,即由最初的缓慢扩散,到"临界大多数"时扩散曲线的急速上升,再到此后的缓慢结束或消失。罗杰斯发现,交互式创新的扩散,如电子系统、传真、电话会议等,这类工具的采纳过程具有一个显著的特征,那就是"临界大多数"。"临界大多数是指这类创新的扩散过程中,已有足够的个体采纳了该创新,从而该创新的进一步扩散显得相对稳定,有一种自我维持的能力。交互式创新的采纳者越多,该创新对于系统内成员的价值也就越大"⑧。罗杰斯引用谢林的话说:"临界大多数这个概念的基本原理非常简单,难怪它在流行病、流行时装、生物种类的幸存和灭绝、语言学、种族一体化、乱穿马路、恐慌行为、政治运动等各种现象中都存在。"要

---

① [美]埃弗里特·M. 罗杰斯:《创新的扩散》第 4 版,辛欣译,中央编译出版社 2002 年版,第 206 页。
② 同上书,第 218 页。
③ 同上书,第 226 页。
④ 同上书,第 226—267 页。
⑤ 同上书,第 267 页。
⑥ 同上书,第 233 页。
⑦ 同上书,第 240—241 页。
⑧ 同上书,第 297—298 页。

理解人类所具有的一些普遍行为，临界大多数是一个基本的概念，因为"个体的行为方式通常取决于周围众多其他个体的行为方式"①。罗杰斯认为，临界大多数是扩散过程中的一个倾斜点，或者叫社会门槛。"当创新的扩散过程达到临界大多数之后，整个社会系统的氛围就有利于系统内的个体成员采纳创新。"② 在非交互式创新的扩散过程中，也有可能出现"临界大多数"。举个例子来说明，如果达到临界大多数的社会精英人物开始穿一种新款服装，这种服装很快就会流行起来，这种身着时髦服装的社会成员在注视他人行为的同时也在被他人注视。社会系统内的其他成员很快也仿效穿这种款式的服装，最后这种服装会被更时兴的服装款式所代替。这时的服装只能在旧货店里或清仓出售。在创新的采纳者中间，存在着很大程度的相互影响性，因为所有的采纳者会通过人际沟通网络向周围人谈起他们所采纳的创新，并给予正面或负面的评价。"当采纳率位于5%—20%时，这种人际网络的影响通常可使整个扩散曲线急速上升。一旦这个上升过程发生，就不再需要太多的努力去推广该创新，因为该创新的进一步扩散具有了自身的动力，这种动力来自该创新的社会人际效应。"③ 总之，作为一种扩散机制与传播策略，罗杰斯提出的创新扩散理论，特别是创新的五种属性，对今天流行文化生成机制与传播动力研究不失为一个有益的理论工具。

　　本节关键词是流行与时尚，与此有紧密关系的是模仿、习俗与传播。我们在上述分析的基础上，可以大体建立这些概念之间的关联性。时尚是一个时期所表现出的一种特殊文化现象与文化观念，追求新奇、个性与品位是时尚生成的原始动力机制。流行是时尚文化在广泛区域、广大人群间的流动和扩散状态，是时尚的一种外在形式，表征着时尚的社会影响力。模仿的对象是时尚，模仿是时尚得以流行的内在社会心理机制。没有模仿动机的存在，时尚就失去了示范意义，就难以持久地存在和增值。从总体上看，时尚是由社会少数群体所创造，并由社会大众模仿的文化观念或生活方式。当大众的认同和模仿达到了相当程度而形成广泛的社会行为方式时，这种时尚形式就进入了流行状态。随着流行广度与持久度的加剧，时尚所具备的差异性和模仿性也就逐渐消失。也就是说，当流行出现时，时尚也就接近于终结。习俗

---

①　[美]埃弗里特·M. 罗杰斯：《创新的扩散》第4版，辛欣译，中央编译出版社2002年版，第302—303页。

②　同上书，第304页。

③　同上书，第310页。

是特定群体对某种文化的习惯性态度与行为方式的总和，习俗是时尚的一种稳定性质，是时尚在模仿驱动下经长期流行后所获得的某种文化共识。当一种习俗经历了跨文化传播，就可能演变为另一文化圈内的时尚并被再次流行。当然，此时尚已非彼习俗，它是一种经过了异域文化再加工后的时尚。不难发现，无论是时尚、流行，还是模仿、习俗，都是特定时空间一种动态的存在，既有特定性，又有普遍性；既有文化性，又有日常性。不可忽略的是，所有这些存在方式与规定性，都离不开传播要素。传播作为一种"小小的奇迹"、一种"公共的感觉器官、神经中枢和传播肌肉系统"，[1] 是时尚、流行、模仿和习俗的"社会性地图"，[2] 具有引领与导航的作用。传播是时尚、流行、模仿和习俗生成的必要条件；时尚、流行、模仿和习俗是传播的必然结果。[3]

第三节　流行文化的传播动力

如果说时尚是理解现代性的一把钥匙，那么这把钥匙的操控者就是大众传媒；如果说当代流行与时尚呈现出"众声喧哗"的狂欢景象，那么这一景象的策动者就是大众传媒；如果说我们处在一个极速时代，那么提速手柄的开启者同样是大众传媒。一言以蔽之，大众传媒是当代流行文化的推进器与制动阀。这样一种判断并不夸张。从历时性角度看，大众传媒的文化影响力是伴随着社会发展而逐渐显现的，人们对大众传媒重要性的认识，包括对大众传媒推动流行文化重要作用的认识也是逐步清晰的。在这一认识过程中"发展传播学"理论做出了重要的历史贡献。如今，大众传媒已成为一种强大的社会运行机制，它利用人们普遍存在的"传媒崇拜"心理，巧妙地发挥着可以说是与生俱来的"议程设置"功能，在很大程度上掌控着流行文化事件的发生、发展、走向与结局。本节将沿着上述思路展开论述。

---

[1] ［美］威尔伯·施拉姆、威廉·波特：《传播学概论》，陈亮等译，新华出版社1984年版，第164页。

[2] 同上书，第191页。

[3] 孙瑞祥：《大众传媒引领时尚潮流的策略与机制——重读罗杰斯的〈创新的扩散〉》，《新闻爱好者》2013年第12期。

一 "发展传播学"的历史贡献

第二次世界大战后伴随着西方"发展研究"和现代化理论而兴起的"发展传播学",对于传播学与传播社会学而言具有里程碑式的重要意义,对今天的流行文化研究同样具有现实作用。一般认为,在"发展传播学"理论构建中有三部著作最具代表性。一是丹尼尔·勒纳1958年出版的《传统社会的消逝:中东现代化》;二是埃弗里特·M.罗杰斯1962年出版的《创新的扩散》;三是威尔伯·施拉姆1964年出版的《大众传播媒介与社会发展》。罗杰斯创新扩散的观点前面已有介绍,这里主要介绍勒纳和施拉姆的观点。我们知道,虽然传播与发展都是人类共同面临的重大实践问题,但在20世纪中叶之前,在关于发展的理论视域中,传播因素却没有引起足够重视。1958年,美国马萨诸塞技术学院社会学教授丹尼尔·勒纳(Daniel Lerner)出版了《传统社会的消逝:中东现代化》一书,首次尝试构建传播与现代化理论,因明确指出了传播在社会变迁中的重要作用,而成为一部里程碑式的著作。勒纳理论的核心,是以城镇化、教育普及、大众传播发展和人的社会参与四个要素之间的相互作用来解释社会的现代化过程。勒纳认为,实现现代化的第一阶段是城镇化,这需要大量人口向非农产业的转移,要求人们具有以流动性心理状态为特征的新型现代个性。他认为,人们必须有愿意"搭上车"的社会心理才有实现现代化的可能,现代化社会需要具备现代化个性的人。他用"移情性格"这一概念来解释个性现代化的含义,即指个人能够摆脱传统社会的压抑封闭的惰性心理,善于接受新事物和思想,关心超出个人经验范围的事件,勇于尝试自己未曾经历过的新地位和新角色,有信心通过自身的努力实现个人的理想等。

勒纳谈道,西方资本主义发展初期,社会普遍存在着大规模的地理流动和社会流动,这些流动极大地开阔了人们的眼界,使人们接触到大量新事物,产生了新观念、新思想和新的生活方式,逐渐地适应变革并培育出流动个性。今天,现代大众传媒已成为人们开阔眼界的强大工具,价格低廉、功能强大的大众传媒使人们足不出户便可接触到来自全球各个角落的信息、知识和观念,通过文字、声音和图像获得有关新事物、新模式、新生活方式的形象化经验,通过传播信息的潜移默化的熏陶,人们会产生追求某种目标的愿望而投入现代化的浪潮。因此,大众传播的应用得当,会在人的个性心理的现代化方面起着促进的作用。勒纳把转变人的想象力的角色归于大众传媒,并将大众传媒比作社会变革的推进器。勒纳曾考察了许多处于黎巴嫩农村地区的遥远村庄,他注意到许多农村地区的居民发展出一种自己拥有无线电的热情,它使得他们有机会接近世界其他地区的事件和信息。他证实,当这种与外部的联系增多了之后,那些村庄中的族长的权威就下降了——换句话说,在权力的关系上发生了重大的转移。当电视到达这些地区后,妇女们能够看到西方的妇女在扮演着诸如孝顺的女儿、谦恭互让的姐妹以及富于献身精神的母亲等角色之外的角色,于是妇女中披戴面纱的人数下降了,并且还存在其他的展示妇女在其生活方式方面具有更多个人自由的信息。①

勒纳的《传播体系与社会体系》一文,集中地体现了他在《传统社会的消逝:中东现代化》一书中的主要观点,该文发表于美国《行为科学》杂志1957年10月号,后作为发展传播学的经典之作被频繁引用。该文的中心论点为,世界上的大多数社会都经历着从口头传播系统向大众传媒系统演进的过程,这一过程与社会的其他变化(主要为城市化、读写能力和政治民主)相互关联。换言之,传播体系的变动,既是整个社会体系变动的结果,又是其变动的原因。作者立足于传播角度,划分出三种社会类型:以口头传播系统为主的传统型社会、传媒与口头传播系统并立的过渡型社会、以大众传媒为主要传播系统的现代型社会。作者指出:"传播方面的深刻变化,总是伴随着其他方面一定的有规律的变化。""由此可得出结论:传播系统是整个社会系统发生变化的晴雨表和推进器。"② 显然,我们要感知和把握一个时期的社会时尚潮流,传播系统能给我们提供最直接的现实答案。

早在1958年,联合国大会就号召制订一项具体行动计划,以帮助发展中国家逐步建立报刊、广播电台、电影等媒介系统,加速其现代化进程。为此,教科文组织召开了三次会议,分别就亚洲、拉美和非洲地区的相关问题进行讨论。1962年底,教科文组织委托美国斯坦福大学传播研究所所长、传播学大师威尔伯·施拉姆,对这三次区域性会议的材料进行分析,以揭示大众传媒在促进社会发展中的作用。作为研究成果,施拉姆于1964年出版了《大众传播媒介与社会发展》一书,全面提出了关于第三世界国家利用大众传播事业促进社会发展的系统理论、发展战略和政策意见,第一次具体而全面地阐述了传播与发展的各项现实问题,把发展传播学推进到更富有实践性的新阶段,对学术界、传播界以及发展中国家的政府部门都产生了很大的影响。在此次研究中,

---

① [英]罗宾·科恩、保罗·肯尼迪:《全球社会学》,文军等译,社会科学文献出版社2001年版,第388页。

② 张国良主编:《20世纪传播学经典文本》,复旦大学出版社2003年版,第314—323页。

施拉姆进一步发挥了勒纳关于传播形态与社会经济发展水平相适应的理论，认为传播事业的发展是同社会总体发展的一定阶段相适应的，传播与社会其他部门是一种互动关系。他反复论证和强调了信息传播对国家发展的重要性，认为有效的信息传播可以对经济社会发展做出贡献，可以加速社会变革的进程，也可以减缓变革中的困难和痛苦。没有准确有效的传播，现代工业化所需要的技术、教育和经济基础就不能建立起来。[1]

施拉姆谈道："在一个传统的村庄，像其他地方一样，知识就是力量，但是在有媒介之前的文化中，力量的形式往往存在于能记住过去的智慧、神圣的文字、法律、习俗和各家族史的老人的记忆之中。在广播和印刷品进入一个传统的村庄，甚至修了一条通往那里的公路之后，变化往往是惊人的。首先，可以得到的信息的数量大大增加。传播来自更远的地方。地平线几乎一夜之间向远处退去。世界越过最近的山头或看得见的地平线延伸到了更远的地方，村民们关心别人是怎样生活的。力量从那些能记住很久以前的事的人那里，传到了那些掌握遥远地方有关信息的人那里。把过去的事写下来就成了共同的财产。人们的注意力转向可以用于实现变革而不是维持一成不变的信息。新的观念和想象在传播渠道中流通——农作物轮作、农药、疫苗、选举、计划生育、工程技术——于是，正如哈罗德·英尼斯精辟地指出的，村庄的生活从口传文化发展为媒介文化之后，就以空间而不是以时间、以将来可能怎样而不是以过去怎样为中心了，变更的轮子从此转起来。"[2] 在这里，施拉姆想要告诉我们的是，人类从口传文化发展为媒介文化，这是一种巨大的社会进步。从此，人们对变革的渴望更加急迫，对时尚的模仿更加积极。是媒介文化开启了新型社会关系，推动了社会变革的轮子加快运转。在此过程中，由观念更新所激发的一波波时尚潮流，必然在社会快速运转中生成与发酵，从而推动社会迈向现代化。

第二次世界大战后迅速兴起的"发展研究"和现代化理论推动了发展传播学研究。但好景不长，"发展研究"和现代化理论在实践中遇到了许多瓶颈问题和理论纷争，难以再继续下去。受此影响，发展传播学研究后来也没有更多的理论推进。但仅从上述简单介绍来看，发展传播学研究的历史贡献还是巨大的，重要意义在于，通过发展传播学研究人们普遍提高了对传播重要性的认

---

[1] ［美］威尔伯·施拉姆：《大众传播媒介与国家发展》，金燕宁译，华夏出版社1990年版，第74页。

[2] ［美］威尔伯·施拉姆、威廉·波特：《传播学概论》，陈亮等译，新华出版社1984年版，第16—17页。

识，并在此后联合国和各国政府制定发展战略中，显著地提高和扩大了大众传媒的社会地位和应用范围，应该说这是发展传播学研究带来的可喜变化。同罗杰斯的创新扩散理论一样，发展传播学是我们认识大众传媒影响流行文化的理论武器。

二 大众传媒议程设置功能的发挥

"议程设置"（Agenda-Setting，也称为"议题设置"）是大众传媒效果研究的一项具有开拓性的理论成果。议程设置理论把我们带入了一个有别于以往大众传媒"强效果论""即刻效果论"和"有限效果论"的效果研究的新视角，旨在揭示大众传媒所具有的长期的、微妙的和潜在的社会影响。一般认为，大众传媒的议程设置思想产生于20世纪60年代初。1963年，美国政治学家伯纳德·科恩出版《报纸与外交政策》一书，他在概括议程设置与早期媒介效果研究之间的差异时，写下了两句言简意赅的话，成为议程设置理论的滥觞。他说："新闻媒介在告诉人们'怎么想'方面可能并不成功，但是在告诉人们'想什么'方面则异常成功。"[1] 其实，议程设置思想的萌芽我们还可以追溯得更远。1922年美国学者沃尔特·李普曼在《舆论学》（又译《公众舆论》）中，谈到了"外部世界与我们头脑中的景象"这一命题。[2] 虽然李普曼没有使用"议程设置"这个词，但他描绘出了这是一个过程，通过这一过程，某个新闻论题被大众传播、公众和政治精英赋予优先的关注。李普曼恰如其分地提出，新闻媒介是我们头脑中图画的主要来源。他认为，舆论的反应并不是针对环境的，而是针对新闻媒介创造的拟态环境的。据此可以认为，李普曼是议程设置思想的学术先祖。[3] 最早通过实证分析正式提出"议程设置"这一概念的是美国学者M.麦库姆斯和唐纳德·肖。麦库姆斯和肖在1968年研究北卡罗莱纳州查普希尔的总统竞选活动时，发现"媒介议题"和"公众议题"的排列顺序几乎完全对应。[4] 他们在解释这一理论时说："受众通过媒体不仅学到了公众问题及其他事情，而且根据大众媒体对某些问题或论题的强调，学会应该

---

[1] ［美］马克斯韦尔·麦库姆斯：《议程设置：大众媒介与舆论》，郭镇之、徐培喜译，北京大学出版社2008年版，第84页。
[2] ［美］沃尔特·李普曼：《公众舆论》，阎克文、江红译，上海人民出版社2002年版，第3页。
[3] ［美］马克斯韦尔·麦库姆斯：《议程设置：大众媒介与舆论》，郭镇之、徐培喜译，北京大学出版社2008年版，第81、3页。
[4] 同上书，第6页。

对这些问题予以何等的重视。例如,在报道候选人在竞选中讲了些什么内容时,大众媒体显然决定了哪些是重要的问题。换句话说,大众媒体设置了竞选活动的'议题'(agenda)。这种影响个人认知变化的能力是大众传播拥有的最重要效力之一。"①

议程设置理论的主要内容是强调媒介的效果和作用不在于直接改变受众的态度和行为,而在于引起人们的注意。媒介通过反复报道某类新闻,就能强化该话题在公众心目中的重要程度。媒介的功能并非像"镜子"一样,被动地反映现实,而是以特定的视角和手段,有选择地将现实"再建构"之后积极地提供给受众,按照麦库姆斯和肖的说法,这是一种"看不见的环境建构"功能。正如美国学者德弗勒分析的那样,议程设置理论认为,新闻媒介提供给公众的不是世界的本来面目,而是新闻媒介的议程——是对世界上发生的事件有选择的报道。提出议程理论的人试图要描述和解释:消息是怎样选择、编辑和提供的,即所谓的"把关"过程;产生议程;这一议程对公众的影响(研究人们对新闻媒介报道的问题的重要性的看法)。② 社会事实怎样变为新闻报道并最终传达到受众,这中间发生了什么,施拉姆向我们描绘了这一过程。他引用1953 年在美联社某 5 天内所监测到的情况,让我们看到了新闻电讯稿在从通讯社的办公室到达日报读者手里的过程中所发生的事情。通过实证分析施拉姆指出:"从一家通讯社的国内部发出的新闻稿,在通过主管全国广播的部主任、编制州专线新闻的州专线主任、设计版样的新闻编辑和决定读哪条新闻的读者之后,大约 98% 的内容被扔掉了。"③ 从 1932 年起担任《纽约时报》星期版主编长达 32 年的赖斯特·马柯尔在谈到客观报道时讲过这样的话:"让我们看一看'最客观'的记者是怎么干的吧。他搜集了 50 个事实,从中挑选了 12 个事实用在稿件中,于是他舍弃了 38 个事实,这是他首次运用自己的判断。之后这位记者要在 12 个事实中挑选出 1 个用在导语中,这个被挑选中的事实于是得到了强调。于是,他第二次运用了自己的判断。这篇'客观'的报道,还得交给主编审阅,由他决定是登在头版呢,还是塞到第 29 版……总之,这种客观地报道实际上是很不客观的。"正是针对那些关于新闻工具应该像镜子一样报道社会的说法,爱德华·爱泼斯坦(Edwards Epstein)在《新闻来自不知道

---

① [英]丹尼斯·麦奎尔、[瑞典]斯文·温德尔:《大众传播模式论》第 2 版,祝建华译,上海译文出版社 2008 年版,第 92 页。

② [美] M. L. 德弗勒等:《大众传播通论》,颜建军译,华夏出版社 1989 年版,第 341 页。

③ [美]威尔伯·施拉姆:《大众传播媒介与国家发展》,金燕宁译,华夏出版社 1990 年版,第 85—86 页。

的地方》一书中说:"镜子的比喻忽视了'意志'的成分,忽视了报道或不报道某种类型的事件的事先决定。一面镜子不会做出决定,只会反映它面前发生了什么。不管怎样,电视报道总要受到预先的决定和政策的支配。""政策不仅能够决定一个主题要不要出现在电视上,而且决定怎样描绘它。"①

大众媒介所具有的议程设置功能的发现,得到了新闻传播学界大多数学者的认同。自议程设置理论提出以来,许多国家的研究者从各自的研究视角出发进行了多方面的实证研究,以印证这一理论的正确性。2001 年初,由复旦大学新闻学院、复旦大学信息与传播研究中心张国良教授主持,首次进行了有关中国传媒议程设置功能的较大规模的实证调查,印证了这一理论的客观存在,其研究结论以"中国传媒'议题设置功能'现状分析"为题发表在《新闻记者》2001 年第 6 期上。这次调查是中国传播学界在这一领域进行的开拓性探索,具有十分重要的意义。当然,议程设置理论是一个较复杂的命题,需要大量的实证论据的支持,在这方面还有许多未知的课题。尽管麦库姆斯和肖指出了"媒介议题"和"公众议题"的相关性,但是有关两者因果关系的实证材料并不充分,这在当时就受到一些著名传播学者的质疑。究竟是受众认为重要的问题被媒介作为议题呢,还是相反? 到底谁是议程设置的行为主体? 学界有一种观点认为:"应该说,从微观、个别、短期、次要问题看,媒介有很大的活动天地和权力,可以根据自己的意志,判断报道什么和不报道什么;但是,从宏观、总体、长期、重大问题看,媒介只是在一个或大或小的'框框'里施展抱负,它必然受到来自社会各方面的制约、影响和压力。……政府、各社会利益集团对媒介的议题设置也起着关键作用。"② 有学者进一步指出,媒介议题和受众议题实际上是互相影响、互相制约的;前者会在一定程度上影响后者,但它的作用是相对的,因时间、地点、环境而异的;归根结底,起决定作用的还是受众议题,这是由媒介和受众的基本关系所规定的,完全违背受众意向的媒介议题不仅不可能真正作用于受众议题,而且终将被受众议题否定或改变。历史上有过一些大众传媒硬要把不得人心的"议题"强加给公众,让公众按照它们的意向设置议题,结果不但未能成功,反而被公众抛弃了。③

社会学互动理论有助于我们正确把握媒介议题与受众议题的关系。在日常

---

① 刘智:《新闻文化学》,新华出版社 2001 年版,第 255—256 页。
② 张国良主编:《新闻媒介与社会》,上海人民出版社 2001 年版,第 80 页。
③ 张允若:《对"中国传媒'议题设置功能'的现状分析"的几点看法》,《新闻记者》2001 年第 11 期。

生活中我们随时都能发现,我们的行为要么受他人影响,要么影响他人,这实际上就是社会互动过程。所谓社会互动,通常是指社会主体之间由于接触而产生相互交流和相互影响的过程。广义的社会群体间的互动,除了传统意义上的面对面沟通,更突出地表现在与大众传媒的接触中。社会互动是在一定的社会环境中进行的,任何行为主体的行为都在一定的环境中发生,也受到环境的影响。一个独立行为主体的所有外部因素都是环境,既有物的因素,也有人的因素;既有自然的因素,也有文化的因素。媒介议题与受众议题的关系是一种社会互动关系,是一个相互刺激、相互影响的过程。按照美国社会学家 G. 霍曼斯和 P. 布劳的观点,人们的社会互动是一种交换关系,人们之所以做出某种特定的社会行为,完全是基于交换的需要。我们可以把这种"基于交换的需要"理解为媒介与公众对信息的互求。社会互动作为一种普遍的社会现象,在媒介议题与受众议题的关系上表现得尤为突出。对大众传播议程设置功能的各持一说,是问题本身的复杂性所决定的。尽管看法不同,但有一点是可以肯定的,那就是社会与民众共同关注的话题,一定也是媒介所关注的话题。同样,媒介在一定时期内对某一问题的反复强调和突出处理,能形成一种强势传播效果,引起社会的广泛注意。媒介的议程设置功能的发挥,有利于论题的公开化并促使论题朝着媒介(及其背后的权力机关)预期的方向发展。在特别强调媒介舆论导向作用的中国,媒介议程设置功能的发挥显得尤其有意义。从官方角度看,媒介议程设置是实现有效社会管理与控制的重要方法途径。同样,站在流行文化角度看,大众传媒通过巧妙的议程设置来操控流行文化,其效果也是显著的,比如话题安排、观点释放、态度取向;对流行文化的商业化包装、对一夜成名的神话制造、对商品广告的策划创意;以及名目繁多的排行榜、媒介命名、媒介事件、概念炒作,等等,无不因大众传媒的议程设置而产生奇效。

三 "媒介依赖"的无意识性和非刻意性

"媒介依赖"是当代社会生活中的一个普遍现象。创立了"大众传播效果依赖模式"的德福勒和鲍尔—洛基奇就认为,在现代(大众)社会里,可以将大众传媒看作是"社会、群体和个人各层面社会行为的维持、变化和冲突过程中至关重要的信息系统"。该理论的最重要和独到的思想是,在现代(大众)社会里,个人日益依赖大众传媒以了解和理解他们所处社会正在发生的一切。这种依赖性的类型和程度取决于两个主要条件:一是该社会正在经历的变化、冲突或不稳定程度;二是作为一种信源的大众传媒在该社会的中心地位和重要性。① 沿着德福勒和鲍尔—洛基奇的思路不难发现，大众传媒在当代社会的中心地位和重要性是毋庸置疑的，当代社会变化、冲突或不稳定也是显而易见的，因此，个人对大众传媒的日益依赖也就理所当然。美国社会学家大卫·理斯曼根据人们的行为是顺承传统、顺承自我还是顺承他人，划分了三种不同类型的社会性格，即传统导向型、内在导向型和他人导向型。② 这三种社会性格类型分别对应传统社会、现代工业社会和后现代社会。他认为，塑造出这三种社会性格类型的代理机构分别是：家庭及氏族；家长、教师和书本；同辈群体和大众传媒。显然，在"他人导向"社会里，人们如果脱离了大众传媒的导向，就会因信息的缺失而产生决策焦虑。同样，脱离了大众传媒的导向，人们也就不能真正了解什么是流行、哪个为时尚，就会变成一个落伍之人。传播学大师施拉姆（宣伟伯）就说过："读报可与世界保持联络，觉得我在这世上有份儿"，而"没有了报纸，他们有'与世隔绝'的异样感觉，好像已'不属于'这个世界；又像窗户的帷幕已垂，望不出去了……也正因为如此，他们感到失落，和早已习惯了的生活脱离"③。

关于现代人为什么会产生媒介依赖这一现象，早在 80 余年前舆论学创始人李普曼就做过解释，他说："直接面对的现实环境实在是太庞大、太复杂、太短暂了，我们并没有做好准备去应付如此奥妙、如此多样、有着如此频繁变化与组合的环境。虽然我们不得不在这个环境中活动，但又不得不在能够驾驭它之前使用比较简单的办法对它进行重构。人们环游世界就必须要有世界地图。"④ 显然，李普曼所说的"世界地图"，一定是由大众传媒参与绘制的。伯明翰学派代表人物斯图亚特·霍尔也发表过相似看法，他说，在现代社会，是大众传媒"提供并选择性地建构了'社会知识''社会影像'，透过这些知识与影像，我们才对于'种种世界'，'种种人们曾经生活过的实体'产生认知。透过这些，我们也才能通过想象，建构他们的及我们的社会生活，使之合并为可资理解的'整体的世界'"。约翰·汤林森在他的《文化帝国主义》一书中对霍尔这段话给予了更易理解的阐释："在现代社会中，生活日渐分裂而片断，此时大众媒介的巨大身形无所不在，已经使得其他更为悠久的社会传播工具徒具边缘的身份……人们尚且能够保持一个社会的整体感觉，察觉他们与社会的

---

① ［英］丹尼斯·麦奎尔、［瑞典］斯文·温德尔：《大众传播模式论》第 2 版，祝建华译，上海译文出版社 2008 年版，第 97—98 页。
② ［美］大卫·理斯曼等：《孤独的人群》，王崑、朱虹译，南京大学出版社 2002 年版，第 8 页。
③ ［美］宣伟伯：《传学概论》，余也鲁译述，香港海天书楼 1983 年版，第 22、210 页。
④ ［美］沃尔特·李普曼：《公众舆论》，阎克文、江红译，上海人民出版社 2002 年版，第 13 页。

关系尚且存在的主要渠道也就只剩下大众媒介了。"就大众传媒在流行文化领域的地位问题，霍尔的另一段话被公认为最有代表性："无论是就质或量的观点来说，在资本主义高度发达的 20 世纪，媒介在文化领域里已经取得了决定性与关键性的领导地位，单只是就经济、技术、社会与文化资源来看，大众媒介所能够控制的部分，比起目前还存在的所有更为传统的、更为古老的文化渠道，其素质优越了好多。"①

英国著名传播学者丹尼斯·麦奎尔（Denis McQuail）擅长用社会学的宏观视野和框架，从他所确立的"媒介、社会和文化"的场域中分析大众传播的社会功能。他的观点为我们加深理解媒介依赖提供了更加系统的理论帮助。麦奎尔的代表作是 1983 年出版的《大众传播理论》一书，该书影响很大，出版至今已有四个版本，第 4 版于 2000 年 5 月问世。麦奎尔认为，媒介机构参与了最广义的符号意义上的知识的生产、再生产和分配，而这些符号与社会经验具有密切关系。大众媒介与其他知识机构（如艺术、宗教、科学、教育等）有多方面的不同，相比其他机构，媒介更长久地影响更多的人，并取代了学校、父母、宗教等的早期影响。我们是通过大众传媒来了解我们所处符号环境（信息、观念及信仰等）的特征的，同时，媒介使其各不相同的组成部分相互联系与协调。大众传媒在客观社会现实和个人经验之间扮演着中介者的角色。他指出："大众媒介是中介者，并在以下一些意义上起着中介作用：它常常存在于我们（作为受者）和那部分无法为我们直接感知或接触的潜在经验之间；它可能存在于我们自己和我们常打交道的其他机构，如法律、工业、国家等之间；它可能成为连接不同机构的纽带；媒介也是别人接触我们或我们接触别人的渠道，它常为我们提供了解其他群体、组织及事件的材料。"② 他说："这里所指的中介作用，有各种不同的形式，尤其在程度、活动的类型、目的性、互动性和有效性上存在着差别。中介可表示很多意思，从通过协商将一方与另一方直接联系，到一方对另一方的控制。"③ 麦奎尔还用不少形象化比喻，帮助人们认识大众传播的社会功能：其一，向经验开启的窗户：拓展我们的视野，使我们能不受干扰、不带偏见地看到正在发生的事件；其二，解说员：对看似零碎的、令人困惑的事件做出解释，使之易于理解；其三，信息和意见的平台或载

---

① ［英］约翰·汤林森：《文化帝国主义》，冯建三译，上海人民出版社 1999 年版，第 118—119 页。
② 张国良主编：《20 世纪传播学经典文本》，复旦大学出版社 2003 年版，第 441 页。
③ 同上书，第 442 页。

体；其四，路标：一条相互作用之链，通过不同方式的反馈显示出传者与受者的关系，主动地指明道路，提供指南或指示；其五，过滤器：随意地或系统地筛选出一部分需要特别关注的经验，并排斥其他部分；其六，镜子：将社会的图景折射出来——通常因偏重人们想看到的或想惩罚和遏制的而有所歪曲；其七，屏障或障碍：因为宣传目的或逃避主义，它掩盖了事实真相。他指出，媒介确实常常视自己为社会的反映——使之更具可见度，并与社会中的各个成员和整个社会对话。它还承担了一些责任，积极地参与社会互动，并时时指明方向、发挥领导作用、促进整合和协调。媒介作为过滤器这一观点也得到了认可，因其往往承担筛选和解释的任务，否则呈现在人们面前的将是一个混乱的世界。[①]麦奎尔的一大理论贡献是对以往的大众传播研究成果进行梳理与整合，使几十年来产生的各种传播理论之间呈现出关联性与互动性，便于我们从整体上了解大众传播研究已取得的丰富成果。虽然在他的著作中没有直接论及媒介依赖以及流行文化对大众传媒的依赖关系问题，但他确立的"媒介、社会和文化"立论场域，实际上已经回答了我们的问题。

从上述简要分析不难看出，大众传媒的一大功能便是运用自己独有的思维逻辑与叙事方式来描述世界、命名世界、包装世界、阐释世界，它通过对现实的和幻象的世界的重新组合、任意裁剪和巧妙修饰，绘制出一张诱人的"世界地图"。当一个经过大众传媒"删繁就简"后的媒介世界呈现你面前时，你不仅深信不疑，而且还可能会觉得这一媒介世界更易于理解、更便于把握。虽然真实的世界离你越来越远，但你反而认为世界就是如此，世界就该如此。深度媒介依赖的最大特点，就在于依赖者思想上的无意识性和行为上的非刻意性。也就是说依赖是依赖者的日常生活，依赖者并没有发觉他在依赖。因为"读报纸的人不是把报纸看作高度人工制造的、与现实有对应关系的东西，他们往往把报纸当作现实来接受"。"对于看电视的人来说，新闻自动成为实在的世界，而不是实在的替代物，它本身就是直接的现实。"[②]麦克卢汉曾用鱼和水的比喻透彻地解释了深度媒介依赖的特点："因为一切媒介都是人的延伸，它们对人及其环境都产生了深刻而持久的影响。这样的延伸是器官、感官或曰功能的强化与放大。无论什么时候发生这样的延伸，中枢神经系统似乎都要在受到影响的区域实行自我保护的麻醉机制，把它隔绝起来，使它麻醉，使它不知道正

---

① 张国良主编：《20世纪传播学经典文本》，复旦大学出版社2003年版，第442页。
② [加]埃里克·麦克卢汉、弗兰克·秦格龙：《麦克卢汉精粹》，何道宽译，南京大学出版社2000年版，第407—408页。

在发生的东西。我把这种独特的自我催眠形式叫作自恋式麻木（Narcisusnarcosis）。凭借这种综合征，人把新技术的心理和社会影响维持在无意识的水平，就像鱼对水的存在浑然不觉一样。结果，就在新媒介诱发的新环境无所不在，并且使我们的感知平衡发生变化时，这个新环境也变得看不见了。"① 正是媒介依赖的无意识性和非刻意性，反而使得这种依赖更自然、更持久，对个人决策的影响更直接，使媒体文化的影响与渗透更为有效。如今，大众媒介越发成为个人与个人、个人与社会之间联系的主要纽带和途径，这种媒介化的联系为大众提供了一个认同的公共空间。尽管这个空间具有虚拟的成分，甚至本身就是虚假的，但个体通过进入这个空间而获得的归属感、认同感和安全感却是真实的。大众传播之所以被纳入流行文化研究的视野，并且把它作为流行文化的推进器与制动阀，是因为人们在今天已普遍认识到，大众传播体系与社会体系具有直接的互动关系，大众传媒是现代文化的组成部分，是流行文化的代言机构与重要表征。从理论到实践已经证明，不仅个人对大众传媒具有直接的依赖性，流行文化对大众传媒同样具有直接的依赖性，是大众传媒所具有的动力机制催生并操控着流行文化。

　　大众传媒催生并操控流行文化的手段途径和方式策略五花八门，既有直观可感的表象特征，也有潜移默化的内在逻辑。我们运用后现代思维方式很容易看穿这一点。"上面报道的，就是今天的世界"，这是CBS《晚间新闻》节目主持人沃尔特·克朗凯特用作播报结束时的结束语。一句看似平常的结束语却大有讲究。不言而喻，大众传媒永远存在于"今天的世界"之中，而"昨天的世界"却很容易被淡忘。在极速时代，大众传媒就是要将时空割裂成一个个没有内在关联性的孤立碎片，没有永恒，只有瞬间；没有历史，只有当下；没有记忆，只有新闻；没有连续，只有跳跃；没有稳定，只有改变。辩证法在这里失灵，规律性让位给目的性。真实的社会场景被摄影师推拉摇移的快速呈现所遮蔽，浅尝辄止的武断之言代替了深思熟虑的理性探究。大众传媒永远在路上，不作停留，无须反思。一切皆为过眼烟云，一切令人眼花缭乱。杰姆逊在揭示后现代主义的内在逻辑时，曾以大众传媒的影响作为典型加以论述，他说："我只能就着一个重要的题旨揭示这一点：历史感的消失，那是这样一种状态，我们整个当代社会系统开始渐渐丧失保留它本身的过去的能力，开始生存在一个永恒的当下和一个永恒的转变之中，而这把从前各种社会构成曾经需

---

① ［加］埃里克·麦克卢汉、弗兰克·秦格龙：《麦克卢汉精粹》，何道宽译，南京大学出版社2000年版，第360—361页。

要去保存的传统抹掉。只要想想媒体对新闻之无所不用其极：想想尼克松（Nixon），甚至还有甘乃迪（Kennedy），如何是距今已远的人物。有人会尝试指出，新闻媒体的作用便是把这新近的历史经验贬进过去之中，越快越好。于是，媒体的咨询功能帮助我们遗忘，是我们历史遗忘症的中介和机制。"[1] 米兰·昆德拉在《缓慢》一书中曾感叹：为什么缓慢的乐趣消失了呢？以前那些闲逛的人们到哪里去了？在我们的世界里，悠闲被扭曲为无所事事，其实两者完全不同。可是在这个速度型社会，有多少人能够体会缓慢的乐趣，又有多少人能够区分悠闲与无所事事的不同？更多的人被卷入"为生存而追求速度、为速度而生存"的漩涡中，陷入一种与时间的近乎窒息的关系中，难以自拔和无以自觉。当人类把速度的性能交付给机器和技术时，人的身心节奏就不得不跟上机器的速率。虽然无法断言快速的社会节奏与快速的传媒节奏之间存在必然的因果联系，但是在媒介化生存的现实背景中，自然难以否定它们之间存在互为影响的关系。阿尔温·托夫勒就曾指出："我们在加速社会中变化的普遍速度。我们在迫使人们接受新的生活步调，在更短的间歇中去面对新的形势和掌握它们。我们在迫使他们在快速增值的选择中做出抉择。换句话说，我们是在迫使人们以一种远远超过缓慢演变的社会所必需的快速来处理信息。我们正使他们中的至少某些人处于认识上的过度兴奋，这是很少怀疑的。"[2]

作为一种动力机制与策略，大众传媒就是通过掌控速度来掌控流行文化的。显然，速度与深度存在文化悖论，过分强调速度，就有可能丧失深度。有很多文化范畴，比如思想、审美等，是难以用速度表达或完成的。而思想、审美等文化范畴又恰恰是流行文化的内在构成要素，看来这一悖论一时是难以消解的。[3] 事实上，速度与深度的背离现象随处可见，所导致的后果也早已显现出来。1998 年，美国哈佛大学教授克瓦克（Bill Kovach）和哥伦比亚大学教授罗森斯特（Tom Rosenstiel）合做出版了《极速》（*Warp Speed*）一书，提出了一个大胆的论断：这个时代的新闻观是"妄下断言"而不是"探求真实"。[4] 引起这两位学者忧思的是，如今媒介越来越多地倾向于炒作热点新闻，并且常

---

[1] ［美］杰姆逊：《晚期资本主义的文化逻辑》，中国香港牛津大学出版社 1996 年版，第 276 页。
[2] 转引自［美］威尔伯·施拉姆、威廉·波特《传播学概论》，陈亮等译，新华出版社 1984 年版，第 304 页。
[3] 孙瑞祥：《大众传媒引领时尚潮流的策略与机制——重读罗杰斯的〈创新的扩散〉》，《新闻爱好者》2013 年第 12 期。
[4] 任湘怡：《"极速"时代的媒介文化——美国传播学者评媒介文化新动向》，《国际新闻界》2000 年第 2 期。

常是在事件尚在进程中的时候就妄下断言。为什么媒介注意力过于集中在某些报道上？为什么在热点新闻报道的过程中媒介乐于发表自己的意见？他们在研究了美国各大媒介对前总统克林顿绯闻案报道的情况后认为，这是"混合媒介时代"必然出现的现象，它象征着一种新闻观的变化。他们的研究发现，在克林顿绯闻被揭发的第一个星期，大约有41%的"新闻"事实上不是真正意义上的新闻，而只是一些意见、分析。"这个发现最重要的意义是，记者主观的意见和猜测被混同于'新闻'的程度是令人惊愕的。"两位学者归纳出"混合媒介文化"的五个特点：①24小时不间断的报道状态使新闻永远处于待续状态。正是这种不间断报道状态才使媒介倾向于提供结论，而不是寻找真相。②新闻源支配新闻界。在混合媒介时代，新闻的需求大大增加，造成了新闻市场的供给和需求的失衡，新闻源开始"贩卖"新闻。③不再有"守门人"。由于受众的范围扩大了，媒体选择新闻的标准也随之扩大。④论断压过了报道。论断式的新闻文化总是和求证式的新闻文化不相容。许多媒介越来越喜欢对信息加以评点，形成报道，而不是像以前那样，把信息搜集起来。评论、聊天、猜测、意见、争论占用了大量的媒介空间。⑤"一鸣惊人"的心态使然。该书还谈到一个有趣的故事：1964年，当时的美国联邦调查局局长胡佛欣喜地弄到了一批录音带，上面记录了马丁·路德·金婚外恋的证据。胡佛邀请了一些记者去听那批带子，结果所有到会的记者没有一个将此事公之于众——尽管其中不乏和胡佛私交甚好，或讨厌马丁·路德·金的人。如果换成现在，作者假设，恐怕大多数记者都会迫不及待地把这件事捅出去。是什么引起了这么大的变化？是记者的新闻观变了，还是时代的标准不同了？两位研究者提出了一个令人深思的问题，表现出作者对媒介失范的某种担忧。

四 "媒介崇拜""媒体等同"及其相关理论

在传统社会，人们认识的局限性和与大自然抗争能力的不足，导致了对神灵的敬畏和对偶像的崇拜。如今，我们被大众传媒编织的信息之网所笼罩，大众传媒代替了神灵的地位，成为现代人崇拜的对象。正如当代著名宗教哲学家唐·库比特所说："那时（作者小时候——引者注）许多人每天与上帝以及上帝的圣灵的运行保持联系，正像现在人们通过传媒与时代精神保持联系。像作家约翰·厄普代克（John Updike）和昂伯托·埃科（Urnberto Eco）早已指出，在现代由传媒领导的文化中，我们事实上有一个向中世纪的回归：过去是教会为每一个头脑提供一个想象的世界,现在传媒做这工作,名人就是新的圣人。"① 关于现代人是如何在大众传媒编织的信息之网中生活的,一位人类文化学者曾假借一个未进入文明门槛的"野蛮人"的角度,观察电视和围坐在电视机前的现代人,他这样描述自己的所见所闻:在那个自称"文明"的部落里,盛行着一种奇怪的巫术。每天晚上,家家户户的人们都会聚在自己的家里举行通神仪式,但没有巫师,他们通过一种叫作"电视"的魔匣直接获得神示。他们挥动手里的一小节魔棒,或是扑上去敲打那魔匣,于是魔匣就显灵,现出色彩斑斓的影像,发出各式各样的声响,向他们重现过去,预示未来,或是映出他们周围的人们正在过着的生活。人们就瞪大眼睛,在那魔匣前一直待到深夜,有时哭,有时笑,有时争吵不休,进入一种着魔状态。那里的人们深受魔匣中神示的影响,像"电视"里的影像那样穿着,模仿着"电视"说话、行事。在平时,他们最喜欢的话题之一也是讨论魔匣中神示的内容。② "野蛮人"当然不晓得这种"通神仪式"会导致什么结果。科学研究早就证实,人们一旦打开电视机,经过20分钟后,大部分人的脑电波中就会出现"α波"(alpha,即睡眠状态),有的人也会出现锯齿状快速脑电波,从而引起兴奋状态。无论哪种状态,都不可能使人具备"批判性的视听能力"。③ 对传媒的敬畏有加和过度依赖使人们迷失了自我,最终导致对传媒的顶礼膜拜。

1. 媒介崇拜的特征

如果说传统的崇拜是对神灵的崇拜、对自然力量的崇拜,那么,现代崇拜就是对技术的崇拜、对信息的崇拜和对媒介的崇拜。关于技术崇拜,这里不再讨论已被贴上了"技术决定论"标签的加拿大学者马歇尔·麦克卢汉和他的老师哈罗德·伊尼斯的观点。倒是法国后现代理论家保罗·维利里奥的观点谈论得不多。技术在维利里奥的著作中明显地扮演着中心角色,他提出的"内部殖民化"概念既新鲜又具代表性。他认为,技术正被用来对人类的身体进行殖民,这种殖民已经替代了以往的殖民焦点(对世界进行殖民),也就是说,殖民的焦点已经从领土转移到了肉体。与内部殖民化相关联的是"技术对内部组织的入侵和它进入生活核心之中的微型机器"。他认为,"随着全球未开发地带

---

① [英]唐·库比特:《上帝之后——宗教的未来》,王志成、思竹译,宗教文化出版社2002年版。导论第4页。
② 苗棣、范钟离:《电视文化学》,北京广播学院出版社1997年版,第156页。
③ [日]藤竹晓:《电视社会学》,蔡林海译,安徽文艺出版社1987年版,第158页。

的消失,科学开始转向去征服像精神意象之类的内部未开发地带"①。换言之,当今的技术已占领并统治了我们的意识。关于信息崇拜,是美国学者西奥多·罗斯扎克最先提出了这一概念。他的《信息崇拜——计算机神话与真正的思维艺术》一书,揭示了计算机作为信息技术被神话的现实,深刻地指出了现代人对信息误解和对信息技术误用的两大误区。他认为,信息被赋予了无所不能、包罗万象的定义,它与思想、观念、智慧的区别被完全抹杀了,人们并不真正了解信息的价值和意义,却相信生活在信息时代是美妙的。计算机作为最先进的信息技术,因为具备近乎无限的信息储存能力和高速准确的信息处理能力而备受信息崇拜者的推崇,得以向政治、教育、私人空间等几乎所有的领域渗透。他指出,是技术推销商的逐利目的和信息学家创立的所谓的"信息社会理论"共同造就了信息和计算机的神话。他说:"我确实想指出,计算机如同过于缺乏主见的皇帝一样,被披上了各种华而不实的外衣。""如同所有的崇拜,信息崇拜也有意借助愚忠和盲从。尽管人们并不了解信息对于他们有什么意义以及为什么需要这么多信息,却已经开始相信我们生活在信息时代,在这个时代中我们周围的每一台计算机都成为信仰时代的'真十字架'——救世主的标志了。"②罗斯扎克以敏锐的学术眼光,站在批判的角度探究了信息崇拜和计算机技术崇拜问题。在今天看来他的观点未必科学,但却充满着善意的提醒和人文关怀。

从发生学与认识论角度看,媒介崇拜与技术崇拜、信息崇拜紧密相关,一脉相承。对媒介崇拜的关注与研究,伴随大众传媒发展而逐步深入。20世纪90年代初,国内学者郭镇之在《媒介崇拜与经验认同》一文中首次提出了"媒介崇拜"概念。郭镇之通过分析电视剧《渴望》的观众来信,发现人们"时时感到一种对媒介整体、对编剧导演、对演员个人喜爱乃至尊崇的情感……他们对媒介的'神奇威力'抱着相信和赞赏的态度,少数人甚至幻想通过媒介创造奇迹"。该文将这类夹杂着崇敬的喜爱情感归纳为"媒介(包括整体和部分)崇拜",主要是指受众对媒介形象和传播职业的崇拜。文章还采用量化分析的方法对各类崇拜因素进行了等级测量,论证了崇拜是一种客观存在的受众对媒介的态度和情感,认为媒介崇拜就是"在沟通障碍(物理的或心理

---

① [美] 乔治·瑞泽尔:《后现代社会理论》,谢立中等译,华夏出版社2003年版,第195、196页。

② [美] 西奥多·罗斯扎克:《信息崇拜——计算机神话与真正的思维艺术》,苗华健、陈体仁译,中国对外翻译出版公司1994年版,前言第1、2页。

的）下产生的，盲目、单向、有心理上位置差的尊敬与喜爱。它类似于英文中的'admire'而非'worship'"。① 近些年来，随着大众传媒特别是网络传媒的迅猛发展，学界对传媒崇拜现象越发重视，出现了一些高质量的研究成果。比如，青年学者樊葵就以此为论题完成了她的博士论文，并于 2008 年出版了《媒介崇拜论：现代人与大众媒介的异态关系》一书。作者对郭镇之的媒介崇拜定义提出了不同看法。她认为，正是因为有"沟通障碍"和"心理位置差"的存在，由此产生的"尊崇、喜爱的情感"往往表现为"盲目"和"单向"的特点，仅仅用"admire"并不能对此加以确切概括，也不能深入触及现代媒介崇拜的本质，其深层实质应该是"worship"。理由是：①崇拜（worship）是对崇拜对象的高度认同，这与现代媒介作为最权威的经验代理所获得的认同感是完全相通的。②但凡崇拜（worship），不仅为一种意识和心理，还会表现为一种认知和实践的外在行为或仪式。对神灵的顶礼膜拜固然是崇拜仪式，现代人使用媒介工具，也越来越具有某种日常仪式的意味，只是人们习焉不察而已。③崇拜（worship）有强烈的非理性色彩，是排斥理性分析的，即使崇拜的对象是理性本身，也不例外。例如，人们对于作为技术装置的现代传播媒介始终抱有的某种乌托邦式的幻想，这种幻想并没有被现代理性所击碎，反而因媒介技术的极速发展而增添了更浓厚的非理性色彩，从报纸、广播、电视到网络，一直延续。樊葵认为，媒介崇拜是"人们在使用传播媒介的过程中所表现出的一种对媒介过分依赖、认同、轻信和盲从的心理状态，行为上把接触媒介作为必不可少的日常习惯和日常仪式，心理上将媒介作为极其可靠的经验代理，几乎完全依靠传播媒介建立与外部世界的联系，把媒介内容看作毋庸置疑的现实再现、权威发言和真理表达，进而将媒介的价值观内化为自身的价值观。它是人对媒介的一种过当使用，是人与媒介关系的一种异态表现。媒介崇拜包括媒介使用者对它的某些效能（如垄断性的信息权力）、特征（如高技术性）和制作负载的内容（如信息、偶像）的崇拜"②。

2. 媒介崇拜与"第三人效果"

且不论如何定义媒介崇拜，有一点是肯定的，那就是现代媒介崇拜与传统社会对神灵的敬畏和对偶像的崇拜从性质到方式都迥然不同。相对而言，现代

---

① 郭镇之：《媒介崇拜与经验认同》，《北京广播学院学报》1992 年第 6 期。
② 樊葵：《媒介崇拜论：现代人与大众媒介的异态关系》，中国传媒大学出版社 2008 年版，第 10—11 页。

传媒崇拜是一种非表演性、非仪式性的日常生活行为和心理倾向，它隐而不彰，难以觉察，甚至崇拜者本人并未意识到或干脆不承认这一客观事实的存在。其实这种情况恰恰说明现代传媒与现代人之间那种难以名状的复杂关系。全面解释这种复杂的崇拜心理是社会心理学家的任务。在此只运用"第三人效果"理论对这种复杂心理做出部分解释。"第三人效果"理论所要揭示的，是人们常常认为受到媒介最大影响的不是"你或我"，而在他，即"第三人"。分析表明，大多数人会认为大众媒介对别人的影响力较大，而对自己的影响力较小。换句话说，人们会倾向于低估大众媒介对自己的影响力而高估对别人的影响力。这一理论假说在学界进行的相关实验中已得到初步证实。最早提出"第三人效果"的是美国学者戴维森（W. Davison），他在1983年发表的一篇文章中，提到了发生在第二次世界大战期间的一则故事。当时日本人通过侦察获知，在太平洋一个小岛上的美军由白人军官和黑人士兵组成，于是，他们便向该岛空投传单。传单上写道："这是白人挑起的战争，日本人和有色民族并无纷争……"因此，黑人兄弟们"不要为白人白白送死，要找机会投降或逃亡"。不曾想，在空投传单的第二天，该岛上的美军竟然全部撤退了。后来发现这份传单其实对岛上的黑人士兵没有产生影响，而是白人军官担心士兵们真的会逃亡，因此造成了这批美军的退却。这一现象使戴维森提出了如下的假设：暴露在说服信息下的阅听人会期望该信息对其他人的影响比对自己的影响大。他还进一步指出，具有较多知识的人尤其具有第三人效果的倾向。进一步的研究发现，第三人效果作为人的一种主观判断，对信息内容的性质是有限定的。一般来说，第三人效果的产生大多出现在信息具有否定性质的情况下，即当人们认为某种信息会产生负面影响或不符合社会预期时，就会倾向于认同第三人效果的存在；反之，当某种信息具有积极社会影响或符合社会预期时，则第三人效果减弱，甚至转变为"第一人效果"，即认为大众媒介对自己的影响力大于对别人的影响力。在中国，虽然目前尚未见到系统的对第三人效果研究的具体实证成果，但人们一般认同心理学上的这样一种分析，即第三人效果的存在是人们出于维持或强化自尊而出现的自我保护偏差。它能给别人传递这样一种信息，即认为自己是特别能识别有害媒介内容的，而他人则是易受媒介内容攻击的。[①] 第三人效果理论从一个侧面揭示了媒介崇拜者一方面存在被传媒导向所左右的事实，另一方面又不愿公开承认这一事实的复杂心理。事实上，第三人效果现象存在本身就说明了大众传媒力量的强大。

---

① 刘晓红、卜卫：《大众传播心理研究》，中国广播电视出版社2001年版，第287页。

3. 媒介崇拜与人的社会化

媒介崇拜的形成还与人的"社会化"密切相关。人的本质是社会的，要从一个新生儿变成社会有机成员，必须经过一个社会化过程。所谓社会化，就是指个体通过学习群体文化，学习承担社会角色，把自己一体化到群体中去的过程。广义的社会化系指生命的整个过程，狭义的社会化指未成年人变成成年人的过程。周晓虹提出："从社会心理学的角度来看，整个社会化过程与人格和人的社会行为的形成与发展有着密切的联系。因此，可以说，社会化就是人的社会行为的模塑过程。通过这一过程，人们形成了为其生存环境所认可的社会行为模式，对其生存于其间的社会文化环境中的各种简单与复杂的刺激能够给予合适、稳定的反应。"[1] 人的社会化过程中外界环境的影响是极其重要的。社会学一般认为，影响人的社会化的基本因素有家庭、学校、同伴和大众传媒四类。在传统社会里，未成年人的社会学习和教育主要依靠家庭和学校，如今我们不难发现，随着社会的不断发展，大众媒介的影响力也日趋显著，对人的社会化影响大有跃居首因之势。这与里斯曼所提出的后现代社会"他人导向"观点是一致的。有研究表明，如今未成年人对社会的认识和规则的把握以至人生观的形成，90%以上是通过以网络为代表的新媒体获得的。[2] 在社会学家眼里，大众传媒是一种社会规范，是一种建设性的社会力量，它以特有的形式参与完成复杂的、不断发展变化的人的社会化过程，在现代社会，大众媒介伴随着人的社会化的始终。模仿是人的社会化的重要方式，大众传媒所具有的丰富内容，为社会模仿尤其是未成年人的社会模仿提供了最直接、最廉价、最便捷、最具吸引力的学习资源。这种借助大众传媒实现的社会模仿，反映的就是一个由"媒介依赖"向"媒介崇拜"演进的过程。比如，模仿媒介戏剧化人物、影视人物和小品人物的言行就是一种常见现象。在每年"春晚"上演的一些小品节目中的精彩对白，都会成为火爆一时的模仿对象。最典型的案例就是前几年对电视剧《还珠格格》中"小燕子"形象的模仿。1999年《还珠格格》红遍中国，内地十几家电视台反复播放而广告量丝毫不减，在台湾该片重播三次也始终稳居收视率榜首。该片最出彩的地方无疑是小燕子这一角色，在她身上有许多让年轻人心仪的性格：对朋友侠肝义胆，对权威毫无惧色，对读

---

[1] 周晓虹：《现代社会心理学——多维视野中的社会行为研究》，上海人民出版社1997年版，第123页。

[2] 《中国教育报》2001年12月8日。

书畏之如虎。小燕子身上所表现出的某些性格特征对成年人来说充其量只是一种"美丽的错误",但对未成年人的影响却是灾难性的。该片播出后,一时间满大街都是小燕子式的年轻人,不时有儿童学小燕子飞行功夫而摔伤(甚至身亡)的消息被披露,一些中小学校园里也多了许多大喊大叫、喜欢嬉闹、不愿读书的学生。一个媒介戏剧化人物的出场,居然引发一次社会流行事件,不能不说是"媒介崇拜"的一种连锁反应。

4. 媒介崇拜与刻板印象

心理学所讲的"刻板印象",其形成机制也与媒介崇拜相关。刻板印象也就是"成见",是指对某人或某事的一种简单化看法,一种与其代表的真实情况不相符的固定印象,这种印象一经形成就具有极强的顽固性。特别是成年人,他们往往会自觉或不自觉地凭借自己以往形成的固有经验和固定看法,去判断评价某类人或事物的特征,并对该类人或事物中的个体加以类推。这种常见的知觉现象是"心理定势"的外在表现,是按照一种固定了的倾向去认识事物、判断事物和思考问题,表现出心理活动的一种趋向性和专注性。刻板印象既有积极的定向作用、推动作用和稳定作用,也有消极的妨碍作用、惰性作用和误导作用。刻板印象的产生,除了意识形态等主观因素影响外,大众传播对某些信息内容的不断重复与强调起着至关重要的作用。研究发现,接触传媒越多,人们的观点就越接近媒介的观点,对现实的认识也会越来越"媒介化"。按照施拉姆和波特的话说:"我们把这些叫作潜在的效果,是因为它们并非我们去寻求才发生的,也没有可以立刻看出的或者是显著的效果。虽然如此,但我们不能怀疑它们的效果的强大。我们把醒来的1/4至1/3的时间——1/4至1/3的活跃的生命——用在媒介上,因此放弃了用这无法复得的生命的一部分去做些别的事的机会。我们让那些我们不知道的,甚至可能从来不会见到的媒介把关人来决定关于遥远的世界我们将看到和听到什么。我们让各种媒介,特别是电视担负了帮助我们的孩子们长大成人的任务的主要部分。虽然我们可能无法说出任何特定时间的特定节目所有的特殊的效果,但其长期的效果将存在于我们生命的所有时日之中。"[①] 对刻板印象具有一定规模的早期研究始于20世纪20—30年代的美国佩恩基金会,比较著名的研究项目是针对"种族—国家"刻板印象问题展开的,研究旨在发现电影对年轻人社会态度的影响。结果

---

① [美]威尔伯·施拉姆、威廉·波特:《传播学概论》,陈亮等译,新华出版社1984年版,第266页。

表明，除了亲身观察与直接接触，人们对不同种性或外国人的印象主要来自大众媒介，特别是后来的电视，长期的媒介接触使刻板印象得以形成。假设没有信以为真的"媒介崇拜"心理的存在，假设人们都具备"批判性的视听能力"，那么这种由大众传媒促成的刻板印象就可能不会产生，至少不会如此顽固。

拉扎斯费尔德和默顿早就批评过这种对媒介的庸俗信服。他们在《大众传播、群众的判断和有组织的社会行动》一文中，嘲笑了一位美国讲师的"电台的威力只有原子弹才可以与之相比拟"的说法。他们引用了英国哲学家和批评家威廉·恩普森的话来解释为什么美国人会接受这种看法。恩普森写道："美国人比我们更热衷于相信机器，而现代宣传是一种科学的机器；因此在他们看来一个会思考的人是显然对付不了它的。这样就产生了一种对可能从事宣传的人的奇怪的姑娘气的态度：'不要让这个人靠近我。不要让他勾引我，因为如果他这样的话，我肯定经不起诱惑。'"① 拉扎斯费尔德和默顿指出，大众媒介可以发挥三种强大的社会影响：一是大众媒介能提高社会声望地位。作者引用卡尔弗特牌威士忌酒的广告中"显贵的人物"为例，并且指出在提高声望地位上似乎有着这样的一种循环过程："如果你真的了不起，你就会吸引大众的注意；如果你吸引大众的注意，那你的确是了不起的"（在当今流行文化时代，上述后半句话的逻辑力量似乎更加强大——引者注）。二是大众媒介能在一定程度上增强社会规范。三是大众媒介可以用作社会麻醉剂。哥伦比亚大学的社会学家们感到，许许多多的信息的洪流侧重于起到麻痹而不是激发普通的读者或听众的作用。拉扎斯费尔德和默顿说，大众媒介可能是"属于最应重视的和有效的社会麻醉剂。它们可能有效到这样的地步，以致使嗜好者不认识自己的病症"。他们说，人们世世代代一直争取有更多的空闲时间，但现在他们有了空闲，"他们宁愿把时间花在哥伦比亚广播公司的节目上而不是进哥伦比亚大学学习"②。两位学者用近于调侃的语调，深刻地批判了大众媒介的社会麻醉剂作用以及媒介崇拜可能导致的恶果。

5. "副社会交往"与"媒体等同"理论

大量事实已经证明，现代人中的一部分具有深度的媒介依赖倾向和媒介崇

---

① 同上书，第 203 页。
② ［美］威尔伯·施拉姆、威廉·波特：《传播学概论》，陈亮等译，新华出版社 1984 年版，第 204—205 页。

拜心理,导致这种现象产生的原因是复杂的。长期以来,社会学家、社会心理学家和传播学家站在各自研究领域对这种现象给予了深入解析,得出不少令人信服的结论。除了前面已做过的分析,还有一些理论观点值得注意,比如,"副社会交往"理论、"媒体等同"理论等。1950 年,唐纳德·霍顿和 R. 理查德·沃尔在一篇媒介展望的文章中指出,新媒介引发了新型关系,他们把这种关系称为"副社会交往"。他们认为虽然这种关系是有中介的,但是它在心理上类似于面对面的交往。观众开始感到他们"认识"在电视上"遇到"的人,这与认识朋友和同事的方式是相同的。[①] 也就是说,媒介使用者对"准社会关系"的反应就像在典型的现实社会关系中一样,这就将"人/机"关系变成了"你/我"的人际关系。"媒体等同"(media = real life)理论是巴伦·李维斯和克利夫·纳斯提出的。他们从大量的实证研究中得出结论:人们经由媒体获得信息的反应与人们在现实生活中获得信息的反应是一致的,并且这种反应不仅仅出现在接触媒介内容的时候,而且还出现在接触媒介本身的时候。也就是说人们不仅把媒体内容当真,而且把媒体当作真人一样看待。李维斯和纳斯认为,在现代社会中,"个人与计算机、电视和新媒体之间的相互作用实质上是社会的、自然的,就如同现实生活中的一样","媒体被看成了真实的人和地点,适用于社会关系和交往的那些规则决定了人们对媒体的反应","和人足够接近的任何媒体都会得到和人一样的待遇"。[②] "从人们的反应中可以看出,媒体不仅仅是工具。媒体受到礼貌的对待,媒体能侵占我们的身体空间,媒体有着和我们一样的个性,媒体可做一个队友,媒体也有性别的不同。媒体能激发感情,需要我们注意,使我们害怕,能影响记忆力,还能改变人们固有的观点。总之,媒体是我们生活的积极参与者。"[③] 媒体等同论提出的本意并非批判性的,而是为开发新的媒体产品提供一种全新的实用设计原则和全新的评价标准,正如该书副标题:"人们该如何像对待真人实景一样对待电脑、电视和新媒体"。但媒体等同确是现实社会正在发生的事情,越来越人性化的媒体内容、传播策略与技术界面设计,使媒体充当了社会角色,成为家庭成员一分子,获得了和人一样的待遇和感情。媒体等同的结果模糊了现实环境和拟态环境的关系,模糊了人与机器的关系。

[①] [美] 约书亚·梅罗维茨:《消失的地域:电子媒介对社会行为的影响》,肖志军译,清华大学出版社 2002 年版,第 113 页。

[②] [美] 巴伦·李维斯、克利夫·纳斯:《媒体等同》,卢大川等译,复旦大学出版社 2001 年版,第 4、10、19 页。

[③] 同上书,第 213 页。

我们在讨论流行文化的传播动力时有一个发现,那就是,流行文化时代媒介在制造神话,而我们却在制造媒介的神话,媒介崇拜就是我们制造的一个媒介神话。说到底,媒介崇拜不是作为大众传媒的"物"的魅力使然,而是作为大众传媒主宰者的"人"的迷信,媒介崇拜是在人的作用下由"物"的"异化"所导致。从哲学层面讲,所谓"异化"就是指主客易位或颠倒,主体在一定的发展阶段分裂出的对立面,变成外在的异己的力量。正如马克思所言:"我们的一切发现和进步,似乎结果使物质力量具有理智生命,而人的生命则异化于愚钝的物质力量。"[1] 大众传媒本是作为主体的人的创造物,是一种信息传播的工具性存在,但信息社会提高了人对信息传播工具的需求,这种需求反过来刺激了媒介不满足于自身的工具性存在。媒介的自组织机能使之获得了成为社会独立系统的可能性。这样,媒介就发展成为一种异己的、外在于人的独立客体,并进而借助信息把关人优势,获得了凌驾于任何社会个体之上的地位,反过来形成了对人的制约。这一"异化"过程与作为主体的人的"工具理性"的存在密切相关。工具理性是德国社会学家马克斯·韦伯提出的与价值理性相对的一个概念,它是指"通过对外界事物的情况和其他人的举止的期待,并利用这种期待作为'条件'或者作为'手段',以期实现自己合乎理性所争取和考虑的作为成果的目的"[2]。简单地说,所谓工具理性就是只求目的的实现,不考虑实现目的的手段是否适当。工具理性导致了人的对象化,人不再是主体,人也不再是目的。所谓媒介崇拜,其本质就是一种"异化",就是将主体的人拱手交给了客体。这种主客颠倒的结果,正如弗罗姆所言:"人不是从自己是自己力量和自身丰富性的积极承担者来体验自己,而是自己是依赖自己之外的力量这样一种无力的'物',他把生活的实质投射到这个'物'上"。[3] 正是这种"异化"力量,致使一些人处在深度媒介依赖和媒介崇拜之中。

总之,对于大众传媒而言,无论是强效果论、即刻效果论、有限效果论,还是"议程设置"所强调的长期、微妙和潜在效果,大众传媒的动力机能都是一种客观存在;无论是批判还是褒奖,媒介依赖和媒介崇拜也都是一种客观存在。当今社会,没有大众传媒的施动,社会系统就难以正常高效运转。就流行文化而言,没有大众传媒高度介入的流行文化就不能称其为流行文化。大众传

---

[1] 《马克思恩格斯选集》第2卷,人民出版社1972年版,第79页。
[2] [德] 马克斯·韦伯:《经济与社会》上卷,林荣远译,商务印书馆1997年版,第56页。
[3] 转引自王元:《弗罗姆"人性异化论"探析》,《马克思主义研究》1996年第4期。

媒运用自身的逻辑策略，不断塑造社会楷模，授予社会地位，制造时尚潮流，刺激模仿欲望，"裹胁"受众参与，其社会动员能力是其他社会机构难以比拟的。① "文化传播"是一个时髦词汇，是文化研究与大众传播学兴盛后形成的新的研究范式。文化与传播连在一起，既体现了文化的本质属性，也意味着传播对文化的特殊作用。美国当代著名文化人类学家莱斯特·怀特（wrester White）就是从传播角度去理解文化本质的："文化是一个连续统一体，是一系列事件的流程。是一个时代纵向地传递到另一个时代，并且横向地从一个种族或地域播化到另一个种族或地域。"② 流行文化传播是文化传播的重要组成部分，站在传播社会学视角看，所谓流行文化传播，就是指借助大众传媒或大众传播手段使流行文化符号（物质的、行为的、思想的）从一个社会传递到另一个社会，从一个区域传递到另一个区域，从一个群体传递到另一个群体的过程或结果。流行文化传播既包含大众传媒对流行文化的推广扩散，也包含对其的控制操纵。当代流行文化与大众传媒具有天然的联系，是大众传媒所具有的特殊动能作用于流行文化，才加速其扩散或消亡的进程。按照一般规律，流行的呈现过程是"缓慢地兴起，逐渐积累能量，然后发展到顶峰；势头逐渐衰落直至彻底消失"。③ 但在今天这一极速时代，随着大众传播技术的发达与互联网的广泛应用，传播动能得到空前释放，"缓慢兴起，逐渐积累"的传统流行模式被打破，流行文化的呈现方式在传媒作用下发生了全新的改变。

---

① 孙瑞祥：《大众传媒引领时尚潮流的策略与机制——重读罗杰斯的〈创新的扩散〉》，《新闻爱好者》2013年第12期。
② [美]莱斯特·怀特：《文化的科学》，王思远译，山东人民出版社1998年版，第2页。
③ [美]詹姆斯·S.科尔曼：《社会理论的基础》，社会科学文献出版社1999年版，第270页。

第 三 章
传播技术与文学文本的话语转换

伴随大众传播技术的高速发展和传媒影响力的与日俱增，古老的文学形态自现代以来出现了历史性嬗变，这种嬗变的显著标志就是传媒与文学的联姻以及传媒对文学的影响与改造。如果说中国现代文学进入了一种"媒介化"生存状态，那么，中国当代文学特别是当代流行文学已经发生了全面的"传媒转向"。这种转向可以说是大众传媒对当代文学的一次成功"俘获"，也可以说是当代文学对大众传媒的一次主动"就范"。可以得出的结论是，这场由来已久的传媒与文学的博弈不是一种"零和游戏"，而是"非零和游戏"。在这场博弈中，当代文学，特别是流行文学、流行小说被彻底改造、被重新编码、被再度包装、被赋予了新的文学生命，使文学的"流行"与"流行"的文学成为可能。同时，大众传媒也在与文学的联姻与博弈中获得了广泛的市场空间与社会认同。本章从分析传播技术演进的文学/文化意蕴入手，通过回溯大众传播发展史，阐释大众传播对中国现当代文学，特别是当代流行文学、流行小说的影响。这种影响包括文学观念、文学思维、文学审美、文学生产方式与文学文本呈现方式等多个方面。本章试图以文学视角解读当代中国流行文化的传播动力问题。

第一节 传播技术演进的文学/文化意蕴

一切现存的文化都是正在传播中的文化，文化离开传播就意味着生命力的终结。从一定意义上说，文化的本质就是传播，没有传播便没有文化的传承、增殖与重构；没有传播便没有文化的冲突、变迁与控制。从发生学角度看，人类传播文化依次经历了口语文化、文字文化、印刷文化、电子文化以及网络文化五种形态，或曰五次传播文化革命。五种文化形态之间不是相互替代的关系，而是累进和叠加的关系。就文学而言，每一次传播文化革命都给文学带来始料不及的影响，促使文学观念与文本呈现方式的改变。① 如果说口语文化产生了古代的游吟诗人与民间传说、早期印刷文化产生了以文学作品为代表的古典文化，那么，以高科技为支撑的现代大众传媒则产生了新型的以视觉化、网络化为特征的当代流行文学与流行文化。大众传媒既是培育流行文学的孵化器，也是推动流行文学广泛扩散的加速器。

德国学者彼得·科斯洛夫斯基在《后现代文化》一书中说："技术思想与技术概念在很大程度上决定着生活秩序及现代社会生活自身的意义。现代社会往往将技术看成社会文化发展的决定性因素。"② 我们不是技术决定论者，但我们深刻意识到人类文学/文化的发展始终伴随着传播技术的进步。是人类发展需要促进了传播技术的不断飞越，而传播技术也以它内在的发展逻辑，实现着自身的文化变革。换言之，依靠自身技术逻辑发展起来的传播文化，具有一种超然的能动作用，它在顺应和满足人的社会需要的同时，也在以传播技术固有的张力，为人类文学/文化注入新的内涵、开辟新的疆域。

一 印刷传播形态使文化神秘感得到消解

从传播形态上讲，人类传播文化中最原始、最本质的传播方式是亲身传播，口语是人类亲身传播的最高形式，是作为"符号化动物"的人通过使用符号来创造文化的发端，是人类一切文明符号系统产生的基础。创造和使用符号使人类挣脱了动物性的生理局限，有序化的符号系统使人类得以进行富有逻辑性的思维与表达。但口耳相传的口语文化作为早期的一种符号系统，具有极大的随意性和流动易变的特点，它只能在个体之间进行直接即时交流，难以超越时空，更无法储存。"在这个世界上，所有的经历都是亲身的，视野太窄，社会太内向。外部世界存在的东西仅仅是一些道听途说而已。"③ 在人类仅有口头语言的时代，虽有专司氏族历史记诵的人包括游吟诗人，以口耳相传的方式创作文学、传承文化，但文学形态极为单纯，主要是民间传说或神话故事。了

---

① 孙瑞祥：《文本呈现：传播形态变迁的文化意蕴》，《新闻知识》2008年第11期。
② [德] 彼得·科斯洛夫斯基：《后现代文化——技术发展的社会文化后果》，毛怡红译，中央编译出版社1999年版，第1页。
③ [美] 比尔·盖茨：《未来之路》，辜正坤译，北京大学出版社1996年版，第11页。

解了这一点，也就不难理解原始的文化艺术为什么是混合了五官感觉的诗歌、舞蹈、音乐三位一体的形态。"在各种艺术的原始混沌状态中，功能迥异的不同成分自然和谐地交织在一起。"[1] 并且文学信息传承的准确度极低，文学作品的流传数量也极为有限，人类大量的精神文化创造物既无法利用这种符号得以系统固化，也难以被广泛流布。按照美国社会学家大卫·理斯曼（David Riesman）的分析，口语传播社会是一个"传统导向"的社会，"传统导向的社会利用口述家史、神话传说与歌谣等形式来传播其相对稳定的价值观"[2]。

　　文字的创生弥补了口语的缺陷，极大地推动了早期文学的发展。所谓人类文明史，在一定意义上就是指人类有文字符号记载的历史，文化传播只有在文字出现之后才真正成为可能。文字符号使易逝多变的口头文学凝固下来，增强了符号运用的稳定性、规范性、计划性和自觉性。文字符号的使用，开阔了人类的视野，强化了社会的整体性，使大规模的社会流动、控制与管理成为可能。文字使精神文化产品能够在更大的距离上脱离生产者本身，被运送到更远的地方，使文化可以进行更有效的历时性积累，使人类创造的一切经验得以发扬光大。按照 H. A. 英尼斯的看法，书面语的出现使语言脱离了口语传统，向世俗权利转变，结果对空间关系的强调超过了时间关系。也就是说，书面文化所具有的技术性，使得文化在一定程度上能从时间性的存在物中超脱出来，成为具有一定空间形式的存在物，可以较长时间地在历史上延续下去。而且，书面文化摆脱了方言所造成的文化隔阂，扩大了文化交往的范围，使文学作品的广泛传播成为可能。"书写是有关远方的重大象征，所谓远方不仅指扩张距离，而首先是指持续、未来和追求永恒的意志。说话和听话只发生在近处和现在，但通过文字则一个人可以向他从来没有见过的人，甚至于还没有生出来的人说话，一个人的声音在他死后数世纪还可以被人听到。"[3] "书写现象的传播（及其程度）对任何既定的文化都意义重大，而口头文化与文字文化无论在重要性上还是在体系上都有差异。书写不仅极大地增加了文化存储的可能性，而且它还具备另一种功能，即能够改变语言的性质。正如古迪（Goode）所说，书写'使得语言从听觉领域转向视觉领域，并且它使得不仅对句子而且对单个的词

---

[1] [加] 马克·昂热诺：《问题与观点：20世纪文学理论综论》，史忠义等译，百花文艺出版社 2000 年版，第 5 页。
[2] [美] 大卫·理斯曼等：《孤独的人群》，王崑、朱虹译，南京大学出版社 2002 年版，第 85 页。
[3] [德] 斯宾格勒：《西方的没落》，陈晓林译，黑龙江教育出版社 1988 年版，第 280 页。

的检查、重新排列和精炼成为可能'。"①

口头文学符号承载于人的天然器官,而文字文学符号则需借助外在物质载体。在文字产生后的一个相当长的历史时期里,人类一直是以手抄、刻画的方式标写文字符号的。尽管作为一种凝固的符号系统,它在许多方面克服了口语的局限,但这种手抄刻画的传播方式又存在新的难题。因为,对这种凝固的符号形式的记录需要某种适宜"寄托"的载体,而在当时条件下,文字的载体是极为原始的。在纸张发明以前,中国人用竹简、兽骨、石头、青铜器、布帛等作为文字的记录载体。战国时期人们在竹简或木牍上记事记言,相关内容用绳子编在一起成为"策"或"册",这就是古代中国的书籍,而且还只能是"单页"的。在古罗马后期,西方上层社会开始使用羊皮或小牛皮书写经文律令。当时要抄写一部《圣经》需要宰杀200—300只羊或者小牛,可见当时文化传播的成本是极高的,一般人无法享用。寻找高效便捷的记录介质与储存技术,是文化传承中人类共同面临的与文字发明共生的传播课题,中华民族历史性地承担了这一文化使命。在中国引以为豪的古代四大发明中,造纸术和印刷术直接引发了人类传播文化的历史变革。文字与纸张的结合,为文化的普及奠定了坚实的物质基础,创造了人类文化传播的新局面。用19世纪英国历史学家亨利·哈兰的话说,纸张的发明和使用引起了"极端重要的……一场革命,没有纸,就不会有这么多的人去从事写作的艺术,印刷术对人类的贡献也将大大逊色……"纸张"使我们能够用一种普世的物质去取代昔日传递思想的昂贵材料,它促进了人类思想成果的传播"②。

以文化社会学的观点看,人类文明进步始终遵从成本—效率优化法则。在传播文化演进史上这一法则同样有效,它直接促成了印刷术的诞生,从而开创了人类传媒大众化的新纪元。从一定意义上说,印刷术的发明并没有创生新的文化符号,只是对文字的手抄、刻画方式进一步技术化、规范化。但印刷术的发明又毫无疑问的是一场传播文化革命,它把人类文明推向了一个新阶段。印刷术的发明使信息传播的时空环境与所传播的内容相分离,印刷品作为人类言语的替代物与中介物,既丰富了人类文化传播形态,也改变了文学思维方式与创作理念。在传统社会,文字被视作知识和权力的象征,是令人敬畏的文化符号,在中国自古就有"敬惜字纸"的文化传统。能够"写"和"读"的知识

---

① [美]约翰·R.霍尔、玛丽·乔·尼兹:《文化:社会学的视野》,周晓虹等译,商务印书馆2002年版,第87页。

② [加]哈罗德·伊尼斯:《传播的偏向》,何道宽译,中国人民大学出版社2003年版,第14页。

分子拥有掌控传播媒介以及解释和转述文字内容的特权，是造成社会等级的重要因素。印刷术的发明与应用消除了手抄刻画文字的诸多局限，使精神文化产品得以大量复制，使更多的平民知识分子得以产生，为文学的繁荣与文化的普及提供了新的可能性。在西方印刷术发明以前，书籍的抄写者通常由修道士担当，一个人平均一年只能完成两本书。那时书籍稀少，非常珍贵，经常要用链条扣在阅读台上。印刷术的应用突破了羊皮纸手抄本的形式，这时，一个使用戈登堡印刷机的印刷工人一天就能生产一本书。据统计，在欧洲文艺复兴最早的50年里，人们已从4万种不同种类的书籍中，大约复制出了2000万册。①这为宗教经文、重要典籍、政府法令在民众中的流通开辟了道路，大大提高了民众分享信息的可能性。文艺复兴前，罗马天主教教会是欧洲唯一有组织的宗教，由于印刷业的发展，《圣经》越来越容易获得，因而这一宗教地位也受到了威胁。天主教牧师不再是《圣经》的唯一解释者，天主教教会也因为印刷业而丧失了权威性。16世纪时几乎所有的欧洲主要城市都开设有印刷厂，在文艺复兴运动席卷欧洲的浪潮中印刷媒介功不可没。大卫·理斯曼曾经把文字和印刷媒介的时代称作"内在导向"的社会，所谓"内在导向"就是人们脱离了狭隘的传统制约，获得了内在理性的力量。"内在导向的人通过印刷读物得到理性思维的启迪，塑造了一种新的性格结构。"②而且，在印刷技术产生之前，"知识分子总是忙于保存文化，文化在很大程度上局限于抄写和解释经典与宗教文本，而不产生新的思想。这一艰苦的过程也限制了古代文本的传播。印刷的出现解放了知识分子的劳动。知识分子开始逐渐使用人文和科学的方法来探讨在神学之外的问题"③。也正因为如此，印刷术的扩散引发了统治集团内部的深刻担忧，一些限制性政令法规纷纷出台。1485年，英国都铎王朝建立后，国王亨利八世于1538年宣布，任何印刷人必须事先获得许可始能建立印刷工厂，这是最早的出版登记和检查制度。这里有两个典型事例，它们从不同侧面表征了早期印刷文化所产生的巨大社会作用。15世纪末欧洲流传着一本记述哥伦布发现美洲的8页印刷新闻书，正是由于它的畅销，哥伦布被认为是发现美洲的第一人。也正是据此白纸黑字、言之凿凿的记述，西班牙人和葡萄牙人、英国人和法国人才纷纷来到美洲。而事实上，北欧人早于哥伦布500

---

① ［美］E. M. 罗杰斯：《传播学史——一种传记式的方法》，殷晓蓉译，上海译文出版社2005年版，第31页。
② ［美］大卫·理斯曼等：《孤独的人群》，王崑、朱虹译，南京大学出版社2002年版，第89页。
③ ［美］约翰·R. 霍尔、玛丽·乔·尼兹：《文化：社会学的视野》，周晓虹等译，商务印书馆2002年版，第120—121页。

年就发现了美洲，但由于当时非常有限的口头传播和零散的文字手稿，没有也不可能形成规模化传播，这使得北欧人发现美洲的贡献被人所遗忘，这真是一个历史性的误会。美国殖民地时期弗吉尼亚州总督伯克莱在1671年任职38年之际，曾致信英国政府，信中的一段话颇值得玩味："……感谢上帝，我们这里既没有自由的学校，也没有印刷。我希望几百年都不曾有。因为求知已给世界带来了不服从、异端和派别，而印刷又发表了这些情形以及对政府的诽谤。上帝使这两样事物永远离开我们。"①

印刷技术的普及消解了文化的神秘感，为文化大众化插上了腾飞的翅膀，印刷术扩散所带来的文化变迁赢得了广泛的社会赞誉。美国传播学家施拉姆论证道："15世纪印刷术发展的意义，并不限于把传播从漫长世纪的口头第一手传播移向大规模的书面第二手传播，更重要的是，将知识扩展到一小撮权贵之外。很快，印刷媒介成为政治及社会变革的工具。没有印刷媒介，欧洲和北美的革命就会难以想象……19世纪，大众传播进一步发展，越过了那些最有权势、能独享教育的上层人物，向广大民众提供知识和教育。政治民主、经济良机、公费教育、工业革命与大众传播共同结合起来，使几个大陆的人类生活及社会发生了巨大变化。"② 英国哲学家罗素（B. A. W. Russell）评价说："印刷术的出现，大大扩展了新思想的传播范围，结果有助于去挖传统权威的墙角。因为用方言翻译出来的《圣经》印刷成书，很容易到手，教会不能再用花言巧语来继续维持它在信仰方面事务的监护人身份。至于一般学术，也出于同样原因的促动而回到现世主义。印刷术不仅给批判旧秩序的新政治理论提供了传播工具，而且还使人文主义学者得以重新出版古代人的著作，随之促进了经典原著的广泛研究，有助于教育水平的普遍提高。"③ 马克思对印刷术在人类文明中的贡献给予了高度评价，他说："……印刷术则变成新教的工具，总的来说变成科学复兴的手段，变成对精神发展创造必要前提的最强大的杠杆。"④

以印刷技术为支撑的大众传媒在推动文化大众化发展的过程中，总体上遵循着一条"下降律"的发展轨迹，即印刷传媒使文化从上流社会走向普通大众。印刷业的不断进步推动了西方近代报业的重大变革，19世纪30年代成为

---

① 周毅：《传播文化的革命》，浙江人民出版社2001年版，第32页。
② [美]威尔伯·施拉姆：《大众传播媒介与国家发展》，金燕宁译，华夏出版社1990年版，第96页。
③ [英]伯特兰·罗素：《西方的智慧》，崔人元译，世界知识出版社1992年版，第222—223页。
④ 马克思：《1861—1863年经济学手稿》，《马克思恩格斯全集》第47卷，人民出版社1979年版，第427页。

西方报业历史分期的一个重要拐点。此前为政党报纸时期,时间大约从17世纪至19世纪初。政党报纸在内容上以政论与政府新闻为主,一般民众不感兴趣。又由于报纸的出版成本较高,加之民众识字率低,也限制了民众购买与阅读的普及。到19世纪30年代,工业革命提高了西方国家城市化水平和民众受教育的程度,技术的进步降低了印刷成本,提高了劳动效率,报刊广告收入也明显增加,这一切为报刊价格下降与扩大读者群奠定了基础。1833年9月3日,美国出版商本杰明·戴伊在纽约创办了《太阳报》,每份报纸售价只有1美分,史称"便士报"。该报销量起初为一天8000份,三年后即达到一天3万份,拥有了纽约最大的读者群。该报的口号是:"它(太阳)照耀着每一个人。"《太阳报》的面世开启了大众传播或曰传媒大众化时代的序幕。在中国,传媒大众化也经历了一个漫长的过程。中国封建社会是一个专制、闭锁、等级森严并受到强烈的传统习惯支配的静态社会,文化传播一向被视为少数特权阶层独享的权利。人类文化传播的任何成果几乎都局限于社会统治阶层,文学/文化是处在象牙塔中的贵族社会的奢侈品,成为社会精英阶层高度个性化的活动,难以重复,也难以替代。虽然唐代《邸报》是世界上历史最悠久的报纸,但它只供文化霸权者享用,带有"内参"的性质。自唐代《邸报》到清末《官报》,虽历经1000多年演变,但始终掌控在少数文化人手里,与民间话语风马牛不相及。直到近代,西方传教士在中国首创定期公开发行的报纸,受其影响,国人也纷纷创立报刊,新闻信息才逐渐从"密室"走向民间,成为民众生活的一部分,中国传媒大众化进程也由此发端。综上所述,近代以来西方廉价报纸的问世以及中国大众化报纸的开启成为一道分水岭,它改变了社会文化传播的格局,为现代文学与大众传媒的联姻奠定了基础。现代传媒作为一个大众平台将文学从象牙塔中拉回到平民世界,使普通民众都获得了参与文学的机会。文学因现代传媒而被重新编码,文学的审美价值尺度也发生了根本性的变化,文学由此而获得新生。

二 电子传播形态使文化交往方式重新"部落化"

19世纪40年代是人类传播史上的一个辉煌时刻,它标志着电子传播时代的到来。电子传播形态迥异于印刷传播形态,它使人类渴望彻底征服时间和空间的梦想成为现实。资料记载,1805年纳尔逊的旗舰上的水兵用了11分钟把这位海军上将的简短但具有历史意义的命令,用旗语传达给正在准备进行特拉法格之战的英国舰队的其他舰只:"英格兰期望每个官兵履行他的职责!"直到

19世纪中叶，远方的讯息最快的传送也只同运输工具的速度一样。当时传递新闻最快的是英国的路透男爵，他用信鸽把消息带过英吉利海峡，信鸽飞短距离时每小时可飞行60英里。① 电子媒介的发明，使人们远距离的信息传输和文化交流成为可能。从英语词源学看，电子媒介的词根都含有"远距离"和"快捷"的意思。比如"电视"（television）、"电话"（telephone）、"电报"（telegraph）的词根"tele"都来自古希腊语，其意是"远距离"；而"收音机"（radio）词根则来自拉丁语"radiu"，其意是"射线"。以电报、电话和无线电通讯为标志的现代传播技术的应用在人类传播史上具有深远意义。此前，书籍、报刊、公文、信函等以信息为特征的内容产品的传递方式与其他物资的运输方式毫无区别，比如马车，既运输煤炭也运输信函。电子传媒的问世彻底改变了这一情形，在人类历史上第一次把知识、信息等文化样态的传递同一般物资的运输区分开来，使内容产品的传播获得了独立性。正像研究者在谈到当时美国的情景时说的那样："那些有关美国西部的、老式的好莱坞电影描绘了以陆地为基础的传播技术的进程。由威尔士·法果公司开行的公共马车运送着邮件和信使，并且它们往往成为被水冲毁的道路、被折断的车轮、瘸腿的马以及由修公路的人所造成的阻碍等情形的牺牲品，同时还要受到内地美国人的袭击。铁路和电报线路就逐步克服了这些问题，并提供了一种安全的传播方式。"②

电子传播的初始形态是电报。1837年，美国工程师塞缪尔·莫尔斯发明了有线电报，1844年5月，莫尔斯获得国会拨款，在华盛顿特区和巴尔的摩之间架设了20英里长的铜线，开通了世界上最早的电报线路。1876年，美国人亚历山大·格雷厄姆·贝尔发明电话，首次将人的声音转换成强弱不等的电流进行传输。1895年，意大利人马可尼在德国科学家赫兹的无线电研究成果基础上，试验无线电通讯技术获得成功，并于1901年实施了横跨大西洋的信号传输试验，为传播的大众化提供了技术基础。就在无线电通讯技术获得成功的1895年，电影作为一种特殊的声像传媒诞生了。作为大众传播形态之一的电影在早期并不属于电子技术，但表现方式与后来的电视有很多相似之处，所以我们一般也把它归于电子媒介范畴。电影技术发展至今，经过了无声电影、有

---

① [美]威尔伯·施拉姆、威廉·波特：《传播学概论》，陈亮等译，新华出版社1984年版，第303页。

② [英]罗宾·科恩、保罗·肯尼迪：《全球社会学》，文军等译，社会科学文献出版社2001年版，第376页。

声电影、彩色电影、宽银幕电影、立体电影和穹幕电影等多个阶段,具备了它作为"梦幻艺术"的多种表现元素,被称为"九大艺术"之一。研究者在谈到电影时说过,在其他任何产业中,没有一种产品完全是在没有公众一定会买账的保证下而投资百万美元进行制作的例子。在其他任何产业中,也没有公众"使用"这种产品,然后只带走了对它的记忆的情况。用最真实的感受来说,电影是建立在梦幻基础上的一种产业。① 就文学传播而言,正是电影的再创作与二次传播,使古代至今难以计数的以文字为表现形式的文学形象、文学人物得以具象地展现,成为一个个萦绕在我们眼前的栩栩如生的形象。文学与电影的融合把我们带入了文学传播的影像时代,对文学观念与文学作品创作产生了深刻影响。

作为另一种电子传播形态,广义上的广播,是指通过无线电波或导线传送声音和图像的传播工具,包括声音广播和电视。不过日常提及的广播,多指狭义上的声音广播。世界上第一家广播电台是美国匹兹堡 KDKA 广播电台,于 1920 年 11 月 2 日开播。电子广播带来了深刻的社会变革与文化变迁。如今,在"地球上每一块有人居住的地方上空的电波中都充满无线电讯号"的时代,信息"传播来自更远的地方。地平线几乎一夜之间向远处退去。世界越过最近的山头或看得见的地平线延伸到了更远的地方,村民们关心别人是怎样生活的。力量从那些能记住很久以前的事的人那里,传到了那些掌握遥远地方有关信息的人那里"②。这是美国传播学大师施拉姆对以广播为代表的电子媒介社会功能的生动描述。从历史上看,在广播领域发生的几次重大变革,都直接推动了文学/文化的广泛传播与流行。比如,20 世纪 30 年代调频广播技术在美国开始应用,极大地推动了广播音乐的流行。此外,广播录音音乐新来源的开辟,也为广播音乐的流行消除了障碍。在美国,早期的广播电台都很少使用录音制品,因为他们要为版权付费。美国联邦通讯委员会(FCC)要求电台在播放录音节目时,每半小时就要提醒听众他们在收听录制音乐,而不是乐队的现场演出。这就阻碍了录音音乐的顺利播放。到 1940 年 FCC 修改了规定,只要电台购买了录音制品就可以随时播放,不必再每半小时宣布一次。随着廉价的录音音乐来源的开辟,不仅音乐节目内容变得丰富,而且一种新的媒介人

---

① [美]雪莉·贝尔吉:《媒介与冲击——大众媒介概论》第 4 版,赵敬松主译,东北财经大学出版社 2000 年版,第 199 页。
② [美]威尔伯·施拉姆、威廉·波特:《传播学概论》,陈亮等译,新华出版社 1984 年版,第 17、16 页。

物——音乐节目主持人也随即产生,使节目变得更加受欢迎。1955年日本东京通讯公司推出小型半导体收音机,使收音环境从客厅转至卧室、厨房、车内以及休闲的沙滩上,成为人们日常生活的伴随物,促进了电台广播的普及。随着便利的时钟广播与汽车广播的发明,广播作为伴随性大众传媒的地位得以巩固,肥皂剧、流行音乐、小说连播等具有广播特色的文化产品大量出现,电台广播推动流行的文化身份被最终确立。

电视是20世纪人类最伟大的发明之一,它是运用电子技术传送图像、声音(伴音)的传播工具。作为一种综合性大众传媒,电视在许多方面表现出了与以往不同的传播特质。在生产制作阶段,电视以集团化组织方式进行着批量化的节目生产;在传播过程中,它以"点对面"方式进行单向度视听信息传输;在受众形态上,受众数量巨大、处于匿名状态。电视媒介传输声音及图像信息直接作用于人的视觉和听觉,弥补了抽象文字的不足,使口语文化与书面文化得到高度融合,使文化传播的时间性与空间性很好地结合起来。电视媒介使文化重新通过声音和图像的形式得以传播,消除了文字符号对普通民众的限制,降低了信息接收的门槛,使受教育程度不同的人得以共享信息,在技术上保证了文化传播的平等性和民主性。美国传播学家约书亚·梅罗维茨(Meyrowitz)在《消失的地域:电子媒体对社会行为的影响》中,谈到现代媒体技术对传统的文化等级秩序所具有的消解作用。他认为,作为媒体技术代表的电视与印刷品不同。印刷品根据解读专门化语言编码的不同能力,产生了不同等级的社会群体,电视使用每一个人都能理解的简易编码,使不同社会地位的所有观众都能理解它的信息,从而打破了社会群体之间的界限。通过将人口中不同阶层结合为一体,电视创造了一种单一的观众,一个文化活动场所。[①] 不仅如此,电视媒介还保证了信息的时效性,使传播与事件发展基本做到了同步,在很大程度上摆脱了地域和交通工具的限制。与印刷媒介相比,电子媒介的复制、传输速度更快,受众面更广,信息量更大,技术含量更高,设备与机构的规模也更加庞大。从某种意义上可以说,现存的电视文化形态是传统大众传播发展的最高阶段,成为迄今为止在公众生活中影响最大的电子媒介。

成书于20世纪70年代初的英国学者雷蒙德·威廉斯的《电视:科技与文化形式》,[②] 是一部公认的关于电视文化研究的经典著作。作者提出了一个

[①] [美]戴安娜·克兰:《文化生产:媒体与都市艺术》,赵国新译,译林出版社2001年版,第4页。

[②] [英]雷蒙德·威廉斯:《电视:科技与文化形式》,中国台湾远流出版社1994年版。

"流动藏私"的著名观点。他认为20世纪20年代前后,西方社会出现了两种既矛盾又相互关联的趋势,一方面,人们在工业社会需要四处流动,另一方面,生活中所需要的东西愈来愈可以在家庭中得到满足。早期的公共设施,比如铁路,只能满足流动的需要,后起的新技术,如收音机、汽车等具有了"藏私"的可能。毫无疑问,电视兼具流动与藏私的双重特性,它可以使人坐在家中了解外面的世界。电视全面介入人们的日常生活,使我们仿佛直接参与到了世界历史的进程之中。在电视媒介面前,人与视觉形象间的距离感几乎完全消失,电视节目构成了一种新的社会现实。如果说在报纸、广播媒介中,我们与看到和听到的一切仍保持着距离感,要经过对内容的重组才能构成深刻印象,报纸、广播之于我们是一个"他者",我们在其面前仍能保持一种冷静旁观的姿态,那么,电视则打破了这种距离感,它仿佛使你亲身在场,那些震撼人心的情景使你无法平静,你俨然成了一个事件的亲历者。正如传媒理论家约书亚·梅罗维茨所说:"传媒的演变已经降低了人们在体验他人和事件中身体在现场的重要性……现在,有形束缚的空间变得不那么重要了,因为信息能够穿越墙壁、迅速在广阔的距离中穿梭。结果,人在哪里,已经跟一个人所知道的和所体验的越来越没有什么关系了。电子传媒已经改变了时间和空间社会的相互影响的意义。"[1] 电视文化使世界变成了一个村落,在这里,人们可以实现真正意义上的信息即时共享,在很大程度上实现了麦克卢汉"地球村"的预言。"地球村"概念是加拿大学者马歇尔·麦克卢汉在1964年出版的《理解媒介——论人的延伸》一书中提出的一个著名论断。他认为,电子媒介使信息传播瞬息万里,空间距离与时间差异不复存在,整个地球在时空范围内已缩小为弹丸之地。电子媒介的同步化性质,使人类结成了一个密切相互作用、无法静居独处的紧密的小社区。

回顾人类传播技术的演进史,从口语传播、文字传播、印刷传播到电子传播,每一个过程都与社会变革、文化变迁紧密相联。麦克卢汉将这种关联性形象地比喻为"部落化—非部落化—重新部落化"过程。[2] 我们可以这样来理解麦克卢汉的观点:远在洪荒时代,人是整体的、群居的、部落的人,在这一时期,口耳相传的口语文化形态适用于人的部落化生存,是部落文化的重要组成部分。劳动分工的出现和文字的发明,特别是机械印刷术和工业化的到来,把

---

[1] [英]约翰·汤姆林森:《全球化与文化》,郭英剑译,南京大学出版社2002年版,第226页。
[2] [加]马歇尔·麦克卢汉:《理解媒介——论人的延伸》中译本第2版,何道宽译,商务印书馆2000年版,中译本第一版序,第2—3页;序,第8页。

人推向了非部落化生存状态。也可以说，印刷文化属于一种"非部落化文化"。由于阅读和书写基本上是私人活动，而且涉及的又是抽象化的经验，因此它们促使人们"摆脱部落习惯"，将人们引出组织严密的口头传播文化而置于一种同他们的现实生活环境相对独立的个人交往环境中。印刷的发展还会使方言规范化，改进远距离传播，从而以城市取代农村，以国家取代城邦。电子传播时代来临后，以电子媒介为基础所形成的新的文化形态，可以视为在更高层次上向部落文化的复归。因为，电子文化作为以偏重视觉的书面文化发展的新阶段，声音和图像又重新被接纳到传播元素之中，有如口语文化时代人与人的面对面交流。且不论麦克卢汉的比喻是否恰当，它使我们从中解读到传播形态与社会形态及其文化形态之间具有一种鲜明的内在逻辑性，传播形态的变迁对社会形态与文化形态的影响是巨大和深刻的。

三　网络传播形态创造了狂欢节式的全新文化体验

回顾既往，人类社会在亲身体验着由印刷文化、电子文化以及与之平行发展的电报、电话、电影所编织的不同生活方式的同时，如今又进入了网络文化时代，数字多媒体带给我们的是一种全新的生活感受与文化体验。以计算机、互联网为代表的信息革命在人类历史上可以定义为"第三次产业革命"，也就是自两百多年前从英国开始的以蒸汽机发明与实用化为标志的第一次产业革命、一百多年前从美国开始的以电器和内燃机的发明与实用化为标志的第二次产业革命之后的又一次新的产业革命。以"第二媒介时代"命名的网络文化，建立在一百多年以来的电讯革命、六十多年以来的计算机革命和三十多年以来的以微处理器为核心的 PC 革命基础之上，是一种全新的文化交往空间。人类从文言文状态进入近代的白话文状态，是与中世纪转变为近现代社会的过程并行的，如今白话文状态又发展为"网话文"状态，展示了新世纪的一种新的文化形态。网络空间已构成文化社会学意义上的一种新型社会组织结构和文化交往形式，成为人的又一个生活世界与文化栖息地。美国学者马克·波斯特（Mark Poster）在《第二媒介时代》一书中指出，如果说以媒介制作者、销售者和消费者三足鼎立、泾渭分明为第一媒介时代的基本特征，那么，所谓第二媒介时代就是以互联网为代表、以介入融合为模式、以无作者权威为特征的双向互动的媒介时代，它在本质上区别于以单向播放模式为特征的第一媒介时代。波斯特还指出，一个历史阶段的强行推出并不意味着从一种存在状态过渡到另一种状态，而是意味着一种复杂化。在可以自由地穿越两种不同世界，即一边是电脑监视器以外的牛顿式物理空间,一边是电脑监视器以内的数字化网络空间的今天,思想观念的变革与文化的重组成为一种历史的必然。

　　从文化社会学意义上讲,社会成员都从属并生活于特定的社会组织与文化环境之中,不同社会组织与文化环境,都对人的社会行为与文化交往产生影响。在人类历史上,科学技术与生产力的发展已导致三次大的社会组织方式的变革,即原始社会的组织方式、农业社会的组织方式和工业社会的组织方式,相应的也就形成了各自不同的文化形态与价值体系。就工业社会的组织方式而言,它虽然打破了封建家长制,具有了民主、平等与自由的进步思想,但从工业时代早期的小业主制度中脱胎而出的等级制、等级体系、等级管理仍以不同形式发挥着作用,金字塔式的文化格局与精英文化意识依然存在。如今随着网络的发展,新兴的网络组织大行其道,对现实社会组织的等级制、等级体系、等级管理形成了巨大的冲击,使社会组织方式与文化交往方式发生了改变。以互联网为纽带形成的网络组织呈现出组织结构的网络化、组织联系的广泛化和组织管理的扁平化特征。在网络组织结构中,信息源不再呈现高度集中的一维性,多层少点的金字塔结构演变成了层少点多的扁平结构,文化传播的交互性、草根性明显增强,促进了社会民主、平等与自由的实现。马克思主义经典作家指出:"物质生活的生产方式制约着整个社会生活、政治生活和精神生活的过程。"[①] 网络传播形态的出现,明显地改变了人类的社会生存方式与文化交往方式,使文学的"流行"与"流行"的文学成为可能。

　　网络传播在实现文化的大众化方面具有传统媒介无法比拟的优势。与传统媒介相比,网络媒介能实现低成本、大范围、高速度、海量信息的传递。从技术层面上讲,任何人都可以不通过传统意义上"把关人"的批准,在网络上制作他人能够阅读到的网页,或者通过电子邮件、新闻组、网上论坛、电子公告栏、博客等各种方式向不定量网民传播信息。"在大众传播史上第一次你将体验不必是有大资本的个人就能接触广大的视听群。因特网把所有人都变成了出版发行人。这是革命性的转变。"[②] 在文化交往方面,互联网使个人所享有的自由远远超出现实空间,网络传播的匿名性使上网者能以隐形人的身份出现,摆脱了现实中各种人际关系的束缚,使思想获得了充分的解放,使人的想象力、创造力得到充分发挥。特别是在中国文化土壤中生成的互联网,带给中国

[①] 《马克思恩格斯选集》第2卷,人民出版社1986年版,第28页。
[②] [美]约翰·布洛克曼:《未来英雄——33位网络时代精英预言未来文明的特质》,汪仲等译,海南出版社1998年版,第108页。

民众的更是一种全新的文化体验，对于以内敛性为其文化特征的国人来说，在网络文化中会体验到一种前所未有的释放感。它在促进中国文化从群体型转向个体型、从传统型转向现代型的变迁过程中，起到了不可替代的作用。俄罗斯著名学者巴赫金曾谈到，中世纪的人们过着两种生活，一种是常规的严肃的生活，人们要服从严格的等级权威秩序，充满了恐惧、教条、虔诚；另一种是所谓"狂欢广场式的自由自主的生活"，即狂欢节的生活。欧洲中世纪的许多大城市都有类型不同的狂欢节，狂欢的生活暂时取消了一切等级、权力、差别、隔阂和禁锢。从某种意义上讲，网络生存与巴赫金所论及的狂欢或狂欢活动具有某种相似性和同构性，网络文化就是当代人一种盛大的狂欢仪式。网络交流常常可以作为紧张的现实生活的泄压阀，能产生"去抑制"的功效。所谓"抑制"是指现实生活中人们因为各种内心准则或社会规范的制约而表现出的行为自我克制，这种克制是保证社会秩序与和谐的必要条件，但对个体来说却可能成为一道精神枷锁。在网络世界中，由于交往环境的改变，人们产生了一种解放感，使自我克制大大减弱甚至不复存在。这种网络狂欢节现象对现实生活产生的深刻影响我们在短期内还不能看得十分清楚，但可以肯定的是，它对文化交往观念与文化交往方式的改变都是具有革命性的。陶东风指出：精英阶层对文学和媒介的垄断"直至上个世纪末才被打破"。今天大众传播——特别是互联网——的发展和普及，使得精英对于媒介的垄断被极大地打破，网络成为城市普通大众，特别是喜欢上网的青年一代可以充分利用的便捷手段。网络是最自由、最容易获得的媒介，没有编辑把关，没有一审、二审、三审，发表的门槛几乎不存在。一个人只要拥有电脑并能够利用网络，那么他写出的任何"作品"在任何时候几乎都可以通过网络发表。发表的空间打开以后写作也变得自由了，爱怎么写就怎么写，甚至胡说八道、文不对题都无所谓。这也为通过爆隐私、贴照片吸引眼球的成名战术提供了捷径。写作与发表不再是一个垄断性职业，而是普通人也可以参与的大众化活动。这些"网络写手"和"网络游民"不是职业作家，但是往往比职业作家更加活跃。这是人人可以参加的文学狂欢节，是彻底的去精英化的文学。[①]

传播文化是一种源于技术而又不囿于技术的文化样态，传播技术的文学/文化意蕴与应用价值都是在社会实践中被逐渐认识的。回顾既往，一个有趣的现象是，当一种传播形态尚处在初始状态时，由于其技术的创新性与超前性，人们起初对它的认识往往是肤浅的和缺乏预见的，有时甚至会持有一种否定的

[①] 陶东风主编：《当代中国文艺思潮与文化热点》，北京大学出版社2008年版，第9页。

保守态度。在文字出现以前，记忆是人类信息交流的基本要素和文化传承的主要手段。当希腊文字出现后，哲学家苏格拉底就认为这会造成人们依赖文字传播而使其对历史的记忆萎缩，并且认为许多口语词汇只能给出一种文字形式表达，无法展现口语对话中的多种语境。用当时人们的看法，记忆一部史诗所花费的时间，要远远少于为了掌握记录的文字体系而花费的时间。因此，苏格拉底主张知识应保留在特权阶层，认为书写文字威胁着信息的绝对使用权。他说："一旦一件事被写出来，这东西，无论它是什么，就会到处流传，不但会流到理解它的那些人手中，而且同样也会流到与它毫无相干的人手中。"① 可苏格拉底哪里晓得，正是文字的诞生才使得他的学生柏拉图有可能记录下老师的谈话而使其流传后世。无独有偶，当最初的印刷本《圣经》流传时，欧洲的许多教区也曾有不少人认为这是对手抄圣经的亵渎。照相术发明后，一度也被认为将会对绘画艺术带来毁灭性打击。这种对新的传播技术的惧怕与误解一直习惯性地延续至今。对此，美国媒介哲学家利文森（P. Levinson）在回顾人类的媒介认识史时指出："今天对于全部电子媒体包括计算机在内的猛烈的学术攻击，都是源自由来已久的对新媒介的焦虑而反过来希望保护书写媒介。""我们经常容易从'后视镜'中来观察新技术，用即将被替代的旧技术的'镜'来直白地解释什么是新技术、它能够做什么。新媒体往往向着革命性的，而不是如人所料的方向发展。"②

从总体上看，人类传播形态依次经历了五次文化变迁，五次变迁在技术层面并非此消彼长，而是累进与叠加，朝着更加便捷、高效、人性化、丰富性、开放性方向发展。传播形态的日益多元和丰富大大改变着我们的物质文化与精神文化生活，导引着文学与文化形态呈现方式的与时俱进。我们既不是传播技术决定论者，也不是技术悲观论者或怀疑论者。科学、理性地分析大众传播形态变迁，能帮助我们正确认识流行文化的生成机制与传播动力问题。

第二节　中国现代文学的媒介化生存

所谓"媒介化生存"，是指现代人普遍存在的一种生活方式与文化选择特

---

① ［美］雪莉·贝尔吉：《媒介与冲击——大众媒介概论》第4版，赵敬松主译，东北财经大学出版社2000年版，第32页。

② ［美］保罗·利文森：《软边缘：信息革命的历史与未来》，熊澄宇译，清华大学出版社2002年版，第18，126页。

征，意味着人们的社会与文化生活无时无刻不笼罩在大众传媒的影响之中，人们的思维方式、言语行动与文化交往无不有意或无意地受到大众传媒有形或无形的控制、诱导或牵连。所谓中国现代文学的"媒介化生存"，是指自20世纪初以来，在报刊等印刷媒介空前发达的背景下，中国现代文学从文学观念到文本形态被现代印刷媒介有形或无形的控制、诱导或牵连的过程、状态和结果。本节以中国现代文学为研究对象，重点讨论现代印刷媒介对推动文学大众化的积极作用，讨论专门化文学传媒与非专门化综合性传媒对中国现代文学的影响与意义；通过历史性地回溯中国现代文学的"媒介化生存"状态，更好地认清中国当代流行文学的"传媒转向"。

一 "媒介即信息"视阈中的中国现代文学

中国现代文学有其自身特点，无论中国古代的文章还是西方的诗学与文学，都与中国现代文学存在一定的距离。从历史上看，中国古代并没有今天意义上的"文学"概念，先秦时代，文史哲政教不分家，两汉以后出现"文章"概念，它所指的是经、史、子书以外的成篇章的文辞组合，同时也指经、史、子书有文采的好文章。因而，古代文章概念含义非常复杂，既有诗、赋一类比较接近于"文学"的文体，也有章、表、奏、书、碑、诔、箴、铭等应用类的文章，还有论、说、记、传等议论记叙文体。这种混淆了文学与非文学界限的文体分类，被称为"杂文学"，以区别于源自西方的"纯文学"。文学在中国历史上曾经与"经国之大业，不朽之盛事"相联系，曾经被认为"诗缘情而绮靡，赋体物而流亮"，作为"在心为志，发言为诗"的中国古代文学，无不充满着丰富的审美价值和社会价值。西方文学源自古希腊的诗学传统，重视文学的想象与虚构，认为诗是模仿的，美在于距离。西方马克思主义者伊格尔顿曾深入讨论过西方文论史上各种关于"文学"的定义，最后认为，"什么是文学"是一个历时地变化的问题，"文学"本身就是一个历史与文化的建构，不存在一成不变的"文学"，也没有永恒的文学"本质"。[①] 埃斯卡皮也说："只要能让人们得到消遣，引起幻想，或者相反，引起沉思，使人们得到陶冶情操，那么，任何一篇写出来的东西都可以变成文学作品。"[②] 而乔纳森·卡勒

---

① [英]伊格尔顿：《二十世纪西方文学理论》，伍晓明译，陕西师范大学出版社1986年版，导言"文学是什么"。
② [法]埃斯卡皮：《文学社会学》，于沛译，浙江人民出版社1987年版，第9页。

更明确地指出："文学就是一个特定的社会认为是文学的热火作品，也就是由文化来裁决，认为可以算作文学的任何作品。"[1] 概括地说，中国现代文学有两个显著特点，一是它建立在大众传媒基础之上，以大众传媒为依托，是一种在"媒介化"状态下生存的文学；二是中国现代文学的主流是一批社会革命家从事社会革命受挫之后向文学的一次集体转移，这种文学是社会改革家们以传媒为载体、借传媒形成的现代文学精神而提倡的一种社会化世俗文学，其教化功能与审美、娱乐功能实现了高度的融合。

把握了中国现代文学的独特性，也就大体了解了大众传媒（这里主要指的是报刊等印刷媒介）与中国现代文学的关系。从学理上讲，大众传媒对中国现代文学的影响研究，或者说将现代传媒引进文学研究，是当下文学/文化研究的一种新范式。这一新范式的突出特点在于，对特定研究对象由单向度的线性研究转为多向度的复合研究；由"工具理性"研究转为"价值理性"研究。事实上，大众传媒与中国现代文学之关系研究早在一百多年前就被学者所关注。1901 年梁启超在《中国各报存佚表》中有言："自报章兴，吾国之文体，为之一变。"1908 年黄伯耀在《中外小说林》第二年第 5 期上发表文章说："故小说一门，隐与报界相维系，而小说功用，遂不可思议矣。"但早期的相关研究存在两大明显缺陷，一是在研究内容上过于单一，停留在大众传媒对文学作品的影响方面，较少涉及文学的其他方面，比如文学观念、创作意识与审美价值的"媒介化"改造，大众传媒与现代作家形成机制的关系等；二是在对大众传媒功能的认识上有些简单化，仅仅将传媒视为文学作品的承载物，充其量就是一只"筐"的作用，这显然是过于表面化了。

加拿大学者马歇尔·麦克卢汉关于"媒介即信息"的著名论断，有助于我们从"价值理性"层面认识大众传媒的文化意蕴，能帮助我们理解大众传媒与文学联姻所产生的始料不及的后果。麦克卢汉的名声大噪源自他 1964 年出版的《理解媒介——论人的延伸》一书。当时美国的一些学校把该书作为高中生的指定读物。据说在美国大学的视听教材处备有关于他的电视纪录片，因要借阅的人太多，必须提前一年登记才行。麦克卢汉是个怪才，他的论述方式使得他的观点令人难以捉摸，有人把他采用的这种不连贯的论述方式比作向四面八方散射的罗马式蜡烛一般。他自己则称其为"探针"。这些"探针"往往是些含义隐晦的语句，其措辞不是令人震惊就是令人困惑，也许是出于有意，一些

---

[1] [美] 乔纳森·卡勒：《文学理论》，李平译，辽宁人民出版社 1998 年版，第 21 页。

语句不是不完整就是不加界说，但的确发人深思。① "媒介即讯信"就是典型的麦氏风格。这句名言是他《理解媒介》一书目录中的第一个标题，后又作为他 1967 年与人合做出版的另一本书的书名。② 麦克卢汉说，所谓"媒介即信息"只不过是说"任何媒介（人的任何延伸）对个人和社会的任何影响，都是由于新的尺度产生的；我们的任何一种延伸（或曰任何一种新的技术），都要在我们的事务中引进一种新的尺度"③。也就是说，一种新的媒介的出现必然会带来新的价值尺度，而新的价值尺度必然会影响到价值观念的变异。"你必须记住，我所谓的媒介是广义的媒介……我必须再次强调的要害之处是，社会受到更加深刻影响的，是人们借以交流的媒介的性质，而不是交流的内容。一切技术都具有点金术的性质。每当社会开发出使自身延伸的技术时，社会中的其他一切功能都要改变，以适应那种技术的形式。一旦新技术深入社会，它就立即渗透到社会的一切制度之中。因此，新技术是一种革命的动因。"④ 麦克卢汉的观点带给我们一种思考、反省大众传媒内在特质的重要思路。在他看来，重要的不是媒介如何传播信息，也不是它所传播的信息是什么，而首先是媒介本身所具有的信息，一句话，媒介本身就是内容。

麦克卢汉在解释他的理论时，曾以电灯为例加以说明。电灯的出现，其意义不在于它所带来的光明，而在于它所导致的传统时空关系的转换。比如说，电灯使人们在晚上不觉得很晚，或者在早上工作得很早，这无疑就影响了人们建构自己私人生活的方式，也影响了人们建构社会关系和社会感知的方式。麦克卢汉还举例说："铁路的作用，并不是把运动、运输、轮子或道路引入人类社会，而是加速并扩大人们过去的功能，创造新型的城市、新型的工作、新型的闲暇。无论铁路是在热带还是在北方寒冷的环境中运转，都发生了这样的变化。这样的变化与铁路媒介所运输的货物或内容是毫无关系的。"⑤ 法国社会学教授让·波德里亚形象地阐释了麦克卢汉的观点："粗略地说来，铁路带来的'信息'，并非它运送的煤炭或旅客，而是一种世界观、一种新的结合状态，

---

① ［美］威尔伯·施拉姆、威廉·波特：《传播学概论》，陈亮等译，新华出版社 1984 年版，第 137 页。
② 同上书，第 138 页。
③ ［加］马歇尔·麦克卢汉：《理解媒介——论人的延伸》，何道宽译，商务印书馆 2000 年版，第 33 页。
④ ［加］埃里克·麦克卢汉、弗兰克·秦格龙：《麦克卢汉精粹》，何道宽译，南京大学出版社 2000 年版，第 363—364 页。
⑤ ［加］马歇尔·麦克卢汉：《理解媒介——论人的延伸》，何道宽译，商务印书馆 2000 年版，第 34 页。

等等。电视带来的'信息',并非它传送的画面,而是它造成的新的关系和感知模式、家庭和集团传统结构的改变。谈得更远一些,在电视和当代大众传媒的情形中,被接受、吸收、'消费'的,与其说是某个场景,不如说是所有场景的潜在性。"① 借用麦克卢汉的老师、加拿大学者哈罗德·伊尼斯的论断来理解麦克卢汉的观点,那就是:"一种新媒介的长处,将导致一种新文明的产生。"②

传播技术变革可以产生深刻的社会效应与文化效应,由此带来的人的思想观念变革与社会变迁往往大大超出人们的意料。正如施拉姆所言:"媒介一经出现,就参与了一切意义重大的社会变革——智力革命、政治革命、工业革命,以及兴趣爱好、愿望抱负和道德观念的革命。这些革命教会我们一条基本格言:由于传播是根本的社会过程,由于人类首先是处理信息的动物,因此,信息状况的重大变化,传播的重大牵连,总是伴随着任何一次重大社会变革的。"③ 由麦克卢汉的"媒介即信息"使我们联想起经典作家马克思、恩格斯的著名论述。马克思主义对技术的社会学认识既乐观又深刻,认为生产工具是划分各种经济时代的物质标志:"各种经济时代的区别,不在于生产什么,而在于怎样生产,用什么劳动资料生产。劳动资料不仅是人类劳动力的发展的测量器,而且是劳动借以进行的社会关系的指示器。"④ 恩格斯在评价19世纪电力技术,特别是电力传输技术的意义时就指出:"这一发现使工业几乎彻底摆脱地方条件所规定的一切界限,并且使极其遥远的水利的利用成为可能,如果最初它只是对城市有利,那么到最后它终将成为消除城乡对立的杠杆。"⑤ 经典作家对生产工具和电力技术的论述,就是脱离了简单的"工具理性"的一种价值判断。

在相当长的一段时间里,人们对麦克卢汉的"媒介即信息"观点争议颇多,因为它有悖于媒介作为信息与知识载体的"工具理性"常识。有学者对此提出最好把麦克卢汉的名言理解为一种诗歌中"破格"的形式,即用一种言过其实的方式使其论点令人信服,以达到更强有力表达其意思的目的。⑥ 这倒是

---

① [法]波德里亚:《消费社会》,刘成富等译,南京大学出版社2000年版,第132页。
② [加]哈罗德·伊尼斯:《传播的偏向》,何道宽译,中国人民大学出版社2003年版,第28页。
③ [美]威尔伯·施拉姆、威廉·波特:《传播学概论》,陈亮等译,新华出版社1984年版,第19页。
④ 《马克思恩格斯全集》第23卷,人民出版社1972年版,第204页。
⑤ 《马克思恩格斯选集》第4卷,人民出版社1972年版,第436页。
⑥ [英]罗宾·科恩、保罗·肯尼迪:《全球社会学》,文军等译,社会科学文献出版社2001年版,第373页。

一个不错的主意。今天,随着以互联网为代表的新媒体对日常生活的全面介入,人们对麦克卢汉40多年前提出的这一论断有了新的认识,共识已多于异见,人们感叹他作为媒介预言家的睿智与洞见。

将"媒介即信息"置于大众传媒与中国现代文学关系之中考量不难发现,大众传媒对中国现代文学的影响是深刻和全方位的。大众传媒不仅是当代文学的承载工具,它通过改变文学所赖以存在的外部条件而间接地改变着文学本身,更重要的是它代表了一种新的文化精神,这种文化精神重组了文学的审美要素,促动了现代文学的"媒介化"转型。正如学者陈平原所言,大众化传媒在建构国民意识、制造时尚与潮流的同时,也在创造现代文学。一个简单的事实是,现代文学之不同于古典文学,除了众所周知的思想意识、审美趣味、语言工具等,还与其生产过程以及发表形式密切相关。换句话说,在文学创作中,报章等大众传媒不仅仅是工具,而且已深深嵌入写作者的思维与表达。当我们谈论报刊连载这一发表形式改变了中国小说的结构方式、画报的天涯咫尺改变了中国文人的空间想象、照片的大量使用促使史家反省古已有之的实录精神,或者电视普及改变了政治家的演说姿态……所有这些显而易见的文学/文化现象,既耐人寻味,更值得认真解读。[①]

从载体上看中国现代文学的媒介化生存有两条基本路径,一个是专门化的文学传媒,另一个是非专门化的综合性传媒。专门化的文学传媒是以发表小说、散文等创作为主的文学报纸和期刊,文学传媒是现代报刊的重要组成部分,与新闻报刊、综合文化报刊、科学报刊等共同构成现代报刊的类型体系。在中国,文学传媒的出现应该是以1902年梁启超创办《新小说》为起点,从此文学传媒与文学结下了不解之缘,文学传媒对文学的重组与改造以及文学的媒介化生存也由此开始。专门化的文学传媒属于小众传媒,是一种在形式上打着"大众化"文化旗帜的精英文化,是精英知识分子为达到其政治、文化目的而进行的一种文学活动。作为具有精英文化特征、为高级知识分子阶层读者服务的文学传媒,不追求对普通民众的迎合,不以发行量和商业利润作为办刊的唯一目标。一些文学传媒还带有"文学沙龙"的性质,注重启蒙,注重纯美。在这里,文学成为作家群体躲在象牙之塔中自娱自乐、自我欣赏的纯美艺术。

非专门化的综合性传媒是指专门化的文学传媒之外的所有涉及文学的报

---

① 陈平原:《文学史家的报刊研究——以北大诸君的学术思路为中心》,《中华读书报》2002年1月9日。

刊。这类报刊属于大众传媒，面向社会、迎合民众，是文学大众化的主要途径。文学副刊是综合性传媒的一大特色，体现了新闻与文学的紧密联系。有学者认为："副刊的出现，除了标志着一种新的文学传播方式的产生外，还具有某种象征意义，这就是近代中国大众传媒产生以来文学与新闻的第一次划界。"[1] 应该说，文学与新闻的划界只是以副刊的形式将文学从报刊中独立出来，但仍然具有较强的新闻属性或者说"媒介"属性，仍然是媒介文化的一种。综合性传媒的文学副刊为现代文学作家作品提供了大量的版面，许多优秀的文学作品就是首先刊发在综合性传媒的文学副刊而一炮走红的。综合性传媒对文学的影响是巨大的。有研究者指出这种影响主要表现在三个方面：一是促进了文学功能的转化。中国传统文论主张"文以载道"，西方文学主张的是"纯美"，现代传媒语境中的文学则既不同于传统的文学观也不同于西方的纯美文学观，而是面向现实，为现实服务。二是促进了文体的转化。比如小说，小说从不能登大雅之堂到成为中国现代文学的正宗，现代传媒发挥了重要作用。现代传媒从两个方面支持了小说成为文学的正宗，一方面是它的大众性、商业性，以及由此带来的现代平民文化精神，小说从某种程度上适应了平民文化的阅读需要，也表现了现代文化的基本精神；另一方面是它的政治性、现实性，以及由此带来的现实功利性文化精神，小说被认为可以通过自己的形式参与现代思想启蒙运动。三是促进了语言的世俗化。现代文化传播媒体对语言变革的要求，主要在言文一致，即麦克卢汉所说的"口语词"和"书面词"的统一。现代报刊的书面化语言是被白话改装的"书面词"。胡适说，文学创作要"不避俗字俗语"。[2]

虽然文学传媒与综合性传媒（文学副刊）对中国现代文学媒介化生存的意义与作用不尽相同，但无论是文学传媒还是综合性传媒，以报刊为代表的现代传媒的出现构成了对中国正统文学/文化的正面挑战和冲击，它创造出的是一种本质意义上的新型文学或曰媒体文化。现代传媒的全面介入在改变文学精神与文学发展态势，改变文学创作主体及知识分子身份，改变文学观念与文学审美、文学生产方式与呈现方式，改变文体类型与文本特征等方面，都发挥了无可替代的重要作用。一言以蔽之，没有现代传媒就没有中国现代文学。

---

[1] 蒋晓丽：《中国近代大众传媒与中国近代文学》，巴蜀书社2005年版，第93页。
[2] 胡适：《文学改良刍议》，载《胡适文集》第2卷，北京大学出版社1998年版，第14页。

二 现代传媒对中国现代文学媒介化生存的驱动和影响

中国现代文学的媒介化生存是在大众传媒驱动和影响下形成的,这种驱动和影响体现在现代文学从创作观念到文学流派形成等多个方面。限于篇幅,这里主要围绕四个论题进行阐释。

1. 现代传媒大众化思想的确立,成为现代文学媒介化生存的观念先导

以报刊为核心的中国现代传媒从总体上遵循着一条"下降律"的办报(刊)路径,也就是从官方报刊到民间报刊、从政党报刊到都市报刊的转向,逐步确立了大众化办报(刊)思想。以个案为例,在报刊大众化方面著名报人成舍我的办报思想与实践就具有典型意义。早在1927年4月创办《民生报》时,成舍我就开始了报纸大众化的尝试。1930年在出国考察了欧美学术文化和新闻事业之后,成舍我逐步形成了他的大众化办报思想。1935年成舍我创办《立报》,正式提出"报纸大众化""以日销百万为目的"的口号。对于报纸大众化他是这样解释的:"'报纸大众化',这是19世纪以来,近百年间,世界新闻事业,最共同普遍的一个原则。从一八三三美国彭佳命(本杰明·戴伊)创办纽约太阳报,到一八九六英国北严爵士(北岩爵士)发刊每日邮报,报纸大众化的潮流,实已弥漫了全世界新闻王国的任何角落。只有我们孤立自诩的贵国,到现今,所谓'精神食粮'也者,还只在极少数的高等华人中打圈子,也只有极少数的高等华人,才可以有富享受这种高贵的食粮。占最大多数的劳苦大众不但不能了解报纸的使命,甚至见着新闻记者,还要莫名其妙地问:'恭喜贵行,究竟做的是什么买卖。'我们从整个世界新闻事业的潮流说来,'大众化'不但不新奇,而且腐之又腐。我们提出这个口号,正和民国初年,拿剪辫子、放小脚,当作新政,是同一的叫人惭愧。尚何新奇之有?"[①]他还把"以日销百万为目的"与西方报人的经济利益原则作了这样的区分:"……我们所标举的'大众化',与资本主义国家报纸的大众化,确实有绝对的差异。我们并不想跟在他们的后面去追逐,而是要站在他们的前面来矫正。因为最近的数十年中,报纸大众化,已被许多资本主义者,利用做了种种的罪恶。他们错将个人的利益,超过了大众的利益,所以他们的大众化,只是使报馆变成一个私人牟利的机关,而我们的大众化,却要准备为大众福利而奋斗,

---

① 成舍我:《我们的宣言》,《立报》1935年9月20日。

我们要使报馆变成一个不具形式的大众乐园和大众学校。我们始终认定，大众利益，总应超过于任何个人利益之上。"①

在成舍我的报纸实践中，最能体现他的大众化旨趣的是副刊风格。他经营的报纸副刊以争取更多读者、更大社会效益和经济效益为目的，突出其通俗化、大众化和休闲性。《世界晚报》创刊时，他聘请著名小说家张恨水为副刊《夜光》的主编，《世界日报》创刊时，他又请张恨水主编副刊《明珠》，并连载张恨水的长篇小说《新捉鬼传》《荆棘山河》《金粉世家》，尤其后者，连载2196次，历时七年，风靡一时。据说，其小说《春明外史》雅俗共赏，极受欢迎，钻研学业的文人学士、识字不多的太太小姐，无一不爱，以致有人买晚报不看新闻，只看副刊，常常报纸还未印出，就有许多读者在报馆前翘首以待了。当然，成舍我的报纸大众化并不仅仅是把报纸办成通俗的、畅销的小报，而是使报纸承担其"唤起民众"的重大使命，达于"立己""立人""立国"的目的，因此它又有新闻宣传的成分在里面。②

现代传媒大众化思想的确立与实践对中国传统文化观念形成了巨大冲击，儒家文化的正统地位受到了极大挑战，使世俗文化得到了空前发展。现代传媒的大众化为中国现代文学带来了一场革命，极大地推动了文学的现代转型。文学在现代传媒大众化语境中重心开始下移，被陈独秀所批判的代表统治者思想文化的"古典文学""贵族文学"逐渐淡出文坛，被他提倡的"平民文学""社会文学""写实文学"所取代。在这一文学现代转型过程中表现最为突出的，是小说文坛地位的提升与稳固。在传统观念里，"小说"就是"小说"，与"大说"相对。"大说"是统治者以及精英知识分子的言说方式，而"小说"则是民间的世俗言说方式，讲的是"小道理"，难登大雅之堂。《汉书·艺文志》有言："小说家者流，盖出于稗官，街谈巷语，道听途说者之所造也。"但在现代传媒大众化背景下，小说文体的社会功能被重新挖掘，赋予了启发民智的功能，一跃成为中国现代文学的主要文体。小说不仅可以讲劝善惩恶的"小道理"，而且可以讲救国救民的"大道理"。变法失败后，一些仁人志士就看到了小说与民智关系的重要性，将"读小说"与"读经"对立起来，充分肯定了小说的作用。"仅识字之人，有不读'经'，无有不读小说者。故'六经'不能教，当以小说教之；正史不能人，当以小说人之；语录不能喻，

---

① 成舍我：《我们的宣言》，《立报》1935年9月20日。
② 单波：《20世纪中国新闻学与传播学应用新闻学卷》，复旦大学出版社2001年版，第82—91页。

当以小说喻之；律例不能治，当以小说而讲通之。"① 以 1902 年梁启超创办《新小说》为标志，小说逐步适应了现代传媒与现代文学的要求而获得了稳固的文坛地位。梁启超提倡"小说界革命""诗界革命""文学革命"，使文学以一种新的姿态面对读者，表现出现代平民化的精神特征，这与现代传媒的文化大众化追求是一脉相承和高度一致的。有研究者指出："现代传媒与小说文体在艺术精神、文化精神等方面达到了一致，使这种在古代主要流传于民间的文体，得以在报刊上发表，能够成为市民文化消费的主要产品之一。现代传媒或者把小说作为娱乐市民的一种消费品，或者视小说为改造国民性的工具，实际上都是看中了小说文体的民间化世俗精神，小说成为一种被利用的可供人们休闲或者被教育的工具。"②

2. 现代传媒的民间化经营，成为现代文学媒介化生存的内在动力

中国现代传媒运营模式有一个突出特点，那就是报刊经营的民间化。所谓民间化，简单地说就是指办报人多以在野的士绅、商人、新型知识分子等民间人士为主体，并采取非官方化、社会化的手段和方式进行运营。这一现象出现在 19 世纪末、20 世纪初，以当时的大都市上海为典型。自 1843 年上海开埠以来，在半个世纪的历史进程中，上海迅速发展成为一个国际化的大都市。正如一位学者所说："许多人已经忘记——或许根本不知道，在两次世界大战之间上海乃是整个亚洲最繁华和国际化的大都会。上海的显赫不仅在于国际金融和贸易，在艺术和文化领域，上海也远居其他一切亚洲城市之上。当时东京被掌握在迷头迷脑的军国主义者手中，马尼拉像个美国乡村俱乐部，巴塔维亚、河内、新加坡和仰光不过是些殖民地行政机构中心，只有加尔各答才有一点文化气息，但却远远落后于上海。"③ 20 世纪初，随着全球资本主义的扩张，中国被纳入远东国际市场，大量资本涌入中国，西方大众传媒产品也开始大量进入中国市场。同时，中国的民族资本也有较快发展，中国自己的文化产业和大众传媒产品也开始出现。由于地理位置的优越，上海较早成为远东最大的都市，并产生了栖身于弄堂、亭子间的都市大众，民营性都市报刊也随即兴盛起来。这一时期，一些潦倒失意的书生纷纷来到上海的租界为外国传教士工作，成为晚清上海的第一批职业文人。后来他们进入书局报馆，开始了对表现市民情趣

---

① 康有为：《日本书目志》卷十四识语。
② 周海波：《传媒时代的文学》，人民文学出版社 2007 年版，第 123 页。
③ 白鲁恂：《中国民族主义与现代化》，《二十一世纪》2001 年第 9 期。

的文化产品的制作与传播。比如，武进人李伯元因屡试不中，来到上海先是创办一份《指南报》，后又创办《游戏报》和《繁华报》，成为上海小报的开山祖。

有学者指出，民营化报刊的特点突出地表现在办报宗旨立足于民、办报资本来自民间、报馆馆政相对独立、报刊的信息来源趋于多元化、报刊编排贴近民众等方面。①

首先，报刊民间化趋势改变了传统的官民文化格局，在文化层面上加剧了国家与社会的疏离与对峙。一方面，文化传播技术手段的提高与民众需求相结合，有力地推动了文化的普及，官方文化的垄断地位因之逐步瓦解。另一方面，民间文化挣脱官方文化的控驭迅速成长，呈现出全面上升的态势。以小说为例，小说原本属于文人末技，不登大雅之堂，但自1902年梁启超提出"小说界革命"后，小说冠冕堂皇地进入了主流文化殿堂。一时间，包括《绣像小说》《新新小说》《月月小说》《小说林》等在内的各种文学杂志纷纷创刊。小说的出版数量也颇为可观。仅1907年一年，沪上15家书局、报馆出版的各类小说就达121种。② 这些小说，无论是译作还是自创，多半是些"描摹时事，讽刺朝政，激励革新"的社会政治小说，揆其立意，无不以"改良社会开通民智"为宗旨。官方文化垄断地位的瓦解与大众文化的勃兴，改变了过去官方一统天下，民间文化只处于依附、从属地位的文化格局，也为公共领域的孕育和发展营造了良好的外部环境。

其次，报刊民间化趋势改变了旧的信息传播方式，从体制上为社会成员自由获取信息和表达意愿提供了可能。20世纪以前，以报刊为代表的新式大众传媒虽然有所发展，但就全社会而言，信息的传播仍旧以人际传播为主。这种传播方式属于经验性的直接传播，传输的信息较少，影响面狭窄。而20世纪以后，随着报刊业的发展，社会的信息传输转而以大众传播为主，民报的加盟促使社会信息传播的总量、规模与覆盖范围等大幅度扩展。这样，不仅使信息的存储与分享得以超越时空限制，而且也将一个"有效率的社会"，③ 从少数人扩展至多数人，并为社会成员提供了更加方便的信息接收渠道和意见表达

---

① 方平：《清末上海民办报刊的兴起与公共领域的体制建构》，《华东师范大学学报》2001年第3期。

② 东海觉我（徐念慈）：《丁未年小说界发行书目调查表》，载张静庐辑注《中国近代出版史料》二编，群联出版社1954年版，第265—275页。

③ ［美］威尔伯·施拉姆：《大众传播媒介与国家发展》，金燕宁译，华夏出版社1990年版，第41页。

机制。

再次，以公开报道为基础，民报特有的"公共性"构成了一个相对独立的领域，即公共领域。民办报刊立意为民众的向导与喉舌，通过公开报道与评论，将所报道事件置于社会公共生活空间之中，引起社会成员的广泛关注，成为公众言谈、讨论的话题。这样，就改变了被报道事件原有的私密性，使之转而具有公共性质。它将原属于"肉食者谋之"的政治事务从传统皇权的控驭之下解放出来，成为真正意义上的公共事务，使原先普通民众无从知晓、无权过问的皇家家事变成了国家大事。民报的公共性所发挥的是一种评判功能，它反映的是社会成员的政治参与意识和理性批判精神。

最后，民报具有纵横沟通的社会功能，不仅为加强公共领域的内部联系提供了一种相对稳定的交流机制，而且还在既定的官方体制之外建构起政治参与的新渠道。众所周知，尽管儒家伦理一向强调士大夫的社会责任感，但事实上一般士子文人只是恪守"学而优则仕"以及"穷则独善其身，达则兼济天下"的古训而已，对于国事并无多少自觉意识和实际兴趣。而统治者实行严禁公开结社集会、私自刊刻书籍以及公开议政的政策，也从制度上排斥了民间人士参政的可能性。因此，一般在野的士子文人不愿也不敢参议国事。即便少数士人怀有政治意识，也只能选择当师爷、做幕僚的办法，依附于政府官员以实施政治抱负。而民办报刊的创兴，则为人们联络、交流思想、表达自身的利益诉求提供了一种稳定、公开的场所。当来自不同职业和社会阶层的人们，在广泛交流的基础上，以传媒为纽带自发地聚集在一起，并以言谈、对话的方式参议政事时，报刊就成为沟通社会公众和国家权力的公共言论机构。这实际上也就意味着在原有的政治体制架构之外建构出某种新的政治参与渠道。

从总体上看，作为一种非官方的公共媒介，民营化报刊的勃兴不仅对社会公共领域的体制建构、文化的大众化以及公众舆论的生成和表达产生了重要的影响，而且还直接促动了中国现代文学的"媒介化"生存。比如就文学活动而言，民营化报刊的勃兴有力地促进了多样化文学作品的大量刊载。以鸳鸯蝴蝶派出版物为例，据郑逸梅在《民国旧派文艺期刊丛话》中不完全统计，鸳鸯蝴蝶派出版杂志113种，大报附刊4种，小报45种，而"这个数字只是当时出版过的大量期刊中的一小部分"。[①] 正如鸳鸯蝴蝶派作家范烟桥所分析的那样："印刷事业、交通事业日渐发达，发行网不断扩大，出版商易于维持，书肆如

---

① 郑逸梅：《民国旧派文艺期刊丛话》，载魏绍昌编《鸳鸯蝴蝶派研究资料》，上海文艺出版社1984年版，第525页。

雨后春笋，小说作品的出路也随之开阔了。"① 正是每天大批量发行的报刊为文化人提供了发表作品的广阔平台。同时，大量的定期报刊的连续出版，需要大批作家作品作为坚强后盾，于是报刊老板与作家的关系发生了改变，稿酬制与合同制成为报人与文人联系的纽带。为传媒而写作、为读者而写作、为市场而写作与为作家个人而写作形成了高度的一致性。巨大的经济诱惑也导致了作家特殊写作方式与文学姿态的形成。发表文学作品的经济诱惑力到底如何？仅举一例。20 世纪三四十年代，一个中篇的稿费就可以在北京买一个四合院。中国作协现在还在使用着的幼儿园，就是用当年一位作家捐献的一部中篇的稿费建成的，而且建成后还有剩余，又用这些钱买了所有的课桌椅和教具等物。② 除此之外，民营化报刊的勃兴还使空前热烈的文坛争鸣得以实现，文学作家的读者意识普遍提高，读者意见得以及时反馈，作家与读者之间的交流得以加强，众多文学流派得以形成。不仅如此，民营化报刊的勃兴还使那些曾经从事社会革命活动遭受挫折而转向文学的社会革命家，能够以民报为阵地借助文学文本继续宣扬其政治主张与革命抱负，不断扩大其思想的影响力。凡此种种，无不与民营化报刊民主气氛的浓厚、信息接收渠道的畅通与意见表达机制的灵活紧密相关。

3. 现代传媒对白话文的积极倡导，成为现代文学媒介化生存的实践指南

"五四"新文化运动时期，一批具有进步思想的文化人，有意识地把报刊从少数士大夫的垄断中解放出来，倡导白话文就是这场文化大众化运动的重要标志。白话文取代文言文的革命是中国现代通俗文学/文化发展独有的风景。由现代传媒引领的白话文运动，是对中国文学/文化传统的解构与重构。胡适提出的使白话文成为中国文学的正宗，使活文学取代死文学，带动了中国通俗文化的语言革命，其意义是十分深远的。尽管对白话文的倡导表现出的是具有新思想的文化人一种居高临下的精英式关怀，从本质上属于自上而下的精英文化启蒙运动，包括后来的解放区时期的大众文化运动，都是一种"化大众"的文化普及行为，但白话文的实践对文化的大众化起到了积极的推动作用是不争的事实。现代传媒对白话文的积极倡导，成为现代文学"媒介化"生存的实践指南。

---

① 范烟桥：《民国旧派小说史略》，载魏绍昌编《鸳鸯蝴蝶派研究资料》，上海文艺出版社 1984 年版，第 269 页。
② 谭延桐：《文学的意义》，2009 年 1 月 15 日《今晚报》副刊。

1922年是《申报》创刊50周年，胡适应邀撰写了《五十年来中国之文学》，比较全面地总结了《申报》诞生50年来的中国文学。这篇文章虽然只是为《申报》纪念而作，但却是现代传媒与现代文学关系研究中不可忽视的一个文化事件，它印证了现代传媒对白话文的积极倡导成为现代文学"媒介化"生存实践指南这一观点。1917年胡适发表《文学改良刍议》、陈独秀发表《文学革命论》，宣布了古代文学是已死的文学。5年过后，无论是"已死"的古代文学还是"胜利"的白话文学，都需要文学史给出一个结论性总结，《五十年来中国之文学》正是对这一问题的回答。胡适在这篇文章中特别提及《申报》创刊的1872年正是曾国藩逝世的一年，曾国藩的死意味着古文运命的衰微，而《申报》的出现则引领了一个文化平民化趋势，使白话文进入百姓生活之中。在这里，胡适为中国古代文学做了终结，这个终结既是以曾国藩的去世为标志，也是以《申报》的创刊为标志。

按照胡适的观点，包括白话文学在内的现代新文学运动并不是凭空产生的，而是中国文学发展的必然结果。胡适在《白话文学史》的引子中这样写道："我们要知道，一千八百年前的时候，就有人用白话做书了；一千年前，就有许多诗人用白话作诗作词了；八九百年前，就有人用白话讲学了；七八百年前，就有人用白话做小说了；六百年前，就有白话的戏曲了；《水浒》《三国》《西游》《金瓶梅》，是三四百年前的作品；《儒林外史》《红楼梦》，是一百四五十年前的作品。我们要知道，这几百年来，中国社会里销行最广、势力最大的书籍，并不是《四书》《五经》，也不是程、朱语录，也不是韩、柳文章，乃是那些'言之不文，行之最远'的白话小说！"胡适认为，汉武帝时代古文已死，而《诗经》"到了汉朝已成了古文学了"，"所以我们记载白话文学的历史也就可以从这个时代讲起"。① 需要注意的是，胡适在另一篇文章中还说道："新文学之运动，并不是由外国来的，也不是几个人几年来提倡出来的，白话文学之趋势，在两千年来是在继承不断的，我们运动的人，不过是把两千年之趋势，把由自然变化之路，加上了人工，使得快点而已。"② 何谓"加上了人工，使得快点而已"？这看似轻描淡写的一笔其实却大有讲究。谁是"人工"？如何"快点"？不正是现代传媒这一"人工"推动了白话文运动进程的"快点"吗？

事实的确如此，自近代报人裘可桴于1898年创办《无锡白话报》以来，

---

① 胡适：《白话文学史》，载《胡适文集》第8卷，北京大学出版社1998年版，第157页。
② 胡适：《新文学运动之意义》，载《胡适文集》第12卷，北京大学出版社1998年版，第26页。

白话文就成了开通民智的利器。到20世纪初，各种白话报接连创刊。据《大公报》1905年的统计，标名为白话、俗话的报刊就有20种，还有许多报刊开辟了白话专栏。这也印证了胡适的一个观点："国语运动最早的第一期，是白话报的时期。这时期内，有一部分人要开通民智，怕文言太深，大家不能明了，便用白话做工具，发行报纸，使知识很低的人亦能懂得。那时杭州、上海、安徽等处都有这种报纸出现。"① 在对白话报的认识上，报人们表现出了很高的觉悟，如《警钟日报》1904年发表的《论白话报与中国前途之关系》一文指出，"白话报者，文明普及之本也。白话报推行既广，则中国文明之进步，故可推矣。中国文明愈进步，则白话报前途之发达，又可推矣"，认为白话报的迅速发展是"白话之势力与中国文化相随而发达之证"。② 林白水在1903年12月19日创办的《中国白话报》发刊词中，是这样表述他的平民化办报思想的："要使种田作手艺的、做买卖的、当兵的，以及孩子们、妇女们，个个明白，个个增学问，增加识见。"不同凡响的是，他把这种平民化的办报宗旨建立在对文人气的批判之上，认为"我们中国最不中用的是读书人。那般读书人，不要说没有宗旨、没有才干、没有学问，就是宗旨、才干、学问件件都好，也不过嘴里说一两句空话，笔底下写一两篇空文，还能够干什么大事呢"③？尽管此言颇多情绪化成分，但他所坚持的平民化办报宗旨是值得肯定的。

1904年陈独秀创办《安徽俗话报》，他在《开办安徽俗话报的缘故》中说："我开创这报，是有两个主义：第一，是要把各处的事体，说给我们安徽人听，免得大家躲在鼓里。……第二，是要把各项浅近的学问，用通行的俗话演出来，好教我们安徽人无钱多读书的，看了这俗话报，也可长长见识。"顺着这种思路，他把《安徽俗话报》办成一份以工农商学兵及下层群众为对象、图文并茂的通俗性时事刊物，所刊文章短小精悍、活泼生动，且门类齐全。陈独秀本人也以流利酣畅的白话文议古说今、谈天说地，充分展现了新闻语言的大众化追求。用胡适的话来说，就是"抱定一个宗旨，做文字必须要叫人懂得"，"处处为读者着想"。④ 特别值得一提的是，1917年陈独秀在《文学革命论》一文中大力倡导文学革命的三大主义，即推倒雕琢的阿谀的贵族文学，建

---

① 胡适：《国语文学史》，载《胡适文集》第8卷，北京大学出版社1998年版，第127页。
② 《警钟日报》1904年4月26日。
③ 林白水：《中国白话报》发刊词，《中国白话报》第1期，1903年12月19日。
④ 胡颂平：《胡适之先生晚年谈话录》，中国友谊出版公司1993年版。

设平易的抒情的国民文学；推倒陈腐的铺张的古典文学，建设新鲜的立诚的写实文学；推倒迂晦的艰涩的山林文学，建立明了的通俗的社会文学。这里对"贵族文学""古典文学""山林文学"的批判，对国民文学、写实文学、社会文学的倡扬，强有力地推动了白话文学的实践。到 20 年代末，白话文运动又有了新发展。1929 年林伯修（杜国庠）在《一九二九年急待解决的几个关于文艺的问题》一文中，首次论述了文艺的大众化问题，从此展开了对这一问题的长时间的大讨论，并由以前的教育民众，转向"到大众中去，向大众学习"和"向群众学习"的文化立场。特别引人注目的是，《申报》副刊《自由谈》于 1934 年展开大众语言讨论，认为"从前为了要补救文言的许多缺陷，不能不提倡白话，现在为了要纠正白话文学的许多缺点，不能不提倡大众语"，指出大众语言应该是"大众说得出，听得懂，写得顺手，看得明白"，并且为"大众高兴说，高兴听，高兴写，高兴看的语言文字"。[①] 不难看出，由现代传媒引领和推动的白话文运动是逐渐深化的，不仅解构与重构了中国传统文学/文化，而且还做到了不断进取和与时俱进。

4. 现代传媒搭建的传播平台，培养了文人的媒介意识，推动了文学流派的形成

中国传统文化一向具有垄断性，是少数人的专利，作品宁可藏诸名山，也秘不示人。中国古典文学传播是以文人的结社、交友和书信等简单传媒为载体，他们的作品主要用于朋友间的交流、唱和与迎送，体现了文人的清雅与孤傲。现代文学则不然，在现代传媒刺激下，文人雅士们认识到言之不"传"、行之不远的道理，媒介意识逐渐形成，发表欲望也越发强烈。这是郭沫若、张恨水等一代相同或不同类型的文人所总结出来的一个共同经验和体会。郭沫若开始诗歌创作其实是比较早的，甚至早于胡适的白话诗写作，但在新诗史上人们却往往认可胡适是最早尝试新诗的诗人。这是因为胡适最早占有了《新青年》这块阵地，发表了他的新诗《白话诗八首》，而郭沫若则是在 1919 年才从《时事新报·学灯》上读到了康白情的诗歌作品，"才第一次看见中国的白话诗"，"我看了不觉暗暗地惊异：'这就是中国的新诗吗？那么我从前做过的一些诗也未尝不可发表了'"。当他"看见自己的作品第一次成了铅字，真是有说不出来的陶醉。这便给与了我一个很大的刺激。在一九一九的下半年和一

[①] 唐弢主编：《中国现代文学史》，人民文学出版社 1979 年版，第 51 页。

九二〇的上半年,便得到了一个诗的创作的爆发期"。①

如果说郭沫若的媒介意识与发表欲望是被触动的,那么,以张恨水为代表的一批文人则是由"大众媒体打造的神话",他们在现代传媒时代表现得如鱼得水,似乎是为报刊所生。张恨水与现代报刊有着不解之缘,"报人成了他的终生职业,成了一种谋生的手段,成了一个自我实现的平台,甚至成了他写作的出发点,他极大地被报纸媒介'同化'了"②。一个在现代传媒刺激下萌发了强烈的媒介意识与发表欲望的人是如何生活和工作的,张恨水曾这样回忆道:"在民国十九年至二十年间,这是我写作最忙的一个时期。……当时,我给《世界日报》写完《金粉世家》,给晚报写《斯人记》,给世界书局写《满江红》和《别有天地》,给沈阳《新民报》写《黄金时代》,整理《金粉世家》旧稿,分给沈阳东三省《民报》转载。而朋友们的特约,还是接踵不断,又把《黄金时代》改名为《似水流年》,让《旅行杂志》转载。我的慈母非常的心疼我,她老人家说我成了文字机器,应当减少工作。殊不知这已得罪了很多人,约不着我写稿的'南方小报',骂得我一佛出世,二佛涅槃。"③ 不难想象这般劳作能有多少精品可以传世呢。张恨水一生中写了大量的作品,但真正能让读者满意的,在文学史上留下踪迹的,也只有《春明外史》《金粉世家》《啼笑因缘》等少数作品,而大量作品已成为过眼烟云。这也让我们看到了"发表欲"所带来的另一种结果。

现代传媒给现代文学发展所搭建的传播平台是宽阔的,现代传媒对现代文学的影响也是全方位的。现代传媒通过对新文学的命名等一系列传播策略,聚拢作家队伍,引领文学思潮,提升社会对文学活动的关注度,取得了明显效果。"命名"是现代传媒对文学施加影响的一种重要手段,是现代传媒作用下中国现代文学流派与思潮的一种特别表现形式。现代传媒以其自身独有的"议程设置"功能与话语权,对现代文学作家作品的风格类型与流派思潮率先总结命名,使文学产生了广泛的社会效应。这种社会效应反过来又进一步刺激和培养了文人的媒介意识,使文人更加自觉地聚拢在传媒这杆大旗之下,形成了不同风格与流派的作家群。至今耳熟能详的一些文学流派,在当时就是以一些著名的文学传媒得名的,比如"语丝派""现代评论派""新月派""现代派"

---

① 郭沫若:《创造十年》,《郭沫若全集》第12卷,人民文学出版社1992年版,第64—65页。
② 刘少文:《大众媒体打造的神话》,中国社会科学出版社2006年版,第3页。
③ 张恨水:《写作生涯回忆》,人民文学出版社1982年版,第43页;张占国、魏守忠编:《张恨水研究资料》,天津人民出版社1986年版,第52页。

等,这不仅说明了现代文学活动和媒体密不可分的关联性,而且也意味着文学传媒对新的文学空间的拓展起到了积极作用,现代文学中的众多流派,就是文学在与传媒联姻过程所形成的新空间中生长出来的。

可以清楚地看到,梁启超创办《新小说》就是对文学的一次具有自觉意识的命名活动,他不仅将当代小说在文体上与古代小说做出明确区分,提出了"新小说"概念,包括"政治小说""历史小说""军事小说"等小说类型,而且还借《新小说》《新民丛报》等传媒进行强势宣传,强调小说与社会的关系,凸显小说的社会功能,从而使小说获得了文学上的正宗地位。同时,梁启超还借助媒体提出了"小说界革命"以及"诗界革命""文界革命"等具有思潮意义的概念,这些新命名的概念,不仅成为当时的文学概念被人们广泛运用,而且也成为后来文学发展过程中具有决定性影响的概念。1917年当胡适在《新青年》上发表《文学改良刍议》时,就试图以现代白话文对文学进行新的命名,并且经过短时间的思考之后,提出了"国语的文学"概念。胡适对新文学的命名不仅引发了一场影响后世的文学运动,而且使白话文学从古代的世俗民间地位提升到了正统地位。陈独秀于胡适《文学改良刍议》发表后,以《文学革命论》响应胡适的倡议,对旧有的文学命名进行了彻底否定,并提出了新的文学概念。有学者指出,陈独秀对"国民文学""写实文学"以及"社会文学"的命名,不在于是否符合现代文学的发展趋势,也不在于这些概念是否正确,而主要在于命名本身所带来的新文学的合法性。随后,周作人又在《新青年》等杂志上提出"人的文学""平民文学"等概念,再一次对新文学进行命名,将新文学思潮引向更加具体可行的路线。正是《新青年》对新文学的命名,才使得被文人们轻视的世俗文学获得了合理合法的地位,写实文学成为现代传媒时代文学的追求,社会文学则是现代文学的基本特征。新文学思潮沿着《新青年》所命名的国语的文学、写实文学以及人的文学的方向向前发展,"五四"时期重要的思潮由此而形成。[①]

中国现代文学的"媒介化"生存状态,可谓喜忧参半。我们在客观评价其积极意义的同时,不能忽视它所带来的消极影响。由于复杂动荡的社会原因,一些报刊在早期的文化活动中,热衷于宣扬"躲进小楼成一统"的消极避世哲学和颓废的文化价值观。在特殊的社会背景下,许多对政治产生厌恶的文化人开始转向消闲和娱乐,沉迷于卿卿我我、花好月圆的美梦之中,一些文化产品都或多或少地带有矫揉造作、无病呻吟的病态,以玩世不恭填补政治激情消解

---

① 周海波:《传媒时代的文学》,人民文学出版社2007年版,第206—207页。

后的情感真空。这期间在媒体上"警世与娱世、骂世与避世、混世与售世"①并存的通俗乃至庸俗的文学作品大量出现。比如在鸳鸯蝴蝶派大旗之下,文坛从民国初年开始,形成了一股黑幕、酒色、言情、侦探、武侠等庞杂的通俗文化大潮,其中不乏嬉皮笑脸、插科打诨之类的低俗趣味,一些消闲报刊极尽"捧妓"和"捧角"之能事。鲁迅先生就曾说过张资平(三角恋爱小说家们)"小说学"的特点"那就是——△"。茅盾先生当年也曾指出,这些人的创作在思想上的一个最大的错误,就是游戏的消遣的金钱主义的文学观念。

就鸳鸯蝴蝶派来说,明明知道"当今世界,不快活极了,简直没有一个快活的人",但他们还是要"做出一本快活的杂志来",去追求所谓"皆大快活,秒秒快活,分分快活,刻刻快活,时时快活,日日快活,月月快活,年年快活,永远快活"②。消闲报刊俗的一面显露无遗。其代表作《玉梨魂》居然发行到几十万册,并使得状元府里的千金小姐竟然要下嫁作者徐枕亚,此事足见鸳鸯蝴蝶派这类通俗文艺作品的影响力之大。《礼拜六》《快活林》《情杂志》《销魂语》《荒唐世界》等一批消闲娱乐杂志,其文艺商业化趋势体现得尤为突出。《礼拜六》创刊时有言:"礼拜一、礼拜二、礼拜三、礼拜四、礼拜五人皆从事于职业,惟礼拜六与礼拜日,乃得休暇而读小说也。"并宣称:"买笑耗金钱,觅醉碍卫生,顾曲苦喧嚣,不若读小说之俭省而安乐也;且买笑觅醉顾曲,其为乐转瞬即逝,不能继续以至明日也。读小说则以小银元一枚,换得新奇小说数十篇,游倦归斋,挑灯展卷,或与良友抵掌评论,或伴爱妻并肩互读,意兴稍阑,则以其余留于明日读之。晴曦照窗,花香入坐,一编在手,万虑都忘,劳瘁一周,安闲此日,不亦快哉!"③《礼拜六》的一番言论所反映的完全是封建文人的消闲,而不是都市大众的娱乐。这样的文坛风气与文学趣味当然是有问题的。

从一般意义上说,现代稿酬制与合同制对繁荣现代文学创作起到了积极的推动作用,一大批现代职业作家因此而形成,并进入了一种自由创作状态。但稿酬制与合同制所带来的自由撰稿人的职业自由却具有一定的表象性与欺骗性,它掩盖着一种深层的不自由,因为稿酬制与合同制具有等价交换物的属性,它必然带来的是文学的商品化,作家因稿酬制与合同制所获得的生存自由

---

① 刘登阁:《全球文化风暴》,中国社会科学出版社2000年版,第279—280页。
② 史全生:《中华民国文化史》,吉林文史出版社1990年版,第100页。
③ 原载1914年6月6日《礼拜六》第1期,转引自魏绍昌编《鸳鸯蝴蝶派研究资料》上卷,上海文艺出版社1984年版,第183页。

是以写作的不自由为代价的。换言之，文学的商品化使作家成为一个戴着手铐的舞蹈者，市场是唯一的导演，由此让我们领略了中国现代文学"媒介化"生存的另一侧面。

第三节　中国当代流行文学的传媒转向

中国现代文学的媒介化生存其含义具有多维性，对于激进的革命文学而言，媒介化生存意味着找寻到一条迅速提升文学社会功能与政治影响力的捷径；对于一般作家而言，媒介化生存意味着在市场环境下一种新的作家身份的认同；而对于另一类文人而言，媒介化生存则是一种"文人末路"的谋生选择。显然，对于不同人来说，媒介化生存的意义各有差别，或源自一种内生型主动需求，或源自一种外生型被动适应。但无论如何，媒介化生存是中国现代文学的一种必然状态与基本特征。本节所论述的是中国当代流行文学的传媒转向。在这里，"传媒转向"既表明传媒自身的转向，也表明流行文学对传媒转向的转向。就传媒自身转向而言，是指在传播技术日新月异、新媒体迅速发展背景下，大众传媒由政府包办的文化事业转向市场运营的文化产业，由单一化的印刷文本转向整合化的影视、网络文本，由区域影响力转向全球影响力的趋势和结果。在文学传媒（这里指文学专业媒体和反映文学活动的综合性媒体）方面，这一趋势和结果同样明显。就文学对传媒转向的转向而言，是指文学（或积极主动，或消极被动）应对、顺应传媒转向的过程和结果。是在当代影视、网络等视觉文化全方位遮蔽印刷文化背景下，文学所普遍呈现的一种新的媒介化生存状态。这种传媒转向从具体的文学形态来看，就是流行文学、流行小说的大量出现，反映在文学文本呈现方式与表现策略上，就是印刷文学文本向影视文学文本的转向、影视剧对经典小说的改编、网络文学的勃兴，以及大量流行文学作品中毫不掩饰的消费主义倾向，等等。虽然"媒介化生存"与"传媒转向"这两个用词在语义上并不表示程度的差异，但显然，本书是要说明今天流行文学的"传媒转向"比起现代文学的"媒介化生存"来得更主动、更迅急、更彻底、更深刻，意味着当今文学中的相当一部分，已彻头彻尾地演变为媒体文化、商业文化、流行文化、时尚文化、快餐文化。这种演变令人喜忧参半，人们有理由担心这种演变可能使文学丧失文学性，使文化丧失纯粹性。限于篇幅，本书只就与传媒转向相关的一些文学理论问题加以阐述，对具体的流行文学文本不做细化分析。

一 传媒转向的历史脉络与现实挑战

从古到今,文学变迁的脚步从未停歇,无论是文学观念还是文学方式与文学活动,总是在与社会文化环境的互动中不断地实现着自我更新与自我超越,在不断开创与适应中彰显自身的文化价值。这一过程虽然漫长和复杂,但有一条清晰脉络贯穿于文学变迁的始终,成为寻求文学变迁规律的不二法门,那就是文学变迁对传媒变迁的依附性及二者的共生性。关于这一点,本章第一节已从传播技术演进的文学/文化意蕴角度做了阐释,这里再做一些补充分析。

1. 传媒转向与审美习惯的重新建构

开创了"媒介决定论"学派的加拿大学者哈罗德·伊尼斯(1894—1952)在晚年出版了《帝国与传播》和《传播的偏向》两本书,被奉为传播学之圭臬。麦克卢汉特别推崇这两本书,并欣然为之作序。伊尼斯的重要理论贡献是将媒介作为文明分期的标准,这一思想明显区别于汤因比主要以历史、地缘和宗教作为文明划分的标准,令人耳目一新。他按照传播媒介的形态和性质把世界文明分为九个时期:①埃及文明(莎草纸和圣书文字);②希腊—罗马文明(拼音字母);③中世纪时期(羊皮纸和抄本);④中国纸笔时期;⑤印刷术初期;⑥启蒙时期(报纸的诞生);⑦机器印刷时期(印刷机、铸字机、铅版、机制纸等);⑧电影时期;⑨广播时期。为求表述的方便,伊尼斯把西方历史的划分简化为文字和印刷两个时期。[①] 伊尼斯还依据空间与时间两个维度将媒介分为两大类别:有利于空间上延伸的媒介和有利于时间上延续的媒介。比如,石版文字和泥版文字耐久,它们承载的文字具有永恒的性质,容易传承,但是,它们不容易运输,不容易生产,不容易使用,因而不利于空间上的传播;相反,莎草纸和纸张轻巧,容易运输,使用方便,能够远距离传播信息,然而它们传播的信息却限于当下,比较短暂。他的观点是:"我们要克服媒介的偏向,既不过分倚重时间,也不过分倚重空间。"[②] 伊尼斯的著作确实有些艰深晦涩,本书无意在此展开分析,只是想说明,伊尼斯的理论为我们认识文学变迁对传媒变迁的依附性及二者的共生性、认识文学的"传媒转向"轨迹具有启发意义。

---

① [加]哈罗德·伊尼斯:《帝国与传播》,何道宽译,中国人民大学出版社2003年版,第5页。
② 同上。

我们知道，在远古的口传时代，神话和史诗是两种基本的文学样式。最初的绝对王权或神权至上观念在一定程度上也是依靠传媒的力量建构起来的。"我用我口里说出来的话创造各种形态的万物"，创世纪中上帝的这句话具有很强的隐喻性，它道出了人类第一个具有革命性的传媒——口头语言在文明之初对权力与文化的建构作用。书写媒介的入场与变革，全方位地改变了文化交往方式与文学形态。公元前2500年前后，埃及书写媒介出现了"从倚重石头向倚重莎草纸的转移"，这是"传媒转向"的一个重要时刻，成为影响文明进程的重要文化事件。伊尼斯写道：由于摆脱了石头这种沉重的媒介，思想变得轻快了。所有的环境都激发了人们的兴趣、观察和反思。手写文字的数量显著增长，文字、思想与活动的世俗化随之产生。古王朝走向新王朝的社会革命有一个显著的标志，那就是雄辩之才如滔滔流水，世俗文学取代了宗教文学。① 作为西方文学源头的古希腊文学一开始就创造了一个辉煌的开端，学界对此进行了历史的、文化的多重归因研究。按照伊尼斯的逻辑，如果从媒介角度归因，也许这与古希腊没有经历类似于古埃及和古苏美尔那样一个依靠石头和泥板进行文化传播的时代分不开。幸运的是，一开始古希腊的书面文学就是使用莎草纸进行书写的，由于思想变得轻快，这为古希腊文学中个人抒情诗写作提供了物质保障。正如伊尼斯所言："公元前7世纪后期和公元前6世纪，涌现出许多短小的个人抒情诗。据信，这和文字的传播、莎草纸的增加是一致的。笔录的东西增加，文学就得到广泛传播和保存，职业吟游诗人的地位随之削弱。"② 正是纸张"使得过去传播思想的昂贵材料被一种经济的材料取代，这就促进了人类思想成果的流传"。"它带来了一场重大的……革命。没有这一场革命，写作的艺术就不会这么发达，印刷术的发明也不可能这么嘉惠于人类了。"③

在印刷文化时代特别是机械印刷文化时代，通过文字符号和纸制媒介进行审美信息的传递与交流方式占有绝对优势，文字书写与机械印刷成为文学的显著标志。然而，20世纪电子传媒的诞生颠覆了这一文学传统。"就艺术符号、艺术形态的变化演进而论，20世纪被形容为一个动态视听形象文化向字符印刷品文化节节进逼、竞争并取得成功的时代。19世纪行将结束时人类发明出来了电影，在这个世纪（20世纪）的前期，迅速地从一种杂耍性的玩意儿演变为一门成熟而重要的艺术门类。电视在这个世纪后期的普及，则把视听形象

---

① ［加］哈罗德·伊尼斯：《帝国与传播》，何道宽译，中国人民大学出版社2003年版，第13页。
② 同上书，第61页。
③ 同上书，第142—143页。

文化对于字符印刷品文化的进攻，从公共性的影剧院扩展到了家庭；它在千家万户登堂入室，成为大众消闲娱乐的宠物、书籍报刊读物技术的劲敌。而在20世纪最后10年，电脑技术的巨大进步，导致多媒体技术与交互式信息网络迅速普及，再一次促使'信息—文化—艺术'的生态革命迈进了一个崭新的境界。"① 这一崭新的境界获得了多种响当当的命名：法国境遇主义者居伊·德博尔的"景观社会"；波德里亚的"超现实"或"拟像"；马克·波斯特的"第二媒介时代"；丹尼尔·贝尔的"视觉文化时代"；杰姆逊的"后文字时代"；道格拉斯·凯尔纳的"媒介景观"；约西·德·穆尔（Jos de Mul）的"后历史与后地理的赛博空间"，等等。虽然人类传播文化依次经历口语文化、文字文化、印刷文化、电子文化以及网络文化，其不同文化形态之间不是相互替代而是累进和叠加关系，但这种"传媒转向"对文学观念与文学存在方式的影响是巨大的。所谓"文学边缘化"的纷争与"文学终结"的断言（后文讨论），都与20世纪以来，特别是新时期以来电子文化与网络文化高速发展密不可分。也可以说当代流行文学/文化的生成就是这种传媒转向的结果。

　　传媒转向之于文学流变以及当代流行文学/文化的生成究竟有何内在影响，这需要解答传媒转向到底给我们带来了什么。从文学审美角度看，一般情况下，审美活动应该是审美主体与审美对象之间通过某种符号形式的中介进行的审美信息的沟通活动。在这一过程中，作为沟通中介的符号形式的性质往往可以左右审美活动的发生状态。在印刷文化时代的文学欣赏活动（审美活动）中，处于主体与对象之间的是复杂而抽象的文字符号。文字符号作为人类对世界事物的形、音、意的抽象，是在人类文化历史长河中经历了长期积淀才形成相对稳定的形式。索绪尔的语言学研究表明，语言符号的音响形象（能指）与它所指称的概念（所指）之间没有绝对固定的关系。"能指和所指的联系是任意的，或者，因为我们所说的符号是指能指和所指相联结所产生的整体，我们可以更简单地说：语言符号是任意的。"由于是任意的，语言符号与世界、事物之间在形、音、意方面的诸种复杂关联，都需特别记忆和思考才能掌握。正如索绪尔所言："因为这个系统（语言系统）是一种很复杂的机构，人们要经过深切思考才能掌握，甚至每天使用语言的人对它也很茫然。"② 而文学是语

---

① 谭华孚：《文艺传播论：当代传媒技术革命中的艺术生态》，海峡文艺出版社2004年版，第32页。
② ［瑞士］费尔迪南·德·索绪尔：《普通语言学教程》，高名凯译，商务印书馆1996年版，第102、110页。

言艺术，文学中的种种意象、意境、意蕴都既以语言符号为创造手段，又以语言符号为欣赏中介。这些都在文化和技术上对文学欣赏和其他以文字符号为审美媒介的审美活动中的主体提出了较高的要求。"在印刷社会里，一个人如果想完全接触社会的知识和传播网络，就必须要有良好的阅读和写作能力。即使是廉价的小说也需要有基本的阅读能力。"① 与此同时，在审美过程中，文字符号本身所具有的抽象性和模糊性，又要求主体必须积极调动各种意识和心理要素进行从抽象到形象、从模糊到具体的二度转换。因此，没有一定的审美经验积累的主体很难达到一定深度的审美境界，特别是以意蕴深邃的文学作品为审美对象时，更是如此。所以，在印刷文化时代，即使是降低审美能力要求的大众阅读和欣赏也不能实现彻底的大众化。

而当今蓬勃发展的电子与网络传媒则迥异于印刷传媒，其鲜明差异在于，除文字符号外，电子与网络传媒又创生了以影视、多媒体为突出特征的极其真实直观的信息传递符号——仿真图像。它在人们感知事物时基本不必再经过复杂的二度转换，几乎可以直接把事物的真实形象呈现在人们的面前。这就大大降低了对人的感受能力的要求。梅罗维茨就此写道："与阅读和写作相比，观看电视所涉及的接触代码，也就是一个代码而已。电视并不是展示了'现实'，但是电视比句子和段落看起来和听起来更像是现实。""电视的电子信号代码，复制了日常生活的图像和声音，它的难易度基本上是1。只要你知道如何去看一种电视节目，那么你基本上就掌握了如何去看所有的电视节目。你可能对所看到或听到的某些东西不能完全理解，就像在真实生活场景中你对人们的所说和所做可能并不完全理解一样，但是你不必为了'进入'传播的场景，去穿过印刷符号所附带的复杂的过滤器。"② 不仅如此，传媒转向还带来了一个深刻改变，那就是审美习惯的重新建构。按照普遍存在的便利法则，对一般受众而言，面对繁难抽象的印刷符号和轻松逼真的视听图像，思维的惰性驱使人们倾向于对后者的偏爱。然而，如果人们长期面对不需要宁神静观和深思熟虑的审美对象时，就可能养成对轻松逼真的视听图像的依赖，从而改变印刷时代培养起来的具有高度抽象能力的审美感知习惯，而一旦这种审美感知习惯被养成，就可能会越来越远离印刷文本。"因此，电子传媒艺术形态的优势就不仅仅表现在它收拢了不具备破解文字符号能力的观众方面，更重要的还体现在它正通

---

① ［美］约书亚·梅罗维茨：《消失的地域：电子媒介对社会行为的影响》，肖志军译，清华大学出版社2002年版，第69页。
② 同上书，第69、70页。

过对人们的审美习惯的建构,把越来越多的识字人群甚至文化知识精英培养成了自己的消费者。"①审美习惯的重新建构与流行文学/文化的审美诉求一拍即合,为流行文化的大行其道提供了保障。

2. 传媒转向对既有文学理论模式构成挑战

传媒转向还直接挑战了既有的文学理论模式。一般认为,在西方文论史上主要存在着五种关于文学活动即文学动态存在方式(一般将文学作品称为文学的静态存在方式)的代表性理论模式。

(1)"世界—作家—作品"模式。从古希腊到20世纪初,在这两千多年间,西方传统文论基本上把文学动态存在方式确立为"世界—作家—作品"的结构框架,对文学本质和价值的探讨都是在这一文学存在方式框架内进行的。在这一框架中,读者因素也偶尔提到,但主要谈的是作品对读者的教育、陶冶等影响功能,读者只是个被动接受的角色。即便自文艺复兴以来"世界"风云变幻,"作家"几经沉浮,"作品"变动不居,但文学活动思想总体上并没有走出这一框架。

(2)"作家—作品—读者"模式。进入20世纪以来,西方社会权力场和文学场内部出现了前所未有的复杂状况,这种状况为文学理论与批评的繁荣提供了契机。从英伽登的现象学文论、伽达默尔的阐释学文论、萨特的存在主义文论到姚斯和伊瑟尔的接受美学,都转向了"作家—作品—读者"框架,并成为这一时期的主导性模式。当然,在这一模式中并不是说"世界"因素被完全抛弃了,而是处在一种潜在或淡化状态。

(3)"世界—作家—作品—读者"模式。1953年,美国学者M. H. 艾布拉姆斯教授发表了他的学术名著《镜与灯——浪漫主义文论及批评传统》,这是世界文论史上的一件影响深远的大事。该书虽然着重讨论西方浪漫主义文学理论和文学批评,但对西方文艺理论做了一个全面的回顾和总结,并明确提出了文学批评四大要素的理论,这一理论已被学术界普遍采用。艾布拉姆斯是这样具体阐述这个影响深远的理论模式的:"每一件艺术品总要涉及四个要点,几乎所有力求周密的理论总会在大体上对这四个要素加以区辨,使人一目了然。第一个要素是作品,即艺术产品本身。由于作品是人为的产品,所以第二个共同要素便是生产者,即艺术家。第三,一般认为作品总得有一个直接或间接地

---

① 单小曦:《现代传媒语境中的文学存在方式》,中国社会科学出版社2008年版,第143—144页。

导源于现实事物的主题——总会涉及、表现、反映某种客观状态或者与此相关的东西。这第三个要素便可以认为是由人物和行动、思想和情感、物质和事件或者生命感觉的本质所构成，常常用'自然'这个通用词来表示，我们却不妨换用一个含义更广的中性词——世界。最后一个要素是欣赏者，即听众、观众、读者。作品为他们而写，或至少会引起他们的关注。"①

（4）"世界—作家—作品—中介者—读者"模式。研究社会因素与文学的发生发展之间的相互关系和相互影响是文学社会学的中心议题，也是自 1800 年史达尔夫人发表《论文学》以来文学社会学的一贯理论旨归。文学社会学是较早地把文学作品的传播和接受活动置于研究视野的西方文论流派。1939 年两位德国学者列文·路德维希·许京和许尔特·艾比希公开发表了一份关于西方文学社会学研究的专著书目提要，按照他们的理解，对西方从古至今的文学社会学著作进行了分类。在"文学创作及其影响的社会条件"一项中，又详细地分为三个小类：一是诗人及其社会地位；二是读者大众；三是作者与读者中间的媒介。这说明早在 1939 年之前，文学社会学就已经注意到了作品的流通传播和消费接受在文学活动过程中的重要地位和意义。② 作为文学社会研究的另一位代表人物联邦德国学者阿诺德·豪泽尔（另译为阿诺德·豪塞），在他那本颇具影响的专著《艺术社会学》中，也同样表达了对文学艺术的动态过程和交流属性的认识。他说："艺术似乎主要是为了表达和解脱，但从根本上说，它是一种传播和信息，而且只有达到沟通的效果，艺术才能被看成是成功的。"又说："艺术过程包括了两个方面：提出问题和对问题的讨论。艺术并不具有作为梦幻或纯粹独白的本体性质。一件印刷文本只有被人阅读的时候才会获得美学价值，倘若无人问津，那只是一组文字而已。"③ 关于文学是由创作和接受两个阶段组成的活动过程和文学活动具有交流对话性质的理解，在 20 世纪西方文论中并不是什么新鲜的东西。对于文学社会学而言，有创造性的地方是认识到了创作与读者之间的中介环节的重要意义。豪泽尔说："不管一件艺术作品是怎样形成的，作为一般的规则，它总是要经过许多人的手才能最后到达消费者。"豪泽尔把这一过程称为"从作者到公众的路上"，并重点讨论了文学传播过程中的"中介者"。他说："没有中介者，纯粹独立的艺术消费几乎

---

① ［美］M. H. 艾布拉姆斯：《镜与灯——浪漫主义文论及批评传统》，郦稚牛等译，北京大学出版社 2004 年版，中译本序，第 4—5 页。
② 单小曦：《现代传媒语境中的文学存在方式》，中国社会科学出版社 2008 年版，第 67 页。
③ ［联邦德国］阿诺德·豪泽尔：《艺术社会学》，居延安译，学林出版社 1987 年版，第 132—133 页。

是不可能的，不然就是一种对艺术才能的神化。"① 在豪泽尔看来，中介者不仅不是可有可无的，而且在整个艺术流程中，其地位并不次于作者和读者："艺术作为社会财富是集体劳动的结果，其中作者、受者和中介者的地位是平等的。"那么，这些中介者包括哪些呢？豪泽尔写道："每一个在作品和接受者之间建立联系的人（或体制）都在完成某种中介功能。从最原始的舞蹈者、歌唱者、故事员、弹唱诗人和吟游诗人到今天的演员和音乐家；从最早的训诂学者到学识渊博的艺术家；从第一批宣传人文主义思想的诗文到启蒙运动时期的期刊，再到辟有文艺评论专页的现代报纸；从最早的艺术爱好者和赞助人到现代的鉴赏家和收藏家，他（它）们都是铺平从艺术家到公众的道路的中介者。"② 豪泽尔将中介者分成了两大类，一类是从事现实社会活动的个体的人；另一类是社会机构，自然包括大众传媒。

（5）"世界—作家—作品—收件人—读者"模式。这是以瑙曼为代表的民主德国马克思主义文论家提出的观点。其中"收件人"是他们对一类读者的称呼。他们认为读者应更"精确"地分为三类：一是"进行阅读的现实的人"；二是"作者想象中的读者的图像"；三是"代表作品一种结构要素的虚构形象"。第二类被称为"收件人"，即"用收件人来表示作者想象中的读者或观众的图像"。③ 这一理论的提出，表面是研究读者的，但最终目的仍在于突出作家和文学生产环节的决定性地位。

上述五种文学活动模式既有共性，也有各自的理论特色。其中，艾布拉姆斯的"四要素说"获得了东西方文论界的普遍认可，成为一种严格意义上的理论范式。20世纪80年代末，这一理论界说传到中国并迅速中国化，成为中国当代文论对文学活动亦即文学动态存在方式的一种解释模式。④ 在笔者看来，无论是艾布拉姆斯的"四要素说"，还是其他种种界说，都有修正、补充与完善的必要。原因在于，这些界说都在不同程度上忽视了（或不够重视）"传播"要素。尽管文学社会学派较早地把文学作品的传播和接受活动置于其研究视野，特别是豪泽尔，他关于"中介者"的讨论具有特别重要的意义，但该学派理论视野的局限性也是显而易见的，因为"传播"在那里只是作为"作者与读者"间的中介者存在，充其量就是一个桥梁与通道的作用，这不是一种系

---

① ［联邦德国］阿诺德·豪泽尔：《艺术社会学》，居延安译，学林出版社1987年版，第151页。
② 同上书，第153页。
③ ［德］瑙曼：《接受理论》，范大灿译，载范大灿编《作品、文学史与读者》，文化艺术出版社1997年版，第37页。
④ 单小曦：《现代传媒语境中的文学存在方式》，中国社会科学出版社2008年版，第74页。

统的观点,也不能真正反映传播在文学活动中的角色扮演。在传媒转向背景下建立新的文学活动模式是十分必要的,首先,站在传播学与系统论角度看,文学活动就是人类社会的一种特殊信息传播交流活动,在文学的动态存在方式中必然具有信息传播的一般特征与规律。也就是说,文学信息的传播是文学动态存在方式的基本特征与具体表现。具体来说,文学信息的传播过程由文学传播者(第一主体,即作家)、文学传播依据(文学的主客观反映对象,即"世界")、文学信息(文学传播内容,即作品)、文学传媒(文学传播渠道与手段,包括个人与机构)、文学信息接受者(第二主体,即具有文学再创造功能的主动的受众,而不是单纯的读者)、文学影响(文学传播的主客观效果),以及文学传播环境(影响文学活动的社会、政治、文化系统)等要素构成,在这一循环往复的文学活动过程中,以个人或机构为代表的信息传播交流机制贯穿始终。而既有的文学活动模式难以准确反映这一内在传播规律。其次,站在大众传播动力学角度看,随着大众传媒在当代文化传播中角色地位的不断提升,文学脱离传播轨道就无法生存,也就谈不上文学的存在价值。因此,突出传播在文学活动中的地位,就是突出文学的存在价值。再次,就流行文学这一特殊文学形态而言更是如此,流行文学脱离了传播就无法称其为流行文学。在传媒转向背景下,传播对流行文学存在的决定性意义已成共识,而现有的文学活动模式,难以凸显流行文学在媒介依赖上的特殊性。上述所有这些,都指向了西方传统文论在文学动态存在方式研究中对传播要素的忽视或重视不够这一缺陷。

笔者的观点是,应在艾布拉姆斯的"四要素说"基础上增加"传播"要素,并修正文学社会学者提出的五要素说中的"中介者"身份。具体说来,在模式建构上,"传播"要素不能与其他四要素做并置排列,也就是说不能表述为"世界—作家—作品—传播—受众"。因为这样一来,"传播"就毫无特色可言,也无法显示传媒转向带来的新变化。笔者也不赞同有的研究者将"传播"置于整个文学活动中心位置的表述方法(如图3—1)。[①]

因为那样一来,就可能湮灭文学作为一种特殊社会活动的独立性。假如照此推论,文学活动是如此,那么其他具有信息传播特征的社会活动也都该如此,那样就会有传播"泛化"之嫌。说到底,传播就是人的存在方式,自然也是文学的存在方式。但如果我们不加区别地将"传播"置于人类任何一种社会活动的中心,那就成为一种庸俗传播学观点。笔者对文学活动模式的表述如图3—2所示。

[①] 单小曦:《现代传媒语境中的文学存在方式》,中国社会科学出版社2008年版,第217页。

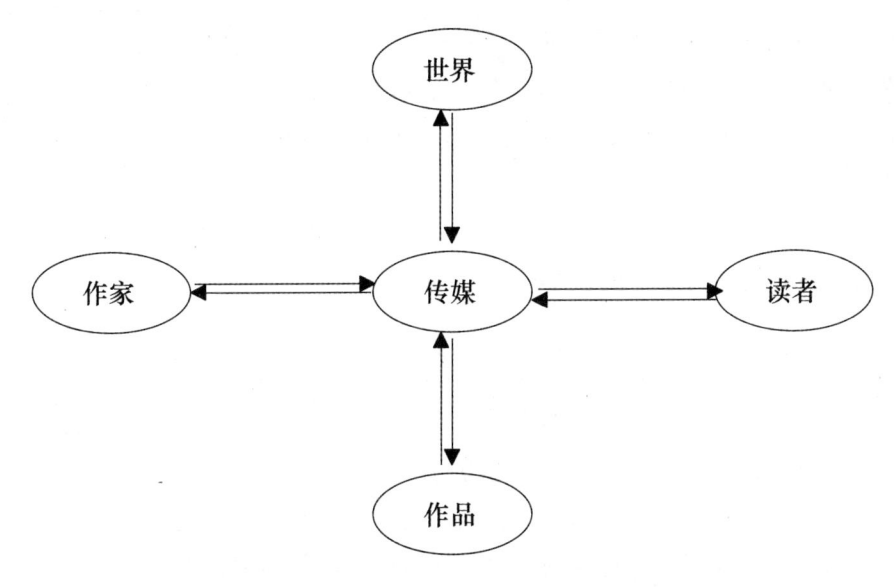

图 3—1　文学动态存在方式的简要理论模式

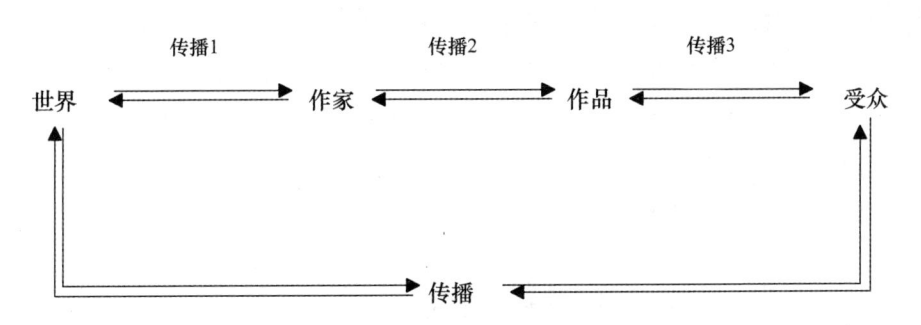

图 3—2　文学动态存在方式的简要理论模式

也就是将"传播"置于整个文学活动流程的外循环位置，既不是流程中位置固定的一个环节，也不居于流程的中心地位，这样既表现了文学活动的独立性，也凸显了"传播"的特殊性。应该说在这一文学活动模式中，传播与其他诸要素在性质与功能上是有差异的。如果说"世界"是人的主观与客观实在共同构建的社会场景，文学活动就存在于这一场景之中，那么，"传播"既不是社会场景，也明显区别于作家、作品、受众这些具象的社会存在。"传播"在文学活动中的作用既表现为工具性，更表现为功能性，它并不仅仅起到一种机械的双向沟通作用，而是具有某种化学的性质，能够产生弥漫性功能或效果，对文学活动的影响是整体性、系统性的。事实上我们难以厘清这种整体性、系统性影响是在哪一个环节发生以及影响的程度如何，所以在这里将"传播"分解为大小两个循环系统（即传播与传播1、传播2、传播3），大小循环系统面对的对象与问题不同，传播的机制与策略自然也就不同。将"传播"置于整个文学活动流程的外部，并不是要说明"传播"是"外在于"文学的，而是要表明传播所具有的弥漫性、内在性、潜在性与"不在场"的操控性这些特殊功能。

二 传媒转向背景中的文学／文化思想博弈

流行文学／文化在当代中国的登陆，经历了一场空前的文学／文化思想博弈。这场博弈开始于"文化大革命"结束之际，发展于20世纪90年代，完成于当下新世纪的头十年，其间伴随着思想解放运动、社会主义市场经济体制的确立、消费主义价值观的张扬，以及以影视、互联网为代表的大众传媒的迅猛发展。就文学内部而言，这期间围绕一些重大理论与实践问题，特别是关于文学的地位、出路问题，文学的雅俗问题，文学与传媒的关系问题等，展开了颇具广度与深度的学术争辩。这场学术争辩的一个直接后果，是推动了流行文学／文化在中国的全面登堂入室。值得注意的是，这场文学／文化思想博弈，是在"传媒转向"过程中发生的，因此，大众传媒成为这场博弈的中心话题之一。回顾与反思这场发生在文学内部的思想博弈，使我们更清楚地认识到传媒转向对流行文学／文化的影响。

1. "人文精神"与"世俗精神"之争

笔者在绪言中已经谈到，当代中国流行文化是在中国实现现代化的进程中发展起来的。从社会学意义上讲，现代化之路就是"世俗化"之路。从政治文化层面看，社会发展的世俗化成为当代中国流行文化的催生剂，换言之，流行文化的兴起契合了中国社会发展的世俗化过程。相对于压抑人的肉体欲望、凭空提升人的道德价值和精神追求的政治虚幻时代产生的政治文化，流行文化对感性欲望的召唤与刺激极大地改善着人的政治生存状态，使人从神圣的政治宗教世界中解放出来，实现了向人的日常生活世界的回归。对于这一世俗化过程和趋势，学者陶东风以祛"魅"、赋"魅"和护"魅"为分析框架，提出了自己的看法，[①] 他的见解为改革开放以来文化知识界所经历的那场思想博弈提供了理论注脚。陶东风用两次"祛魅"概括了他的观点。第一次"祛魅"发生在20世纪80年代，由精英知识分子发动，也以精英知识分子为主力。它所祛

[①] 陶东风主编：《当代中国文艺思潮与文化热点》，北京大学出版社2008年版，第1—6页。

的是以"文化大革命"时期的样板戏为最高典范的"无产阶级革命文学"之魅,是"以阶级斗争为纲"的"工具论"文学之魅,是"三突出"的创作方法之魅和"高大全"的英雄人物之魅。第一次"祛魅"是极富官方色彩的自上而下的行为,它虽然由知识分子发动并由知识分子充当主力军,但是实际上得到了当时官方改革开放的意识形态的支持,文学领域的"祛魅"和政治领域的"祛魅"联袂进行。但是,第一次"祛魅"的过程同时也是赋"魅"的过程,革命文学/革命文化被"祛魅"的结果是精英知识分子文学(文化)被赋魅。第一次"祛魅"不仅为精英知识分子及"新时期"文学的出场提供了合法性依据,而且还产生了新的知识分子文学/文化之"魅"。然而,这个新确立的精英知识分子的话语霸权在20世纪90年代文化市场、大众文化、消费主义价值观以及新传播媒介的综合冲击下受到了极大挑战,刚刚被赋"魅"的知识分子和精英文化感受到了极大的危机。如果说第一次"赋魅"所赋之"魅"("神圣性")主要是"纯文学"之魅,是文学自主性和审美无功利的神话,那么,第二次的"祛魅"所祛的也恰好是这个关于自主性和自律性的神话以及由这种神话赋予文学的那种高高在上的崇高性、神秘性和稀有性。这次的"祛魅"不仅仅是祛了"革命文学"的魅、"样板戏"的魅,而且也祛了知识分子精英文学、精英文化的魅,它导致的结果是文学市场和文化生产领域呈现出前所未有的去精英化、解神秘化趋势。被"祛魅"以后的文学,再也没有了精英文学那种超拔的精神追求,没有了先锋文学对形式迷宫的迷恋,没有了严肃的政治主题和沉重的使命感。"祛魅"以后的文学领域几乎没有"作家",而只有"写手";"祛魅"以后甚至没有了"文学",只有文字。陶东风认为,文学第二次"祛魅"的直接动力来自文学活动和文化活动的市场化、现代传播工具的兴起和普及,以及大众消费文化的兴起。它开始于20世纪90年代,但是在90年代初期和中期又遭到了精英知识分子的强烈抵制和声讨(声讨者祭起的大旗是所谓"人文精神"和"道德理想主义"),其"霸主"地位的确立已经是90年代后期的事情了。

这里所谓"思想博弈",具体来说指的就是在这一时期所发生的"人文精神"与"世俗精神"大讨论。可以说,当代中国流行文学/文化的真正勃兴,是这场大讨论促成的一个始料不及的结果。这场大讨论始于1993年下半年到1994年上半年,以《上海文学》《读书》等杂志为平台。直至90年代后期,这场大讨论依然被延续。其间,文坛上发生的所谓"二王(王蒙与王彬彬)之争",以及现代人格精神、新理想主义、道德理想主义、新启蒙等热门话题的提出,都与"人文精神"大讨论有着话语间的"家族类似性",也可以说是从"人文精神"的母话题中引发出来的子话题。这些热门话题的共同主题是如何评价中国社会 1992 年以后的世俗化趋势，而这个主题最先就是由"人文精神"的讨论提出的。"人文精神"作为一个特定话题引发文化界热烈讨论，始自王晓明等人发表在《上海文学》1993 年第 6 期上的对话《旷野上的废墟——文学与人文精神》。在此之前，"人文精神"的提法早已有之，但并未引起热烈的回应。而且即使是这个对话，其矛头所向也主要是文学写作中的所谓"痞子化"倾向（尤其是王朔），论域基本限于文学，至多扩展到大众文化。而到了 1994 年上半年《读书》发表的那一组"寻思录"，论域才拓展为整个文化道德与人文科学领域，其矛头指向了 20 世纪 90 年代内地社会文化转型的方方面面（如世俗化、市场化、商品化等），而且在时间上也追溯到了近代以至古代。[①] 围绕着对世俗化与大众文化的评价问题，当代中国知识分子形成了两种截然不同的派别——"人文精神"派与"世俗精神"派，以及相应的两种价值取向——道德主义与历史—现实主义。

对这场空前的思想博弈，陶东风分析说，20 世纪 90 年代中期以"人文精神"的呼唤者为代表的对大众文化的批判，目的在于维护 80 年代确立的精英/大众的等级，维护精英知识分子文学和文化的神圣光环和霸主地位。简言之，它是一个反"祛魅"的思想文化抵抗运动，是一场"护魅"运动。从这个意义上说，90 年代初中期精英文化和大众文化争夺话语权的斗争是"祛魅"和"护魅"之争。审美主义和道德理想主义是精英知识分子护魅行为的两个基本立场，也就是说，他们在维护高雅严肃的"纯文学"、批判大众文化的时候，是从审美和道德两个方面质疑大众文化的合法性，同时也是从这两个方面为自己进行合法化辩护的。从审美主义的标准看，他们认为大众文化在审美上是贫乏的、复制的、类型化的，缺乏创造性和想象力；从道德理想主义的标准看，他们更指责大众文化在道德上是低级的、堕落的、欲望化的。这是他们的大众文化批评的基本"话语型"。[②] 陶东风评论道："人文精神"论者指出的世俗化与大众文化的"粗鄙化"倾向是一个不可否认的事实（在 90 年代尤其明显）。"人文精神"论者批判的"玩文学、玩人生""虚无主义""认同废墟""逃避沉重与痛苦"，的确抓住了大众文化的一些负面性。公平地说，世俗化的拥护者对此是缺少足够的警惕的；而"人文精神"论者与道德理想主义者在批判世俗化的时候，则常常笼统地把中国的大众文化与世俗化归入后现代文化的范

---

① 陶东风主编：《当代中国文艺思潮与文化热点》，北京大学出版社 2008 年版，第 45 页。
② 同上书，第 6 页。

畴，然后不加转化地将西方的批判理论（如对物质主义的批判，对传媒霸权主义、对技术理性主义的批判等）用于批判中国的世俗化与大众文化。这样不但批判的准确性与力度大大削弱，而且不应当地忽视了世俗化与大众文化的进步意义。①

对于陶东风的分析，笔者是基本赞同的。这里引出了对中国"后现代文化"的争论这一话题。在这一点上，笔者赞同曾艳兵先生的观点。他认为"中国后现代"了；但他又说，这"主要是指文学，而不涉及后现代可能涵盖的整个领域，这包括建筑、音乐、舞蹈，甚至时装、广告，等等"。他指出："我们虽然不能说我们有同西方一样的后现代主义，但我们不能否定我们有中国的后现代，相反，我们不可能有完全等同于西方的后现代主义，我们所有的只可能是中国的后现代，我将它干脆命名为'中国后现代'。'中国后现代'指的是中国在介绍、接受西方后现代主义过程中，由于中国独特的背景，尤其是中国悠久而独特的传统文化，使得西方后现代主义在这一移植、接受过程中变形、转换，最后形成中国独特的思潮、文学和文化现象。"② 几年前，笔者在所完成的一项省部级"十五"规划项目"大众文化与传播研究"中就提出，一个时期以来，中国大众文化研究出现了某些批评话语的"错位"现象，突出表现在两个方面，一是对西方当代批判理论，特别是法兰克福学派观点的机械套用，二是对"中国已经产生了后现代主义"的轻率判断（这里所指是后现代可能涵盖的整个领域）。笔者认为，移用西方理论必须要经过本土化洗礼；批评话语的错位是文化自觉与理论创新意识缺乏的表征。中国大众文化研究移用西方话语是很自然的事情，况且，西方批判理论与文化研究中的某些观点也部分地击中了当代中国大众文化的要害，能用他人之笔墨画我自家之山水也不失为一种智巧，何乐而不为？问题在于，我们到底应该如何移用西方话语。显然，移用不是套用，移用不是照搬，移用更不是削足适履。但遗憾的是，我们在移用西方话语解读中国大众文化的过程中，确实表现出某种实用主义的文化态度。笔者还提到，一般地说，后现代主义在中国也是一个值得反思的"伪"命题。一些文化学人在批评中国大众文化时，往往以后现代理论作为立论依据，仿佛不证自明地就将中国的大众文化归入了后现代产物，应该说这种认识只是一种"片面性深刻"。③ 插入上述有关"中国后现代"的分析和评论，对

---

① 参见陶东风《批判理论与中国大众文化批评》，《东方文化》2000年第5期。
② 曾艳兵：《西方后现代主义文学研究》，中国社会科学出版社2006年版，第259—260页。
③ 崔欣、孙瑞祥：《大众文化与传播研究》，天津人民出版社2005年版，第18—21页。

回应"人文精神"大讨论中某些观点是有意义的。无论"中国后现代"到底如何，正像有学者所言，令精英知识分子始料不及的是，在这场论争中一种自称或被称为"后现代主义"的观点，以二元对立的"反方"出现，它在刻薄地消解、调侃"人文精神"倡导者的"启蒙"主义自恋的同时，几乎是无保留地认可消费主义的文化逻辑和大众文化的现实。这场人文精神的大讨论，在某种程度上变成大众文化在20世纪90年代中国的入场式。换言之，"人文精神"大讨论成为当代中国流行文学/文化生根开花的播种机和助产士。

2. 对"文学边缘化"与"文学终结论"的反思

"文学边缘化"与"文学终结论"，是与20世纪90年代文学界"人文精神"大讨论相伴生的又一次文化热点交锋。由于问题产生的背景大致相同，所以讨论的话题也属于同一个范畴。其实，关于文学是否已经"边缘化"在理论界并没有多少争议，关键是这种"边缘化"带给文学的影响是什么，在看法上存在明显相反的认识。一种比较悲观的看法是，文学的"边缘化"意味着精英文学、高雅文学受到冷落，这将导致文学精神、文学性的真正丧失，文学失去了对社会的责任，如文学道德功能的丧失等。例如，谢冕针对20世纪90年代文学状况写道："文学艺术的社会价值重新受到怀疑。文学创作的神圣感甚至被亵渎，人们以几乎不加节制的态度，把文学当作游戏和娱乐。"[①] 字里行间表现出对这种"边缘化"现象的忧虑之情。与此相反，持乐观态度的人认为，"边缘化"就是离开中心，而文学在我们的这个社会里实质上曾经只是中心的趋附者和服务者而已，不过是人们把这种情况误以为文学在中心。文学所谓的曾经在中心是文学不独立的一个表现，而文学应该拥有自己独立的位置。该观点认为，今天，经济活动之所以成为社会生活中有吸引力的一个中心之一，就在于它逐渐摆脱了趋附者和服务者的地位而获得了按市场游戏规则运行的独立地位。那么，文学也应该这样做。这样一来，"文学边缘化"不但不是坏事，而是成为文学找到自己独立位置的良好契机。边缘，在这里意味着文学的自由。与此相类似的观点认为，文学作品从形式到内容都在发生巨大的根本性的变化，越来越走向内心，越来越具有个性。文学摆脱了社会加在它身上的种种附加成分，更多地回归到文学本身。因此，文学的"边缘化"成为文学独立发展的契机。正如向荣所说："文学退到了社会的边缘，做它力所能及的事情，这就是用语言符号的个体化书写方式给消费社会的人们提供一个想象性

---

① 谢冕：《辉煌而悲壮的历程》，载《世纪末的喧哗》，山东教育出版社1998年版，第6—7页。

的心理满足空间。"他进一步说道:"那种意图用文学重铸民魂救赎世道人心的传统观念,那种意图用文学替代宗教和道德的阿诺德式的神话,在千年之交的世纪末已经寿终正寝。现时代的文学一如简·汤姆金斯指出的那样,它只是历史与文化的重要媒介和工具:'写作品的人只不过是某种代言人,在文化系统之内,在某一时刻用文学的方式将社会里发生的种种事件表现出来,因此文学的表现等于是一种媒介或工具……文学价值的判断永远是一个观念性的问题,并不是绝对客观或不偏不倚的。'"[1]

如果说"文学边缘化"一词看上去还像是一个比较温和的学术话题,那么,关于文学"死了"的议论则更像是一句咒语,在文学界引起了长时期广泛争议与思考。一时间"死亡论"在文学出版物上到处可见,诸如:文学理论早已是穷途末路;现在与其说文学的终结、文学研究的终结,不如说文学理论的终结来得更真实一些;上帝死了;人死了;作者死了;文学死了;文学终结了……典型一例是2006年10月25日,诗人兼出版商叶匡政在他的博客中发表的文章《文学死了! 一个互动的文本时代来了!》。他说:"印刷品时代正在终结,但文学已提前咽下了最后一口气。""文学死了",主要体现在,传统的文学样式、文学的传播方式、文学的接受方式以及影响方式,也即旧的文学体制、文学体系的颠覆和灭亡。[2] 一场实际上在几年前就已经浮出水面的关于文学现状、文学消亡的大讨论,不可避免地发生了。且不论叶匡政的言辞如何夸张,如何耸人听闻,单从他所描述的文学现状看,这一言说的确在一定程度上反映了当下文学所面临的窘境与困惑。

文学界关于"文学终结"的讨论源自发生在20世纪与21世纪之交的一个引人注目的文化事件。这一事件的发生,与美国学者J. 希利斯·米勒2000年在北京召开的一次国际学术讨论会上做的一个长篇发言相关。该发言后来以《全球化时代文学研究还会继续存在吗?》为题,发表于《文学评论》2001年第1期。在这篇发言中,米勒借助德里达的名作《明信片》中主人公的话,抛出了一个令中国文坛颇为吃惊的命题:"在特定的电信技术王国中(从这个意义上说,政治影响倒在其次),整个的所谓文学的时代(即使不是全部)将不复存在。哲学、精神分析学都在劫难逃,甚至连情书也不能幸免。"[3] 由此,

---

[1] 向荣:《背景与空间:九十年代中国文学的文化语境》,《社会科学研究》2000年第2期。
[2] 叶匡政:《文学死了! 一个互动的文本时代来了!》,2006年10月24日,新浪网(http://blog.sina.com.cn/s/blog-489ab6b001000631.html)。
[3] [美] J. 希利斯·米勒:《全球化时代文学研究会继续存在吗?》,《文学评论》2001年第1期。

中国文坛一度被"文学终结论"所搅乱。在一片惊恐过后，人们又纷纷站出来为这一论调"辟谣""消毒"，认为人们都误解了米勒的用意。① 事实上，尽管米勒有时习惯于采用一种悖论式表达方式，就像此次演讲一样，但他的言说其实并不含糊。他在该文结尾处写道："文学研究的时代已经过去，但是，它会继续存在，就像它一如既往的那样，作为理性盛宴上一个使人难堪，或者令人警醒的游荡的魂灵。文学是信息高速公路上的沟沟坎坎、互联网之神秘星系上的黑洞。虽然从来生不逢时，虽然永远不会独领风骚，但不管我们设立怎样新的研究系所布局，也不管我们栖居在一个怎样新的电信王国，文学——信息高速路上的坑坑洼洼、互联网之星系上的黑洞——作为幸存者，仍然急需我们去'研究'，就是在这里，现在。"② 退一步说，即使我们认定米勒是在暗示"文学终结了"，但这里的"文学"也不是普遍意义上的文学，而是指某一历史时期具有某种特定文化内涵的特殊类型的文学，米勒的说法是："在西方，文学这个概念不可避免地要与笛卡尔的自我观念、印刷技术、西方式的民主和民族独立国家概念，以及在这些民主框架下言论自由的权利联系在一起。从这个意义上说，'文学'只是最近的事情，开始于17世纪末18世纪初的西欧。"这段话说得再清楚不过了，即使文学果真即将"终结了"，"终结"的也是有特定范围的即17世纪以来以印刷技术为依托，与西方式的民主、民族国家、言论自由联系在一起的"特殊文学"。"新的电信时代正在通过改变文学存在的前提和共生因素（Concomitants）而把它引向终结。"③ 换言之，这里的文学终结论不具有普遍意义，人类社会中某一时间内、某一地域范围中、具有特定价值取向（如"纯文学"）、依托某种媒介（如印刷纸制媒介）的文学可能终结了，而这些条件之外的文学却依然存在着。④ 有研究者对米勒发表此论时的心情体味颇深，认为，这里既有他对文学永远"生不逢时"的命运的清醒认识，但更洋溢着加缪笔下西西弗斯那种对命运的悲剧式抗争精神；同时又像耶稣口里慈爱的老父迎接落魄归来的浪子，对于文学这个渡尽现代媒介之劫波的幸存者，米勒老人被压抑良久的期盼和珍爱终于喷薄而出，因略带神秘的节制而坚定不移，读之愀然，令人陡生无限敬佩。⑤

围绕"文学终结论"的争辩颇值得回味。明明是一段明白无误的演讲，却

---

① 参见金惠敏：《趋零距离与文学的当前危机》，《文学评论》2004年第2期。
② [美] J. 希利斯·米勒：《全球化时代文学研究会继续存在吗？》，《文学评论》2001年第1期。
③ 同上。
④ 单小曦：《现代传媒语境中的文学存在方式》，中国社会科学出版社2008年版，第3页。
⑤ 金惠敏：《媒介的后果——文学终结点上的批判理论》，人民出版社2005年版，第3—4页。

让一些精英知识分子有如惊弓之鸟，是依恋，是怀旧，还是愤愤不平，个中滋味是心照不宣的。文学当然不能终结，也无法终结。文学所终结的必然是要终结的，文学所诞生的也必然是要诞生的。"在今天的现代传媒时代，文学不是'终结'了或'消亡'了，而是转型了。西方19世纪中期以来形成的以'纯文学'或自主性文学观念为指导原则的精英文学生产支配大众文学生产的统一文学场走向了裂变，统一的文学场裂变之后，形成了精英文学、大众文学、网络文学等文学生产次场按照各自的生产原则和不同的价值观念各行其是，既斗争又联合，既相互独立又相互渗透的多元并存格局。"①"文学边缘化"与"文学终结论"引发的原因虽然复杂，但要害之处却大体相似，即文学在传媒导向下开始向世俗化、狂欢化、去神圣化以及消费主义转向。在此过程中，流行文学与媒体文化以其迎合市场的敏感神经，及时地回应了时代的呼唤，如火如荼地兴盛起来。相对于此，精英知识分子所倡导并身体力行的文学，有一种被"边缘化"的感觉和"死了"的恐慌，也就不很奇怪了。但无论如何，可以得出的结论是，这场由来已久的以"传媒转向"为动力的文学/文化博弈不是一种"零和游戏"，而是"非零和游戏"，其结果是导致一种全新的流行文学与媒体文化的诞生。

---

① 单小曦：《电子传媒时代的文学场裂变》，《文艺争鸣》2006年第4期。

第四章
消费社会与媒体文化的欲望诉求

　　本章以消费社会为立论出发点，以消费主义为理论支撑，以媒体文化的欲望叙事策略为切入点，以20世纪90年代以来中国内地流行小说、商业广告为分析个案，试图论证消费社会与消费主义文化是当代中国流行文化生成的市场动力。本章将流行小说与商业广告这两种不同类型的流行文化文本纳入共同的"媒体文化"范畴，以便在一个统一的框架内展开研究。消费社会作为立论出发点具有特别意义，因为，一方面消费社会是生成流行文化的温床；另一方面，消费社会催生了消费主义价值观的形成。消费主义文化是20世纪伴随西方消费社会到来而出现的一种文化思潮和生活方式，是一种以推销商品为动力、以消费至上价值观为核心的文化现象。消费主义产生于20世纪二三十年代的美国，五六十年代开始向西欧、日本等国扩散，随之，对消费主义文化特征的研究也日趋盛行。当今流行文化研究，越来越重视对消费社会与消费主义文化符号学的解读。

　　在中国，虽然消费社会尚在形成之中，消费主义文化也并未成为一种主流意识形态，但现代消费观念正在逐步渗透到中国人的日常行为之中。专家认为，20世纪90年代中后期（有学者确指为1997年）是中国经济的一个分水岭，其突出特征是从短缺经济发展到饱和经济，从卖方市场转变为买方市场。消费对中国经济社会发展全局所具有的主导和拉动作用越发突显，全面实现小康社会的奋斗目标加速了消费社会的形成。特别是在2006年，中国人均国民总收入突破2000美元，这标志着中国已由低收入国家步入中等收入国家行列，为消费社会的形成奠定了物质基础。在此背景下，当代中国流行文化也鲜明地显示出消费主义倾向。比如在文学方面，流行小说的叙事方式与叙事伦理就发生了明显转向，这种转向概括地说，就是由解放政治叙事转向生活政治叙事、由理想叙事转向欲望叙事、由公共话语叙事转向私人话语叙事，甚至由"上半身"叙事转向"下半身"叙事。作为消费主义文化经典文本的商业广告更是如此。商业广告以其特有的欲望书写逻辑，制造着一个又一个消费偶像与市场神话，令人"想说爱你不容易"。

第一节 消费主义价值观的张扬

一 消费与消费文化的当代解读

1. 需要、需求和欲望是人类社会发展的推动力

没有需求便没有消费；没有消费也就谈不上消费文化。需要（need）、需求（demands）和欲望（desire）是一组既相互联系又存在差异的概念，厘清这些概念对解读消费、消费社会、消费文化与消费主义很有意义。作为人的一种匮乏状态，需要、需求和欲望始终伴随人的生存与发展，这些最基本的原始动机也是人类社会发展的重要推动力。按照马克思主义认识社会的一个基本方法论原理，那就是："任何人如果不同时为了自己的某种需要和为了这种需要的器官而做事，他就什么也不能做。"[①] 人的需要表现在三个方面：物质的需要、社会心理的需要和意义的需要。首先，需要是一种物质匮乏状态，对这种需要的满足是人作为动物有机体存在下去的前提和条件。物质匮乏又可分为两种，一种是绝对匮乏状态，指的是对维持生存的基本需要；另一种是相对匮乏状态，即与他人相比而呈现的匮乏。物质匮乏往往会反映在人的心理层面而成为一种心理匮乏状态，表现为痛苦、紧张、不满足感、贫困感，甚至是被剥夺感。从严格意义上说，物质匮乏只有反映在心理层面才构成物质需要。由于心理因素的介入，物质需要不仅仅侧重于物质生活资料对生存需要的满足功能，而且也侧重物质生活资料对心理需要的满足功能，如满足感、幸福感、快乐感和美感。其次，需要也是一种社会匮乏状态，指的是个人在社会资源方面的缺乏。这里的社会资源包括配偶与家庭、朋友、所属群体、社会身份、地位和权力，等等。人是社会的人，具有对社会关系的依赖性。社会匮乏构成社会性需要，也会反映在个人心理层面成为一种心理匮乏，表现为孤独感、感情饥渴、危机感、挫折感、绝望、妒忌、失常等心理失衡状态。在这个意义上，社会匮乏同时也是心理匮乏。社会匮乏反映在人的心理层面，就形成了人的社会心

[①] 《马克思恩格斯全集》第 3 卷，人民出版社 1960 年版，第 286 页。

需要，主要表现为安全需要、自我满足的需要、情感需要，等等。再次，需要还是一种精神匮乏状态，是指对意义（meanings）、价值（values）、信仰（belief）以及精神性产品（如宗教、文学艺术、娱乐、教育，等等）的需要。我们把这些需要统称为意义的需要。意义的需要主要分为两种，一是对终极意义的需要，表现为某种信仰、价值和理想；二是对精神性产品的需要，包括文学、艺术、娱乐、教育等方面的需要。在研究者看来，人的物质匮乏状态揭示了人的动物性，人的精神匮乏状态则显示了人的"神性"——人对意义的追求是人与动物的重要区别，人是唯一能摆脱物欲纠缠，超凡脱俗，追求精神自由、价值目标和意义世界的动物。王宁指出："即使在原始社会，人们对意义的需要就已经存在了，表现为各种对神灵和图腾的崇拜。原始时代的巫术、神话和图腾以及后来的宗教、艺术和哲学，均体现了人们寻求某种意义、赋予人生和世界以某种终极意义的努力。"[①]

　　需要作为一种匮乏状态，既涉及主观因素，又受到客观因素的制约。需要首先反映在主观状态中，以欲望的形式表现出来。而需要的满足又受到客观经济条件的制约，从而成为现实的或有效的需求。这种现实的需求经常是以对欲望进行某种程度的抑制而实现的。因此，可以把需要看成是一个由欲望到需求的过程或区间，而需要则是介于二者之间的状态，它往往表现为由社会所决定的、与一定历史阶段相适应的需要标准。需求是指取决于经济因素的有支付能力的需要，或受到收入水平和商品价格约束限制的欲望，它的本质是有支付能力。正如马克思所说，需求是"市场上出现的对商品的需要"[②]，只有在掌握交换手段的条件下才生效，或者说，由于受到支付能力的影响，市场上出现的对商品的需求与实际的社会需要之间存在着不同程度的差别。可见，"需求"是一个比"需要"更狭义的概念。相比之下，欲望是一种主观的、感觉到的并常常是强烈的希望、愿望和倾向，它既包括人体器官在匮乏状态下渴望得到功能满足的生理冲动，也包括渴望获得某种东西的心理倾向，还包括人们将要购买的某种物品。欲望具有主观性特征，是人们意识到的渴望和希望；欲望具有无限性特征，一种欲望满足了，又会生出新的欲望，永无终止；欲望具有想象性特征，人们常常在欲望状态中想象欲望得到满足时的情景。有些欲望由于没有现实性，永远无法满足，人们就只能在想象中得到满足；欲望具有可塑性特征，欲望是一种主观心理现象，其强度和广度可以通过某种手段的作用而加

---

① 王宁：《消费社会学——一个分析的视角》，社会科学文献出版社2001年版，第26页。
② 《马克思恩格斯选集》第2卷，人民出版社1995年版，第442页。

强、扩张或膨胀，也可以通过抑制而减弱。关于欲望对人的影响，18世纪启蒙思想家大卫·休谟（David Hume）曾这样评价说："欲望"是人的本性，这个本性决定了社会的发展，"世界上每一样东西都要靠劳动来购买，人们的欲望则是劳动的唯一动机"。①

简而言之，我们可以这样理解需要、需求和欲望的差异：需要首先以欲望的主观形式表现出来，取决于社会文化因素的判定。而需要的满足又受到经济因素的制约，从而成为现实的客观需求。在这个议题上，英国学者克里斯·罗杰克（Chris Rojek）提供了一种准确的解释："需求必然是在资本主义下产生的抽象冲动，因为经济积累的逻辑意味着它一定会被改变来适应商品和品牌的革新。这种抽象的特征造成了顾客需求的转移，因为他们总是例行公事地以对新商品的欲望取代对旧商品的欲望。……资本主义下的消费者从未经历过需求与拥有的统一，因为，需求的抽象特征意味着，他们的需求永远不会因为拥有一件特定的商品而获得满足。……资本主义永远不会使人们的需求得以满足，因为如果这样做了就会压制需求，进而丧失经济增长。实际上，商品和品牌的革新促进了人们需求的不断变化和发展，市场组织正是在此基础上建立起来的。它要求消费者培养一种对商品的抽象需求，因为抽象的形式对于市场动员来说是最适合不过的。资本主义一方面要求消费者消费，另一方面也要求消费者了解商品的固有特征——它们总是随着时间的流失而被不断更新。"② 上述观点对解释当代流行文化的商品属性与消费逻辑再恰当不过了。当代流行文化就是一种不断制造需求、诱发欲望的文化形态，它以其特有的市场召唤力，使人永远处在一种不满足的渴望之中。

2. 消费既是一种经济现象，也是一种文化现象

据雷蒙·威廉斯（Williams）考证，③ 从14世纪起，"消费"（consume）一词就出现在英文中并带有消极的含义，意指"摧毁、耗尽、浪费、用尽"。到18世纪中叶，在资产阶级政治经济学中，"消费者"（consumer）作为与"生产者"相对的中性概念开始出现。但至少直到19世纪后期，"消费"的消极内涵都一直存在，只是到了20世纪中叶，才从政治经济学术语转化为一般

---

① ［英］大卫·休谟：《休谟经济论文选》，陈玮译，商务印书馆1984年版，第10页。
② ［英］克里斯·罗杰克：《名流》，李立玮等译，新世界出版社2002年版，第233—236页。
③ ［英］雷蒙·威廉斯：《关键词：文化与社会的词汇》，刘建基译，生活·读书·新知三联书店2005年版，第85—86页。

的大众用法。"消费"一词在中国汉代就已经出现，解释为"消磨、浪费"的意思，而在唐宋时期则有"开销、耗费"之意。后来消费的贬义开始消退，不仅具有了中性的"耗费"之意，而且作为与社会生产、交换、分配相关的经济形式，并反映一种社会关系的概念而存在。如果我们不坚持在商品意义上使用消费概念，那么，消费可以被视为人自身在整个生物进化过程中不可或缺的一种生命现象。可以说最原始的消费只与大自然发生交换，只与生命个体的续存有关，没有更多的文化含义。如今我们谈论的消费具有了更广泛的含义，它不仅是指人为满足自身需要而消耗各种资料和服务的过程，是人的生存与发展的基本条件，而且它已成为推动经济增长与产业结构调整的原动力。计划经济是短缺经济，市场经济是消费经济，在市场经济条件下，消费、投资和出口是推动经济增长的三大支柱。现代消费是一种发生在消费社会的、跨越温饱型的、富含精神意义的和具有高度选择性的文化行为。现代消费不仅具有经济和营销意义，而且具有重要的文化和社会意义，是消费者进行"意义"建构、趣味区分、文化分类和社会关系再生产的过程。消费是一面"镜子"，它不但从一个侧面映出了经济体系某个部分的运行机制，而且也照出了文化过程和社会生活的许多"秘密"。[1]

人的需要、需求和欲望通过消费得以实现。消费具有中心地位，它一面连接着需要、需求和欲望，一面连接着生产。关于消费与生产的关系，马克思有过许多精辟的观点，比如："消费在观念上提出生产的对象，把它作为内心的图像、作为需要、作为动力和目的提出来。""消费创造出新的生产的需要，也就是创造出生产的观念上的内在动机，后者是生产的前提。"[2] "生产直接是消费，消费直接是生产。每一方直接是它的对方。可是同时在两者之间存在着一种中介运动。生产中介着消费，它创造出消费的材料，没有生产，消费就没有对象。但是消费也中介着生产，因为正是消费替产品创造了主体，产品对这个主体才是产品。产品在消费中才得到最后完成。"[3] 根据消费研究文献，人的消费目的首先是满足物质上的需要（material welfare）；其次是满足心理（精神）上的基本需要（psychic welfare）；再次是满足炫耀（display）的需要。前两种消费主要是指为保持生理和心理健康进行的消费，也就是对所谓必需品的

---

[1] 参见王宁《消费社会学——一个分析的视角》，社会科学文献出版社2001年版，绪论第2页。
[2] 马克思：《〈政治经济学批判〉导言》，载《马克思恩格斯选集》第2卷，人民出版社1995年版，第9页。
[3] 同上。

消费，最后一种消费则属于社会性的——为炫耀而进行的消费，主要是满足社会的要求。美国经济学家约翰·凯恩斯（John Keynes）也有过类似的界定："人类的需要可能是没有边际的，但大体能分为两种：一种是人们在任何情况下都会感到必不可少的绝对需要，另一种是相对意义上的，能使我们超越他人，感到优越自尊的那一类需求。第二种需要，即满足人的优越感的需要，很可能是永无止境。……但绝对需求不是这样。"[①]

现代消费的一个突出特征，是从消费的物的层面延伸到精神文化层面，从消费技术转向消费文化。现代意义上的消费，不仅仅是对于物品的实物消费，而且还包含着符号消费等更多的内容。消费正日益生发出更为广泛和深刻的含义，它已经超越了对物品和服务的消耗行为，而体现出文化的特征。"消费不限于商业系统，相反，它总是既表现为一种文化现象，又表现为一种经济现象。它既与意义、价值及交流有关，又和交换、价格及经济关系有关。"[②] 对消费文化有种种解释，总体看消费文化是社会消费理念、消费方式、消费关系、消费规范、消费产品、消费环境等各种消费要素的集合体，不同的社会历史阶段与不同的经济形态孕育着不同的消费文化。研究者指出，在自然农业经济形态条件下产生的是产品匮乏、崇尚享受、生活奢侈型的消费文化；而后工业社会正陆续全面地进入知识经济时代，整个社会经济发展正逐步纳入生态化、人本化、全球化和可持续发展轨道，追求生活质量与自我实现、崇尚节约和与自然和谐将成为新的主导性消费文化形态的基本精神。新的时代赋予了消费文化新的内涵，倡导科学消费就是今天消费文化的一个重要议题。科学消费是指符合人的身心健康和全面发展要求、促进社会经济文化发展、追求人与自然和谐进步的消费观念与消费行为。科学消费要求消费者具有科学的消费知识，并运用这些知识指导日常消费活动，完善消费结构，使既定的收入获得最佳的消费效益。科学消费就是要正确处理当前消费和长远消费、消费和积累的关系，使消费既能满足现实需求，保证身心健康，又能兼顾长远需要，促进全面发展。科学消费就是要提倡选择健康正确的消费方式，避免过度消费所造成的资源浪费和环境污染，使人类能够合理、均衡地使用有限的资源，尽量满足日益增长的物质文化需求，实现可持续消费。科学消费还意味着使消费结构和消费水平随着科学技术和经济文化的发展不断升迁，表现在用于生存消费的比重不断下降，用于发展消费和享受消费的比重不断上升。关于消费的文化研

[①] 转引自杨伯溆《全球化：起源、发展和影响》，人民出版社2002年版，第133—134页。
[②] ［英］西莉亚·卢瑞：《消费文化》，张萍译，南京大学出版社2003年版，第10页。

究，是西方社会理论特别是后现代理论中的一个重要学派。西方的消费社会学研究近年来十分活跃，它有三个主要的理论板块和与之相应的研究范式，一是对消费的行为研究，二是对消费的制度研究，三是对消费的文化研究。

在中国，消费文化研究伴随着商品经济的发展不断得到深化。"消费文化"一词在国内正式见于1989年的《消费经济》杂志，并在1991年出版的《当代消费经济辞典》中给出了简要定义。但消费文化研究真正引起重视，还是在90年代以后。1993年，理论界正式提出了创建"消费文化学"新学科的观点，1996年第5期《经济科学》上发表了《略论消费文化学》，这对推动中国的消费研究学科化起到了积极作用。有学者从五个方面分析了消费文化研究在中国兴起的原因：其一，社会主义市场经济由以往理论争鸣至1992年中共十四大确立为改革目标，经济体制转轨为经济学特别是消费经济学研究提出了一系列新课题；其二，宏观经济结构的具体而深入的研究，特别是关于中国小康指标体系与小康水平的实证研究，促使理论界进一步探索消费文化的实际问题；其三，1992年《消费经济》上发表了《谈谈消费文化》《文化教育是第一消费力》等权威论文，把以往文化消费研究引向深层的思辨，不仅开拓了消费文化研究的空间，而且打破了消费经济学一统天下的理论"禁区"；其四，国际经济文化一体化趋势对中国消费学界的影响，尤其是西方国家出现的"社会病""文化矛盾"等对中国消费学界的启示；其五，国内消费文化规律的内在矛盾运动与理性逐渐显现。[①]

二 消费社会的形成与发展

消费社会（consumer society）是相对于生产社会而言的。在生产社会中，生产相对不足、商品短缺，所以必须限制消费、鼓励生产，而过度消费则会影响扩大再生产的进行。消费社会与之相反，是指生产相对过剩、商品富足，所以应当鼓励消费，以便维持、拉动、刺激生产。在消费社会中，消费充分强化了物对人的支配性和人对物的依附性，趋向于把消费当作一切经济活动的最终目的和最大利益，整个经济、社会和文化制度被一种消费商品的动力所支配和渗透。一种重要的倾向，就是漫无节制的消费欲望和消费癖好取代了特定而明确的消费需求，将消费奉为生活的中心，并且渗入生活的每个领域。消费社会并不是人类社会发展史上的一个典型的社会形态，而是人们对当代社会生活状

[①] 司金銮：《我国文化消费与消费文化研究之概观》，《兰州大学学报》2001年第6期。

态的一种描述。① 消费社会并没有一个明确的时间起点,它是一个历史演进的过程。齐格蒙特·鲍曼在论述消费文化与消费社会的关系时,把现代社会分成"生产社会"和"消费社会"两个阶段,指出"我们的社会是一个消费社会"。② "尽管以大规模商品消费为特征的消费社会出现于 20 世纪,但一种源远流长的消费文化却不是 20 世纪的产物。它与资本主义经济和社会体系之间存在着一种长久的互动关系,它直接参与了近三百年来西方现代性的历史建构,是西方在其现代化过程中逐步发展起来的一种占支配地位的文化再生产模式,它与支持西方现代性的许多核心的价值观念有着千丝万缕的联系。"③ 从宏观上看,西方社会的现代化过程就是消费社会逐步形成的过程,大众社会的产生与消费社会的形成具有同构性。应该看到,消费社会的形成并不仅仅以经济发达为圭臬,还有社会文化与社会心理诸多因素在起作用。

需要明确的是,消费社会形成的基础与内涵,绝不仅仅是凡勃伦所说的由社会的某一阶层在从事享乐性的消费,或者说是上层阶级为维持消费等级而进行的炫耀性、奢侈性消费。消费社会的真谛就在于,这是由社会大众广泛参与的大众性消费,其实质就是一种平等消费,是一场民众的狂欢。随着物质产品的极大丰富,当今社会成为一个鼓励和刺激消费的社会,社会正以消费为中心建构着它的现代运行体系。丹尼尔·贝尔曾指出,20 世纪 20 年代,特别是在美国,现代消费真正变成了"大众消费"。他认为大众消费的形成,除了技术革命使家用电器(如洗衣机、电冰箱、吸尘器等)广为普及外,还得益于三项社会发明:①采用装配线流水作业进行批量生产,使汽车的廉价销售成为可能;②市场营销的发展,可以利用科学手段鉴别购买群体和刺激消费欲望;③比上述发明更为有效的是分期付款购物的推广,彻底打破了新教徒害怕负债的传统顾虑。汽车是大众消费的象征,而电影则是大众消费的强有力的催化剂;电子媒体的发展、广告的全面渗透,更为大众消费火上加油。从根本上来说,汽车、电影以及后来的电视,属于技术上的发明;而广告术、一次性商品和信用赊买才是社会学上的发明。④ 贝尔的论述过于笼统,我们沿着他的思路,对

---

① 孙瑞祥:《消费社会与品牌价值观》,载丁俊杰、董立津主编《品牌——企业核心价值的开发》,中国工商出版社 2005 年版,第 180 页。
② [英]齐格蒙特·鲍曼:《全球化——人类的后果》,郭国良等译,商务印书馆 2001 年版,第 76 页。
③ 罗钢、王中忱主编:《消费文化读本》,中国社会科学出版社 2003 年版,第 11 页。
④ [美]丹尼尔·贝尔:《资本主义文化矛盾》,赵一凡等译,生活·读书·新知三联书店 1989 年版,第 113 页。

源自西方(特别是美国)的消费社会的形成与发展轨迹做一描述。

1. 百货商场的出现是消费社会形成与发展的里程碑

研究者认为,19世纪后期美国最重要的社会动向之一便是百货商场的出现,换言之,美国社会对"大众消费"的引导和刺激是通过这一时期开始出现的百货商场(department store)完成的,也是在这个意义上,百货商场代表了消费社会发展的一个重要里程碑,"购物"(shopping)也被看作是理解消费社会的关键因素。[①] 百货商场的出现有两个原因:大生产要求大销售,百货商场则为购物提供了最大的方便;大批中产阶级的购买力为百货商场提供了可观的市场,百货商场亦成为资产阶级的价值和生活方式的物质体现。就销售场所而言,从集市(marketplace)、店铺(store)到容纳了前者特点的百货商店,也就成了一种符合逻辑的发展过程。在大众眼里,19世纪后期出现的百货商场无论是装修设计还是商品数量都是史无前例的,大众从此可以在崭新的、"平等的"环境中购物和消费。本雅明就观察到:"这些商店不仅提供了大量成批制造的廉价时髦服装和其他商品,也将空间的利用合理化了,给经济分了等级,引进了清晰的价格系统,让商品陈列在一个安全宜人的环境里,顾客可以自如地打量和比较商品,不用受到必须购买的压力。"[②] 假如本雅明能够看到今天遍布城市的大型超市的壮观景象,不知又会做何感想。

2. "福特主义"生产方式推动了消费社会的形成

在20世纪初,美国福特汽车公司的创始人亨利·福特(Henry Ford)进行了标准化生产、专业化分工和最优化管理方法的变革,被称为"福特主义"(Fordism)。福特主义使生产进入了标准化、规模化的阶段,节省了时间、降低了成本、增加了产量,提高了工人的工资,也使汽车的售价能为广大公众所接受,商品生产者变得有能力购买他们自己生产的产品。就这样,历史上最早进行批量生产的低成本汽车使大众消费和大众生产第一次真正结合起来,使社会经济从以生产为导向转向以消费为导向,标志着美国大众消费的开始和消费社会的出现。对此,美国学者艾伦·杜宁(Alan Durning)评价说:"当品牌成为家庭词汇的时候,当包装、加工的食品广泛出现的时候,当汽车占据美国文

---

① 蒂姆·爱德华兹:《狂喜还是折磨》,载罗钢、王中忱主编《消费文化读本》,中国社会科学出版社2003年版,第139、145页。

② 同上书,第183页。

化的中心位置的时候,消费社会就在美国出现了。"[1] 论者甚至认为,美国消费社会始于1913年福特汽车公司在密歇根的生产流水线上驶下的第一辆汽车。[2] 原因很简单,是福特主义创造了工薪阶层消费模式,标准化、规模化的大批量生产使大众消费得起住宅和汽车。"一天工作8小时,挣5美元",福特主义就是用这样的口号吸引大众加入消费行列的。

3. "消费等级"的制造刺激了消费者的消费欲望

大众消费的实质是一种平等消费。但仅有平等消费是不够的,生产者还必须要进行市场细分,生产出能够满足不同层次人群需要的产品。20世纪20年代初,美国通用汽车公司总裁阿尔弗雷德·斯隆（Alfred Sloan）提出了一种拉开汽车档次以造成"消费等级"的方法,通过不断地变换产品,以培养一般消费者的"不满足感"。美国经济学家乔万尼·阿瑞吉（Giovanni Arrighi）等就指出,20世纪20年代初,美国资本主义在向产品和市场多样化方向发展之时,也在向"制造"消费者的方向发展。面对市场份额缩水的冲击,汽车公司被迫对汽车款式和设备进行重大改变,以减轻对标准化大量生产的依赖,"一旦最初的市场获得满足,必须发明新的时尚,保持设备不断运转"[3]。于是,美国企业开始有计划地制造消费等级,人为地使产品过时,从而使美国经济通过淘汰那些仍然可以使用的东西来获得增长。"消费等级"的制造刺激了人们的消费欲望和消费倾向的易变性,人们日益追求更新的商品消费,从而使美国的消费等级不断上升,提高了生产消费的互动性。有学者还撰文呼吁说,经济发展"要求我们把消费作为一种生活方式,把商品的购买与使用变成一种仪式,使消费者从中获得精神的满足……我们需要以不断增长的速度把东西消费掉、烧掉、穿掉、换掉和扔掉"[4]。

4. "后福特主义"运用机会经济取代了规模经济

20世纪60年代以来,福特主义逐渐暴露出诸多弊端,作为调节模式的"后福特主义"应运而生。"后福特主义"具有这样几个特点:第一,它从生

---

[1] [美]艾伦·杜宁:《多少算够》,毕聿译,吉林人民出版社1997年版,第12页。
[2] 罗钢:《探索消费的斯芬克斯之谜》,载罗钢、王中忱主编《消费文化读本》,中国社会科学出版社2003年版,第3页。
[3] [美]乔万尼·阿瑞吉等:《现代世界体系的混沌与治理》,王宇洁译,生活·读书·新知三联书店2003年版,第147—148页。
[4] [美]艾伦·杜宁:《多少算够》,毕聿译,吉林人民出版社1997年版,第12页。

产针对大众市场的标准化产品转向生产针对"目标消费群体"的小规模、小批量的产品，能够灵活地满足市场的需要；第二，它缩短了生产周期，使生产的概念远远超出生产流水线的范围，它采用新的信息技术来连接生产与销售，以适应后现代社会迅速变化的时尚与趣味，其结果是大大缩短了生产和销售的周期，加速了资本流通；第三，更加重视工人在劳动中的个性和创造性，劳动时间也更为灵活。[①] 从福特主义向后福特主义的过渡，反映了西方社会从工业社会向后工业社会的转变，完成了从传统的生产社会向消费社会的转型。美国社会学家乔治·瑞泽尔谈道："总的来说，经济正在经历从以福特主义的制造性工作为主向以后福特主义的服务性职业为主的转变。更进一步看，人们似乎更少地强调生产而更多地强调消费，我们正在目睹一种'消费社会'的出现。"[②] 相比福特主义，后福特主义运用机会经济取代了规模经济，在劳动力市场、劳动过程、产品及销售方式等方面都表现出极大的灵活性。这种弹性的生产方式在经济衰退和竞争加剧的情况下，能够更加有效地保障资本主义经济的发展，也给人们的日常生活消费领域带来了新的变化。其中有两个方面特别值得关注：一是非物质形态的商品在消费中占据了越来越重要的地位。大众的流行时尚不仅反映在服装等物质商品上，而且更多地表现在人们的生活方式和生活风格上。人们还发现，甚至在物质商品中也渗入了越来越多的非物质因素，即商品的包装、广告等在商品生产中占据了越来越重要的位置，甚至在商品构成中起着支配性的作用，直接制约着商品的生产、销售和消费等各个环节。与商品的非物质化相联系的另一变化是，符号体系和视觉形象的生产对于控制和操纵消费趣味与消费时尚发挥了越来越重要的影响。[③]

三 消费主义价值观的本质特征

消费主义价值观是在消费社会和消费主义文化中生成的一种消费理念、消费态度与消费倾向。这里需要厘清"消费文化"（consumer culture）与"消费主义文化"（consumerism culture）两个概念。归纳上文，消费文化是伴随人的消费活动而来，表达某种意义或传承某种价值观的符号系统。消费文化是一个

---

① 罗钢：《探索消费的斯芬克斯之谜》，载罗钢、王中忱主编《消费文化读本》，中国社会科学出版社2003年版，第7页。
② ［美］乔治·瑞泽尔：《后现代社会理论》，谢立中等译，华夏出版社2003年版，第49页。
③ 罗钢：《探索消费的斯芬克斯之谜》，载罗钢、王中忱主编《消费文化读本》，中国社会科学出版社2003年版，第8页。

中性词，所指涉的符号系统既可以是消费品，也可以是消费品的选择、使用或消费方式，还可以是传统的消费习俗等。消费主义通常有四种含义：第一，保护消费免于无用的、劣质的或危险的产品，广告误导，不公正价格的消费者主权运动，有时也译为"消费者主权主义""消费者保护运动"或"用户主义"；第二，关于空前扩张的物品消费对经济有利的观念；第三，物品和消费日益增长的事实或实践；第四，是一种"文化倾向"或"意识形态"，认为"拥有和使用数量和种类不断增长的物品和服务"是主要的文化取向和最确切的通向个人幸福、社会地位和成功的道路。[1] 本书主要是在第四种意义上使用消费主义概念。在很多情况下，消费主义代表一种意义的空虚状态和不断膨胀的欲望和消费激情，带有一定的贬义色彩。我们可以说消费主义是一种消费文化，但不能说消费文化就是消费主义。作为一种与西方社会日益增长的商业化和大众消费相关的现象抑或时尚，消费主义不仅影响商品的性质与生产政策，也影响到个人、集体和性别在购物、消费等方面的选择，针对消费主义的研究也常常被纳入传媒研究、认同政治以及快感研究等诸多领域之中，而在更广泛的意义上，还涉及后现代与全球化的研究。有研究者是这样定义消费主义的：它是存在并产生于消费社会，主要是指以美国为代表，在西方发达资本主义国家普遍存在，并开始在后发展国家出现的一种提倡"需要至上"的消费生活方式和文化取向，它最明显的特征，是将对商品象征意义的消费看作是自我认同和社会认同的实现，看作是高质量生活的标志和幸福生活的象征。[2]

消费主义价值观是与后现代主义联系在一起的，它所表征的不是一般意义上的消费与消费文化，而是消费主义文化。换言之，这是一种后现代消费观。后现代消费的突出特征表现在，它是一种"异化"的与炫耀性的消费；是一种符号的与景观的消费。[3]

1. 后现代消费是一种异化的与炫耀性的消费

消费的"异化"是后现代消费的突出特征。在人本主义学者看来，消费活动应该是一个具体的人的活动，我们的感觉、身体的需要、我们的美学欣赏应该参与其中，消费的过程应该是一种有意义的、有人性的、有创造性的人生体验。但是，后现代消费已发生了变异，走向了其初衷的反面。有学者将当代消

---

[1] ［美］艾伦·杜宁：《多少算够》，毕聿译，吉林人民出版社1997年版，第15页。
[2] 孙英春：《大众文化：全球传播的范式》，中国传媒大学出版社2005年版，第286页。
[3] 孙瑞祥：《后现代消费观与广告欲望书写逻辑》，《新闻知识》2009年第11期。

费行为归纳为六大特征：一是早熟消费，即消费水平和质量超过了经济发展的实际水平；二是畸形消费，即消费内容过多、过快地向高档化和享受型倾斜；三是豪华消费，即追求不切实际的奢侈、气派和浮华；四是炫耀消费，即把高消费当作实现社会优越感和虚荣心理的手段；五是悬空消费，表现为追求一种脱离经济发展以及个人消费承受能力的消费；六是情绪化消费，即把消费对象的占有、享受作为弥补精神空虚的手段，等等。[1] 后现代消费特征正如弗洛姆所说："消费本质上是人为刺激起来的幻想的满足，是一种与我们真实自我相异化的虚幻活动。"弗洛姆以吃喝为例指出："我们吃一个无滋味无营养价值的面包，只是因为它又白又'新鲜'而引起我们对财富和地位的幻想。事实上，我们在'吃'一个幻想而与我们所吃的真实物品没有关系，我们的消费行为根本不考虑我们自身的口味和身体。我们在'喝'商标，因为广告上有漂亮的青年男女在喝可口可乐的照片，我们也就喝上一瓶，我们是在喝那幅照片，我们是在喝'停一下，提提精神'的广告标语。我们在喝美国的习惯，我们所喝的东西不取决于我们的口味，当广告竞相杜撰出'健康'肥皂和能治牙病的牙膏之类的东西，并且支配着物品的消费时，这些情形就愈趋严重。"这就是说，在消费领域中，人们以为自己是在独立自由地选择着商品，但实际上却是被幕后的一只手巧妙地操纵着购买特定的商品。原来人应该具有的独立的真正消费活动就异化为一种外在的虚假的行为。弗洛姆认为，人们对消费的异化态度还支配着他们对闲暇时间的利用。在资本主义社会中，人"永远是一个被动的和异化的消费者。他'消费'球赛、电影、报刊、书籍、演讲、自然景色以及社会的集会活动，就像他用异化和抽象化的方式去消费他买来的商品一样"。"他的趣味受到控制，他想看和想听的是社会允许他看和听的东西。"[2] 美国著名传播学者赫伯特·席勒（Herbert Schiller）在《信息和危机经济》一书中，站在批判学派的立场尖锐地指出："资本主义因为培育了消费至上主义而赢得了大众的显著支持。它有效地兜售了这样一种生活方式和一套信念：把人类幸福同个人越来越多地占有商品或越来越大量地享受服务联系起来。获取物质的商品取代了爱、友谊和社团或被当成等同于爱、友谊和社团。"[3]

后现代消费是一种炫耀性消费。美国著名的经济学家凡勃伦早在 1899 年

---

[1] 李西建：《重塑人性：大众审美中的人性嬗变》，湖北人民出版社 1998 年版，第 222—223 页。

[2] ［美］埃利希·弗洛姆：《健全的社会》，欧阳谦译，中国文联出版公司 1988 年版，第 134、133—134、137、137 页。

[3] 张国良主编：《20 世纪传播学经典文本》，复旦大学出版社 2003 年版，第 467 页。

发表的《有闲阶级论》中，就对炫耀性消费作了系统研究。他认为炫耀性消费是工业社会的主流消费观念，是通过消费来显示自己的地位，博得荣誉，获得心理的满足。他说："在任何高度组织起来的工业社会，荣誉最后依据的基础总是金钱力量；而表现金钱力量从而获得或保持荣誉的手段是有闲和明显消费。""在明显消费的整个演变过程中，不论从财物、劳务或人类生活方面来看，其间一个显著存在的含义是，为了有效地增进消费者的荣誉，就必须从事于奢侈的、非必要的事物的消费。要博取好名声，就不能免于浪费。""当炫耀性的消费构成整个生活方式的时候，社会经济地位较低的阶级总是或多或少地模仿这种消费。"① 对这种炫耀性消费，我们可以从心理学层面给予某种解释。人的消费动机大体可以分为两个层面，一是缺乏性动机，这是由生存与安全一类的基本需要缺乏而产生的排除缺乏的消费动机，生活必需品的消费主要出于这种动机；二是丰富性动机，这是追求某种需要"差异"的心理状态，炫耀性消费就是出于这种动机。布希亚的消费理论指涉的主要就是炫耀性消费观念与消费行为。

中国虽然尚未全面进入消费社会，但在一些富裕城市和富裕人群中，炫耀性消费已初露端倪，并受到了社会舆论的诟病。有论者尖锐指出，中国消费的迅速膨胀大量损耗了国家的自然资源，以此来换取虚荣。而纸醉金迷的消费主义已成为中国人民在新时代的鸦片，消费成了个人自我实现的唯一出路，用名牌来维持身份的努力把中国变成了全球名牌游乐场，极大地侵蚀着中国求富求强的能力。② 此言是很发人深省的。值得注意的是，媒体文化是炫耀性消费的背后推手。近年来，在国内一些传媒报道、影视剧作品和流行文学中，炫耀性消费倾向随处可见。特别是在商业广告中，这种"炫富"倾向更为明显。这倒印证了黑格尔的一个重要观点："需要并不是直接从具有需要的人那里产生出来的，它倒是那些企图从中获得利润的人所制造出来的。"③

2. 后现代消费是一种符号与景观的消费

西方后现代语境下的消费理论，已脱离一般物质消耗的范畴，被赋予了一种文化与批判色彩。后现代消费就是一种符号消费，法国社会思想家吉恩·布

---

① [美] 凡勃伦:《有闲阶级论》，蔡受百译，商务印书馆1982年版，第72—73、16页。
② 梁耀祖:《睡狮还有待真正的苏醒》，新加坡《联合早报》2005年4月20日。
③ [德] 黑格尔:《法哲学原理》，范扬等译，商务印书馆1979年版，第206—207页。

希亚就是持这一观点的代表人物。符号是布希亚消费理论中的一个核心概念，虽然他对符号的解释多有含混不清之处，但其基本意思我们大体是能够理解的。他说："消费的对象，并非物质性的物品和产品：它们只是需要和满足的对象，我们过去只是在购买、拥有、享受、花费——然而那时我们并不是在'消费'。'原始的'节庆、封建领主的浪费、19世纪布尔乔亚的奢华，都不是消费……财富的数量和需要的满足，皆不足以定义消费的概念：它们只是一种事先的必要条件。消费并不是一种物质性的实践，也不是'丰产'的现象学，它的定义，不在于我们所消化的食物，不在于我们身上穿的衣服，不在于我们使用的汽车，也不在于影像和讯息的口腔或视觉实质，而是在于，把所有以上这些（元素）组织为有表达意义功能的实质：它是一个虚拟的全体，其中所有的物品和信息，由这时开始，构成了一个多少逻辑一致的论述，如果消费这个字眼要有意义，那么它便是一种记号的系统化操控活动。"① 在布希亚看来，人们消耗物品和服务之所以成为消费，是因为它体现了某种社会意义和符号价值。

布希亚认为，与我们的直觉相反，我们所消费的并不是物品，而是各种符号。他说："消费……是一种系统化的符号操作行动……为了成为消费物品，物品必须成为符号。"正是这种符号控制着我们消费什么和不消费什么。我们并非在购买我们所需要的东西，而是在购买符号告诉我们应该购买的那些东西。以这种观点看来，当我们在麦当劳就餐，我们（主要地）不是在购买食物，而是在购买食物向我们表明的某种东西，比如，我们是这个快节奏的、流动的社会的一部分。他认为，在一个符号所控制的世界里，消费与我们通常所认为的那些"需要"的满足不再有任何联系，那些物品不再具有因它们的用途、它们的效用（马克思所讲的"使用价值"）才具有的那些意义。商品被当作一种"风格、声望、奢华以及权力等的表达和标志"而被购买。在现代资本主义社会的消费中，我们所追求的不是获得和使用一种物品时所产生的那种愉悦，而是某种差异，我们正是通过这种差异而获得一定的社会地位和社会意义。换句话说，人们就是以他们所消费的物品为基础而将自己与其他类型的人相区别。在对某些物品进行消费时，我们就是在表明（虽然是无意识的）我们与那些消费着同样物品的人是相似的，而与那些消费着其他物品的人是不同的。当"需要"是以这种方式被界定时，它就永远不可能被满足，因为我们拥有一种持续不断的、贯穿终生的将自己与占据社会中其他位置的那些人区别开

---

① [法]尚·布希亚：《物体系》，林志明译，上海人民出版社2001年版，第222—223页。

来的需要。① 布希亚在他早期的研究中对消费文化予以了特别关注，他曾从社会交换的角度对社会发展作过三个阶段的区分。他认为，在封建社会及其以前为第一阶段，被交换的仅仅是物质生产中的剩余；到了第二阶段即资本主义阶段，被交换的是全部工业产品的价值；而到了第三阶段的今天，甚至曾经被认为是不可出让的东西如"德行、爱、知识、意识"也都可以被交换了。受到索绪尔结构语言学影响的布希亚认为，阶级统治可能仅仅只是一个历史的插曲，社会正在开始再一次由符号所统治。消费社会是一个什么东西都可以出售的地方，不仅所有的商品都是符号，而且所有的符号也都是商品。由于后一点，所有的"物品、服务、身体、性、文化和知识等"都是可以被生产和交换的。显然，布希亚是一个消费社会的批评者，他认为消费社会创造了一系列邪恶的欲望和普遍的歇斯底里。②

所谓"景观的消费"，源自当代法国著名思想家、实验主义电影艺术大师居伊·恩斯特·德波（Guy Ernest Debord, 1931—1994）的"景观社会"理论。他认为，当代社会已经不再是以生产为中心的商品社会，而是进入了一个"景观社会"（Society of the Spectacle）。所谓景观社会不单是商品无限积累的社会，而且是以意象和幻觉为主导的社会。在传统社会里，人们消费商品是因为商品具有使用价值，而交换价值在一定程度上依赖于商品的使用价值。这是一种现实的、源于自我基本需要的消费。但是在景观社会里，由于物品的极大丰富，消费已经摆脱了源于自我基本需要的消费，而是充满着各种意象。在人们的消费过程中，物品的使用价值已经不那么重要，而物品的意象则成为消费的重要方面，所以景观社会成了一种意象社会，意象成为联结人与物品以及人与人社会关系的中介。在当今的消费中，人们购买物品总是受到某种意象的影响和诱惑，比如在中国，人们去肯德基、麦当劳和必胜客，不一定就是为了进餐，可能就是被商品的意象所诱惑而去感受一种西方生活方式。"购物，即使是日常用品的购买，现在都已经几乎完全失去了其作为一种活动的地位，而简直变成了一种体验。它失去了一种物质性，成了一种文化事件。"③ 现代消费之所以发生如此变化，费瑟斯通认为有三个原因：首先，是社会商品生产的增衍和物质的积累，向社会提供了大量可供消费的产品并建立了大量为消费而设

---

① ［美］乔治·瑞泽尔：《后现代社会理论》，谢立中等译，华夏出版社2003年版，第110—112页。
② 同上书，第118、115页。
③ 转引自罗钢、王中忱主编《消费文化读本》，中国社会科学出版社2003年版，第155页。

的场所，社会闲暇和消费活动成倍增长。其次，社会消费中普遍存在"零和博弈"的现象（"零和博弈"表明的是这样一种社会场景，即一个人的所获，恰好是另一个人的所失——原译注），人们习惯通过社会差异的表现来实现对商品的满足。人们为了社会联系或社会区别，会以不同的方式去消费商品。再次，是消费文化给人们心理上带来快乐和梦幻，对人产生广泛的刺激和审美快感。[1] 詹明信指出，文化正是"消费社会本身的要素；没有任何其他社会像这个社会这样，为记号和影像所充斥"。[2] 詹明信所指的"记号和影像"其实就是消费中的符号与意象。当我们谈论后现代消费是一种符号与景观的消费时，需要强调的是，符号与景观的产生与大众媒介和流行文化的介入密切相关，现代消费中商品向符号和意象的转化、经济向文化的转化只有在大众传媒时代才能实现。德波所指的景观社会中的"景观"，不仅是指"商品获得了对社会生活完全占有的时刻"，而且它正是由大众媒介源源不断地制造出来，它就存在于大众媒介之中。"'景观'是一个复杂的术语，它'合并并解释了许许多多各种各样的表面现象'，从某种意义上说，它指的是大众媒介世界。"[3]

第二节　媒体文化的市场动力与媒介文学事件

本书在绪论中谈到，鉴于流行文化是一个极为宽泛的文化概念，为了避免研究范畴的大而无当和重点不突出，本书特别强调以"流行文学"（主要指流行小说）和"媒体文化"作为核心研究对象。流行文学或流行小说是我们比较熟知的概念，它是一种具有鲜明的市场意识与消费主义特征、体现与迎合时尚、借由大众媒体精心策划与广泛传播并在特定时空与特定社会群体中引起强烈反响的文学作品、文学现象与文学事件。从流行文化研究的角度看，"媒体文化"的外在特征十分鲜明，主要是从文本/文化呈现渠道、方式与策略上的一种界定，是指那些由大众媒体策划制造、刻意操纵、深度介入和广泛传播的文化现象。本节围绕媒体文化与流行小说（由于流行小说具有鲜明的媒体文化特征，所以并列讨论）两个话题，重点讨论媒体文化市场动力的形成机制、媒

---

[1] ［英］迈克·费瑟斯通：《消费文化与后现代主义》，刘精明译，译林出版社2000年版，第18页。

[2] 同上书，第124页。

[3] ［美］道格拉斯·凯尔纳编：《波德里亚：批判性的读本》，陈维振等译，江苏人民出版社2005年版，第66页。

体文化市场竞争的基本策略，以及在文学/文化产业化背景下媒介文学事件的发生。

一　媒体文化市场动力机制的形成

1992年，中国共产党"十四大"确立了市场经济体制，文化体制改革也提到了议事日程。随着国家文化产业政策的调整，媒体文化形态也发生了重大转变，其显著特征就是文化产业概念的提出与市场机制的引入。文化事业与文化产业是一对既有联系又有区别的文化概念。古往今来，任何国家、地区和民族都要直接掌握一部分文化资源与文化产品，使其具有公共性，以满足社会经济文化发展的基本需要。对这种文化资源与文化产品的生产与管理，被纳入了文化事业的范畴。除此之外更多的文化需求，则由企业与社会力量以自行生产的方式加以解决。在商品社会中，文化产品以商品的形式满足消费需要，既简单又快捷，于是部分文化服务劳动者专门从事文化商品生产，形成了文化产业或文化产业经营。中华人民共和国成立以来，包括大众传媒业在内的中国文化生产服务领域，一直以"事业"相称，没有产业经营的观念。作为生产公共精神产品的文化事业，它是国家意志的体现，其生产目的、资本来源、机构性质、运营机制以及调控手段均具有浓重的计划经济色彩。在计划经济条件下，中国对文化建设基本上采取政府财政全部包揽的政策。尽管从20世纪80年代初期，各级文化部门就采取"以文补文""多业助文"等形式，壮大文化经济实力，推动文化建设发展，但是，真正从政府的角度关注文化产业的发展，还是在1998年国务院机构改革正式批准文化部设立文化产业司之后。2000年10月，中共中央十五届五中全会通过的《中共中央关于制定国民经济和社会发展第十个五年计划的建议》，正式提出了文化产业概念。《建议》在"大力发展服务业"部分，提出"引导文化娱乐、教育培训、体育健身、卫生保健等产业发展，满足服务性消费需求"。在"加快国民经济和社会信息化"部分，提出"推动信息产业与有关文化产业结合"。在"加强社会主义精神文明建设"部分，提出"完善文化产业政策，加强文化市场建设和管理，推动有关文化产业发展"。党中央的这些建议，都写入了政府"十五"计划纲要。2001年3月5日，朱镕基总理在《政府工作报告》中指出："深化文化体制改革，完善文化经济政策，推动有关文化产业发展。"在中共中央十六大报告中，第一次把"文化事业"和"文化产业"作为两个概念提出来，这在文化产业理论上是一个重大突破，为文化事业和文化产业的可持续发展提供了重要机遇。从理论上讲，今天的文化产业已经与文化事业相对地分离开来，换句话说，即公益性文化与非公益性文化，或者说经营性文化与非经营性文化分离开来。文化事业和文化产业成为文化建设两个既相互联系又相对区别的重要组成部分。相互联系的是，文化事业单位与文化产业单位两者所提供的都是文化产品和文化服务。区别在于，两者投入的资金来源不同，管理机制不同，经营运作方式不同，业绩考核的标准也不同。文化事业单位承担的是政府交给的为公众提供公共文化服务的重要任务，主要依靠政府扶持、社会赞助。文化产业单位则主要面向市场，依法经营，自我积累，自我发展，依靠政府政策的宏观调控。[①] 文化产业理论上的创新与突破，使文化系统在思想观念、管理体制、经营机制和运作方式等方面产生了一系列变革。

在中国，正确认识文化产业与文化事业的区别十分重要。对于两者的区别有文章做出了具体分析。首先，生产目的不同。文化事业部门是生产公共产品，以国家需要为转移；文化产业部门是为市场生产商品，以市场需要为转移。其次，资本来源不同。生产文化产品也必须有资本，文化事业的生产资本由国家或社会提供；而生产文化商品的资本来源则因社会制度而异。在中国社会主义市场经济制度下，多种经济成分并存，生产资本需从不同经济成分中获取。广泛吸收民营经济进入文化产业经营领域，是发展文化产业的重要战略。第三，机构性质不同。文化事业机构是政府部门的附属单位，以行政方式管理；文化产业机构是企业单位，以企业法人进行经营活动。第四，运营机制不同。事业机构是由国家财政提供经费维持其生产与服务活动，以寻求最高社会效益为原则；企业的本质是以少投入、多产出、追求最高经济效益为原则。社会效益与经济效益有时是一致的，有时则是矛盾的，在有矛盾的时候，事业机构必须也必然把社会效益放在第一位，企业则必然要考虑自己的利润目标和承受能力。第五，调控方式不同。对事业单位，国家可以采取行政命令的方式直接调控，要求它生产什么样的文化产品，怎样为大众提供服务。对企业单位，一般地说，是以间接调控为主：一是法律，国家通过立法程序把生产和经营文化服务商品的基本准则写进法律，要求企业依法经营，违法必究；二是税收政策引导，对企业经营国家和社会最需要的商品实行低税，而加以限制的文化商品则实行高税；三是价格杠杆，工资、利率、商品与服务的价格等，都可以对企业按社会效益的原则进行引导。[②]

---

① 摘自《中国文化报》2002 年 12 月 14 日。
② 摘自《中国文化报》2001 年 5 月 23 日第 3 版。

国家宏观文化产业政策的制定，对媒体文化发展起到了重要推动作用。改革开放以来，中国媒体产业化呈渐进发展趋势。早在1978年，财政部批准人民日报等首都几家报纸实行企业化管理，从那时起，中国传媒业一步步打开了经营之门，开始了迈向市场经济的步伐。1991年前后在全国范围内出现的报纸"周末版"现象，是中国传媒业走向市场的一个重要信号。喻国明曾评价"周末版"的出现是过去20年新闻思想开放的标志之一，"最大的特点是标志着我国媒介传播模式的转型"，"标志着媒介走向市场，向市场要钱"[①]。随着市场经济体制的确立，探索建立与中国经济体制相适应的新闻体制的新思路也在20世纪90年代中后期逐步形成。人们逐步形成了这样一个共识：新闻事业就它生产带有强烈的意识形态的精神产品来说，属于上层建筑领域；但同时，就它为全社会提供经济活动和人们生活必不可少的信息、知识和娱乐来说，属于第三产业即信息产业。这个理论上的突破带来了新闻事业发展的新思路，这个新思路可以归结为"事业性质，企业管理"，其完整的含义是在保证党的新闻事业是党的耳目喉舌的前提下，以企业管理的方法来经营新闻媒介。这个思路也叫作"稳住一头，放开一头"。[②] 1996年1月，中宣部、新闻出版署依据传媒机构所拥有的传媒数量、人才质量、经济实力、技术条件、发行能力以及管理能力六个条件，正式批准《广州日报》为中国第一家报业集团，标志着中国媒介产业化发展水平又上了一个新台阶。那种长期存在于中国党报系统单纯的行政机关的管理模式，不搞核算、不计成本、不求利润的经营状况，开始逐步被结构多元化、经营实体化、组织集团化的新形态所取代。资本运营也使媒介的无形资产转化为有形资产，推动存量资产按市场经济要求运行、流动和重组，从而盘活了闲置资源，使传媒业生产要素得以优化组合。《广州日报》报业集团的成立，标志着官方已正式认可媒介的双重属性——媒介既是意识形态的工具，又是一种产业，是社会生产力的构成要素。

总之，近十年来随着文化产业理论上的创新与突破，中国媒体与文化产业机构在思想观念、管理体制、经营机制和运作方式等方面都出现了一系列改革与变化。这种改革与变化给流行文化产业带来了新的生机与活力，有力地推动了媒体文化的形态转变，使市场这只"看不见的手"发挥了更加主动积极的作用。

---

① 武汉大学新闻与传播学院组编：《新闻与传播评论（2001年卷）》，武汉大学出版社2002年版，第20页。

② 李良荣：《中国新闻改革20年的三次跨越》，《新闻界》1998年第6期。

二 媒体产业竞争是对注意力资源的争夺

文化产业的理论创新与突破,直接并迅速地体现在媒体文化的市场化运作实践之中。一时间,"策划""炒作""吸引眼球"等商业化流行语充斥各类媒体,"文化经纪人""文化商人""点子公司"等新职业、新行业招摇过市,目标所指就是如何最大限度他开辟和占有媒体文化消费市场,一场媒体竞争大战不可避免地发生了。作为"内容产品"生产者的媒体产业,其竞争方略与争夺对象有别于其他直接从事物质资料生产的行业。媒体产业竞争所争夺的既非一般的物质财富,亦非通常意义上的精神财富,而是一种特殊的社会财富——人的注意力资源。"注意力经济"或"注意力资源"这一概念源自当代经济学,移入媒体文化或广义的流行文化市场化研究,可以形象地指称媒体文化或广义的流行文化的市场策略与目标争夺特点。就媒体竞争而言,就是借助对传媒内容的收视率、收听率、阅读率和点击率来判定传媒社会资源的占有量或影响力。在当今新闻传播学研究领域,"注意力资源"这一概念已成为一个时髦的术语,越来越受到人们的重视。有学者指出,原来人们总以为"传播"是传媒单方面付出的一种行为——像阳光一样,只是给予,没有回收;其实,这是一种带有看不见的"倒钩刺"的给予,它所回收的是受众的注意力。早在 40 年前,著名的传播学家麦克卢汉就已经注意到媒体文化的这一特点。他指出,电视台实际上是在不动声色地利用我们的眼睛和耳朵做生意。为了尽可能利用到更多的眼睛和耳朵,电视台以好节目做诱饵,观众在不知不觉中以对节目的关注来"交费"。然后,电视台将这一宝贵的资源以不菲的价格出售给急需这一资源的人——用来做广告和宣传。因此,如何有效地吸纳受众的注意力,并且将这种注意力稳固地维持下去,便成为当代媒体文化市场竞争焦点所在。

注意力资源理论是在信息与网络社会背景下形成的。1994 年,朗曼(R. Lanman)发表了《注意力经济》一文,1996 年高德哈巴(Gold-haber)发表了《注意力经济:网络的自然经济》。他们在文中提出了这样的观点:经济由稀缺的东西所决定,而信息(尤其是网络中的信息)不仅是丰富的,而且是泛滥的,所以,信息并不稀缺;同时,注意力在网络中与信息形成反向的流动,而它是一种固有的稀缺资源,获得它比较困难,所以,新经济的核心是注意力而不是信息。因为人们获知信息主要来自视觉,所以有人把注意力经济形象地称为"眼球经济"。佛西(Rishab Aiger Ghosh)在《经济学死了》一文中对注意力经济评论道:"在知识经济时代,我们听到太多关于无限的资源,关于信息无限，人们往往忽视人类心智的有限。经济学是一门人类相互作用的科学，在信息社会人类头脑会受到量的限制。数字空间的价值最终还是依靠心力资源。信息经济是一个误称，我们使用它是因为方便，而不是其真正的内涵。高德哈巴的注意力经济更为确切，他一针见血，指出什么是真正的资源。"[1]高德哈巴指出，我们生活在一个信息环境中，更为确切地说我们是生活在一个由注意力经济构筑的信息环境中。注意力之所以成为重要的资源，成为消费品，是因为它具有使用价值，而且具有广泛的使用价值。注意力之所以重要是因为它引导行动，如果我们拥有一个人或一群人甚至整个社会的注意力，我们就有可能把它引导到其他事物上去，并可以对我们提供的关注对象做出评论和解释。人类社会现在正在进行"第三次世界大战"，这场战争是争夺注意力的战争。高德哈巴认为，物质经济的衰落源于它自身的成功。物质生产没有足够的空间让我们像过去一样繁忙，物质生产部门大量失业。然而，奇怪的是我们还是在同过去一样繁忙。这是因为物质的需求在人类舒适的水平上已经得到了满足，人们需要更多的精神生活，而这既需要消费自己的注意力，又需要他人的注意力。无论个人还是社会，注意力资源都是有限的，注意力的紧缺就像能源的紧缺，但它又有所不同。注意力资源是一种人力资源。在信息社会和信息经济中，一方面人们借助现代技术大量生产、复制和传播各类信息，造成信息资源和注意力资源的严重不对称；另一方面，因为注意力利用的可能性正不断增加，人们争相抢夺这一资源，从而使这种不对称性进一步加剧，也使得注意力的稀缺性更为突出。相对而言，我们缺的不是信息本身，而是处理信息的能力——对信息的选择和使用。注意力资源已经成为新经济的主要驱动力。

"注意力经济"理论认为，收集注意力并为他人的注意力付钱，是一个注意力的社会生态学问题，它展示了信息社会中注意力的经济属性。在商业活动中，媒体的等级是以注意力的获取来划分的，注意力意味着影响力。注意力在商业媒体中是用来赚钱的，因此，当我们从媒体免费获取什么时，往往要付出高昂的注意力代价。注意力作为精神财富，理论上似乎很难给予定量的测定，但商业意识比理论意识更为精明，媒体能很好地以其商业价值来确定等级并对它进行重新分配。媒体的目标是拥有更多的受众，拥有更大的影响力，赚钱只是它的副产品，广告把吸引注意力作为一种商品出售，所以注意力收入对媒体来说比金钱更为重要，这是一个彻底的观念转变。源于注意力的价值和注意力的短缺，媒体已经发展成为疯狂的信息提供者和注意力掠夺者，所有的媒体似

---

[1] 张雷编译：《注意力的经济观》，《国际新闻界》2000 年第 4 期。

乎都在冲着我们大叫："看我！想我！用我！"注意力资源是一种人力资源，这种资源若不及时地开发，它就会随着时间的流逝而流失。乔治·法克兰（Georg Franck）认为，以网络传播为支撑的新经济的出现，进一步把注意力上升到资本化的高度。媒体成为可信赖的投资对象，它们已经发展成初步具有像银行、金融信用机构以及股票市场一样性质的行业。根据经济规则，如果新型经济中注意力是最稀缺的资源，那么它就可以被定义为货币——整个广告业就是这么做的。注意力有一种"新货币"的特性，其本身不仅具有使用价值，而且越来越具有较为普遍的交换价值。我们不知不觉地进入了一种经济的变形时期，注意力经济正在显现。[1]

1992 年，英国社会理论家齐格蒙特·鲍曼在谈到后现代政治时指出，如何来决定接受哪一种以及拒绝哪一种推销，决断通常是根据公众给予每种推销的注意力的相对数量来做出的，注意力越多，推销得就越好。因此，"后现代政治主要是有关注意力再分配的政治。在这种政治斗争的中心，公众注意力——让人垂涎并争夺——是最重要的稀缺资源"。[2] 鲍曼的这一观点不仅适用于政治领域，同样适用于经济领域、媒体产业以及流行文化。对注意力资源的争夺是当下媒体产业市场策略的突出特征。无论是对新闻娱乐节目、栏目的策划，还是影视明星的八卦新闻报道、社会名流隐私的曝光以及名目繁多的人气排行榜等，无不是要吸引公众眼球，诱导消费欲望，获得优势市场地位。在这方面最典型的要属商业广告（将在本章下一节讨论）。广告是文化经济，也是典型的注意力经济。作为"内容产品"的生产，广告所要争夺的与其说是广告商品的忠诚用户，不如说是消费者的注意力资源，它在本质上就是对一种无形资产的占有。

伴随中国媒体文化产业化与新闻体制改革的逐步深化，新闻传播的市场化、世俗化、娱乐化趋势越发明显。一向以严肃新闻著称的主流新闻媒体，也在市场大潮裹胁下与时俱进，不同程度上扮演了流行文化代言人的角色。从近十年主流媒体新闻传播内容上看，这一变化是明显的，主要表现在以下几个方面：一是出现了生产方式报道向生活方式报道的转向。计划经济时代的中国社会可称为生产的社会，其新闻报道多是带有工作指导性的"生产方式报道"，有关消费领域的报道处于缺失状态。而市场经济体制下的中国社会正逐渐变为消费的社会，大众消费成为新闻报道的热点话题，休闲娱乐、购物旅游、居室

---

[1] 张雷编译：《注意力的经济观》，《国际新闻界》2000 年第 4 期。
[2] [美] 乔治·瑞泽尔：《后现代社会理论》，谢立中等译，华夏出版社 2003 年版，第 231 页。

装修、卫生保健、服饰化妆、烹饪美食等内容，都堂而皇之地登上了主流媒体的头版，就连《人民日报》也于1998年创办了《假日生活》周刊，专门报道消费、旅游、购物等信息。二是出现了大量的娱乐新闻和娱乐节目，充分满足受众的感官享受。一些综合性媒介的专刊、特刊以及文化体育艺术类媒介，以大量篇幅刊载各种文艺活动、文体赛事和各类明星生活报道，呈现出明显的娱乐化倾向。三是传播的主体形象身份发生了变化。在以往"生产的社会"中，媒介所极力推介的主体形象多来源于生产领域。而在消费逐渐取代生产成为人们日常生活的兴趣中心时，媒介的主体形象也悄然发生转换，各种影视、体育明星逐渐取代了"生产英雄"，占据着媒介越来越显著的位置。四是新闻传播者在市场逻辑的作用下，一改媒介过去那种不食人间烟火般的严肃面孔，开始打造自我形象以提高亲和力，吸引公众眼球。最典型的是对节目主持人的商业化包装。此外，在文体与编辑形式上也是大胆变革，如报纸的精美彩版印刷、大尺幅的新闻图片、眩人眼球的标题设计等，都越发有利于形成视觉冲击，刺激人们的阅读消费欲望。在新闻的叙述方式上，采取灵活多样的叙述手法，常见以口语、俗语陈述新闻故事，以软语、情语抒写散文小品。一些"大特写""大扫描"则极尽渲染铺陈之能事，力图凸显媒介的感人魅力。[1]

上述现象不独产于中国，美英等西方发达国家新闻传媒的消费主义特征更加鲜明。这种以市场化、世俗化、娱乐化为标志的流行文化景观，同样引起西方学界的高度关注。美国学者道格·安德伍德在研究报纸的市场取向对新闻编辑部的影响问题时说，他在1988年写第一篇有关市场中的新闻业的论文时就发现，"许多新闻从业者与我一样关注在他们的编辑部中对于销售和经营的特别强调的现象"。他认为，"市场的压力催生出一种新型编辑，一种介于普通编辑和销售职员之间的编辑。这类杂交型的编辑是报纸营销组织的一个组成部分，这个组织的领袖人物过去十年中在报界大行其道。市场取向的新闻编辑实质是'完整的报纸'观念的派生物。报社高层领导努力使新闻编辑部门和销售部门相配合，把报纸作为一种整体产品销售出去"。"'为销售而管理'的理念已经在美国许多报纸编辑部中流行，包括在那些最好的报纸的编辑部中流行。"[2] 迫于利润的压力，西方媒介的编辑部门和市场部门越来越融为一体，这被人们形象地称为"无墙的"报纸，这个"墙"是指把报纸的市场部门和编辑部门隔开以确保编辑部门能够自主编辑的组织机制。一些报纸的编辑越来

---

[1] 参见秦志希、刘敏《新闻传媒的消费主义倾向》，《现代传播》2002年第1期。
[2] 转引自蔡雯《新闻传播的策划与组织》，新华出版社2001年版，第36页。

越像任何一个一般公司的管理人员，这就可能使编辑人员更多地从经营的角度而不是从新闻业务的角度考虑问题。

站在文化社会学立场上看，大众媒体是社会系统中的一个子系统，在市场经济条件下，它为了维持自身的生存和发展，而在与其他子系统的作用过程中形成了一个重要的特征：低品位化。这种低品位化迎合了社会中最大多数的人的欢迎，并因此使媒介在社会中的地位牢不可破。关于这一点，梅尔文·德弗勒在他的《大众传播学诸论》一书中曾有过深入的分析。[①] 英国文化社会学家约翰·哈利特也指出："通俗新闻看来是一种蒸蒸日上的新闻形式，它正在取代传统的'严肃'新闻，即使在'严肃'新闻的最后堡垒即所谓'高品位'大报也是如此。"他所说的通俗新闻（popular journalism），是指"那些大量销售的报纸、期刊和广播电视节目，它们专门从事名人逸事、生活方式以及'非消息性'报道，并不注意日常政治新闻报道"[②]。对于这种全球性文化景观，我们很难简单地用一般社会道德标准加以评价。从总体上看，在中国传媒的市场化刚刚起步，尽管消费主义文化对大众传媒的新闻报道产生了低俗化等负面影响，但其积极作用还是十分突出的。我们一方面要借鉴西方国家一百多年来传媒市场化进程的经验与教训，另一方面还要从国情出发，积极建设有自身特色的传媒市场化运作机制与规则。

三 媒介文学事件的制造

"媒介事件"与"媒介文学事件"是当今市场经济条件下媒体文化、流行文学所呈现出的一道特别景观。早在1922年，沃尔特·李普曼在《舆论学》中首次提出了"两个环境"理论，成为媒介事件研究的滥觞。李普曼指出，人类生活在两个环境里，一个是现实环境，一个是拟态环境。前者是独立于人的意识体验之外的客观世界。大众媒介的出现和发达，使得拟态环境的比重越来越大，人类认识真实世界的可能性则越来越小。他说："回过头来看，对于我们仍然生活在其中的环境，我们的认识是何等的间接。我们可以看到，报道现实环境的新闻传给我们有时快，有时慢；但是，我们总是把我们自己认为是真

[①] ［美］梅尔文·德弗勒等：《大众传播学诸论》，杜力平译，新华出版社1990年版，第139—155页；熊澄宇编选：《新媒介与创新思维》，清华大学出版社2001年版，第54—69页。

[②] ［英］约翰·哈利特：《从权力到识别·大众新闻与后现代性》，载马戎、周星主编《21世纪：文化自觉与跨文化对话（一）》，北京大学出版社2001年版，第234页。

实的情况当作现实环境本身。""我们坚信,根据我们事后清楚的认识,他们需要知道的世界和他们确实知道的世界,往往是十分矛盾的两回事。""人们推理出来的唯一事实证明,决定他们的思想、感情和行动的因素是他们的假环境和他们内心里对于世界的认识。"① 虽然李普曼在他的论述中并没有使用"媒介事件"一词,但他的观点成为后来媒介事件研究的出发点。自20世纪70年代初以来,美国两位传播学者丹尼尔·戴扬和伊莱休·卡茨就开始关注媒介的宣传性现象,并于1992年出版了《媒介事件:历史的现场直播》一书。作者研究了电视直播现象,将电视直播的重大事件命名为"媒介事件"。该书在2000年出版了中译本,② 从此,"媒介事件"成为国内媒体文化研究的一个重要视角,成为媒介批评与流行文化的核心话题之一。媒介事件是经过组织者事先策划、由媒体呈现并在受众中产生影响的事件,媒介事件的意义产生不仅仅是事件本身,而且在事件之外。用威尔伯·施拉姆的话来说,它是"有意安排的事件"——主要是制造来供媒介作报道的事件。换句话说,不是随着新闻的潮流行动,而是灵巧的人学会了怎样去推动新闻本身。③ 比如,前几年在国内热议的"超女现象",就是一个典型的媒介事件。

"媒介文学事件"由"媒介事件"延伸而来,反映的是当今流行文学普遍存在的一种文学现象与文学传播策略。有研究者指出,媒介文学事件是指由于大众媒体的介入而在文学领域非自然发生的不平常的大事情。④ 笔者认为,所谓媒介文学事件,是一种由大众传媒精心策划或高度参与的,被文化商人或文学作者刻意制造、人为炒作、巧妙包装的,具有一定轰动效应与新闻价值的"事件性"文学现象,是文学与媒体联姻的结果,是文学与媒体共谋的杰作。所谓"事件性",是突出强调在一定时间内被社会高度关注的这种文学现象的"非常态性"。这种文学活动其主旨和要义根本不在(或未必在)文学本身,而是将文学作为噱头,以吸引眼球,抢占市场,制造影响,实现赢利。20世纪90年代以来国内文坛较早的一次具有典型意义的媒介文学事件,就是发生在1993年围绕贾平凹小说《废都》所展开的一轮媒介宣传攻势。显然,媒介

---

① 张国良主编:《20世纪传播学经典文本》,复旦大学出版社2003年版,第131、146页。
② [美]丹尼尔·戴扬、伊莱休·卡茨:《媒介事件:历史的现场直播》,麻争旗译,北京广播学院出版社2000年版。
③ [美]威尔伯·施拉姆、威廉·波特:《传播学概论》,陈亮等译,新华出版社1984年版,第272页。
④ 钟琛:《当代文学与媒介神话:消费文化语境中的"媒介文学事件"研究》,华夏出版社2008年版,第42页。

文学事件不同于传统意义上的文学事件。传统意义上的文学事件，如文学流派，是指"在一定历史时期，一些在思想倾向、审美追求、创作风格等方面相近或相似的作家自觉或不自觉地形成的文学派别"①。又如文学思潮，它是在一定的社会思潮和哲学思潮的影响下，在文学领域出现的新的艺术思想和创作倾向。不管是文学流派还是文学思潮，其中起关键作用的因素是文学性因素，即文学价值观、思想倾向性以及审美追求、艺术风格、创作方法等。而20世纪90年代以来国内出现的一些文学事件，它们有的虽然也都存在特定的作家群体，也在社会中形成了某种潮流，但它们不是传统意义上的文学流派或文学思潮。例如"70后"或"80后"，将这两个文学事件中的作家们并提，并不是因为他们在思想倾向或审美追求等方面十分接近，也不是因为他们在艺术风格上相似或相近。之所以将他们并提，是从他们都是生于70年代以后或者80年代这个年龄因素作为标准的。而作家的出生年龄虽然与时代构成某种关联性，但并不构成基本的文学要素。并且，从媒体对"70后"或"80后"作家群的命名来看，"70后"集中在"另类女性"，"80后"集中在"青春"，这种描述方式所蕴含的信息并非文学本身，而是强烈的商业气息和消费主义文化价值观。因此，这些文学事件与传统意义上的文学流派或文学思潮相去甚远。有研究者就此做出归纳以说明这种差异：一是从作家群来看，他们没有一致的艺术风格、创作倾向或审美追求；二是从潮流角度看，这些文学事件所形成的潮流与文学因素无关；三是将这些作家聚拢的因素，是非文学性的；四是这些文学事件中有丰富的商业信息和消费文化信息。② 因此，今天的文学事件就具有了特别的符号象征意义。在此，将20世纪90年代以来国内文坛所发生的典型媒介文学事件做一简要回顾与评述。

1. 贾平凹与《废都》事件

在20世纪90年代以来所发生的媒介文学事件中，首先要提及的一定是贾平凹和他的《废都》。关于《废都》谈论的已经很多，这里只站在媒介文学事件角度略加评述。其实该作品在出版前就已经成为媒介事件了，一些文化商人巧设热词，"广而告之"地宣称这是一部"当代的《金瓶梅》"，以聚敛公众眼球。《废都》1993年出版时首次印刷约50万册，作者在书中模仿《金瓶梅》

---

① 王确主编：《文学概论》，高等教育出版社2003年版，第272—273页。
② 钟琛：《当代文学与媒介神话：消费文化语境中的"媒介文学事件"研究》，华夏出版社2008年版，第36—37页。

的方式煞有介事地嵌入很多"此处无字胜有字"的小方框。该书出版在全国引起轩然大波,半年后被国家新闻出版署列为"禁书",并做出了严肃处理:出版社被罚款,编辑受处分,作者贾平凹为此也有些心力交瘁。有趣的是,禁令本身也成为媒介文学事件的一部分,反使作品越炒越热,一时间,在中国各地形成了到处争说《废都》的奇特景观。面对火爆的市场需求,出版社想出了卖版权的方法,有六七家出版社买了版权连夜开印,据说各家差不多都以10万册为起印数。据不完全统计,正式和半正式出版的《废都》有100多万册,而盗版印数大约超过了1200万册。据说,贾平凹本人所收集的盗版版本就有近70种之多。1993年是当之无愧的"《废都》年"。围绕"《废都》事件",媒体、出版社、批评家、盗版商、文学公众,加之漫天飞舞的流言蜚语,空前热情地搅拌在一起,制造了一起令人久久难以遗忘的文学神话。《废都》果真成了当代的《金瓶梅》,庄之蝶的知名度也直追西门庆。对《废都》的评论一时间也成了抢手的话题。贾平凹自己也说:"出版的那一年,我能见到的评论册有十几本,加起来厚度超过了它四五倍,以后的十年里,评论的文章依然不绝,字数也近百万。"[①]

2. "女性"符号系列丛书出版事件

"《废都》事件"开创了20世纪90年代媒介文学事件的先河。此后,一个个精心策划与炒作的媒介文学事件纷纷出笼,一时间文坛热闹非凡。如果说1993—1994年利用顾城的事故宣传其小说《英儿》时,对作品文学性的关注和讨论还占据比较重要地位的话,那么,从1995年开始的一系列伴随着宣传出版的文学作品,或者事先策划而后出版的文学作品,则已经不再以文学性为基点,而转向了非文学因素。文学的商业性炒作在市场机制中逐步成熟起来,宣传技巧也越发老到。这期间一个典型的媒介文学事件,就是以女性作家作品的"女性"符号为卖点的一系列丛书的出版。比如:1995年1月,华艺出版社出版"风头正健才女书";1995年6月,四川文艺出版社出版"红辣椒"丛书;1995年7月,春风文艺出版社出版"当代女性文学书系";1995年7月,河北教育出版社出版"蓝袜子丛书"外国女性文学作品集;1995年8月,时代文艺出版社出版"海外中国女作家丛书";1996年10月,文汇出版社出版

[①] 资料参考:《北京晨报》2003年12月26日,新华网;吴秀明:《从〈废都〉看青年一代精英》,载《三元结构的文学》,春风文艺出版社1998年版;李耀军:《惊闻〈废都〉要再版》,《青年时讯》2004年1月2日。

"海派女作家文丛"，以及"女作家情爱小说精品选""最新中国女性小说选""女性独白最新系列散文精华""新新女性情调散文书系"，等等。规模最大的是由王蒙任主编的河北教育出版社1995年4月出版的"红罂粟"丛书，以及程志方主编的云南人民出版社出版的"她们"丛书。前者囊括了22位女作家，被当时媒体称为"我国出版史上规模和影响最大的女性作家丛书"；后者分三辑，1995年8月出版第一辑，1996年3月出版第二辑，1998年4月出版第三辑，共收入22位女作家的37部小说和散文集。[①] 几乎是在同一时间，十数家出版机构选择女性作家作品集中出版，这当然不能说是一种巧合。虽然，媒介文学事件中的主角未必都是女性，男性作家作品同样可以成为事件的主角，但总体上看，在已经发生的媒介文学事件中，女性作家本人及她们的作品是事件的核心和当仁不让的卖点。原因很简单，因为这更能体现媒介文学事件的基本法则——吸引更多的眼球、获得更大的利润。

3. 女性"个人化"写作事件

在由女性作家作品构成的媒介文学事件中，"女性'个人化'写作"具有标志性意义，原因不仅在于"女性'个人化'写作"开辟了一个新的作品类型，也不仅在于它所具有的文学价值和女性主义所阐释的社会价值，关键在于它体现与迎合了日益膨胀的消费文化价值观。原本"个人化"写作不是单指女性作者的"个人化"写作方式，而是包括了男女作家在内的一种写作方式，它是相对于中国传统写作的"宏大叙事"而言的。女性"个人化"写作在20世纪90年代的出现并非偶然，这与时代大背景对文学的影响密切相关。女性"个人化"写作所囊括的作品，应该说主要还是传统的所谓纯文学。例如林白的《一个人的战争》(《花城》1994年第2期)、陈染的《私人生活》(作家出版社1996年版)，真诚地描写女性的成长经历和身心体验，无论从文学语言、形式还是内容上，都延续了文学的审美性和纯粹性。但由于她们的作品涉及"女"和"性"，并充满了离经叛道的描写，所以招致了广泛的文学批评。1994年9月17日的《作家报》登载了韩小蕙的报道《女性隐私文学悄然涌动，文学界对此贬多褒少》，文中将这种女性作家"暴露个人隐私、发泄个人失态情绪"的文学称为"女子隐私文学"，并对之予以批评。在同一期报纸上还有王春林的评论《以私语的方式追问存在——林白〈一个人的战争〉印

---

① 贺桂梅：《90年代的"女性文学"与女作家出版物》，载陈平原、山口守编《大众传媒与现代文学》，新世界出版社2003年版，第494页。

象》，文章认为《一个人的战争》有鲜明的"自我指涉"的私语性特征。"所谓'自我指涉'的'私语性'，乃指作家所操作应用的话语系统的意义所指已经不再指向群体性的公众经验层面，而是指向个体性的个人经验层面。"这一时期出现的"女性'个人化'写作"事件中，代表作家作品除了上述的林白、陈染，还有海男及其代表作《我的情人们》《疯狂的石榴树》，徐小斌及其代表作《双鱼星座》《羽蛇》《迷幻花园》，徐坤及其代表作《先锋》《游行》《行者妩媚》等。

　　正是这类作品所具有的"私语性"，文化商人、大众媒体便不失时机地加以放大和渲染。这一时期，大众媒体对"女性'个人化'写作"的宣传介绍中，最引人注目的无疑是与"女性隐私""私小说"等字眼相关的内容。媒体上的相关评论也过多地指向作品关于"女"和"性"的内容，充斥着这方面的字眼，使文学批评（准确地说是媒体批评）失去了它的边界与向度。商业对"女性'个人化'写作"的利用明白无误地体现在林白《一个人的战争》某一版本的女性裸体封面上，还表现在海男《我的情人们》封面所展示的大腿上。这些做法自然招致社会各方的批评，甚至引来了作者本人的抗议。比如林白对《一个人的战争》的封面设计就颇有微词。该书先后出版了八个版本，最具商业代表性的是 1995 年由甘肃人民出版社出版的一个版本，林白说："甘肃人民出版社的编辑想做这本书，他纯粹要赚钱，把书的封面做得很恶心，弄成了一个地摊作品。当时社会也没有现在这么开放，就招来许多谩骂：坏书、准黄色小说、黄色小说！"[①] 围绕"女性'个人化'写作"各方人士都表现出了最大的热情，一时间在中国文坛仿佛只剩下女性"个人化"写作了。

4. "美女作家群"和"70 后"作家事件

　　如果说"女性'个人化'写作"在早期还存在一些文学思潮、文学流派的影子，还与"女性主义"文化思潮密切相关的话，那么接下来的"美女作家群""70 后""80 后"文学事件，就几乎完全演变为非文学思潮、非文学流派的真正"事件"了。从这些所谓"文学命名"就可清楚地看出，媒介文学事件的主角早已不是文学作品、创作倾向或艺术主张，而是作者本人的身份以及身份所象征的符号意义，例如，作家的性别、年龄、经历、外貌、嗜好、生活方式，等等。像

[①] 子水：《林白〈一个人的战争〉对性的隐秘经验曾引争议》，《北京青年周刊》2004 年 4 月 19 日。

进军"车坛"的韩寒、将自己的名字绘在皮肤上然后穿吊带裙参加晚会的卫慧、棉棉和卫慧之间的争吵、卫慧在签名售书时的大胆行为、棉棉的复杂生活经历、深陷抄袭案的郭敬明、作者们的"博客"、他们的青春、他们的"另类",等等,这些与文学无关的花絮占据了媒介文学事件的核心,并成为文化商人的卖点、传媒的噱头和大众的谈资。这也是为什么白烨和韩寒之间的论争无法解决的原因所在,因为这种论争根本就不是关涉文学理念和文学主张的文学问题,因此,他们之间的这场论争在2006年初演变成互相指责和谩骂就很容易理解了。

"女性'个人化'写作"的日益商业化,使包括一部分女性作者在内的文化商人发现了"女性"巨大的市场价值。于是,他们一拍即合,共同制造了"美女作家群"和"70后"作家事件。"美女作家群"的代表人物包括卫慧、棉棉、朱文颖、周洁茹、魏微、金仁顺、九丹、木子美等。所谓"70后"的命名,一方面是因为其中作为主要代表的卫慧、棉棉、朱文颖、周洁茹等都出生于20世纪70年代后,另一方面是她们作品的文学特征与她们生活其中的大都市逐渐显现的消费主义文化特征相吻合。以时代符号为特征给作者群体命名的方式由此开始。说到"美女作家群"与"70后",人们无一例外地会联系到"躯体写作""下半身写作""美女""欲望""时尚""都市女性"等字眼。这与当时出现的各种评论,尤其是大众媒体的相关报道密切相关。特别是随着网络的逐渐普及,这一文学事件不仅超出了传统媒体的影响范围,而且其娱乐特征与消费特征更加鲜明,比"女性'个人化'写作"走得更远。媒介对"美女作家群"和"70后"现象的集中关注开始于1999年初,《文学报》1999年1月7日刊发《同龄人的声音——关于部分七十年代出生的女作家小说的讨论》、1999年3月11日又刊发了《作家争相说美女文坛引发逐美潮》,《羊城晚报》2000年4月7日娱乐版刊发《你非"宝贝"我非"糖"女作家公开打嘴仗》、2000年5月9日第9版刊发《商业包装催生"美女作家"?》。进入2000年后,网络上关于"美女作家群"的各类消息有如汗牛充栋,这种热闹景象在卫慧出版《上海宝贝》时达到了顶峰。2000年1月,春风文艺出版社出版卫慧的《上海宝贝》,伴随着该书的发行,卫慧在全国很多大城市进行发行宣传,出席由媒体组织的读者见面会。在这些见面会上卫慧的大胆和出轨的言行,成为全国众多媒体关注的焦点。棉棉向消费市场发起的攻势丝毫不逊于卫慧。她的"身体宣言"就是《作家》杂志上登出的一张蹲着支开下身、叼一支烟卷的"另类"身体照片。加之媒体对棉棉的经历的各种报道,如辍学、吸毒、当未婚妈妈、与摇滚乐队的关系等,这个女性形象本身已经是一个蕴涵丰富信息的符号了。当卫慧的《上海宝贝》人气正旺之时,棉棉声称卫慧的作品是抄袭她的,而卫慧却称棉棉的文章99.9%的内容是谎言。于是两个人打起了笔墨官司,此举被评论者视为"典型的自我炒作"。在卫慧、棉棉之后,九丹又制造了另一起媒介文学事件。九丹不是出生于70年代后的作家,她是以"身体写作"跻身于"美女作家"之列的。她和她的小说《乌鸦》被一些媒体冠以"妓女作家""妓女文学"的封号。九丹之后,木子美在网上发表《遗情书》,此举被作者本人和媒体又狂炒了一番。此后不久,"美女作家群"和"70后"事件便进入了尾声。

5. "80后"作家事件

正当"美女作家群"和"70后"渐渐淡出人们的视野之际,另一个媒介文学事件即"80后"又粉墨登场。"80后"的起点应该推至20世纪90年代末广州的中学生郁秀,而"80后"的命名则来自北京的辍学少女春树,但"80后"真正为自己迎来显赫声誉却是从韩寒开始的,到郭敬明时达到顶峰,再加上张悦然以及迅速跟上的李傻傻、小饭等,使得"80后"的作家作品成为在青少年中人人知晓的文学事件。"80后"文学因其定位在作者年龄的"青春"之上,所以又被称为"青春文学"。青春文学畅销书最早的代表作是郁秀的《花季·雨季》。从1998年10月开始统计文学畅销书排行榜,该书就在榜并排名第三,此后累计在榜长达28个月。韩寒的《三重门》2000年6月上榜并随即登上榜首,打破了长期以来青春文学领域《花季·雨季》一枝独秀的局面,此后推出的《零下一度》《像少年啦飞驰》也都轻松登上榜首,韩寒也取代郁秀成为"80后"青春文学的领军人物。《三重门》第45次印刷时销量突破了100万册。2002年,郭敬明在《萌芽》杂志上发表了小说《幻城》之后,立即在萌芽网站上引起轰动,当年的销量就突破了28万册。在后来推出他的作品《梦里花落知多少》《爱与痛的边缘》时,出版策划者就对郭敬明冠以了"青春派掌门人"的称呼。春风文艺出版社借2003年成功推出"金童作家"郭敬明之势,2004年再度全力推出"金牌玉女作家"张悦然。其《陶之隅》《黑猫不睡》等作品在《萌芽》杂志发表后,在青少年中引起巨大反响,并被《新华文摘》等多家报刊转载,小说《樱桃之远》首印为10万册,后来又屡屡重印。2002年张悦然被《萌芽》网站评为"最富才情的女作家",并获得了2005年第三届华语文学传媒大奖的"2004年度最具潜力新人奖"。到2004年,文学市场紧紧抓住由郭敬明、韩寒、张悦然等青春作者的文学在青少年中的影响力,大走青春文学路线,至此,"80后"这一名称也代替了"青春写作"而正式成为一种文学符号。在这一年,郭敬明的《幻城》《梦里花落知多少》继续在青少年中畅销,张悦然也在这一年里崭露头角,还有马原则力荐的"实力派五虎将"李傻傻、张佳玮、胡坚、小饭、蒋峰,都在这一年被频频提及。总之，2004 年"80 后"在文学市场上的影响力达到了第一个高峰，被媒体称为"青春文学年"。从以韩寒和郭敬明为代表的"80 后"作者们的日常活动可以看出，他们已经脱离了单纯进行文学创作的轨道，成为由大众媒体所操纵的消费时代的文化偶像。有人说"80 后"的火爆有一半要归功于媒体，此话基本正确。请看 2004 年各大媒体的图书版面，有关"80 后"的内容是铺天盖地的，由此推知，这同样是一个典型的人为制造的文学事件。总体上看，"80 后"的火爆不是因为文学领域出现了什么创新成就，而是由于出版社成功的商业化运作，由于大众媒体的积极命名与摇旗呐喊，由于消费主义价值观对文学消费者的思想影响。

在此，我们不必过多地叙述已经发生的种种媒介文学事件，我们要探究和追问的，是谁在策划、推动媒介文学事件的发生，以及媒介文学事件发生的机制与动力。运用系统论的观点，一个媒介文学事件的发生就是一个文学系统工程，涉及文学生产、流通、消费、文学批评等多个方面，是多要素"共谋"的结果。也就是说，一个媒介文学事件的制造主体和参与主体，由文学出版机构、大众媒体、文化商人、文学批评家、文学作者和文学受众（在这里，文学受众同样是作为制造主体和参与主体出现的）等多种文化力量构成，是一种集群现象。现象学的媒介文学事件背后，反映的是文学/文化政策、机制的深层问题。以文学出版机构为例。从 1992 年开始，中国的绝大多数刊物实现自负盈亏，作家、文学刊物、出版机构原则上不再依靠国家资助，都要通过市场进行资源配置。"断奶"后的文学从组织生产、流通渠道开辟到消费引导等各个环节都逐步通过市场来运作，文学的市场意识逐步强化。《山花》主编说："策划的导向作用贯穿于组稿、选稿、发稿的全过程。可以认为，对刊物创新的成功策划是编辑创造性精神活动的重要成果。"《青年文学》主编说："我们根据读者的要求，主动找作者并引导他们创作。杂志体现的是办刊人的想法、理念和品味。"《收获》编辑说："90 年代以来的小说写作的繁荣是一种极其虚假的现象。主要是话题的繁荣，而非小说写作的繁荣。我了解文学杂志的'行规'，杂志需要制造一些话题来扩大自己的影响。话题的影响力往往大于小说作品本身的影响。同样，作家的名气有时会被人们看得比作品本身的名气更重要。"[1] 在此过程中，无论是作家、出版社编辑、文学批评家还是大众媒体，其身份与角色都开始错乱。为市场而策划、为出名而创作、为赢利而出版、为炒作而"批评"、为吸引眼球而报道，成为被广泛认同

---

[1] 秦勇：《作为商业文化现象的中国当下躯体写作》，2005 年 8 月 4 日，文化研究网（http://www.culstudies.com）。

的"文学价值"取向与行动指南，成为文学商品化的"潜规则"。

第三节 广告的欲望书写逻辑

商业广告具有双重文化身份，一方面，广告以其独立的文本类型跻身于流行文化，成为流行文化家族必不可少的重要成员；另一方面，广告又以其独特的创意逻辑与叙事策略，成为流行文化的动力源和吹鼓手。本节就是在这双重语境中，展开对广告的欲望书写逻辑的阐释。现代广告既是消费经济学研究的对象，也是消费文化学研究的对象。从一定意义上说，大众社会就是消费社会，流行文化就是消费文化，而商业广告则是消费文化中最活跃的因子。法国著名新闻工作者罗培尔·凯兰曾形象地说，我们这个社会所呼吸的空气是由氧气、氮气和广告组成。广告是一种令人爱恨两难、毁誉参半的文化现象，无论如何，现代商业广告已成为我们的日常生活无法分割的一部分。戴维·波特（David Potter）说："不懂广告术就别指望理解现代通俗作家，这就好比不懂骑士崇拜就无法理解中世纪吟游诗人，或者像不懂基督教就无法理解19世纪的文艺复兴一样。"[1] 广告集文学、传播学、市场营销学、社会心理学等于一身，是文化创意产业的重要组成部分，也是流行文化典型的欲望叙事。广告在近一百年的发展历程中创造出无数的经典文本，形成了个性鲜明的广告诗学，为人类文学/文化宝库增添了具有另类色彩的精神财富。广告命运多舛，虽然它是我们日常生活不可废离的一部分，但常常遭到人文学者的诟病。从法兰克福学派的社会批判理论到伯明翰学派的文化研究，广告一直是核心论题之一，同时也一直是批判的靶子。早在20世纪60年代，西方著名历史学家阿诺德·汤因比就发出过警世之言："我们西方文明的命运将取决于我们和麦迪逊大道（美国街名，多家全球知名广告公司总部坐落于此——引者注）所代表的一切做斗争的结果。"[2] 广告文化具有开放性，居于多学科的交汇点上。由于广告具有刺激消费、引领时尚的基本功能与特征，因此成为公认的流行文化典型文本。随着消费社会的到来，当代广告扮演了越来越重要的社会角色，创意技巧与传播策略也越发娴熟。广告作为典型的消费主义文化，自有一套欲望书写逻辑。它一方面迎合当今社会不断膨胀的欲望需求，另一

---

[1] ［美］丹尼尔·贝尔：《资本主义文化矛盾》，赵一凡等译，生活·读书·新知三联书店1989年版，第115页。

[2] 转引自饶德江《新广告与人本观》，《光明日报》2001年8月21日。

方面也在运用特有的创意策略不断地制造欲望、诱导欲望、传播欲望，不遗余力地鼓动欲望消费，而且每每十分奏效。这也是一些文化批评学者对广告多有不敬的原因所在。

一 广告的发展轨迹与文化坐标

1. 中外广告发展轨迹

英文广告一词是 Advertising，源于拉丁文 Advertere，意思是"注意"或"诱导"。广告的萌芽可以追溯到人类文明的早期，据考证，公元前 3000 年巴比伦人就已开始雇用行商向那些潜在的顾客兜售他们的商品，并在他们的门廊上张贴广告。考古学家在发掘古罗马庞贝城遗址的过程中就曾发现过招牌广告。公元前 1200 年，波斯人把广告信息刻在路边的石头上，因为人们经常从那里经过。现在保存下来的最早的文字广告，是公元前 1000 年在古埃及首都特贝散发的"广告传单"，传单的纸用芦苇纤维制造，目前保存在大英博物馆中。现代意义的广告大体从 17 世纪开始出现于大众媒介，并伴随着工业化发展而迅速推进。1666 年，英国《伦敦报》正式创办广告专栏，广告的大众化历程由此拉开序幕。

广告学最早产生于经济发达的美国。1901 年，美国西北大学心理学家瓦尔特·狄尔·斯科特在芝加哥的一次集会上，首次提出了要把现代广告活动和广告工作的实践发展成为科学。1903 年，他编著了《广告原理》一书，第一次把广告当作一种学术理论来探讨。1908 年，斯科特撰写了《广告心理学》一书，运用心理学的原理分析了消费者的接受心理，开始了对广告理论的较为系统的探索。从 19 世纪末到 20 世纪初，随着研究的深入，广告学逐渐从市场学中分化出来，形成一门独立的学科。中国的广告学研究大体可以追溯到五四时期。最早的广告研究与教育团体可以认定为 1918 年成立的北京大学新闻学研究会，它被称为中国"报业教育之发端"。应该说，早期中国广告研究的集大成者当首推戈公振，他的广告学思想代表了当时的最高水平。1927 年，戈公振出版了著名的《中国报学史》，这不仅是中国第一部系统阐述中国报刊史的著作，也是中国较早研究广告学的著作。戈公振从文化社会学角度提出了对广告的独到见解："广告为商业发展之史乘，亦即文化进步之纪录。人类生活，因科学之发明日趋于繁密美满，而广告即有促进人生与指导人生之功能。故广告不仅为工商界推销出品之一种手段，实负有宣传文化与教育群众之使命也。"[①] 提出这样的观点在当时

[①] 戈公振：《中国报学史》，生活·读书·新知三联书店 1955 年版，第 220 页。

是难能可贵的。一百年来,商业广告一直处在或被追捧或被批判或被误读之中,理论纷争从未停止,广告自身也处在一个充满矛盾与裂变的状态中。富兰克林·罗斯福对广告就曾倍加褒扬:"如果我能重新生活选择职业,我想我会进入广告界。若不是有广告来传播高水平的知识,过去半个世纪各阶层人民现代文明水平的普遍提高是不可能的。"(这就是后来那句名言"不做总统就做广告人"的来历)而在广告业同样十分发达的日本,一个时期以来消费者大多把广告视为厂商推销商品的工具,是在引诱人们去购买并不迫切需要的东西。日本1981年度使用的《中学社会》教科书中,就对广告宣传进行过激烈的批评,认为广告刺激人们购买不必要的东西,过量的广告提高了商品的成本与售价,加重了消费者的负担,广告有利于为数不多的大企业,而对广大的中小企业不利。用日本广告业协会的话说,这是在对国民进行"广告罪恶观"的教育。[①]

在中国,广告历来命运多舛。1949年前战乱年代自不必说,1949年后广告也是命运坎坷。这倒不单单是因为经济的不发达,而是因为广告被政治化。从中华人民共和国成立到1978年这30年间,真正意义上的商业广告几乎不存在,广告学研究也几乎毫无建树。"文化大革命"期间,商业广告被定性为"资产阶级的新闻科目中的一门本质上就令人作呕的学问",被打入十八层地狱。直到1979年,随着《文汇报》"为广告正名"的发表和《人民日报》发出的"必须研究广告学"的呼吁,广告业才获得恢复与重建。回顾当代中国内地广告20世纪末以来的发展历程,大体可以这样来描述:第一个阶段是从70年代末开始的、以《文汇报》率先刊发"为广告正名"为先导的广告界思想解放时期,它以"拼意识"为特征。第二个阶段是80年代中后期开始的、以中央电视台广告竞标为代表的广告跟着胆量走的"拼勇气"时期。某企业以3.2亿元人民币天价争得五秒钟"标王",其底价不过只有1650万元。该企业不久后的倒闭标志着广告"人有多大胆,地有多大产"神话的破灭。第三个阶段是从90年代中期以后开始的所谓"拼智商"时期,"策划""创意""点子"成为此时最时髦的公共用语。一时间"点石成金"一类图书充斥市场,各路"点子大王"也是你唱罢来我登场,风景煞是好看。如今,中国广告市场规模已跃居世界第三(紧随美国、日本之后)。不容忽视的是,伴随中国广告一路走来的,还有违法广告的屡禁不止和不良广告的随处可见。一些美其名曰的"创意",在法律与公德之间荡秋千,挑战社会容忍度,直逼法律与伦理底线。一些人在有意与无意中利用制度有效供给的不足,巧妙地打着"擦边球",其手段的隐蔽性更强、欺骗性更大、社会危害

[①] 孙瑞祥:《广告策划与创意原理》,天津社会科学院出版社1996年版,第12页。

性更深。今天,广告业以"文化创意产业"重新命名,这预示着中国广告业正面临历史发展的又一拐点。笔者注意到,中国广告协会学术委员会为 2006 年全国广告学术研讨会设置的议题是"持续生存与和谐发展——中国广告业缺什么?"笔者以为,这是一个恰逢其时的重要议程设置。中国广告到底缺什么?仁者见仁、智者见智。如果非要一言以蔽之,笔者愿意用做菜类比。中国烹饪讲究"色、香、味、意、形、养、器"俱佳,如果把做菜七要素移用到广告,我觉得中国广告当前最缺的是"养"。所谓"养",简而言之,就是广告应实实在在地给消费者提供最真切的资讯,并在此基础上使人们获得形而上的精神或审美享受。策划也好,创意也罢,广告无"养",行之不远。

2. 从"广告即销售"到"文化创意产业"

自 20 世纪以来,围绕广告的言说可谓内容丰富,流派纷呈,既有创意上的科学论与艺术论之争,也有表现形式上的理性派与感性派之辨,广告"营销说"与"传播说"也争执不下,但总体而言在一点上是统一的,那就是"广告即销售"。自 20 世纪初肯尼迪提出"纸上推销员"后,广告销售观便成为普遍共识。1923 年,霍普金斯在《科学的广告》一书中就强调:"广告是推销术的一种,它的基本原则就是推销术的基本原则。"从伯恩巴克的"说服"观、李奥·贝纳的"戏剧性"理论、罗瑟·瑞夫斯的"USP"(Unique Selling Proposition,独特销售主张),到里斯与特劳特的定位理论,再到舒尔茨的整合行销传播,尽管理论色彩不同,但在强调推销这一点上是基本一致的,广告即销售是 20 世纪广告的核心价值观。其实,广告即销售并无不对,但有些简单化。对广告工具性的过分强调,遮蔽了它的文化属性与意识形态意义。正像马克·波斯特谈到电视广告时所说:"我们可以从不同角度看待电视广告,为了商行的利益着想,可以不把广告死板地看做是经济事件,而把它看做是一种社会政治事件,它讲述着或参与着社会场中各种力量之间正在进行的游戏。"[①] 20 世纪末,随着"文化创意产业"概念的提出,广告的新定位形成了,广告的文化内涵得到彰显。所谓文化创意产业,一般是指在全球化消费时代背景下,以人的精神文化娱乐需求为基础、以高科技手段为依托、以数字化大众传播方式为主导的,以文化艺术与经济的全面融合为特征的"跨界"创建或重组的新型产业集群。它是以创意为核心,向大众提供文化、艺术、精神、心理、娱乐产品的新兴产业。当代文化创意产业的兴起

---

① [美]马克·波斯特:《信息方式——后结构主义与社会语境》,范静哗译,商务印书馆 2000 年版,第 70 页。

源于"创意产业"这一创新理念的提出,而创意产业又是文化产业发展到新阶段的产物。创意产业、创意经济（Creative Industry Creative Economy，或译为"创造性产业"），是一种在全球化消费社会的背景中发展起来的，推崇创新、个人创造力，强调文化艺术对经济的支持与推动的新兴理念、思潮和经济实践。早在1986年，著名经济学家罗默（P. Romer）就曾撰文指出，新创意会衍生出无穷的新产品、新市场和财富创造的新机会，所以，新创意才是推动一国经济成长的原动力。但作为一种国家产业政策和战略的创意产业理念的明确提出，则是英国创意产业特别工作小组的贡献。1998年这个工作小组首次对创意产业进行了定义，将创意产业界定为"源自个人创意、技巧及才华，通过知识产权的开发和运用，具有创造财富和就业潜力的行业"。根据这个定义，英国将广告、建筑、艺术和文物交易、工艺品、设计、时装设计、电影、互动休闲软件、音乐、表演艺术、出版、软件、电视广播等行业确认为创意产业。近年来，欧洲、美国、澳大利亚和其他国家发布的报告和研究成果大大丰富和推进了关于创意部门和创意产业的新观点。在这些报告中，创意产业部门的范围包括：广告、表演艺术、广播媒体、博物馆、软件开发乃至交响乐。一些经济学家对创意产业进行了详细的研究和调查，正试图建立一门新的创意产业的文化经济学。在中国，2006年被称为"文化创意产业"元年，因为在这一年"文化创意产业"成为媒介上的一个热词。文化创意产业的命名是对广告业性质的重新界定，大大提升了广告的文化内涵，也为流行文化研究开辟了新视野。如果说广告即销售，那么作为创意产业的广告就不只是销售商品，而且是销售文化、愉快和享受，广告在实现商业目标的同时，要向精神世界与艺术世界靠拢。

3. 市场调查与广告科学化

广告是艺术，更是科学。市场调查的科学化对推动广告科学起到了重要作用。科学的市场调查是商业广告的有机构成，它采用实证方法获取消费信息、分析消费现象、描述消费行为、阐释消费动机，使受众对消费的认识由感性上升到理性，进而推动了广告科学化。从历史上看，19世纪末20世纪初心理学学科的逐步成熟与发展，为推动市场调查的科学化奠定了理论基础。例如，心理分析学派对人的潜意识的研究成果，成为广告对受众心理与行为影响以及对消费决策过程影响研究的理论基础；人本主义心理学为解释消费者消费需求的产生和递进提供了理论依据；行为主义心理学所研究的影响人的行为刺激条件，对商品销售方式、商品包装装潢及商业广告的演进起到了推动作用。随着市场调查研究的日益科学化，一种影响更为深远的调查方法悄然兴起，这就是关于消费者价值标准与生活方式的调查。从事这项调查的专家认为，一个人有什么样的价值标准，就会选择什么样的生活方式，而这直接影响到他的商品选择。在当代消费文化中，生活方式"涵蕴了个性、自我表达及风格的自我意识。一个人的身体、服饰、谈吐、闲暇时间的安排、饮食的偏好、家居、汽车、假日的选择等，都是他自己的或者说消费者的品味个性与风格的认知指标"①。因而，应该对消费者作更为精确的分类，以便在商业促销中做到有的放矢。早在 1960 年，美国一家调查研究院就发表了第一篇关于社会价值与消费者购买习惯之间的相互联系的报告，名为《消费者价值标准及需求》。到 80 年代，美国已建立了一套"价值观和生活方式分类体系"，简称 VALS。90 年代，美国学者提出了八种价值标准与生活方式的模型，该研究把消费者分为八种，即现实主义者、成功者、信仰者、制造者、履行义务者、体验者、努力者及斗争者。这八种人有着不同的价值标准与生活方式，因而在选择商品时自然会产生差异，商家做广告时也必然要区别对待。最初，价值标准与生活方式调查是在高度保密情况下进行的，但现在这已成为流行的话题。不少广告公司开始炫耀它们的"心理测试能力"，大众传媒也开始不失时机地利用其研究结论出售广告空间。比如，美国的《读者文摘》就利用这方面的资料促使那些本来不大愿意做广告的商人们相信，它的读者正是他们广告的合适对象。《国家地理》也在《纽约时报》上刊登过一整页广告，以告知读者他们是如何通过价值标准与生活方式调查来帮助广告商的。现在，广告商不仅运用这些调查资料来确定自己的广告策略，而且一些厂家还利用这些资料确定自己的生产方向，开发符合市场需求的新产品。

在中国，相关的研究也早已开始，1995 年，由 IMI 市场信息研究所、北京广播学院广告学系和国际广告杂志社等部门联合推出了全国首部《1995IMI 消费行为与生活形态年鉴》，为中国广告科学化研究提供了第一手资料。再比如《北京青年报》，该报 1999 年 10 月 12 日用半个版面发布了有关该报读者群的资料，他们设定的"标准读者像"是：他（或她）是一位 36 岁左右较为成熟的年轻人，拥有高中或大专以上的学历，供职于政府机关、教科文卫单位或企事业单位的公务员、专业人士或"白领人士"，他（她）是拥有较高经济收入和消费投资决策能力、对于流行时尚敏感的、享有最多的高档和豪华生活用品的城市人。该报读者定位源于权威调查机构对同类报纸的比较分析，构成这一"标准像"的关键参数一是收入构成、二是

---

① ［英］迈克·费瑟斯通：《消费文化与后现代主义》，刘精明译，译林出版社 2000 年版，第 121 页。

住房状况、三是财富标志、四是消费行为。其中，消费行为被设定为对家庭重大消费及投资拥有较高决策权，旅游休闲及文娱健身消费比率最高的人群。市场调查的逐步科学化有力地推动了广告文化的发展。

消费社会存在一个悖论，那就是，人们在消费选择高度自由化的环境中，反而可能因不知所措导致焦虑。换句话说，信息量的增多只意味着给人们提供了更多的选择可能性，但这并不会必然增强人们对信息的选择能力。正是从这个意义上，阿尔温·托夫勒提出："有时候，选择不但不能使人摆脱束缚，反而使人感到事情更复杂、更棘手、更昂贵，以致走向反面，成为无法选择的选择。一句话，有朝一日，选择将是超选择的选择，自由将成为太自由的不自由。"① 按照经济学边际效用递减法则，当物质极大丰富、当需要不再迫切、当选择成为可能时，人的物质欲望动机就会减弱。此时，只有适度的外界刺激或他人引导才可能燃起新的消费欲望。在消费社会，虽然产品丰富，交易机会增多，但消费者的认知容量以及搜寻信息的时间、能力是有限的。在这种情况下，对要做出购买决策的消费者来说，就面临着购买决策的不确定性或决策风险。而减少这些不确定性或风险的对策，就是在行动决策前尽可能周全地搜寻相关信息。这种搜寻主要源自两个方面，一是依靠以往经验的消极的内部搜寻，二是访问商店、听取周围人意见、搜寻广告媒介信息等积极的外部搜寻，也就是"他人导向"。有研究表明，在目前中国消费者外部搜寻的信息源中占最大比重的为周围人，其比重为 45.1%；其次是商店，其比重为 28.5%；然后是广告，其比重为 26.1%。② 在广告对消费的诱导作用日益凸显的今天，作为媒体文化的广告，也以其独特的文本形态进入了流行文化研究的视野。

二 广告的欲望书写逻辑

广告是一种富有争议的媒体文化，广告欲望书写的两面性让人"想说爱你不容易"。美国新闻史中曾记载过一段趣闻：在 1954 年的某一时期，美国托莱多市自来水管理人员发现，耗水量在某些特定的三分钟时间内突然增加，对此他们感到大惑不解，便不动声色地做了一次调查。原来，观众们在电视播放商业广告时都跑到浴室小解，耗水量增大是因为人们在同一时间一起抽水冲厕所致。这一现象形象地说明了当时公众对广告的一种态度。其实，这也难不倒富

---

① [美] 阿尔温·托夫勒：《未来的震荡》，任小明译，四川人民出版社 1985 年版，第 313 页。
② 李东进：《关于我国消费者搜寻信息努力的实证研究》，《南开大学学报》2001 年第 2 期。

有创意的广告商,现在的许多广告已把固定播出改为了无规律地随时插播,成为一种"闯入式"信息,让你想躲也不易。无论人们对广告持何种态度,广告都在消费社会中扮演着越来越重要的角色,发挥着越来越独特的作用,广告具有巨大的劝导作用与文化价值,在这一点上人们是认同的。有研究者这样描述广告对当今生活的影响:"广告像层层落叶覆盖在我们的日常生活之上。落叶绵绵密密,遮住我们的阳光。落叶腐烂也给我们以养分。我们依了广告所标示的去购买我们的日常用品、衣服、帽子、鞋子,按广告上所说的去装扮自己,寻了广告上所说的地方去吃喝玩乐。我们按照广告所指示的去生活。我们没有想过如果没有了广告,我们还会不会生活。广告也确实神通广大,一个新开张的酒店,某个不知名的产品,密集轰炸的广告可以使它立即名满天下。广告帮你吆喝没有卖掉的商品,广告帮你唤起人们还没有产生的欲望,广告还帮你指出你尚未发现或未曾引起足够重视的问题。仿照一个著名的文本,我们甚至可以说,广告是播种机,广告是宣传队,广告是指南针,广告是沟通你我的桥梁,广告是商品销售的好搭档。广告是望闻社会的良方,广告是问切人生的听诊器。"①

美国经济史学家戴维·M.波特在1954年出版的《富裕的人们》一书中指出,美国社会是一个主要由广告驱使的消费者社会。"广告在匮乏的经济中并不十分必要,因为总体需求通常等于或者大于总体供给,每一个生产者一般生产多少就能够卖掉多少……当潜在的供给大于需求时——那就是,当财富充足时——广告开始履行一种真正必要的经济功能。"② 他说:"论社会影响,广告可以同由来已久的机构(如学校和教堂)相比,它统治了媒介,对大众标准的形成有巨大影响,它是很有限的几个起社会控制作用的机构中货真价实的一个。"③ 阿特休尔概括道:"新闻媒介从一开始就成为资本主义经济繁荣的原因之一,到20世纪,它成为资本主义经济发展更重要的组成部分。……在某种意义上,我们可以说媒介就是经济。……就商品销售而言(智力商品和物质商品),新闻媒介在美国制度及所有资本主义制度中居于中心地位。……事实上,媒介已成为市场。所以日报有60%—70%的版面塞满广告,电视节目每隔几分钟就被商业信息隔断。……广

---

① 雷启立:《我们在广告时代的生活》,载王晓明主编《在新意识形态的笼罩下——90年代的文化和文学分析》,江苏人民出版社2000年版,第154—155页。
② [美]雪莉·贝尔吉:《媒介与冲击——大众媒介概论》第4版,赵敬松主译,东北财经大学出版社2000年版,第308页。
③ [美]梅尔文·L.德弗勒、埃弗雷特·E.丹尼斯:《大众传播通论》,颜建军等译,华夏出版社1989年版,第471页。

告体系已深深扎根于美国及其他资本主义国家中,并且成为对其经济具有决定作用的因素,大众传播媒介也同样是决定性的,没有它们,公众几乎无从得知购物信息。"[1]

是一种什么力量在支持广告能不断地制造欲望、诱导欲望、传播欲望,不遗余力地鼓动欲望消费,而且每每十分奏效?答曰:独特的创意逻辑。创意是广告制造欲望需求的杀手锏,是制造轰动效应的导火线,是吸引眼球的控制阀。创意是现今最流行的热词。虽然有人考证"创意"一词很早就出现在汉语之中,认为在东汉王充所写的《论衡》中就已出现,意指写文章有新意;但"创意"并不是汉语原有的固定词汇,在1989年和1999年版《辞海》中就没有这一词组,直到《新华词典》2001年修订第三版中才出现了这一词组。"创意"一词可以说是"舶来品",在英文中,"创意"也没有形成统一的名词,大体有三个单词都可以翻译为创意,一是Creative(创造性的、有创造力的,Greative Strategy常被译为"创意策略");二是Creativity(创造力);三是Idea(思想、概念、主意、计划等)。目前国内大多把Idea翻译为创意。创意既是一个静态概念,又是一个动态过程,前者是指创造性的意念、巧妙的构思,后者是指创造性的思维活动。广告创意的着眼点应该是"说什么"(广告内容设计)和"怎么说"(广告表现策略)的有机结合。美国艺术派广告大师伯恩巴克称,广告创意是赋予广告生命和灵魂的活动。科学派广告大师大卫·奥格威也一再强调,没有好的创意,广告充其量是二流作品。在后现代语境中,创意是一个颇具争议性的词汇,是消费社会参与制造欲望需求的共谋者,文化学者对广告的批判直接演变为对其创意技巧的讨伐。广告具有一种化腐朽为神奇的能力,个中道理非局外人所能明白。麦克卢汉在讨论公众与广告的关系时曾有一个逆向性解释:"气愤具有很大的'吸引注意的力量'。在这方面,气愤的听众正是忠实的听众。因此,厌恶成了广告动态学的一条新的原理,正如它成了美学的新原理一样。"[2]他说:"那些一辈子把精力花在抗议'虚假的和骗人的广告'上的人,实在是广告客户的天赐恩主……抗议者是最好的喝彩人和最大的加速器。……它反而赋予广告新的力量和权威。"对广告持批判态度的麦克卢汉,在"广告——使消费者神魂颠倒"论题下还告诉人们:"广告的作用

---

[1] [美] J. 赫伯特·阿特休尔:《权力的媒介》,黄煜等译,华夏出版社1989年版,第144—145页。

[2] [加] 埃里克·麦克卢汉、弗兰克·秦格龙:《麦克卢汉精粹》,何道宽译,南京大学出版社2000年版,第40页。

与洗脑程序完全一致。洗脑这种猛攻无意识的深刻原理，大概就是广告能起作用的原因。许多人对当代的广告业表示不安。直截了当地说，广告业是将自动化原理拓展到社会各侧面的一种粗鲁尝试。"[1] 从精神分析的角度解读广告，使我们想起了弗洛伊德说过的话："任何人，倘若想要对一个集体施加影响，不必考虑如何使他的论证有逻辑的力量，而只须危言耸听，只须夸张其辞，只须一而再地重复同一件事。"[2] 弗洛伊德的这个理论曾经被有效地用于分析纳粹政治，人们借此理解了高音喇叭的政治含义，今天用它来揭示广告的巧妙所在，也算比较贴切。广告的欲望书写逻辑实际上反映的就是广告的创意思维逻辑。

1. 发动情感、性感攻势诱导欲望消费

美国学者菲利普·科特勒（Philips Kotler）曾把人们的消费行为分为三个阶段：第一是量的消费阶段；第二是质的消费阶段；第三是感性消费阶段。感性消费是相对于理性消费而言的，就是消费者以对商品的直观、感觉、情感、主观偏好和象征意义作为消费选择的原则。广告策略中一直存在着理性诉求与情感诉求两种模式，这既是广告表现形式上的差异，也是广告观念上的差异。理性诉求强调消费者对产品或服务的功能性需求，强调用事实说话，突出产品或服务的特别属性以及消费者能够体验到的具体好处，目的是说服消费者产生理性的购买行动。情感诉求与消费者购买产品或服务的社会的、心理的需求相关，其目的是要唤起消费者一种积极的情感反应，进而将这种反应移植到产品或服务本身。一般认为，当一种产品与其竞争对手的品牌在功能上无明显差异时，理性诉求便难以奏效，情感诉求就会发挥作用。情感是人类永恒的话题，以情感为诉求点寻求广告创意，是一种重要的广告策略。可以说我们今天已经进入了一个情感消费时代。所谓情感性消费，就是指在基本的物质性需求得到满足的前提下，消费者开始注重对商品物质功能之外的情感附加值的追求与享用。[3] 换句话说，情感性消费就是一种建立在有形消费之上的无形消费，是对物质消费的一种延伸，也可以说就是一种欲望消费。以服装为例，人们购买服装的基本动机是遮体御寒，耐用与舒适是其基本要求；但随着基本要求得到满足，人

---

[1] ［加］马歇尔·麦克卢汉：《理解媒介——论人的延伸》，何道宽译，商务印书馆2000年版，第287、282页。
[2] ［奥］弗洛伊德：《弗洛伊德后期著作选》，林尘等译，上海译文出版社1986年版，第83页。
[3] 孙瑞祥：《广告策划与创意原理》，天津社会科学院出版社1996年版，第178页。

们还会提出物质性以外的精神要求，那就是通过着装显示自己的身份个性与审美追求。为满足这种心理需求就要产生额外付出，这就是一种无形消费。现代广告创意为有形消费与无形消费搭建了一座平台，使两者得到了现实统一。

情感诉求广告在表现手法上主要采取四种策略。① 一是变商品味为人情味。人情味是人世间的一种共通语言，富有人情味的广告就像朋友间的对话，能增强彼此之间的相互认同感，有助于打破种族、心理或地域上的文化隔阂，更好地传达广告信息。二是变业缘性为亲缘性。传统广告多以生产资料信息传达为主，注重对业缘关系的表现，随着生活资料广告的日渐增多，家庭成为广告的表现场景，三口之家、天伦之乐、幸福安康成为广告常用的诉求主题。正是家庭这一特定环境，为广告的情感宣泄创造了独有氛围。三是变灌输式为诱导式。传统的广告观念大多从广告主意愿出发，带有强加于人的话语霸权色彩，缺乏亲和力。当代广告创意视角正由俯视转为平视，由理念灌输转为情感诱导，给人们留下了丰富的想象空间。四是变推销型为服务型。推销型广告表现的是单纯的买卖关系，以商品出售率为指标。而服务型广告重在提供咨询建议，重在为消费者排忧解难，是商家的一种长期的战略性情感投资。

在激烈的市场竞争中，广告承载了过多的销售压力，要全方位调动消费者的情感共鸣，广告创意不惜剑走偏锋，极尽煽情之能事。最典型的就是诉诸性感策略。比如，在广告中使用性感模特儿或其他诉诸性感（Appeals to Sex）的手段是常见的技巧，性感营造是当今广告欲望书写的基本逻辑，有些性感广告已直逼道德法律底线。从客观效果上看，西方学者研究认为，在信息中使用性感武器进行说服至少有三个方面的冲击力：①性感材料可以增加受众对信息的注意，而注意是态度改变的必要条件；②性感材料可以引起冲动，而在冲动条件下产生的愉悦感觉可以转移到信息所推荐的产品上去，导致态度改变；③通过信息中的产品、机构或所推荐的方法与性感刺激的联系，它们可以变得性感化，或带有性感因素。这种性感因素便可使产品、机构和方法更易于为人接受。有研究认为，性感模特儿可以影响人们对产品的感觉和形象，即便在模特儿与产品之间没有什么逻辑关系的情况下也是如此。史密斯和恩格尔曾做过实验，为某种汽车准备了两种版本的印刷广告，其中一个版本是一名女模特儿穿着黑色蕾丝内裤和简单的无袖毛衣站在车子前面。她拿着一支矛——其假设是，这支矛可能被视为男性生殖器的象征符号，并使这位女模特儿看起来特别具有进攻性的诱惑。在另外一种版本里则没有女模特儿。当描绘车子与女人在

---

① 孙瑞祥：《广告策划与创意原理》，天津社会科学院出版社1996年版，第180页。

一起时,受试者对这个广告的评价是"更吸引人""更年轻""更活泼""设计得更好",甚至连车子的客观特征也受到女性的影响。而且,当这部车与女人同时出现时,该车的马力被评价得分更高,一般来说,男性与女性受试者对广告的反应一致。①

对广告的这种欲望书写,杰姆逊一针见血地指出,广告作为"美丽的谎言"一再得逞的奥秘,就在于它切中了人们无意识中的种种欲望模式,"如果要想使形象起作用,就必须在消费者那里存在着欲望,同时,广告形象必须与这个欲望相吻合"。② 这里的"欲望'就包括"直接的欲望和深层的无意识需求",而广告的作用,正是把最深层的欲望通过形象引入到消费中去,通过广告,"直接的欲望和深层的无意识需求都得到了满足;你可以梦想一个妙龄女郎,甚至更进一步,你可以幻想全部生活都发生改观,四周都是美丽的人,你有充足的时间,无忧无虑。也就是说世界上所有的一切都在这种乌托邦式的状态下改变了、变形了。这些广告正是在悄无声息地告诉你,难道你所渴望的不正是这种乌托邦式的对世界的改造吗?如果是这样,为什么不用我们的产品呢?虽然我们不能许诺任何东西,但这些产品起码含有改变精神状态的成分。在这种无意识的欲望中,最强烈、最古老的愿望仍然是集体性的,例如,永久的青春,自由和幸福等"③。

2. 把世界"问题化"和把问题"世界化"

在一些研究者看来,广告从始至终贯穿着一种强加于人和无限夸张的创意逻辑,它往往总是从预设问题开始,围绕着所谓"生活的缺失"展开自说自话的诉求。当代广告的一个标准操作模式,就是先将人们生活中面临的某些不如意定义为"问题",紧接着便自告奋勇地提出能够解决这个"问题"。它似乎要告诉人们,广告能够满足人们最迫切的需求,解决所有的人类不如意,广告俨然就是一个生活中的救世主。诚如阿基内·博尼托·奥利瓦(Achille Bonito Oliva)所言:"广告宣传的先决条件是生活的不完美,即,那种不幸是可以通过一种生产来修补的,这种可修复的性质又准确地证实了那种生产。这种假设是为广告宣传提供一种绝对正确的权威性。"④

---

① 孙瑞祥主编:《广告策划创意学》,天津人民出版社 2007 年版,第 50—51 页。
② [美] 杰姆逊:《后现代主义与文化理论》,唐小兵译,北京大学出版社 1997 年版,第 222 页。
③ 同上书,第 222—223 页。
④ [意] 阿基内·博尼托·奥利瓦:《艺术的基本方位(下)》,易英译,《世界美术》1994 年第 4 期。

广告一再告诫人们，生活虽然不完美，但这是可以弥补的，只要接受广告的"邀请"，就能满足我们的内在渴望，种种生活的缺失就会因一种外在的力量而立刻得到解决。广告用一个又一个诱人的神话制造着需要的谎言，他们承诺健康、承诺幸福、承诺美丽、承诺尊严、承诺成功，甚至承诺爱情、承诺能考上大学。只要你使用××产品，所有想要的和不想要的都能遂愿。在这一连串的承诺中，人们似乎看到了灿烂的希望、惬意的自足和美梦成真的无尽喜悦。"几乎每一个广告都要制造一个美丽的谎言。广告中的商品被赋予了神奇的力量，它似乎能够化解一切矛盾，解除一切痛苦，解决一切难题。在广告中，社会矛盾与个人痛苦乃至人类生存的困境，都可以在瞬间被神奇地（也是虚幻地）解决。"[1] 当人们迷恋上广告时，"消费者们就被那些虚假的需求和无法实现的希望所迷惑，因为这些产品不大可能履行它们的允诺。'Y'牌香波实际上不可能极其有效地促进你的爱情生活，并且那种用新潮的家具来重新装潢你起居室的做法不大可能填满与朋友共同拥有的孤独生活。"[2] 显然，这里隐藏的弥天大谎并不是人人都能用理性识破的，相反，"它们的论域充满着自我生效的假设，这些被垄断的假设不断重复，最后变成令人昏昏欲睡的定义和命令"[3]。面对强大的广告攻势，真不知道有多少人会乖乖"就范"。

3. "简单就是伟大"的广告口号

生活世界原本是丰富多彩、变动不居的，逻辑性与偶然性同在，多样性与差异性共存。而广告世界却是另外一番天地，它无须考虑生活世界的复杂多变性，一律可以一厢情愿地删繁就简，把丰富的生活世界公式化、简单化、概念化，直接解构为一句精巧别致、朗朗上口的广告语，并通过不厌其烦的重复灌输使人烂熟于心。"简单就是伟大"是广告界的一句名言，它简化了事物之间意义关联上的多重性，阻止了选择的多样性，强调"××产品是你唯一的选择""一旦拥有，别无所求"。在鲍德里亚看来，在"画面消费"的后面隐约显示着解读系统的帝国主义，即只有可以被阅读的东西才能存在。"那将与世界的真相或其历史无关，而仅仅与解读系统的内在严密性相干。就是这样，面对着一个混乱、充满了冲突和矛盾的世界，每一种媒介都把自己最抽象、最严

---

[1] 陶东风：《口香糖与爱情：欲望的虚幻满足》，《中华读书报》2001年7月4日。
[2] ［英］罗宾·科恩、保罗·肯尼迪：《全球社会学》，文军等译，社会科学文献出版社2001年版，第349页。
[3] ［美］赫伯特·马尔库塞：《单向度的人——发达工业社会意识形态研究》，刘继译，上海译文出版社1989年版，第14页。

密的逻辑强加于其上。根据麦克卢汉的表达，每一种媒介都把自己作为信息强加给了世界。而我们所'消费'的，就是根据这种既具技术性又具'传奇性'的编码规则切分、过滤、重新诠释了的世界实体。世界所有的物质、所有的文化都被当作成品、符号材料而受到工业式处理，以至于所有的事件的、文化的或政治的价值都烟消云散了。"① 简单化创意逻辑并不是指创意本身的简洁，相反，它要调动一切创意技巧，把一个原本复杂的事情说成简单，并且还试图令人信服，让人感到实现目标是如此的轻松与简便。正像麦克卢汉所说："广告似乎按一条很高深的原理发挥作用：一个小球、一种模式，经过反复的鼓噪之后，均可以逐渐确立自己的形象。""广告不是供人们有意识消费的。它们是作为无意识的药丸设计的，目的是造成催眠术的魔力。"②

妈妈下岗了，小女孩用雕牌洗衣粉帮妈妈洗衣服，为妈妈甚至也为政府分担着艰难。妈妈回到家时，孩子已经睡熟，在桌子上留下字条："妈妈，我能帮你干活了。"妈妈激动得热泪盈眶，既心疼又欣慰，仿佛下岗的痛苦一扫而光。有文章说："这是一则最为让人恶心的广告，因为它隐藏着一个弥天大谎，好像下岗这一社会重大问题通过洗衣粉+女儿情就可以解决。"③ 雕牌牙膏选择的是一个离异家庭背景，继母的到来令小女孩不开心，不能接受继母；然而，继母的关心令小女孩逐渐改变了态度，当她看见继母为自己准备的雕牌牙膏后，开心地笑了，终于接受了继母。一个复杂的社会问题用一支牙膏就解决了，真是得来全不费工夫。麦克卢汉注意到了广告简化生活这种功能的生成机制："广告只不过是一种意义双关的哄骗，目的是分散吹毛求疵的感官的注意力。"④ 还有学者指出："那些被用于大众消费文化领域中的概念需变得通俗易懂以及及时有效，因而它们就使得货物的营业额以一种巨大的规模迅速得到提高。结果是，那种存在于'高级'文化（譬如，古典音乐、文艺复兴时期的艺术）与相对来说不怎么高级但由大众文化（像连环画、电视肥皂剧和摇滚乐）所提供的立马可以感受的形象之间的区别就逐步消失了。正如最为刺耳的批评者所说的那样，最终的结果是创造出一个由标准化了的大众产品所构成的

---

① ［法］波德里亚：《消费社会》，刘成富等译，南京大学出版社2000年版，第133页。
② ［加］马歇尔·麦克卢汉：《理解媒介——论人的延伸》，何道宽译，商务印书馆2000年版，第282、283页。
③ 陶东风：《消费主义时代的抒情诗——广告中的情感资源调用》，《中华读书报》2001年11月14日。
④ ［加］马歇尔·麦克卢汉：《理解媒介——论人的延伸》，何道宽译，商务印书馆2000年版，第286页。

同质化世界以及一种缺乏实质内容的、空泛的、呆滞的文化。"①

一句撩拨人心的广告口号便构筑了一个令人痴迷的幻觉世界，而"幻觉并不出现在知的那个方面，它已经出现在现实之中，出现在人们正在做的事物和人们的行为之中。他们所不知道的是，他们的社会现实本身，他们的行为是由幻觉和商品拜物教式的倒置所引导的。他们所忽略和误认的，并非现实，而是幻觉在构建他们的现实，他们真实的社会行为。他们明明很清楚事物的真实面目是怎样的，但他们依然我行我素，仿佛对此一无所知。因此，幻觉是双重性的：它寄身于对幻觉的视而不见之中，这样的幻觉正在构建我们与现实之间的真实、有效的关系"。② 美国批评家伯纳德·罗森伯格（Bernard Rosenberg）说过的一段话，可以用来提示广告简化生活、制造幻象可能存在的某种危险性："在大学里最为'受人欢迎'的教师是那样一些人，他们将材料变得简单化，使它们看上去简单，从而使人抱有这样的错觉，即富有挑战性的知识整体能很容易地被吸收。这就是引人注意的教学法：柏拉图是一个理想主义者，亚里士多德是一个现实主义者，康德是一个辩证法家。你所需要的只是一个标记……所以，尽管我们绝没有真正用这样方法把握哲学，但那种危险的信念却存留着。"③

4. 名人策略与"自居意识"

现代广告时常运用名人策略，通过塑造广告形象代言人等方式，使消费者产生移情作用和强烈的心理暗示，以提供虚假的心理满足来实现促销目的。名人代言广告可以为理想和现实架起一座桥梁，使理想得以"实现"。所谓理想现实"是个体希望实现，但根据目前所具备的条件或自我对'现实'的认识和理解，认为尚不可能实现的理想状态"。④ 现实与理想之间始终存在着距离，人类也始终处在对理想现实的追寻之中。然而，今天的名人广告成功地为人们构筑了一个实现理想的幻觉空间。广告借助名人源源不断地输出供人自我安慰、自我满足、自我欺骗的幻象，浸润其中的人们往往将幻象视为现实而得到满足。英国传播学者戴维·巴勒特（David Barrat）在谈到符号学方法时曾指

---

① [英] 罗宾·科恩、保罗·肯尼迪：《全球社会学》，文军等译，社会科学文献出版社 2001 年版，第 349 页。
② [斯洛文尼亚] 斯拉沃热·齐泽克：《意识形态的崇高客体》，季广茂译，中央编译出版社 2002 年版，第 44—45 页。
③ 转引自高冠钢《大众文化：当代文化的主角》，《复旦学报》（社会科学版）1988 年第 3 期。
④ 祥贵：《崇拜心理学》，大众文艺出版社 2001 年版，第 10 页。

出:"在广告中,常常利用一些肖像暗示特定的意义。这些肖像往往是漂亮的、富有的、有地位的、现代的、传统的、健康的、精神饱满的、性感的、年轻的,以及关于家庭生活的。"① 在这里,巴勒特意指广告要寻找并创造一种特定的象征性形象,以代表广告商品或其某种性质。由于这些象征性形象包含了某些人们能够认同的价值,具有吸引力并易于识别,所以,它在日积月累之中便成为一种富有寓意的象征性符号。

由于广告是一种单向的、非面对面的传播方式,所以广告必须借助于一些特殊的技巧,以获得某种"社会亲和力",激发受众对商品的积极的、正面的情感反应。这就要求广告把人们对美好的东西、生活、理想和价值的憧憬、向往、热爱等情感转移到商品中去。英国学者克里斯·罗杰克就把大众文化中泛滥的明星崇拜现象概括为"名流文化"(celebrity culture):"名人是当今娱乐文化的组成部分。当人们对上帝的信仰逐渐淡化时,社会需要娱乐来分散人们对结构不平等和无意义的生存等痛苦事实的注意力。对于这个世界上的结构不平等,宗教提供了这样的解决方式,即向真正的信徒许诺永恒的生命。随着上帝的远去和教堂的衰败,人们寻求得救的圣典道具被破坏了。名人和奇观填补了空虚,进而造就了娱乐崇拜,同时也导致了一种浅薄、浮华的商品文化的统治。"② 进一步说,是明星展现了令人尊敬且富有魅力的不朽形象,这就使人们能够根据物质环境来调节各自的心态,从而忘却生活中的空虚。罗杰克认为,"名流文化是激发抽象需要的最重要的一个因素。它通过一个富有活力的物体来体现这种需要,这比毫无生气的商品更能够引发人们深层次的依恋和认知。名流可被用来更新需求,因此它是激发全球需求最有效的资源。简言之,他们使需求更具人性化"。③

广告制造心理暗示的生成机制,是借助名人使公众产生一种"自居意识",就是马丁·布伯(Buber Martin)所说的使受众产生自居的功能,即由"我与他"的关系进而转化为"我们"的关系。④ 也就是说,通过广告移情作用使生活里的"我"自居于广告里的"他(她)"而成为"我们",从而产生一种"自己人效应"。广告利用自居心理使接收主体从现实的境况中脱离出来,进入一种与广告中的理想化人物不分彼此的虚幻之中。通过使用广告中理想化人物

---

① [英]戴维·巴勒特:《媒介社会学》,赵伯英等译,社会科学文献出版社1989年版,第109—110页。
② [英]克里斯·罗杰克:《名流》,李立纬等译,新世界出版社2002年版,第97页。
③ 同上书,第236页。
④ 转引自李晓洁《缩减与消解:广告文化的另一种读解》,《西北大学学报》2000年第3期。

所使用的商品，仿佛自己俨然已成为名人，仿佛我们真的在与帝王同饮一种琼浆玉液，与明星共用一种化妆品，与自己的崇拜者同穿一种款式的服装。"广告不仅刺激人们选择某一物体、做出一次认知决定、做出一种理性评价，而且力图在其他语言学层面上制造种种使观看者与该产品合而为一、彼此依附的效果。观看者是广告中缺席的男女主角。观看者被引诱，而把他或她自己置换进广告之中，从而使该观看者与产品意义合而为一。"① "广告人的修辞使公众进入醉眼朦胧、痴迷快乐的境地"，② 让人以为通过物的消费就可以购买到幸福、购买到成功、购买到健康，可以与那些光彩照人的明星们共享同一种生活。广告就是这样通过强烈的心理暗示，制造虚假的销售偶像，唤起人们的消费激情，燎起人们的消费欲望。所以，英国伦敦一位广告代理机构的经理说："许多在竞争中的啤酒品种，它们在味觉、颜色和储运上实际是一样的，哪怕是专家，在喝了二三品脱之后也说不出它们之间的差别。因此，我认为，消费者所喝的简直可以说不是饮料，而是广告，因为广告就是品种。"③ 事实的确如此，德国最大啤酒厂的老板们在一次盲试测试中竟然连自己的啤酒都品尝不出来，④ 这说明商品的差异只是边缘性的，只有经过符号和意象的加工，合乎了人们的文化想象的产品才能拥有消费的优先权。正如尼古拉斯·阿伯克龙比（Nicholas Abercrombie）指出的："生产者试图将意义商品化，也就是说他们想把概念和符号变成可以买卖的东西。另一方面，消费者试图赋予买来的商品和服务以自己的、新的含义。"⑤

5. 从能指到所指的话语转换

瑞士语言学家索绪尔（Ferdinand de Saussure）曾用"能指"和"所指"两个概念指出语言的声音系统和意义系统之间的任意性。广告就是把一种与特定商品（能指）并不具有必然联系的意义（所指）联系起来。由于符号意义与商品本身并没有必然的关系，所以广告可以任意地将某种意义赋予商品，自由地展现出各种意象，不断开拓符号的意义空间，以实现对于商品意义的操

---

① ［美］马克·波斯特：《第二媒介时代》，范静哗译，南京大学出版社 2000 年版，第 89 页。
② ［加］埃里克·麦克卢汉、弗兰克·秦格龙：《麦克卢汉精粹》，何道宽译，南京大学出版社 2000 年版，第 34 页。
③ ［英］埃里克·克拉克：《欲望制造家——揭开世界广告制作的奥秘》，刘国明、孔维凤译，河南人民出版社 1991 年版，第 2 页。
④ 《明镜》周刊 1997 年第 37 期。
⑤ ［英］西莉亚·卢瑞：《消费文化》，张萍译，南京大学出版社 2003 年版，第 45 页。

纵。现代商品在多样化中掩盖着同质化,要在激烈的市场竞争中分得一杯羹,广告就必须担负起制造差别的重任,而话语转换则成为广告制造差别的重要手段。所谓话语转换,就是运用特殊的修辞方法与叙事技巧,把一种与广告商品并不具有必然联系的意义"嫁接"到该商品上。用鲍德里亚的话说,就是产品本身虽然是广告兴趣的最终所在,但是这种兴趣不能直接暴露出来,必须在该产品上嫁接一套与该产品没有内在联系的意义才能把它卖掉。这样,消费这种商品与消费一种意义(常常是一种非商业化的、非功利的意义)就被牵强,但常常又不被知觉地联系起来。罗兰·巴特(Roland Barthes)曾经描述过洗衣粉的泡沫可以给人带来的感受:"它丰沛、亲切、几乎无限地膨胀,令人以为其中有什么物质会滋生一种活泼的细菌,一种健康而有力的物质……最后,它使消费者快乐,隐约刺激他想象高耸入云的美妙物体,他所滋生的触感既轻柔又上下纵贯,这和我们在味觉方面的追求颇为类似(鹅肝酱、甜食、葡萄酒等)……泡沫甚至可以成为某种灵性方面的表征,只要这个灵性可以无中生有,以小化大。"[1] 在消费文化中,那种被广告以及具有诱惑力的包装深植于商品中的微妙意义——鲍德里亚将它们称作"符号价值"——对我们来说要比它们本身所具备的物质特征要重要得多。我们正日益生活在一个符号化了的文化当中,这种文化充满了断断续续的信息,并且,按照推测,它是那些我们所寻求的、非商品本身所具备的功能性的东西。在这种情形下,我们所购买的东西与我们实际上所需要的东西之间具有越来越少的联系。正如波斯特所说:"广告并没有把语言预设为对一种'实在之物'的指涉,而是将它预设为能指的任意关联。广告径自重新排列那些能指,悖逆它们的'正常'指涉。广告的目的便是在叙述称心如意的生活方式时令人联想到一个能指链,例如,百事可乐=年轻=性感=受欢迎=好玩。""喝百事可乐与其说是消费一种碳酸气饮料,还不如说是在消费一种意义、一个符号——一种社群感。"[2] 他还说:"在人文道德语域内,电视广告是操纵性的、欺骗性的、令人厌恶的;它们唆使消费者做出'非理性的'决定,并且鼓励'只图眼前的快活'这种吸毒心态、这种虚假地解决人生问题之计。"[3] 他进一步分析道:"因为电视广告控制着语境、背景以及叙事的文本,它们便具有特别的权力。它们所表征的'现实'可

---

[1] [法]罗兰·巴特:《神话——大众文化诠释》,许蔷薇等译,上海人民出版社1999年版,第34页。

[2] [美]马克·波斯特:《第二媒介时代》,范静哗译,南京大学出版社2000年版,第91、146页。

[3] 同上书,第87页

以是'超现实的',把通常在'现实'中找不到的内容编辑进来。……广告以极大的弹性构筑一个微现实,事物在其中的并置方式有悖日常生活的规律。"①

现代广告为了完成话语转换,可以调用古今中外的各种文化资源,简直可以无所不用其极。明明是在推销商品,广告却扮演了或是忧国忧民,或是普渡众生的形象,把一件普通的日常用品与家事、国事、天下事,友情、恋情、夫妻情相链接,极尽煽情之能事。为了推销产品,广告商必须抓住你的眼睛或者你的耳朵或者你的心,最好是这三种的全部。②"广告最直接的目的是拉住我们精神上的衬衣袖子,让我们放慢速度来得到关于正在出售什么的只言片语。"③ 美国人类学教授吉伯·弗利斯在他的著作《作为社会预言的大众广告》中列举了广告商在广告中经常使用的15种吸引力,他称之为"人类动机的清单":对性的需求、交往的需求、养育的需求、对指导的需求、攻击性的需求、成就感的需求、占有欲的需求、出人头地的需求、被注意的需求、自立的需求、逃避的需求、安全感的需求、审美感的需求、满足好奇心的需求、生理需求。④ 掌握了"人类动机的清单",就是掌握了人的欲望密码,广告就是开启欲望密码的钥匙。

广告通过话语转换,使一切与爱毫不相干的东西全都可以变成爱的代名词:可口可乐成为年轻恋人之间沟通的天使,喜之郎果冻成为一种泛爱的零食。当然,话语转换也是要有依据的,比如爱,前提是"爱是我们这个时代的本能需要",如果这个需要不是爱而是恨,那我们这个时代的全部商品也都与恨有关。广告话语转换具有无限的创意空间,英国学者迈克·费瑟斯通谈道:"商品自由地承担了广泛的文化联系与幻觉的功能。独具匠心的广告就能够利用这一点,把罗曼蒂克、珍奇异宝、欲望、美、成功、共同体、科学进步与舒适生活等各种意象附着于肥皂、洗衣机、摩托车及酒精饮品等平庸的消费品之上。……大众就在这一系列无穷无尽、连篇累牍的记号、影像的万花筒面前,被搞得神魂颠倒,找不出其中任何固定的意义联系。"⑤

总之,现代广告创意巧妙地运用了隐喻(metaphor)或转喻(metonymy)

---

① [美]马克·波斯特:《第二媒介时代》,范静哗译,南京大学出版社2000年版,第88页。
② 孙瑞祥:《后现代消费观与广告欲望书写逻辑》,《新闻知识》2009年第11期。
③ [美]雪莉·贝尔吉:《媒介与冲击——大众媒介概论》第4版,赵敬松主译,东北财经大学出版社2000年版,第265页。
④ 同上书,第265—267页。
⑤ [英]迈克·费瑟斯通:《消费文化与后现代主义》,刘精明译,译林出版社2000年版,第21页。

的传播手段,在人们的内心世界施展魔法,逼其就范。所谓隐喻,就是把一种未知的东西变换成已知的术语进行传播的方式;所谓转喻,就是用某物的一个部分或一个因子来代表其整体。按照雅格布森的观点,[①] 隐喻和转喻是两种传播意义的基本模式,也是广告传播的重要特征。隐喻按照联想的方式运作,即它们把未知的东西嵌入一个新的联想式语词序列,未知的东西由此而获得其部分新的意义。而转喻似乎是自然而然的,很容易被看成是天经地义本该如此的,从而使人无法意识到另外一种转喻可能给出同一整体以完全不同的画面。正是在对广告主们所设置的这一文化逻辑的解读过程中,广告的目的也就随之而实现了。说到底,广告的神奇功效要归功于大众传媒的一种独特功能,即前面已论述到的议程设置功能。也就是说,广告在一定时期内对某一商品优势的反复强调和突出渲染,就能形成一种强势传播效果,引起社会的广泛注意,制造或调动人们的欲望需求,进而影响到人们的态度和行为。

---

① [美] 约翰·费斯克等:《关键概念——传播与文化研究辞典》第 2 版,李彬译著,新华出版社 2004 年版,第 165、166 页;李彬译:《传播学的关键概念》,《国际新闻界》2002 年第 5 期。

第 五 章
城市精神与流行文化的群体动力

城市是人类文明的结晶。诚如斯宾格勒所言，世界史就是人类的城市时代史。也可以说，世界文明史就是人类城市发展史。城市不仅是地理学、生态学、经济学、政治学上的特殊符号，更是文化学上的特殊符号。城市是极具特色的文化形态与文化载体，是人类文化的一种独特存在方式。文化是城市活的灵魂，城市文化是人类文化的有机构成。人创造了城市，城市人又创造了城市文化，城市文化又构建了城市新人。思想自由、创新求变是城市精神的本质特征与文化精髓。在所有的文化样态中，流行文化（特别是流行文学、媒体文化）无疑是与城市特性结合最为紧密的文化。可以说，没有城市精神，就没有流行文化，没有城市休闲的发达，也就没有流行文化的繁盛。也可以说，城市化、城市精神与休闲生活的开启，是当代中国流行文化生成的社会环境动力。流行文化是一种特色鲜明的文化类型，城市中产阶层、白领群体和以大学生为代表的城市青少年，构成了流行文化的创造主体。作为城市文化先锋，他们在城市这一特殊的文化氛围与休闲环境里、在后现代文化思潮的推动下、在群体动力机制与大众传媒机制的共同作用中，上演了一幕幕城市流行文化活报剧。本章以城市发展与休闲文化作为当代中国流行文化研究的重要分析背景，以社会分层理论与群体动力学作为分析流行文化生成机制与传播动力的理论模式与框架，以中间阶层、青年亚文化为主要分析对象，描绘一幅当代中国城市流行文化风景画。

第一节 城市精神与休闲文化

城市与休闲是流行文化的生态系统与精神依托。稠密并流动的人口、发达的通信与交通、良好的教育环境与居民素质、经济的繁荣与富裕的生活、开放的心态和乐于接受新事物的创新意识、生活方式的时尚性与休闲化、全覆盖的大众传媒……所有这些,都为流行文化生成与发展提供了良好的软硬件环境。城市是流行文化得以流行的理想空间,是流行文化得以广泛传播的加速器。某种程度上可以说,流行文化本质上就是现代城市文化,是现代城市人生活方式在文化层面的表征。休闲是一种与城市化相伴生的现代生活方式,它与城市精神一脉相承,与流行文化密切相关。是城市精神与休闲文化共同培育了流行文化。同时,休闲又具有双重性,一方面,休闲是流行文化的生成机制,另一方面,休闲又是流行文化的独特形态。休闲是流行文化得以产生和发展的必要前提,没有人可以自由支配的闲暇时间、没有休闲的社会环境、没有人人都可享有的休闲权利,流行文化就失去了它的存在根基;同时,休闲也是流行文化的核心内容与表现主题,流行文化所彰显的就是一种具有休闲内涵的生活方式与文化意境。从这个意义上说,休闲文化与流行文化是一体同构。总之,城市化、城市精神与休闲文化既是流行文化的生成机制,又是流行文化的生存动力,二者都是流行文化研究的题中应有之义。所以,本节将城市化、城市精神与休闲文化并置,共同作为流行文化在当代中国发展的一种分析框架与视角。

一 城市化与休闲文化

虽然在研究人类的文化与历史时,人们往往容易陷入马克·布洛赫所批判的"起源"崇拜,但是,在这里简要回顾人类城市化发展与休闲文化演进的基本脉络是有益的,这有助于深化我们对城市化、城市精神、休闲文化与流行文化内在关联性的理性认识。

1. 城市与城市化概念

从地理学意义上讲,城市是一个区域概念。按照社会学定义,所谓城市或曰聚落,是人类进行生产、生活及其他社会活动的场所,是人类在地表集聚的空间组织形式。《说文解字》说:"城,以盛民也。"城从土,上古之时,先民们大概是用泥土筑个大堡,盛居一定人口,这就算做城了。市从巾,是胸前佩戴的一种象征符号,起初也没有商贸之意。故《说文解字》说:"市以象之,天子朱市,诸侯赤市,大夫葱衡。"《史记·五帝本纪》有云:"一年而所居成聚,二年成邑,三年成都。"这里的"聚""邑""都"均是规模不同的聚落。在人类历史上,聚落有一个从低级到高级的发展过程,即从小自然村(hamlet)、村庄（village）、镇（town），到城市（city）、大都市（metropolis）、大都市区（metropolitan Area）、集群城市或城市群（conurbation）和城市带或城市连绵区（megalopolis）。其中小自然村、村庄、镇和城市古已有之，大都市是工业化阶段人口大规模聚集的产物，而大都市区、城市群和城市带则是后工业化阶段，尤其是在 20 世纪 50 年代之后，在城市高度发展的基础上出现的。

  历史地看，人类文明的发展过程就是城市化演进的过程。所谓城市化是指人类进入工业社会以后，社会经济的发展开始了农业活动的比重逐渐下降、非农业活动的比重逐步上升的过程。与这种经济结构的变动相适应，出现了乡村人口的比重逐渐降低、城镇人口的比重稳步上升，居民点的物质面貌和人们的生活方式逐渐向城镇性状转化或强化的过程，这是一种复杂的社会、经济与文化变迁的过程。一般认为，度量城市化的基本标准应是有超过 50% 的人口生活在城市当中。从这个意义上讲，在 1850 年以前，世界上还没有一个社会形态可以被描述为城市社会；到 1900 年，也只有英国可以算作城市社会；而到了 1970 年，几乎所有的发达国家都已经实现了城市化。中国自 20 世纪 80 年代以来，伴随着改革开放，特别是 90 年代以来中国的市场化进程，城市化有了长足进展。统计显示，中国内地城市人口从 1978 年的 10% 左右，已上升到 21 世纪初的 37%。1978 年中国城市数量为 193 个，到 1999 年全国城市数共 667 个，200 万人以上的城市 13 个，100 万—200 万人口的城市 24 个，50 万—100 万人口的城市 49 个，20 万—50 万人口的城市达到 216 个，20 万人口以下的城市是 365 个。此外还有建制镇 2 万多个。城市经济占整个经济的比重也已达到 60% 以上。从近 20 年总体情况看，中国城市化进程在不断加快，与此相适应，有别于乡村的城市文化也得到迅猛发展，成为城市的一道亮丽风景。

  2. 休闲与休闲文化的演进

  人类对休闲的渴望由来已久，在康帕内拉的《太阳城》中就有过一天工作四小时的梦想。大宪章期间的英国工人也曾做过表述其美好愿望的打油诗："八小时工作，八小时娱乐，八小时睡眠，八先令一天。"关于休闲有种种定义，主要出现在四种语境之中：一是时间，即把休闲定义为"自由时间"；二是活动，即把休闲定义为"不是在不得不做的压力下从事的严肃的活动"；三是存在方式，即亚里士多德所说的，是一种"不需要考虑生存问题的心无羁绊"的状态，表达的是一种从容、宁静和忘却时光流逝的状态；四是心态，心理学家用"驾驭自我的内在力量"来表达他们所理解的休闲。现任美国宾夕法尼亚州立大学健康与人类发展研究院休闲研究系教授的杰弗瑞·戈比，在辨析了上述对休闲的四种理解后给出了他自己的定义:"休闲是从文化环境和物质环境的外在压力中解脱出来的一种相对自由的生活,它使个体能够以自己所喜爱的、本能地感到有价值的方式,在内心之爱的驱动下行动,并为信仰提供一个基础。"① 戈比在他1998年出版的《21世纪的休闲与休闲服务》一书中又提到,广义的休闲是指"人们以自身的生活方式愉快地、自愿地去做的事情"。②

人类对休闲的认识有一个由浅入深的过程。在漫长的农耕社会,先民们的生活节奏是舒缓、安宁的,虽有闲暇时间但缺乏对休闲的自觉认识,他们按照大自然赐予的时间表,日出而作,日落而息。闲暇与劳动具有密不可分性,闲暇并不意味着休闲而是休息,是一种单纯的体力恢复,以便投入更繁重的劳动,如《诗经》所谓"民亦劳止,汔可小休"。换句话说,休息本身不是目的,休息就是为了劳动,而劳动却不是为了休息。先民们在劳动之余虽然也创造了部落文化,比如民谣故事以及游戏活动等,但都是对日常劳动生活的朴素表现,缺乏厚重的文化底蕴。进入封建社会后出现了私有制,产生了有闲阶层,社会制度使社会闲暇时间的分配出现了不平等。有闲阶层把休闲建立在剥夺他人休闲权利基础之上,休闲意味着等级、身份与炫耀,它的文化性淹没在金钱与地位之中。对于有闲阶层来说,从事实际的生活劳作简直就是一种耻辱,竟然出现过这种极端的行为:坐得离壁炉太近的国王为了不显得有失身份,连挪动一下自己座椅的举手之劳也不肯做,一时唤不来仆人,宁可自己被烤焦。他的职务要求他不可以劳动。③ 在资本主义经济发展的萌芽时期,新兴的资产阶级力量渴望社会的快速变革,此时的闲暇观念也发生了很大变化。中世纪以来,人们普遍觉得生活缺乏安定感。现代意义上的时间概念开始发展起来。每一分钟都变得有价值了。这种新时间概念的一个重要标志是,从16世纪起,德国纽伦堡的钟表每隔一刻钟便敲响一次。太多的节日似乎成了不幸。时间是如此的宝贵,以至于人们认为不能把时间白白浪费在无用的地方。劳动日渐成为最有价值的事情。新的劳动观念形成了,其势头如此强劲,以至于中产阶级对教会机构不从事经济生产极为愤怒。④ 大众化的休闲生活开始于工业化社会。随着劳动效能的提高和劳动者自我权益意识的增强,劳动时间逐步缩

---

① [美]杰弗瑞·戈比:《你生命中的休闲》,康筝译,云南人民出版社2000年版,第3—5、14页。
② [美]杰弗瑞·戈比:《21世纪的休闲与休闲服务》,张春波等译,云南人民出版社2000年版,第1页。
③ [美]凡勃伦:《有闲阶级论》,蔡受百译,商务印书馆1982年版,第36页。
④ [美]埃里希·弗罗姆:《逃避自由》,刘林海译,国际文化出版公司2007年版,第43页。

短，闲暇时间逐步增多，并实现了休闲的法制化。

按照西方学者的预测，到2015年前后发达国家将进入休闲时代。中国作为一个发展中国家，从经济、文化与社会发展的总体水平看，中国距离休闲时代的到来还尚需时日。但这并不是说中国不存在休闲生活和休闲文化。尽管经济的发展是制约休闲的基础因素，但休闲作为一种生活态度与生活方式同时也要受到来自文化、价值观、民族性格与国家宏观政策的制约，休闲本身也是一个渐进的过程。从这个意义上说，发展中国家同样可以享受休闲生活，同样可以发展休闲文化，只要利用好后发优势，发展中国家休闲步伐的推进速度并不缓慢。中国存在着东西部发展不平衡问题，就发达的东部地区而言，事实上休闲生活已经开始，休闲产业已初具规模，在一些大中城市我们已经跨入了休闲时代。总体而言，尽管世界上还没有一个公认的关于休闲时代到来的具有统计学意义的衡量标准，但中国正在走向休闲时代已是一个不争的事实。伴随着休闲时代的到来，中国学界对休闲的学术研究也在高层次上开始起步，并取得了初步成果。20世纪80年代末中国学者已开始涉足这一领域。于光远先生是休闲研究的力倡者之一，他在1993年给国内一家旅游企业的题词就写道："玩是人的根本需要之一：要玩得有文化，要有玩的文化，要研究玩的学术，要掌握玩的技术，要发展玩的艺术。"1995年，在他的倡议下，北京六合休闲文化策划中心在京成立，成为中国最早从文化哲学角度研究休闲的民间学术机构。近年来，休闲问题的学术研究已引起政府的关注，设立了国家级科研项目，如马惠娣主持的国家软科学研究课题"休闲产业与社会条件支持系统"。王雅林主持了受到美国福特基金会资助的"中国大城市居民的闲暇生活质量及社会问题研究"项目，并出版有《闲暇社会学》等专著。2004—2005年，中国经济出版社出版了一套"中国学人休闲研究丛书"，共5种：马惠娣的《走向人文关怀的休闲经济》《休闲：人类美丽的精神家园》；马惠娣、张景安主编的《中国公众休闲状况调查》；于光远的《论普遍有闲的社会》；陈鲁直的《民闲论》。在对中国的休闲文化进行理论与实证研究的同时，西方一些休闲研究方面的学术著作也介绍到国内，如云南人民出版社2000年出版的《休闲研究译丛》，比较系统地介绍了美国学者在这一领域的研究成果，包括托马斯·古德尔与杰弗瑞·戈比的《人类思想史中的休闲》、约翰·凯利的《走向自由——休闲社会学新论》、卡拉·亨德森等的《女性休闲——女性主义的透视》、杰弗瑞·戈比的《你生命中的休闲》和《21世纪的休闲与休闲服务》五本专著。可以预期，随着中国经济社会的不断发展与进步，休闲与休闲文化研究必将取得更加可喜的成果。

二 城市精神与休闲文化的本质特征

1. 城市精神的本质特征与文化意义

现代城市为流行文化提供了最适宜的生存土壤与文化环境。究其根源在于城市精神。城市精神是城市在长期发展中逐渐形成的一种文化符号，是得到城市居民广泛认同的生活方式、文化习俗与价值取向的高度凝练与集中体现，它从总体上与本质上表征一个城市的文化态度与审美趣味。美国著名城市学家伊里尔·沙里宁曾说过："让我看看你的城市，我就能说出这个城市的居民在文化上追求的是什么。"[①] 概括而言，思想自由、创新求变是城市精神的本质特征与文化精髓。

从政治经济学意义上讲，城市意味着人的肉体与精神的自由以及各种生产要素的高度聚合。最初，城市并不是产生于人类居住的需要，倒是产生于集中祭祀的需要。美国著名城市理论家刘易斯·芒福德在《城市发展史》中说道："最初城市是神灵的家园，而最后城市本身变成了改造人类的主要场所，人性在这里得以充分发挥。进入城市的是一连串的神灵，经过一段长期间隔后，从城市中走出来的是面目一新的男男女女，他们能够超越其神灵的局限，这是人类最初形成城市时始料未及的。"[②] 也就是说，人类带着精神枷锁走进城市，最终换来的却是自由之身。城市化的过程可以说就是世俗化的过程，也就是寻求精神自由的过程。人类文明从文艺复兴以来就开始了以"人的发现"为主题的世俗化潮流，但是在漫长的岁月里，社会生活的世俗化还不能把新的生活与以往的生活明显地区分开来，只有在城市化发展到一定阶段以后，世俗化生活才真正开始。德国学者奥斯瓦尔德·斯宾格勒对城市的精神自由曾予以充分的肯定。他说："城市是才智。大城市是'自由的'才智。在这里起作用的不是居民的数目而是精神。"他认为一种文化的每个青春时期事实上就是一种新的城市类型和市民精神的青春时期。[③]

从文化社会学意义上讲，城市的本质含义就是表征着一种别样的生活方

[①] 转引自任平《时尚与冲突——城市文化结构与功能新论》，东南大学出版社 2000 年版，第 2 页。

[②] [美] 刘易斯·芒福德：《城市发展史——起源、演变和前景》，宋俊岭、倪文彦译，中国建筑工业出版社 2005 年版，中文第一版译者序言第 9 页。

[③] [德] 奥斯瓦尔德·斯宾格勒：《西方的没落》，齐世荣等译，商务印书馆 1963 年版，第 209、210、201 页。

式,是人文的空间化,它以物质的和精神的空间存在方式显现着人的文化特质。美国著名的城市社会学家 R. E. 帕克(Robert Park)早在 1925 年就指出:城市,从本文的观点来看,绝不仅仅是许多单个人的集合体,也不是各种社会设施——诸如街道、建筑物、电灯、电车、电话等——的聚合体;城市也不只是各种服务部门和管理机构,如法庭、医院、学校、警察和各种民政机构人员等的简单聚集。城市,它是一种心理状态,是各种礼俗和传统构成的整体,是这些礼俗中所包含,并随传统而流传的那些统一思想和感情所构成的整体。换言之,城市绝非简单的物质现象,绝非简单的人工构筑物。城市已同其居民们的各种重要活动密切地联系在一起,它是自然的产物,而尤其是人类属性的产物。[①]"城市被界定为这样的聚合场所:新的定居者到达这儿,他们开辟新的市场、从事新的行业、萌发新的情感。"[②] 芒福德指出:"古代的社区过于稳定,它墨守成规旧俗,不愿采纳新的生活方式;如果古代人类有意突破这种保守社区的孤立和封闭状态,那么他对此问题能够找到的最好答案莫过于城市这一发明了。"[③] 也就是说,人类要走出封闭与陋习,就要寻求新的生活方式,而城市就是人类所向往的新的生活方式的栖息地。

根据一种文化功能论的观点,文化乃是人们适应环境的产物。作为人类文化的一种特殊形态的城市文化,其特征显然也是由人类所处的新环境所决定的,这种新环境就是不同于农村聚落的城市聚落方式。如果说,村落文化是人类由游牧狩猎生活走向定居生活所产生的文化形态,这种文化的产生、发展既标志着人类生活方式的变化,也显示着它自己独有的文化特征,那么,作为一种新的聚落方式的城市,由于其特有的新环境,也就具备了全然不同于乡村的文化特征。在传统社会中,宗教和准宗教、神圣和准神圣的东西是社会意义的一种源代码,是人类意识的重要成分,是人面对苦难、伤害和死亡时无可选择的精神支柱。正如丹尼尔·贝尔所说:"在人类意识的黎明时期,宗教是人的宇宙观的主要棱镜,几乎是人解释世界的唯一手段。通过仪式,即把共同感情维系起来的途径,宗教成了达到社会团结的手段。这样,宗教作为思想和机

[①] [美] R. E. 帕克等:《城市社会学——芝加哥学派城市研究文集》,宋俊岭等译,华夏出版社 1987 年版,第 1—2 页。

[②] [英] 罗宾·科恩、保罗·肯尼迪:《全球社会学》,文军等译,社会科学文献出版社 2001 年版,第 402 页。

[③] [美] 刘易斯·芒福德:《城市发展史——起源、演变和前景》,倪文彦、宋俊岭译,中国建筑工业出版社 1989 年版,第 73—74 页。

构，就包含了传统社会中人生的全部。"① 城市文化（包括流行文化）有别于乡村文化的一个重要特征，就是打碎了束缚人的精神世界的沉重枷锁，随着个性的解放，社会由传统走向现代、从封闭走向开放、从乡村走向城市，在不断"祛魅"的过程中，人类的精神世界从必然王国开始走进了自由王国。综合现代化理论家 A. 英克尔斯在 20 世纪 70 年代提出关于个人现代性的研究成果，人的精神世界的开放性突出表现在：作为一个现代城市人，他的首要特征是乐于接受新经验，对革新与变革持开放态度。同时，一个现代人不仅应对直接环境内产生的许多问题和争论持有看法，而且对外部出现的许多问题和争论具有形成或持有观点的意向。再有，一个现代人应该能够承认社会上存在着不同的观点，而不是把自己封闭起来，认为人人都有同样的想法，并且同他本人的想法一致，也就是说他的见解应具有比较民主的倾向。英克尔斯所言个人现代性的标志，既是现代人应具备的基本素质，同时也是形成城市文化的内在精神。

城市文化意味着社会交往的广泛性。社会交往是人的社会存在方式，是指在一定的历史条件下人与人之间的相互往来，进行物质、精神交流的社会实践活动。我们常常谈到沟通，但沟通与社会交往不是一个等同的概念，两者的关系是部分和整体的关系。沟通主要是指精神交往，是社会交往的组成部分，但不是社会交往的全部，而社会交往既包括精神的交流也包括物质的交流。在传统社会中，囿于思想观念与交通工具，人与人之间、部落与部落之间交往的范围及其规模都是极为有限的。老子在设计"小国寡民"的理想社会时说："邻国相望，鸡犬之声相闻，民至老死不相往来。"这既是老子的一种文化社会观，也是对农业文明中社会交往状态的真实写照。在城市中，社会交往的广泛性不仅仅是指人群在物理空间中的高速流动，还表现在信息交往的丰富性与便捷性方面。城市聚落意味着信息的高速传递和高度饱和的状态，伴随着城市化过程的是信息的大爆炸。

2. 休闲的本质特征与文化意义

休闲的标志或意义当然不仅仅表现在社会必要劳动时间的逐步减少和闲暇时间的逐步增多，更重要的是它带来了人对自我、对社会新的认识。长久以来在人们的观念中，社会进步与发展主要指的是物质生活水平的不断提高。而在今日，对社会进步与发展的观念发生了深刻的变化，对物质财富的满足开始让

---

① ［美］丹尼尔·贝尔：《资本主义文化矛盾》，赵一凡等译，生活·读书·新知三联书店 1989 年版，第 219 页。

位于对充实的精神生活的追求。发展的质量标准也进一步整体化、科学化与人性化,既关注人的生存质量、生命质量,更关注人的全面发展。人类在改造自然世界的同时,开始更多地致力于改造人类自身。休闲伴随着城市化进程越来越具有文化意义。休闲是人类物质文明与精神文明的结晶,是衡量社会文明进步的尺度,是现代社会生活的重要特征。休闲不仅标志着人已经从繁重的体力劳动中解放出来,而且标志着人从满足基本的物质生活需要开始转向对精神生活的追求,意味着人类社会正由传统的生产—消费模式逐渐转向消费—生产模式,预示着人开始从有限的发展转向全面的发展。休闲既是一种经济现象,也是一种文化现象。丹尼尔·贝尔在《后工业社会的来临》一书中指出,后工业社会的特征,在经济方面表现为"从产品生产经济转变为服务性经济"。"如果工业社会的定义是根据作为生活标准标志的商品数量来确定的话,后工业社会的定义则是根据服务和舒适——保健、教育、娱乐和文艺——所计量的生活质量的标准来确定的。"[1] 休闲活动是人们在完成社会必要劳动时间后,为满足多方面的精神文化需要而自觉进行的一种文化创造与文化欣赏的社会活动。休闲以独有的文化意蕴诠释着人的崭新生活方式与生命状态,是当代流行文化兴盛的重要社会背景与推动力。

休闲是人类生命的理想状态和理性追求,它不仅具有实践价值,也具有深刻的理论价值。人类对休闲的理性认识有着悠久的历史,在西方最早可以追溯到古希腊的亚里士多德,他被誉为"休闲之父"。他在《尼各马可伦理学》和《政治学》中,阐述了对快乐、幸福、休闲、美德和安宁的理解。他把休闲誉为"一切事物环绕的中心","是科学和哲学诞生的基本条件之一"。[2] 中国的孔子也有言:"一张一弛,文武之道也。"但是,真正把休闲放在学术的层面加以考察和研究,并形成学科体系则是最近一百多年的事情。国内研究者在谈到休闲学缘起的学术背景和社会背景时指出:近现代工业的高度发展,一方面促进了人们闲暇时间的增多,人在拥有物质财富的同时,开始向往精神生活的满足;另一方面,现代社会却以付出人的异化为代价——人的全面丰富性遭到空前的压抑,人退化为单向度的怪物,片面的物质享受和可怕的精神贫困撕裂着当代人。这一切唤醒了人们对理性的失误和对传统信仰的反思。思想家们试图通过休闲重新找到思考人的基点和中介形式,以寻求人的返璞归真。

---

[1] [美] 丹尼尔·贝尔:《后工业社会的来临——对社会预测的一项探索》,高铦、王宏周等译,新华出版社1997年版,第14、138页。

[2] 马惠娣、刘耳:《西方休闲学研究述评》,《自然辩证法研究》2001年第5期。

一般认为，休闲学作为一种系统的理论研究发端于美国，以1899年凡勃伦发表的《有闲阶级论》为标志。凡勃伦是美国著名的经济学家，是制度学派的创始人和主要代表。他通过对有闲阶级的分析对资本主义制度进行了深刻批判，提出了改良制度的主张。在对休闲的心理学分析方面，美国心理学家奇克森特米哈伊做出了突出贡献。他在1982年发表的论文《建立最佳体验的心理学》的基础上，于1990年发表了对休闲心理学影响深远的专著《畅：最佳体验的心理学》。此书从心理学的角度对休闲体验的性质作了深入的研究，提出了"畅"（flow）的概念。这是一个与"娱乐""游戏"并列的概念，它与中文的"陶醉"相似，但又不同，因为陶醉强调客体的影响，而"畅"强调主体自我的作用。它指的是一种具有适当的挑战性而能让一个人深深沉浸于其中，以致忘记了时间的流逝，意识不到自己的存在的体验。"适当的"挑战指活动的难度与一个人所掌握的技能相适应，太难的活动会让人感到紧张和焦虑，而太容易的活动则会让人产生厌倦，这都不能让人获得真正的休闲。[1] 休闲从根本上是一种有益于个人健康发展的内心体验，而不是用外在标准界定的具体活动。体验"畅"的能力使人能超越"工作—休闲"的断然划分，从而不论在工作还是闲暇活动中，都更能积极地去寻求最佳的心灵体验。关于休闲动机问题，学者们还从心理学、社会学角度予以了深刻的理论解说。P. A. 维特和D. W. 比肖泼的研究认为，存在于人们意识中的劳动和休闲的关系有五种类型：一是发散剩余能量动机。工作后仍有不少剩余的能量，欲在休闲中发散。二是休养动机。在非常繁忙、紧张、疲劳时，欲在休闲中获得解放，恢复本来的状态。三是消除不满动机。在工作中遇到不满，或产生消极情绪（愤怒、失败、挫折）时，欲在休闲中"净化"，从而消除不满。四是补偿动机。在工作中没能实现的愿望，欲在休闲中实现。五是工作延长动机。在休闲中也进行同工作一样形态的活动，将休闲当作积极强化工作的手段。[2]

总体而言，20世纪后半叶以来，休闲学研究有了很大发展，特别是近20年来，大批学者纷纷加入这一研究行列，并有不少理论成果问世。在美国的大学中已普遍设置有相关的学科专业，还有众多的学术团体和研究机构，每年都有许多相关的学术著做出版。现在，休闲学在西方已发展成为一门公认的学科，人们对休闲学的学科性质与研究对象已有了基本的共识。所谓休闲学，就是以人的休闲行为、休闲方式、休闲需求、休闲观念、休闲心理、休闲动机等

---

[1] ［美］杰弗瑞·戈比：《你生命中的休闲》，康筝译，云南人民出版社2000年版，第1、21页。
[2] 张国良主编：《新闻媒介与社会》，上海人民出版社2001年版，第272页。

为研究对象,以探索休闲与人的生命意义和价值、休闲与社会进步、人类文明的相互关系为目的的一门交叉性边缘学科。休闲学不仅已成为一门学科,还是一种极具发展前景的文化产业。休闲产业是一个新名词,是一个不同于传统产业的概念,也是一个难以准确界定的概念。休闲产业不是一个标准的统计学意义上的概念,它具有跨行业特点,一般可归入文化产业行列。休闲产业发端于欧美,19世纪中叶初露端倪,20世纪80年代进入快速发展时期。需要指出的是,休闲产业在中国还是一个较为模糊的称谓,它与文化产业、知识产业、传媒产业等提法相互之间既有差别也有交叉与渗透,在统计学意义上并不十分明确。不过一般认为,所谓休闲产业就是指那些与人的休闲生活、休闲行为、休闲需求(物质的与精神的)密切相关的领域。可以说它所涉及的范围基本都可涵盖在文化产业之内,它是文化产业的一个组成部分,有时则是文化产业的一种别称。

三 城市精神与休闲文化的现实表征

城市精神与休闲文化给我们的现实生活带来了难以描绘的新变化,这些新变化很大程度上可以在流行文化中寻求答案。当代流行文化的繁盛,影响到社会生活的方方面面,在城市与休闲氛围中深刻体验当代流行文化,我们会有许多新的发现与新的感悟。这里仅从艺术与生活关系的嬗变、大众传媒娱乐化功能的释放两个方面略加分析。

首先,艺术的生活化与生活的艺术化,是当今城市休闲生活所呈现的一大特点。艺术与生活原本分属于两个不同范畴,一个为形而上,一个为形而下,界限分明。然而在今天城市与休闲氛围中,这种分界变得越来越趋向模糊。日常生活和艺术的相互交融,"那就是观众和艺术家之间、审美经验和艺术作品之间的一种距离的消蚀,人们把这看成心理距离、社会距离和审美距离的消蚀"。[①] 如果用简单归因法,不能不说是当代流行文化从中起了作用,然而,这种作用是在城市精神与休闲文化背景下发生的。艺术的生活化有一个发展的过程。在由传统走向现代的相当长的历史时期里,艺术以远离生活的存在作为自己的身份识别。本雅明认为,在欧洲艺术品作为传统的、历史的存在,最初起源于膜拜的礼仪之中,"原真的艺术作品所具有的独一无二的价值植根于神

---

① [美] 丹尼尔·贝尔:《资本主义文化矛盾》,赵一凡等译,生活·读书·新知三联书店1989年版,第165页。

学,这个根基尽管辗转流传,但它作为世俗化了的礼仪在对美的崇拜的最普遍形式中,依然是清晰可辨的"①。虽然伴随着欧洲宗教的衰落以及不可遏制的世俗化潮流,艺术开始由礼仪的对象逐渐转向审美的对象,艺术的神圣性、宗教性日渐消解,但艺术仍然以"为艺术而艺术"的精神守持着与日常生活的距离。但是在今天,艺术与生活的藩篱被打破,艺术正自觉自愿地向日常生活靠拢。

20世纪50年代以来在西方大行其道的"波普艺术"就是艺术生活化的生动写照,它反映着一种全新的艺术观。比如,在50年代两位美国艺术家贾斯帕·约翰斯和罗伯特·劳申贝格曾进行一种新艺术的实验,他们将日常生活中平凡的物件如星条旗、地图、靶子等作为艺术形象来处理,用伪装和巧饰使之神圣化,他们的艺术风格被称为"前期波普"或"新达达派"。波普艺术的真正发源地是在50年代的英国。一批年轻的艺术家逆当时风行的抽象表现主义潮流而动,力图通过生活中最为大众化的事物,采用电影、广告、报刊、照相等技术来创造生活中的普通物品的形象,用以反映和揭示艺术与人的关系。在第一件波普作品——汉密尔顿的《什么使今日的家如此不同和如此有吸引力》(1956)这幅以蒙太奇手法组合的作品中,充满了都市家庭日常生活的各种消费品:电视机、录音机、网球拍、茶具、报纸、招贴画、吸尘器,还有健美的男女身体。汉密尔顿说:"我乐于把自己的目标视为对日常主题和态度的史诗的探寻。"他的目的并不在于对社会作尖刻的评论,而是想创造一种"流行的,短暂的,消费性的,廉价的,大批量生产的,年轻的,诙谐的,性感的,巧妙的,有魅力的和大商业的"新艺术。波普艺术在西方城市中的真正流行是在60年代中期,它以伦敦和纽约为中心。罐头、可口可乐瓶、广告、招贴、总统肖像、明星照片、卡通画和连环画、美钞、花束等都成了波普艺术表现的形象,或拼贴,或复制,给波普艺术增添了多样化的魅力和强劲的市场冲击力。波普艺术在法国是以"新现实主义"为口号展示于世人的,它也是利用生活中的实物作为媒介,或者干脆就以实物为"艺术品"。最有代表性的人物是伊夫·克莱因,他创造了一种"绘画仪式",即让三个裸体女模特儿在身上涂上大块蓝色的颜料,躺在画布上蠕动、翻滚,以印上带有偶然性的色彩痕迹。在裸女表演时,旁边还有一支乐队按克莱因谱写的"单音交响乐"进行伴奏,不少观众就在一旁观赏这种"人体滚色表演"。

同样,将日常生活融入艺术、融入审美,在艺术和审美中寻找生活的灵感

---

① [美]本雅明:《机械复制时代的艺术作品》,王才勇译,浙江摄影出版社1993年版,第5页。

与乐趣，无疑也是现代城市人一种时尚的文化追求，也是城市流行文化的生动体现。"日常生活审美化"是由英国学者迈克·费瑟斯通于1988年4月在一次题为"大众文化协会大会"上的讲演中明确提出的，他把这一现象视为当代西方消费社会的一个重要表征，并进一步从影像的角度加以阐发。费瑟斯通指出："日常生活的审美呈现"其核心"是指充斥于当代社会日常生活之经纬的迅捷的符号与影像之流"。[1] 在他看来，影像是一种视觉性意指体系，不仅包括通常所说的媒体文化，甚至可以说是时尚化的生活本身，而影像与真实的融合则意味着日常生活与艺术之间出现了更多的交叉地带。可以说后现代文化在填平精英文化与大众文化鸿沟的同时，也填平了艺术与生活的鸿沟。生活和艺术之间的界限被打破，艺术成为人们日常生活的一部分。如房屋装修、环境美化、居家布置、服装服饰、化妆整容、美食烹饪，等等，都呈现出艺术化倾向，使人们的日常生活更富有艺术情趣和审美格调。有学者就此论道，千百年来，人类每当闲暇时，便想到做游戏；每当有一种新的体验时，他便创造艺术。这些活动影响和丰富着人的生活，但始终没有把生活真正艺术化。后工业文明的到来，使人类看到了实现这一目标的可能。

其次，在城市与休闲氛围中，大众传媒的娱乐化功能得到了充分挖掘与释放。本书在绪论中谈道，美国社会学家 C. R. 赖特在1959年发表《大众传播：功能的探讨》一文，对拉斯韦尔的大众传媒"三功能"说作了重要的补充，增加了"提供娱乐"这一新的功能。他指出，传播还具有娱乐的功能，即通过传播而使人获得一种满足与快乐感。从此，传播的"四功能"说成为经典。流行文化在推动大众传媒娱乐化方面起到了不小的作用，特别是进入休闲时代，大众传媒的娱乐化倾向越发凸显。这里仅以国内平面媒体为例。在期刊杂志方面，自1665年世界上第一家真正意义上的杂志《学者杂志》在法国巴黎创办，至今全世界杂志数量已达15万种以上。[2] 在其发展的300多年间，杂志经历了无数次"整容术"，除了那些供专业人员阅读的刊物（Journal）外，大众化杂志（Magazine）始终没有脱离休闲的主题。中国首份都市休闲期刊当推1914年周瘦鹃创办的《礼拜六》，该刊模仿美国的《星期六晚邮报》取名，既提示出版周期，又隐含休闲内容，盛极一时。近年来中国期刊业在休闲主题上不断开掘新领域，占据了相当大的市场份额。其中变化最大的就是休闲娱乐类期刊

---

[1] ［英］迈克·费瑟斯通：《消费文化与后现代主义》，刘精明译，译林出版社2000年版，第98页。

[2] 张国良主编：《新闻媒介与社会》，上海人民出版社2001年版，第30—31页。

猛增，像休闲类的领军性刊物《时尚》《瑞丽》等，已在市场上广泛流传。20世纪90年代中期以来，一批被称为"新生代"的新闻周刊陆续问世。仅在1996年一年内就出版了《三联生活周刊》《新周刊》和《深圳风采周刊》（后更名为《深圳周刊》）三种，1999年1月又加入了《新民周刊》，《中国新闻周刊》也于2000年1月正式创刊。1998年7月，《北京青年报》刊发《新生代杂志发言》一文，指出："新生代杂志的特质正在一步步模糊旧有的杂志类型，不再墨守成规，而是一同向新闻、文化抢滩登陆。"除了那些颇具前沿性的新闻、时政报道外，这类期刊还体现了休闲读物的一些特点。这突出地表现在两个方面，一是从内容上普遍注重对生活方式和社会时尚的反映，在报道风格上体现出亲切、平易、轻松与个性化特点，像新闻评论一类较为严肃的写作体裁，在《新周刊》里被设计成"时尚评论"，在《三联生活周刊》里被称为"生活圆桌"；二是大量运用新闻图片，强化视觉冲击力，使期刊从"阅读"变为了"观赏"。休闲期刊大多创意新颖、包装讲究，常以时尚的开本、时尚的纸张、时尚的印刷、时尚的栏目、时尚的文章，以及别具一格的市场操作手段吸引着公众的眼球。大约十年前，有一种"十元刊"颇为流行，有文章分析说：十元刊，是一种大而化之的称谓，专指那些售价在十元上下，以城市白领为主要销售对象的刊物。国际流行的16开本加进口铜版纸再加精美的封面设计，使这刊中新一族在书报摊上显出鹤立鸡群的贵族气派。十元刊谁开先河现在已不易考证。那时公认成气候的当推《世界时装之苑》与《时尚》，而《现代画报》《精品》《今日名流》《都市人》《世界都市》等接踵而来，其势亦咄咄逼人。十元刊大多倡导消费时尚，对城市白领阶层的生存现状及心态亦多有涉及。平心而论，其内容"出彩"之处不很多，但若论包装，则刊物中无有出其右者。标题、版式、配图、留白……无一不处理得精益求精。那些广告插页更是雅致精美，效果直追"洋刊"。这份精品的感觉自然要靠资金来支撑，定价十元也就是顺理成章之事。今天的休闲阅读已成为一种生活时尚，与既往不同的是，它更多地表征为人们在一种闲适状态下对非主流、边缘化和生活类资讯的消遣性阅读。流行文化语境下休闲消费理念的逐步形成，对传统期刊出版模式从观念到内容、从创意策划到制作技术都带来了全新的挑战。休闲期刊的方兴未艾，一方面顺应了大众的消费倾向，适应了新的阅读群体的需要，为民众休闲生活增添了乐趣，另一方面也在引领和创造目标群体新的休闲生活方式，拓展更多的文化消费空间。

在报纸方面，1991年前后在全国范围内出现的"周末版"现象，是中国传媒业走向市场，顺应百姓休闲生活的重要信号。以"周末版"为代表的休闲娱乐性专版的出现，标志着中国媒介传播模式的转型。长期以来，人们普遍认为新闻媒介的第一功能甚至全部功能就是宣传。一切与宣传意图无关的、与宣传意图相违背的新闻都不能公开传播，即使是知识性、娱乐性新闻，也必须"寓教于乐""寓教于知"，目的还是在于宣传教育。甚至有人断言新闻媒介"从第一版到第四版，每篇文章都必须体现、宣传党的方针政策"。[①] 从这个意义上说，休闲报纸的出现是对这种近于僵化的思想认识的一种积极反拨。20世纪90年代以来报纸"扩版潮"的出现以及都市报、生活报的大量问世，都与休闲文化紧密相关。《人民日报》作为中共中央机关报，也于1998年创办了《假日生活》周刊，专门报道消费、旅游、购物等信息。1993年1月8日《精品购物指南》创刊，从最初的4开8版起家，逐渐增加容量，基本保持在112—120个版以上。为适应读者口味，从2002年1月8日开始，《精品购物指南》实行了全面改版，用GUIDE即"指南"这个英文单词，做了5个新板块，取名为"G录星闻""U品时尚""I屋及屋""D壹科技""E娱亦乐"，再加上一个《完全实用手册》，每期将近40万字。目前，报纸的休闲文化传播大体分三类，一类是专门化报纸，如《精品购物指南》；一类是综合性报纸中的休闲专版或版组，如《北京晚报》的消费版；一类是综合性报纸加办"报中报"，如《北京青年报》的《信息产业报》"时代系列"。此外，大众传媒的休闲化倾向，还突出地表现在报纸的新闻报道中。长期以来，新闻报道强调的是宏观的政策性指导，对日常生活领域开掘不足。在休闲的大背景下，传统报道模式发生了新变化，出现了由"生产方式报道"向"生活方式报道"的位移。所谓生活方式报道其核心就是关注民生，注重消费，引领时尚，指导生活。大众化报纸普遍开设了旅游天地、读书时间、美食家、保健咨询、美化生活、时尚快车、流行速递等栏目，休闲娱乐、购物旅游、居室装修、卫生保健、服饰化妆、烹饪美食，以及与生活消费密切相关的各种行情、趋势、热点、时尚与流行等资讯，都成为报纸版面的新亮点。

  大众传媒的时尚化、娱乐化与休闲化倾向，是当代一种全球性文化现象。作为西方引领休闲生活的媒体代表，美国传媒集中体现了休闲的文化特征。美国新闻工作者协会在1998年底曾就《时代》杂志、《纽约时报》《今日美国》等16家主要媒体1977年与1997年的新闻报道做过比较研究。研究发现，美国主流媒体的新闻报道重点和主题已从原来的政治、经济、教育、国际事务等传统内容，逐渐转向生活方式、著名人物、娱乐、丑闻等方面。在1977年，

[①] 李良荣：《中国新闻改革20年的三次跨越》，《新闻界》1998年第6期。

具有传统的"硬新闻"特点的报道在数量上超过以名人特写或丑闻为重点的软新闻报道,两者比例分别为32%与15%。20年后这一比例颠倒了过来,只有25%的报道集中于传统题目,而超过40%的报道着重于比较轻松的或耸人听闻的题目。其中特别是电视新闻网,超过55%的报道集中于生活方式、名人、娱乐等方面,只有8%的报道集中于传统新闻内容。[1] 美国三大新闻网1990年一年花在娱乐性新闻上的时间比前两年增加了一倍多。20世纪90年代中后期,美国传媒狂炒辛普森杀妻审讯案、戴安娜王妃之死以及克林顿总统的绯闻案,这成为美国传媒娱乐化的三大标志性事件。美国媒介关注辛普森案,与其说是在反思种族问题和司法问题,不如说在于炒作体育明星本身。美国媒介关注独立检查官斯塔尔的报告和莱温斯基的行踪,与其说是在反思美国总统的品行和美国的司法制度,不如说在于炒作总统的风流韵事。自杰梅·凯尔纳(Jamie Kellner)掌管美国在线——时代华纳新的电视网后,便提出了启用"明星"播报员策略,甚至雇请出演过意大利色情电影《曼哈顿舞女》的安德里亚·汤普森担任新闻播报员。2002年,《时代》杂志主编沃尔特·艾萨克逊出任CNN董事长兼CEO一职,而他本人正是以将好莱坞风格引入《时代》出名的。英国也呈现与上述相类似的状况,英国主流媒体ITV的名牌新闻节目"十点钟新闻",1990—1995年,国际新闻比例从43%下降到15%,娱乐和体育新闻比例则从8.5%增加到17%。[2] 当代西方传媒一个明显的发展趋势是,在新闻传播内容上,尽力从严肃的政治、经济事件中挖掘出娱乐性的成分与价值;在新闻表现技巧上,更多地注重趣味性与戏剧性,使新闻故事化、文学化,使硬新闻实现软着陆。

总之,加快城市化与休闲文化产业化进程,是当今中国全面建设小康社会的一大关注点。在此背景下,流行文化必然与这一进程保持某种协调关系。显然,城市化、城市精神与休闲文化必然伴随着都市民众的游戏和娱乐,伴随着对"畅"的人生体悟。休闲时代的文化传播具有区别于其他社会背景下文化传播的特殊含义。从世界范围看,除了一些专业性传媒外,大众传媒总的发展趋势正由政治化走向生活化,由党派性走向民间性,由严肃型走向休闲型,由教化式走向娱乐式。在今天,大众传媒不断打破原有的传播观念与模式,普遍顺应了都市民众休闲的文化要求,进行着全社会的"欢乐总动员",构建着一座

---

[1] 刘微:《变化中的新闻内涵——美国主要媒体20年来新闻报道的变化》,《国际新闻界》1999年第5期。

[2] 赵月枝:《公众利益、民主与欧美广播电视的市场化》,《新闻与传播研究》1998年第2期。

座充满时尚与诱惑的"快乐大本营"。

第二节 中间阶层及其文化格调

在对当代中国社会进行阶层结构分析中,一个对国人比较陌生的名词进入视野,那就是"中间阶层"概念。虽然中间阶层不在通行的社会阶层划分之列,但作为一种具有特殊身份价值的社会群体的客观存在,中间阶层的社会意义与文化格调直接关乎流行文化的特征、风格与发展趋势。中间阶层作为流行文化研究对象被提出,其知识背景是社会分层理论与群体动力理论。社会分层与群体动力是分析流行文化生成机制与传播动力的一种理论模式与框架。前者是社会学视角,后者是社会心理学视角。中国社会是一个城乡二元结构,城市社会阶层、社会群体与社会组织相对复杂和多元。将社会分层与群体动力问题置于城市与城市精神这一宏观背景中加以讨论,既有理论价值,更有现实针对性。换言之,对中间阶层及其文化格调的阐释,是一种面对城市的言说,这符合目前中国的社会现状。

一 社会分层理论及其划分标准

"分层"一词来源于地质学,本指地质构造不同的层面,社会学家借此来说明和分析社会的纵向结构。社会分层的基本含义是指社会的阶层化现象,也就是根据不同的社会等级标准,把社会成员划分成若干层次。社会之所以呈现阶层化,从根本上讲是由于社会劳动分工和社会关系及其社会结构的分化,以及社会成员在社会生活中获取社会资源的机会和能力的不同。从流行文化研究的角度讲,流行文化的创造、传播与消费同社会阶层的划分有着紧密的联系,具有不同社会身份的人在创造或享用流行文化产品方面具有不同的特点。虽然说城市流行文化就是城市大众的文化,适合于最广泛的社会人群,但事实上,城市流行文化同样具有鲜明的对象性,城市中最活跃的分子(文化先锋)是流行文化的直接制造者、传播者与享用者,是他们引领着流行文化的走向。对流行文化行为主体的身份识别,有赖于一个得到广泛认同的阶层分类框架的确定。说到底,人是文化生成机制与传播动力的核心,唯有人具有生成与推动文化的特异功能。而作为社会的人,都存在于某种特定的社会身份之中,不同社会身份的人在推动形态各异的文化方面具有不同的能力与优势。因此,从社会分层角度分析不同社会身份的人与流行文化的相关性就成为一个有意义的论题。

　　阶层是分享着共同的社会经济状态和利益的社会群体，阶层分类是要反映人们在社会经济权力、文化价值规范和行为及其他方面的系统差异。社会阶层的划分是实施有效社会管理与控制的重要前提，它可以直观地反映出社会经济及其他方面不平等的综合格局，对一定时期内的社会结构状态具有一定的解释力。社会管理机构、政治家和社会分析家往往要基于这种阶层分析来预期可能的社会政治、经济变动并采取相应的对策。从文化社会学以及社会心理学角度讲，阶层划分对群体及个体的社会态度和文化行为系统差异也具有一定的解释力。大量的实证研究表明，阶层位置对人们的社会态度和文化行为有着显著影响。阶层分类对解释人们的态度和行为差异、导致差异的原因、差异可能产生的后果是有帮助的。无疑，阶层分类对研究流行文化现象也是有意义的。需要指出的是，结构分析的一个特点就是在确定的时空范围内进行静态的系统描述，也就是说，阶层分类实际上是在用静态的方法描述一个动态的过程，这既是这种方法的长处也是它的不足。事实上我们依据确定的定义指标、根据在某一特定时空收集到的数据所做出的阶层分类，只能反映出这一时空下的阶层构成情况，既不能说明过去，也难以推论将来。不过，一个社会的结构性改变不是瞬间完成的，特定时空内的社会格局会保持一定程度上的相对稳定性，这就为我们依据社会分层来解析流行文化带来了可能性。当然，由于人的社会行为具有复杂性，因此，即便处于同一社会阶层，其社会行为也是千差万别的，并不意味着同一阶层的人必然地在任何方面都保持一致，这一点在流行文化现象分析中是不可忽略的。

　　在西方，最早提出社会分层理论的是德国社会学家马克斯·韦伯。他提出划分社会阶层结构的三位一体社会分层法，即财富（经济标准）、权利（政治标准）、地位（社会标准）。他认为这三者之间是相互联系、密不可分的。而三者之中，任何一种都可转化成为其余两种，并且，这三个标准都可独自成为划分社会层次的一个尺度，三者之间又不能完全等同或相互取代。韦伯的三位一体社会分层模式对西方社会分层研究产生了深远影响，他的多元综合划分标准已成为西方社会分层理论的一个基本特征，成为此类理论的一个源头。自韦伯以后西方社会出现了不同流派的社会分层理论，在此不详细介绍。从总体上看，西方经典社会分层理论是以财富占有的多寡作为主要的分层标准。但随着社会形态变迁的加剧，经典的社会分层理论已不能完全适应今天的社会情形，需要重新设定分层坐标系，需要添加新的分层要素。这里需要提出的是如何看待革命领袖的社会分层学说。我们知道，马克思针对19世纪早期欧洲资本主义社会、毛泽东针对20世纪二三十年代的中国社会，都提出了他们的阶级分析理论。国内许多学者认为，马克思主义和毛泽东思想比较强调阶级关系之间的对抗性，其理论主要是用来"指导革命"。而现阶段的社会分层研究主要是用来"指导建设"，是为了更好地协调各阶层之间的利益关系，以便更充分地调动各种社会力量的积极性，促进社会经济进一步稳定发展，因此，不能简单地照搬革命领袖的阶级分析理论来解决当代中国的社会阶层问题。

中国社会学研究者普遍认为，对现阶段中国社会阶层进行科学分析需要新的视角，不能以对生产资料的占有作为划分阶层的唯一标准，也不能沿袭过去以政治身份、户口身份和行政身份为依据的方法。较为科学的做法是，以职业分类为基础，以组织资源（身份、权力等政治资源）、经济资源（收入和财产等）、文化资源（教育水平、技能等）的占有状况为标准。2001年12月，中国社科院发布了《当代中国社会阶层研究报告》，报告从专家视角对当代中国社会阶层变动状况进行了分析。报告指出，1978年以来的改革开放促使中国社会阶层发生了结构性的改变：原来的两个阶级一个阶层（工人阶级、农民阶级和知识分子阶层）的社会结构已演变为十大阶层，各阶层之间的价值观念、生活方式及利益认同各有差异。按新标准划分的十大社会阶层是：国家与社会管理者阶层、经理人员阶层、私营企业主阶层、专业技术人员阶层、办事人员阶层、个体工商户阶层、商业服务人员阶层、产业工人阶层、农业劳动者阶层和城乡无业失业半失业者阶层。他们分属五种社会地位等级：上层、中上、中中、中下和底层。研究者指出，在据以划分阶层和排列位序的三种资源中，组织资源仍具有决定意义，而经济资源自20世纪80年代以来越来越重要，文化（技术）资源的重要性则在近十年上升得很快，它在决定人们的社会阶层位置时的重要性并不亚于经济资源。十大阶层的提出，说明中国社会已由单一结构的社会朝多元结构的社会转化，这是社会进步的一大标志。社会结构的多元化，意味着利益诉求的多元化，意味着文化价值观的多元化，意味着文化选择的多元化。作为一种新的文化形态，流行文化在多元化社会结构中，容易找到自己的文化知音。

二 群体动力学与"沉默的螺旋"

1. 群体动力学的创立与内涵

群体动力学理论的创立者是K.卢因（1880—1947），他一生致力于心理学和社会心理学的应用研究，著名的"把关人"理论就源自他的观点。群体动力学思想集中反映在卢因生前未写完的手稿《群体动力学中的新领域：Ⅱ 群体生活的渠道、社会规划与行为研究》中。该手稿 1947 年刊登于《人际关系学》杂志，后来又以章节形式出现于 1951 年出版的卢因著作《社会科学场论》的"心理生态"一章中。① 第一次世界大战前后，德国心理学界分裂为两派，一派赞成将人和环境分解成可任意组合、联系的孤立因素。物理学家出身的卢因则更倾向于另一派学说即"场论"。这派学者"试图将人类行为解释为群体因素的功能，这些因素构成一个动态的整体——心理场"。"场"的概念是借用物理学中的"磁场"概念而来。心理场既包括人也包括其周边环境。持"场论"观点的学者们看问题注重相互关联的因素之间的动态联系，而不是将事物分割成孤立的因素看待。卢因力图以数学形式表现心理作用力，用"几何图形反映生活空间各部分相互之间的位置关系；用矢量表现心理作用力的大小、方向及作用点"。他认为，心理学家也可以像物理学家研究诸如重力之类的作用力一样，对形成人类行为的作用力进行量的分析。群体动力学主要研究团体与个体之间的关系，尤其致力于揭示团体规范对个体行为的制约与影响。卢因应用群体动力学理论指导传播研究，发现传播对象并不像"魔弹论"所说是一个孤立的靶子，而是受到自身所属社会团体的规范影响。所谓"魔弹论"，产生于 20 世纪 20—30 年代，是一种关于传播的"强效果"理论。魔弹论又被称为皮下注射理论或子弹论，其核心观点是：大众传媒具有强大的力量，它们所传递的信息在受传者身上就像是子弹击中躯体、药剂注入皮肤一样，可以引起直接速效的反应。它们能够直接左右人们的态度和意见，甚至直接地支配人的行动。按照传播学奠基人施拉姆的描述就是："传播被视为魔弹，它可以毫无阻拦地传递观念、情感、知识和欲望……传播似乎可以把某些东西注入人的大脑，就像电流使电灯发出光亮一样直截了当。"② 卢因认为，要改变一个人的态度或观念，不仅要考虑他的个人因素，还要考虑团体与个人的关系。卢因的观点与传统"魔弹论"针锋相对，对传播学研究产生了重要影响。第二次世界大战期间美国政府还邀请他参与了传播对军队士气的影响问题研究。

卢因的群体动力学理论，为我们揭示了一个在今天看来比较容易理解的社会心理现象。从群体动力学角度看，作为社会的人，都在主客观上存在于（或者把自己认同于）某种特定的社会群体之中，孤立的个人是难以甚至无法在社

---

① 张国良主编：《20 世纪传播学经典文本》，复旦大学出版社 2003 年版，第 550 页。
② 转引自张隆栋主编《大众传播学总论》，中国人民大学出版社 1993 年版，第 156 页。

会中生存的。作为群体必然要有群体意志、群体规范与群体价值观。显然，群体的文化选择在很大程度上制约和影响着群体成员的个人文化倾向。这种制约和影响机制以正式制度和非正式制度形式表现出来，或直接、或间接，或即刻、或潜在地对群体成员发挥着作用，这就是一种群体动力的客观存在。群体动力的威力是巨大的，也是潜移默化的。传播学理论中有一个著名判断，称为"沉默的螺旋"，这一理论与卢因的群体动力学理论相辅相成，通过对两种理论的比较分析，我们从中可以进一步认清群体对文化导向的强大力量。

2. "沉默的螺旋"理论假设

20世纪初以来，传播学关于传播效果的理论模式众多，总体上经历了从"强效果论"到"适度效果论"，再到"强效果论"等阶段。20世纪六七十年代以后，传播学研究中的一个新取向，就是在适度效果模式后，提出了传播的强大效果模式。这其中最具代表性的就是德国社会学家伊丽莎白·诺埃尔—诺伊曼（Elisabeth Noelle-Neumann）提出的"沉默的螺旋"理论。1974年，诺伊曼发表《回归强大的大众媒介观》一文，首次提出"沉默的螺旋"的假设。1980年，在其专著《沉默的螺旋：舆论——我们的社会皮肤》中，诺伊曼又系统地阐释了该理论的各项假设。沉默的螺旋理论和当时联邦德国的政治选举活动密切相关，是诺伊曼在对联邦德国议会选举的长期跟踪研究基础上得出的一种结论。"沉默的螺旋"理论的主要内容是五个假定：①社会使背离社会的个人产生孤独感；②个人经常恐惧孤独；③个人具有一种准统计学感觉官能，借此他们确定哪些观点和行为模式是他们的环境所允许的和不允许的，哪些观点和行为模式越来越强、哪些越来越弱，对孤独的恐惧使得个人不断地对社会环境进行估计；④估计的结果影响个人在公开场合的行为，特别是是否公开表达自己的观点；⑤上述四个假定综合形成意见气候，并巩固和改变公众舆论。在这五个假定的基础上，诺伊曼又发展出了一整套以"沉默的螺旋"假设为核心的关于舆论的学说，主要有以下三点：①个人意见的表达是一个社会心理的过程；②意见的表明和"沉默"的扩散是一个螺旋式的社会传播过程；③大众传播通过营造"意见环境"来影响和制约舆论。[1] 沉默的螺旋理论假设人们观察社会环境，对一些与自己相关的观点保持警觉并意识到这些观点的变化趋势，他们可以判断哪些观念占优势地位，哪些观念处于劣势。沉默的螺旋假设展示的是个人意见与社会上个人觉察到的舆论之间的互动关系。诺伊曼通过研

---

[1] 郭庆光：《传播学教程》，中国人民大学出版社1999年版，第220页。

究证明，人有感知"意见气候"（climate of opinion）的能力，出于多数意见的压力（对社会孤立的恐惧），人们在意见气候感知的基础上调整自己的观点或行为。其结果是沉默的人越来越多，他们的意见越来越弱小，而多数意见变得越来越强烈。诺伊曼认为，舆论主要有两个方面的来源，第一来自我们对现实世界的直接观察；第二来自大众传媒。她认为，在意见气候的形成中，大众传媒（具体说是电视）起到了非常重要的作用。诺伊曼的舆论观带有明显的社会心理学色彩，她认为，舆论是一种社会控制机制，是我们的"社会皮肤"。一方面，舆论整合社会，防止其分离解体；另一方面，舆论是个人感知意见气候、调整自己的行为以适应社会环境的感觉官能。在沉默的螺旋理论中，大众传媒的作用是提供意见气候。诺伊曼认为，大众传播具有累积性、普遍性及共鸣性三个特质，三者综合在一起，便产生了对民意的巨大效果。其中，共鸣是指对一个事件或一个议题的一致反映，它能发展出一致性，而且这种一致性通常是由不同的报纸、杂志、电视和其他媒介的报道共享的。共鸣的效果是克服选择性接触，因为人们不能选择其他的任何信息，并且它能造成这样的印象，即大部分人看待议题的方式与媒介表现议题的方式是一致的。[①] 沉默的螺旋主要强调的是舆论与大众传媒的作用，但从中我们看到了群体的力量。大多数人都力图避免因单独持有某些态度而造成孤立，因而采取一种与群体意见相一致的方式行事。一个人一旦通过媒介了解到哪些观点是占优势地位的或是普遍得到支持的以后，便对周围的环境进行认真观察，以确定自己的意见与占据优势地位的观点是否一致。如果一致，便公开发表意见，如果不一致，便沉默起来，而且随后大都改变自己的看法，服从优势意见。这样，一方公开表达而另一方选择沉默的倾向便开始了一个螺旋过程，这个过程不断把一种意见确立为主要的意见。

综上所述不难看出，"沉默的螺旋"的客观存在，是群体压力的结果，这与群体动力学观点是一致的。不可否认，当人类社会全面进入网络时代，人们对"沉默的螺旋"理论是产生了怀疑的。但作为一种社会心理现象，人们对因单独持有某些态度而造成孤立还是有所惧怕的，尤其是对一些处在特定群体中的成员来说，更可能如此。一种文化现象的流行，往往先是在一个特定文化圈内展开，取得群体共识后再走向大众。流行文化具有鲜明的群体性特征，以往我们在分析流行现象时，往往忽视了这一点，忽视了个人背后所在群体的作

---

① ［美］沃纳·赛佛林、小詹姆斯·坦卡德：《传播理论：起源、方法与应用》第4版，郭镇之等译，华夏出版社2000年版，第298页。

用。认识不到这一点，一些流行文化现象就难以得到合理解释。在这里，我们把社会分层理论、群体动力理论与沉默的螺旋理论中某些具有共同指向的观点做一简要分析，目的就是要用这一分析框架阐释中间阶层这一特殊社会阶层与流行文化的相关性，并运用这一视角分析流行文化的生成机制与传播动力，应该说这是一个具有一定理论解释力的分析框架。

三 中间阶层与文化格调

现代社会与传统社会在阶层结构上的重要区别，就在于现代社会出现了一个庞大的社会中间阶层（或称为中产阶层、中产阶级），这是一个在生活水平、财产地位等方面都处于中间层次的社会群体。当代西方社会研究者都注意到了这个新兴阶层的出现，并指出当代西方社会结构的重大变化之一就是出现了介于传统资产阶级与无产阶级之间的社会层次。这个社会层次"不拥有生产资料，但却拥有对它们的日常控制权，既执行资本职能——使资本增值；又执行工人的集体职能——生产剩余价值"[①]。对于现代社会理想的阶层结构，学术界有一种比较形象的说法，即两头小中间大的橄榄形等级结构。与此相反，传统社会的阶层结构是顶尖底宽的金字塔结构，这种结构意味着极少数人居于社会上层，而绝大部分人处于社会的下层。中间阶层的大量出现是现代社会的一大特征，具有重要的文化社会学意义。所谓社会中间层，并不是对某个单一社会阶层的具体指称，而是对若干具有相似特征，特别是收入处于中等或中等以上水平的阶层的统称。从世界近代以来的历史看，中间阶层一直是一种处于不断变迁中的社会结构，有所谓"旧中间阶层"与"新中间阶层"之区别。按照国际学术界的一般解说，旧的社会中间层包括中小私营企业主、个体工商户等城市小资产者和富裕的自耕农。在19世纪末叶以前，他们一直是社会中间阶层的主要群体。20世纪初以来，中间阶层的主体地位逐渐被新的中间阶层所占据。新的社会中间层包括大部分专业技术人员、经理人员、行政与管理人员、办事人员、商业服务人员和技术工人等，即所谓的白领阶层。150年前白领阶层还只是一个很小的群体，但20世纪以来，随着社会结构的巨变，特别是第二次世界大战后科技的发展，白领阶层迅速壮大起来。

德国社会学家埃米尔·莱德勒最早从理论上全面阐述了中间阶层理论。1912年，莱德勒出版了他阐述中间阶层论的重要著作《现代经济发展中的私

---

① 周琪：《当代西方社会结构——理论与现状》，中国社会科学出版社1995年版，第181页。

人基础》。他认为，职员、技术人员等阶层的兴起，组成了新的中间阶层，这种新中间阶层是一个与产业工人相分离的特殊利益集团。他特别强调了作为社会稳定的重要力量的中间阶层所具有的社会作用。为什么说中间阶层是维持社会稳定的重要力量，我们可以从社会心理层面分析这种机制的成因。中间阶层不仅是经济学意义上的划分，同时也是社会心理学意义上的划分。"中流意识"是中间阶层普遍存在的一种社会心理与意识形态，这是一种"比上不足、比下有余"的自足意识，这种自足意识容易导致人们求稳定、求安逸、乐观向上的生活态度的形成。如果说 90 多年前莱德勒主要是从经济学意义上解读了社会中间阶层，那么今天，我们还需要从文化社会学意义上对社会中间阶层进行再解读。笔者之所以关注社会中间阶层群体的划分及其当代走向，就是试图从文化社会学视角解读它与流行文化的关联性。概括地讲，一个庞大的社会中间阶层的形成，既是维持社会稳定的一支重要的政治和经济力量，同时也是引导社会精神文化潮流的一支重要的社会力量，这支力量在相当程度上规约着今天流行文化的特征、风格与发展趋势。从社会结构上看，在当代多元化社会中，中间阶层已逐步发展成为一个社会的结构主体。这一发展趋势在经济发达国家已十分明显。作为社会结构主体的中间阶层，不仅要在社会政治、经济生活中发挥主导作用，而且势必也会在社会文化生活中扮演领跑角色。换言之，当代流行文化的行为主体是由以中间阶层为核心的具有某种特殊身份的社会群体构成；当代流行文化在很大程度上反映着以中间阶层为代表的特殊社会群体的价值观与审美观。如果说传统社会是等级森严的金字塔结构，那么现代都市社会正趋向于橄榄形结构。正是社会中间阶层数量的增多和"中流意识"的存在，使那些有点钱、有点闲还有点"酷"的社会群体乐于追逐时尚潮流，这也是流行文化广泛传播的重要的心理动力机制。

中国中间阶层的形成有两个基本特点：一是中间阶层的分布呈现一定的区域性，主要集中在沿海地区和经济发达的大中城市，在北京、上海等地居民中甚至出现了白领职业群体超过蓝领职业群体的现象。二是中国目前尚未形成中间阶层占主体的社会结构。按照社会学家陆学艺的说法，目前中国远未形成"橄榄形"等级结构，而是"洋葱头形"（上小底大），距离中间阶层占主体的社会还有遥远的距离。对中间阶层的认定没有统一标准，在中国存在两种统计方法，一种是比较宽泛的方法，即将人均年收入在 1 万—10 万元、户均金融资产在 3 万—10 万元的人口和家庭都计算在内，照此估计，目前中国进入中间阶层的人数占全国总人数的 20%—25%。另一种是比较严格的方法，照此估计，目前中国内地 100 个适龄人口（16—70 岁）中只有 4.1 个为中产（中间阶层）。这项在2002年由中国社会科学院社会学所李春玲主持的"当代中国社会结构变迁研究"，运用四项标准（职业标准、收入标准、消费及生活方式标准和主观认同标准）的综合指标数据表明，"中产"在中国仅仅是个刚刚出现的新生概念。根据四项标准，可以描摹出当代中国社会的"中产"范畴及其主要特征：中间阶层成员应该是从事白领职业的人，即非体力劳动者，与蓝领工人（体力劳动者）相对应；经济收入应该保持在中等收入水平或更高水平，经济条件比较宽裕；代表着现代社会主导价值所推崇的生活方式和消费模式，其消费习惯、审美品位和一整套生活方式构成了中间阶层文化（这也许是中间阶层最为标志性的特征）；具有共同的身份认同，比如，认为自己属于中间阶层，或者认为自己的社会地位处于中等或更高等级（"中流意识"）。同时，他们的社会政治态度趋向温和的改良主义和道德的相对主义，通常不会支持极端的、激进的政治运动（如革命、暴力、造反等），而是主张渐进的改革方式，对新生事物和新变化采取开放的、宽容的、相对主义的态度。

需要指出的是，尽管统计数字表明在中国中间阶层只占有很低的比例，但在主观认同上，上述调查显示，100个接受调查的人中就有46.8个人对自己是否已经"中产"持肯定答案，自我估价普遍趋高。这一现象一方面说明人们对自己的现实生活普遍比较满意，另一方面也印证了如前所述的"中流意识"在国人内心的普遍存在。我们所关注的问题是，在中国处于中间阶层的人群属于社会中的"强势群体"，他们创造的特殊的消费行为模式、生活方式和社会价值态度，具有极高的社会示范性和导向性。虽然中间阶层数量很少，但由于他们大部分都集中在发达城市的政府、媒体及新兴产业等重要的或前沿性部门，所以，他们的生活方式和价值取向在很大程度上直接影响着普通公众，在流行文化中，他们无疑是一群开风气之先的人。《新周刊》杂志2002年第1期对年薪分别为1万元、10万元、100万元的国人的消费生活态度作了很形象的描绘，它从一个侧面反映了中国中间阶层的文化格调，以及在文化消费上的引领作用。

（1）服装

1万：穿着花费口舌讲价买来的平价服装。

10万：从佐丹奴到堡狮龙。

100万：把别人一年的收入都穿在身上了。

（2）饮品

1万：茶，汽水。

10万：经常吃麦当劳，偶尔一狠心带情人去吃哈根达斯。

100万：法国葡萄酒。

（3）副餐

1万：不需要了，我吃盒饭就饱了。

10万：约上三五知己去喝星巴克。

100万：在五星级大堂里边吃边谈。

（4）夜生活

1万：看电视。

10万：泡吧。

100万：高级会所、夜总会、俱乐部。

（5）周末

1万：考虑着周末要不要到外面找个兼职、挣外快。

10万：周五上班没心思，周末特别活动分子。

100万：在度假别墅安享，或打高尔夫球。

（6）出行工具

1万：公交车。

10万：讨厌公交车的挤，也讨厌出租车计价器跳动的计价表。

100万：自己享受驾驶的乐趣，或请个随叫随到的司机。

第三节　后现代思潮与城市青年亚文化

从社会分层角度看，中间阶层与城市青年亚文化是一个话题的两个方面，共同点在于中间阶层与城市青年都是流行文化的创造主体。中间阶层与城市青年在身份识别上既有重合又有差异（比如，城市青年包括在校大、中专学生，但中间阶层不涵盖这些学生，因为有稳定的职业和独立的经济来源是中间阶层的重要指标），是两种不同的文化坐标体系。城市青年作为城市聚落中一个具有年龄规定性的群体，他们在文化观念与行为上具有其他社会群体所不具备的特质，特别是在对流行文化的态度与流行文化消费方面，在他们身上所表现出的个性化具有更突出的典型性。从一定意义上讲，流行文化就是城市青年的文化，或者说，城市青年与社会中间阶层共同代表和引领着流行文化及其未来的潮流。因此，站在流行文化的角度对城市青年亚文化进行研究，就成为一个相对独立的议题，具有特殊的类型学意义。特别要强调的是，当代在校大学生就是城市青年亚文化的典型代表。在精英教育时代，作为高等学府的大学校园与世俗社会存在一道天然屏障，大学生是"躲进小楼成一统"的"天之骄子"，与普通城市青年在文化选择上存在鲜明差异。但随着中国高等教育的快速发展，大学教育已进入大众化阶段，由此给大学校园也带来了深刻变化。如今，大学校园已成为反映城市青年亚文化的晴雨表、流行文化的策源地，大学生已成为引领时尚的文化先锋。研究当代中国流行文化生成机制与传播动力，如果撇开在校大学生群体，就是在研究视野上的一大缺憾。后现代文化思潮是当今普遍存在的一种影响全球的文化风暴，它在中国的入场，是中国流行文化生成的重要思想动力。由于后现代文化思潮与当代城市青年亚文化关系密切，所以，本节将两个话题并置讨论。需要说明的是，这里讨论的城市青年亚文化，不是严格的文化社会学意义上的概念，而是一种比较广义的表述，至少在身份构成上包括了青年与少年，在校大、中专学生等社会群体。

一 后现代文化思潮与理论特征

后现代话语的兴起是 20 世纪西方最重要的文化现象之一，也是流行在当代中国的一种时髦的文化思潮。一般认为，"后现代"一词最早出现于 19 世纪 70 年代，当时英国画家约翰·瓦特金斯·查普曼以"后现代绘画"来概括那些比法国印象主义更为前卫的绘画作品。后现代概念最初也是用以指称西方一种以背离和批判现代与古典设计风格为特征的建筑学倾向，后来这一概念被移用于描述一股对西方现代社会进行批判与反思的文化思潮。后现代主义是对现代主义的直接反叛，它作为一种文化思潮，早已渗透到西方人文社会科学甚至自然科学的诸多领域。后现代主义深刻影响着当代流行文化与人们的日常生活，成为研究流行文化与日常生活现象不可缺少的理论资源和背景知识。本书在绪论中已提到，对后现代文化（又称后工业社会文化、晚期资本主义文化）的研究，肇始于 20 世纪 50 年代末、60 年代初的西方工业社会，70 年代盛行于欧美发达国家，80 年代达到了理论研究的鼎盛时期，成为一种世界性的文化思潮。进入 90 年代以后，后现代主义开始走向衰弱，并发生了理论分化。

学者曾艳兵在谈到后现代主义中国化问题时指出："后现代主义中国化是指西方后现代主义在中国被译介、借鉴，最后渐渐形成中国后现代的过程。正当西方后现代主义发展得如火如荼、声势浩大时，中国正在进行史无前例的'文化大革命'；而当后现代在西方开始由盛而衰时，随着中国的改革开放、打开国门，西方的后现代主义也裹挟在强大的西方文化思潮中进入了中国。"①
1980年董鼎山先生在《读书》（第12期）和《外国文学报道》杂志上分别发表了介绍后现代主义的文章《所谓"后现代派"小说》和《后现代派小说》，这大概是在中国内地最早使用"后现代"一词。当然，早在20世纪70年代末期，台湾就有了"后现代主义"这种说法。② 后现代作为一种文化思潮，在20世纪80年代随着三位西方后现代主义理论家伊哈布·哈桑、弗·杰姆逊、杜威·佛克马的访华和讲座而全面进入中国。特别是1985年9—12月，美国著名批评理论家弗雷德里克·杰姆逊应邀在北京大学开设有关当代西方文化理论的专题课，反响最大，听者云集。1986年初他的讲稿被译成中文出版，书名是经杰姆逊考虑再三亲自拟定的，即《后现代主义与文化理论》。杰姆逊的讲稿出版后被广为传读，多方引用，于是，后现代主义在中国才真正形成了它的理论氛围。后现代主义最初在中国的影响，主要反映在哲学界对"理性牢笼"的警惕上。随着杰姆逊讲稿的出版，这一思潮迅速扩散，对中国当代文学、流行文化理论与实践开始产生直接影响。一批中青年学者围绕后现代主义活跃在各报刊上，并在许多相关的学术会议上扛起了后现代主义大旗，终于形成了中国的"后学"，造就了一批"后学"大师。③ 谈后现代一时成了时尚，王蒙说得好："后这后那、后的后后后，什么都'后'了。"④

在西方，后现代主义主要有两种类型，一是解构性后现代主义，二是建设性后现代主义。在对现代性的态度上，解构性的后现代主义是非理性的，而建设性的后现代主义却是理性的。解构性后现代"以一种反世界观的方法战胜了现代世界观；它取消或消除了世界观中不可或缺的成分，如上帝、自我、目的、意义、真实世界以及作为与客观相符合的真理。由于有时受拒斥极权主义体系的伦理考虑所驱使，这种类型的后现代思想导致了相对主义甚至虚无主义"⑤。以德里达为代表的解构主义，是整个后现代主义文化思潮的哲学基础和文化底蕴。所谓解构，并不是无谓的消解、颠覆一切意义，而是通过细读或拆解文本来显露文本之中所隐藏着的价值观及其建构的动机。解构主义不相信终极本源的存在，藐视一切权威和假想的中心，并从拆解语言开始了颠覆形而

---

① 曾艳兵：《西方后现代主义文学研究》，中国社会科学出版社2006年版，第270页。
② 陈晓明编：《后现代主义》，河南大学出版社2004年版，导言第2页。
③ 曾艳兵：《西方后现代主义文学研究》，中国社会科学出版社2006年版，第272页。
④ 《读书》1995年第3期。
⑤ ［美］大卫·格里芬编：《后现代科学——科学魅力的再现》，马季方译，中央编译出版社1995年版，英文版序言第17页。

上学大厦的根基和"在场"的优越地位,并通过文本的书写还原被文明秩序所压抑的历史无意识,从而使那些成为现代文明中不证自明的宏大叙事归于失效。[①] 从文化观念上总体而言,后现代主义与现代主义存在相反相成的对应关系。我们知道,不论是古典文化还是现代主义文化,都是少数人享受的雅俗分立的文化,是一种高度个性化、风格化,富有独创性的精英文化。现代主义文化是文化创造者对自然、社会和人生进行深刻体验和反思后的创造,是带有形而上价值的严肃的精神产品。现代主义文化的创造和欣赏都要求主体以严肃的、高雅的、审美的态度来对待其文化产品,它追求深层的意义或永恒的价值,要求欣赏者反复玩味甚至痛苦思索。而后现代文化则是深受资本与商品逻辑支配的消费文化,它与大众传媒密切相关,具有模式化、类型化和批量复制化特点。它的生产与消费同游戏的、调侃的、日常的态度相适应,是非解释性的、消遣的、轻松的,并且是一次性消费的,是一种没有深度体验、没有历史感、仅仅反映当下瞬间感受的平面化产品。后现代主义文化特征既鲜明又庞杂,既统一又矛盾,不确定性、无深度性、非原则性、非中心性、非体系性、零散性、多重性、或然性、边缘性、无序性、多元性、暂时性、过程性、游戏性、悖论性,等等,都是它的基本文化主张与特征。哈桑在《后现代主义问题》中就曾举证了一系列后现代主义和现代主义的对立,如形式/反形式、等级/反等级、完整性/解体性、释义/反释义等。解构性后现代主义作为当代西方文化精神的一种概括,在理论上具有一些突出的特征,可以概括归纳为五点:第一,后现代主义主张颠覆形而上学和本体论,解构"逻各斯中心主义"和"语言中心主义",放弃对终极问题的关怀。第二,后现代主义否认世界是一个相互联系的整体,否认同类事物之间具有某种同一性,代之以碎片化、相对化。第三,后现代主义强调非中心性,寻求差异性,以随意播撒所获得的零乱性和不确定性来对抗中心和本原。第四,后现代主义反对理性,消解主体性,拒斥一切现代性的理论。第五,后现代主义注入了市场法则,强调实用主义的真理观和知识的商品化,平面无深度成为其文化精神的体现。与上述见解全然不同的是,建设性后现代主义强调后现代与现代性之间的不可分割性,主张后现代对现代的否定是一种辩证的否定过程,后现代实际上是现代的发展,或者说是现代化过程中的一个必经的阶段。建设性后现代主义代表人物大卫·格里芬认为,后现代并非全是解构,它也试图建构,"通过对现代前提和传统

---

① 李清霞:《沉溺与超越:用现代性审视当今文学中的欲望话语》,中国社会科学出版社 2008 年版,第 130 页。

概念的修正来建构一种科学的、道德的、美学的和宗教的、知觉的新体系"①。利奥塔也认为，后现代并不追求纯粹的虚无和绝对的不确定性，它也"思考什么是真实、什么是公正，这并没有过时"②。

显然，用三言两语概括后现代主义理论特征是不可能的，研究后现代理论本身也非本书主旨，在此不再赘言。不过，后现代文化思潮在中国的现实表现却值得关注，因为，后现代文化思潮在中国的入场是中国流行文化生成的思想动力。本书在绪论中已强调了这样一个观点，即中国是一个欠发达国家，缺乏生成后现代主义的社会条件与思想资源，但这并不意味着后现代文化思潮对中国没有影响。在全球化的今天，文化思潮的扩散与渗透是不可阻挡的。特别是处在文化转型期的中国，与世界"接轨"的情结随处可感，对西方发达社会一切新潮的东西都有一种"拿来主义"的急切心态，无论是否被误读，是否会水土不服、食洋不化，一律移植过来为我所用，并且总能自圆其说与发扬光大。后现代思潮的入场即是如此。原本具有一定积极意义的后现代文化，在进入中国后被人为肢解，发生了某些新的变异，这其中既有积极的创造，也有曲意的迎合。比如一些"痞子"作家，以后现代主义者自居，将一切进步的、崇高的或有意义的东西都拿来开"涮"。他们调侃生活中的虚伪和投机，也调侃生活中的严肃与残酷；调侃人生的无意义，也调侃人生的有价值；调侃悠闲自得的看客，也调侃一切忙忙碌碌的实干家；调侃别人，也调侃自身；既不肯定什么，也不否定什么；不管是欢乐还是痛苦，不管是理想还是崇高，一概化为笑料。文学除了语言技巧之外，仿佛什么也不是了，名之为"玩文学""玩艺术""玩电影""玩深沉"。③ 王朔笔下的顽主们便是在这种背景下怀疑一切、唾弃一切、扫荡一切的。"顽主们无所不嘲：崇高、理性、社会、人生、道德、伦理、历史、政治、性……以及一切禁锢人性装饰禁欲理想主义的东西，一切理性文明所造就的等级秩序，其结果是世界存在的空无、人的灵魂裸露。"④

在今天中国所谓"新新人类"的文学/文化行为中，后现代特征显露无遗。曾有文章这样描绘新潮一族：解构——除了爱情是他们没有完全解构的，其他一切都可以被解构或者已经被解构了。像时空关系、人神关系、师徒关系、生死关系，在《大话西游》里都被解构了。媚俗——这个概念或许不是那么准

---

① 转引自李清霞《沉溺与超越：用现代性审视当今文学中的欲望话语》，中国社会科学出版社2008年版，第132页。
② 同上。
③ 刘登阁：《全球文化风暴》，中国社会科学出版社2000年版，第102页。
④ 张国义编：《生存游戏的水圈》，北京大学出版社1994年版，第304页。

确，因为后现代主义的媚俗指的是混淆雅俗文化的界限，或者说他们首先解构这种界限、赋予俗一种新的内涵，然后在俗的新世界里流连忘返，在这里，意义、神圣、超越等概念都被淡化了。自由——他们所谓的自由当然不是在概念的意义上来追求和谈论的，他们表达的是一种感受的自由，一种没有约束的状态，一种基于解构的随心所欲。戏仿——他们认为《大话西游》是对《西游记》的一次严肃的戏仿——这本身是个矛盾的说法。之所以说是严肃的，是因为他们认为《大话西游》更本真。快乐——快乐是最高的目的，最起码他们追求的是轻松，因此，所有会给他们带来痛苦的因素都要被剔除，所有令他们感到沉重和压抑的东西都要被排斥，这实际上是解构一切的一个主要动机。当然，他们也很清楚，他们没有办法把快乐贯穿到所有地方，因此，在文化领域就更是要崇尚快乐，就是一切的原因。如果要比较准确地描绘今天的新新人类，不如说他们的亚文化是消费主义的。在他们成长的过程中，他们没有碰到物资匮乏的事情。他们一开始就面临丰富的物品，这些物品隔绝了他们与实体的关系，存在对他们来讲不是一个问题。他们的问题是选择的对象和方式，仅仅是这样的问题就已经把他们的精力消耗得差不多了。他们的消费取向决定了他们把所有的对象都看作是消费的对象，甚至爱情也不例外。虽然他们认为爱情是他们唯一不愿意解构的，但是，他们基本上不认为爱情的对象是唯一的、不可以替代的。他们所谓的爱情永恒论，不过是爱情不会缺乏的一种比较动听的说法。中国的这些新新人类基本上排除任何反省和探究，排除去问为什么。用他们自己的口头禅来说，我喜欢这才是最重要的，而问为什么完全是多余的。[①]

　　总之，解构性后现代文化建立在西方高度发达的经济基础之上、生长于信息社会环境之中，是一种以思想反判为突出表征，以高度商品化为标志，以满足大众消费欲望、实现赢利为目的的新潮文化。西方理论家对后现代文化精神的研究，实际上是对当代西方文化的一种忧思，是对当代西方文化现状和前景的一种现实关切。后现代主义对消解中心和不确定性等观点的强调，有助于防止人们走向绝对化、概念化，从这一点来讲，后现代主义对现代性的否定有其积极意义。如果说解构性后现代主义在坚持哲学的批判性上有什么欠缺的话，那就是它们使解构走向了另一个极端，以致他们不敢轻言建构，无形中为自己编造了一个思想的牢笼，以致使自己走进了自己预设的死胡同。在观察后现代文化思潮对中国的影响时，千万不能忘记这样一个事实：在西方，现代主义和

[①] 李唯、陶邰文：《新新人类：后现代主义的文化特征》，《南方周末》2001年6月21日。

后现代主义作为两种文化思潮是历时性产生的,但在中国,这两种文化思潮却几乎是共时性进入的。换言之,西方后现代批评家们所批判的对象在中国或者是正在形成,或者是根本就未曾出现。伊格尔顿就直截了当地说,后现代是一个幻象,后现代批评家们所批判的对象也许根本就不存在。[①] 那么,这样说来,后现代对当下中国的意义何在?建设性后现代理论代表人物大卫·格里芬在《后现代科学——科学魅力的再现》一书的中文版序言中说得好:"西方世界的建设性的后现代思想是要保存现代概念中的精华,同时克服其消极影响。我的出发点是:中国可以通过了解西方世界所做的错事,避免现代化带来的破坏性影响。这样做的话,中国实际上是'后现代化了'。"[②]

二 城市青年亚文化解读

文化是一个内涵丰富的大系统,它由许多子系统构成。根据文化子系统在文化模式中的地位和影响,人们通常把文化划分为主文化、副文化(也称为亚文化)和反文化三类。关于三种文化类型的基本概念在第二章已有表述。按照文化社会学的解释,每一个复杂的社会都包含着许多亚文化,社会成员常常是在一个以上的亚文化中体悟生活并发挥作用,人的一生会经历许多种亚文化。需要强调的是,亚文化反映的是社会文化多样性的一面,从一定程度上说,一个社会亚文化体系越发达,文化整合的难度就越大。美国文化学者阿尔伯特·库恩(Albert Cohen)在谈到异常行为与亚文化时就提出,亚文化产生于文化与结构的冲突之处。[③] 同时也要看到,亚文化体系越发达,文化的丰富性也就越突出,预示着社会的开放度、自由度也就越高。陶东风在他的《网络交流的真实与虚幻——兼论网络文化与青年亚文化的关系》一文中,讨论了对青年文化和青年亚文化的区分,认为"亚文化"是相对于"主流文化"而生效的一个概念。所谓主流文化,是特定时期占统治地位的文化,它所代表的是一个社会中占支配地位的那些群体的利益,因此也决定了它必然具有保守性,也就是说它倾向于维护既存的社会秩序与权力结构;相对于主流文化,亚文化突出的

[①] 转引自李清霞《沉溺与超越:用现代性审视当今文学中的欲望话语》,中国社会科学出版社2008年版,第130页。

[②] [美]大卫·格里芬编:《后现代科学——科学魅力的再现》,马季方译,中央编译出版社1995年版,第13页。

[③] [英]阿雷恩·鲍尔德温等:《文化研究导论》(修订版),陶东风等译,高等教育出版社2004年版,第326页。

特点就是边缘性、颠覆性和批判性,因为它代表的是在社会中处于边缘地位的群体的利益,它对于社会秩序往往采取一种颠覆的态度。青年文化实际上包含了主流文化和青年亚文化两种成分,而青年亚文化是青年文化中处于非主流地位的文化。因为并不是所有的青年文化都具有颠覆性、边缘性与批判性,尤其在中国内地的语境中。①

青年(包括在校大、中专学生等青少年群体)作为一个个性鲜明的社会群体,他们在思维观念、行为特征与文化追求上具有其他社会群体所不具备的特点。人类学家玛格丽特·米德曾用"时间上的移民"来描述当今的年轻人是如何站在复杂的文化环境与现实之中的(在今天,网络环境中的人就是"时间上的移民",他们足不出户便可与社会实现交往,不是空间的转移,而是时间的使用——笔者注)。她针对美国20世纪60年代的青年人特征说:第二次世界大战前出生和长大的每一个人都是时间上的移民,正如他们的祖先是空间上的移民一样,在新的世界中,他们正同种种陌生的生活环境进行着艰苦的抗争。这些时间上的移民都是旧有文化的承受者。唯一不同的是,他们代表着今日世界的各种不同的文化。② 在一些西方国家,20世纪60年代以后出生的城市青年因其成长环境的独特性而体现为价值观、行为方式的立异求新,所以,文化社会学家对这一代青年人都进行过称谓上的界定。美国将1961—1981年出生的具有特定文化结构的一代称为"X一代",而将90年代以后出生的物质丰裕、追求个性的一代称为"Y一代"。日本则将80年代以后出生的年轻人称为"唯我一代"。在中国的台湾地区,人们把70年代以来伴随经济腾飞而成长的青年人称为"新人类",而把80年代以后信息化浪潮下成长的青年人称为"新新人类"。在中国内地,随着物质生活的不断丰富和后现代文化思潮的涌入,城市青年(特别是1978—1988年出生的一批人)中也出现了具有"新新人类"色彩的特殊文化消费群体,并呈强劲的发展趋势。今天,"80后"一代对时尚潮流的引领尚在延续,"90后"一代又一跃成为时尚潮流的弄潮儿。在2008年秋季开学后的大学校园里,"90后"大学生闪亮登场。从总体上看,这些新生代群体受到良好的教育,而且未经历过战乱与物质匮乏的生活,对大众传播技术和社会民主进步反应敏锐,处处紧跟潮流。除了年轻、阳光、开放、

---

① 陶东风:《网络交流的真实与虚幻——兼论网络文化与青年亚文化的关系》,文化研究网站,随笔第2期,2003年9月3日。
② [美]玛格丽特·米德:《文化与承诺——一项有关代沟问题的研究》,周晓虹、周怡译,河北人民出版社1987年版,第81页。

他们更喜欢与众不同，追求有个性的快乐生活。新生代群体的出现，预示着新的流行文化事件即将发生。

人类社会学家对"代际"的划分是有严格标准的，但如今，社会急速变革的步伐打乱了这种标准。随着社会阶层的分化，亚文化圈越来越多，不同年龄间文化差异越来越大，"代际"划分的间距越来越短，代际文化冲突与断裂呈加重趋势。在社会由神圣转向世俗或由精英文化转向大众文化的过程中，青年群体在意识形态与文化追求上与他们的前辈之间出现了明显的"代沟"。年轻人对成年人所经历的历史多采取一种否定的和虚无的态度，存在着明显的文化冲突。对此，作家米兰·昆德拉在他的以东欧国家为背景的小说《玩笑》① 中有过这样的描述：

> "对，"泽马内克说，"他们不是这样的人。幸好他们不是这样的人！他们用的词也不一样，谢天谢地。我们的成就并不使他们感兴趣，我们的缺点也一样。说起来你不会相信，可是这些年轻人在入学考试的时候，连什么是审查都不懂，对他们说来斯大林只是一个名字而已。你要知道他们绝大多数人都不知道十年前发生的那些布拉格政治事件。"
>
> "坏就坏在这儿。"
>
> "可实际上这并不证明他们懂得多还是少。不过这样对他们倒是个解脱。他们和我们的世界格格不入，他们整个儿就不肯接受我们这一套。"
>
> "一种盲目代替另一种盲目。"
>
> "我倒并不这么看。我欣赏他们就是因为他们和我们不同。他们对自身看得很重，而我们以前却对自身是忽视的；他们爱到处闯荡，我们却束身自爱；他们乐于冒险，我们却把时间浪费在开会上；他们喜欢爵士乐，我们一直照搬民间艺术而并无成就；他们忙着自顾自，我们当时想拯救世界。我们这些人，还有我们的救世观差一点把世界毁了。说不定有了他们的利己主义，他们倒能把世界救过来。"

1996 年美国《哈泼斯》杂志发表了一篇对话《她要她的电视！他要他的书！》，这是纽约大学传播艺术教授颇斯特曼（N. Pastman）和费城艺术学院人

---

① ［捷］米兰·昆德拉：《玩笑》，蔡若明译，上海译文出版社 2003 年版，第 328—329 页。

文学女教授帕格里亚（C. Paglia）关于印刷媒体与电子媒体的对话。[①] 前者出生在电视普及之前，后者出生在电视普及之后。这篇对话生动地展现了代际不同文化思想的交锋。这里摘录一段对话：

颇："我不看电视！"成为那些赞同读书的人的通用掩饰，而且已经成了某种咒语。……从本质上来说，阅读教授我们推理。电视以其随机的不连续的图像与线性传统作对，打破了逻辑和思维的习惯。

帕：大多数理论和其他文化家不是去批评电视，而是对于电视的庞大力量干脆嗤之以鼻——一种知识分子式的拒绝。电视是一种文化，凭什么或凭谁的标准可以判定，最新的麦当娜作为一种符号，其意义比一种符号要渺小呢？

颇：在认识世界的过程中，读书给了我一种分析的、延迟的反应，这对于追求科学或是工程学很有好处。但是从中我确实损失了对大脑感觉部分、感觉中枢的开发。

帕：他们无法理解我们这些生在二战之后的人如何能够在读书的同时，还能看电视。但是我们能。我写书的时候，我戴着耳机，摇滚乐或是普契尼或勃拉姆斯在耳边狂响。关闭了声音的肥皂剧在电视屏幕上闪烁。同时我可以边在电话上与别人聊天。新生代具有多层面、多轨道应对世界的能力。

颇：语言的全部意义在于提供知识上和情感上的连续性和可预测性。但是我的很多学生已经不再懂得，例如矛盾的道理。我的年轻的学生看到电视上播音员说有 5000 智利人死于地震，然后他说："我们在联合航空公司的广告之后马上回来。"我希望我的学生说："嘿，等一下，他怎么能让我们如此迅速地转变情绪？"

帕：我的回答是：佛微笑了。他看到了转世的车轮并没有接受了世界的灾难。它就应该是这样。我们无法延伸我们对 5000 死难的人们的同情。通过将这些刺激的图像编辑在一起，电视创造了真实的生活写照。我们不得不像农民那样审视死亡——常有的事，没什么大不了。自然可以让地球裂开千万次，而后，依旧阳光灿烂、小鸟儿歌唱。这就像是从坠机事件忽然转到痔疮广告。在电视里，和自然中一样，每件事情同样重要。

[①] ［美］内尔·颇斯特曼、卡米尔·帕格里亚：《她要她的电视！他要他的书！》，载熊澄宇选编《新媒介与创新思维》，清华大学出版社 2001 年版，第 248—266 页。

曾几何时,"另类"一词包含着较多的贬义色彩。作为青年亚文化的一种象征性符号,"另类"既为一些人所津津乐道,也为一些人所深深担忧。如今,人们已开始用相对宽容与接纳的态度对待"另类",并能从"另类"者身上不断发现值得称道的优点。《北京青年报》曾有文章描述这"另类"一代的群体肖像。[①] 这里所说的"另类"一代,从时间上划分是指在中国内地 1978—1988 年出生的一代城市青年,他们正值花样年华,个性鲜明,独具异质,是"另类"中的典型代表,在当今流行文化中发挥着先锋作用。在他们身上可以看到这样一些特点:

(1) 崇尚自由、快乐、平等(有选择地接受西方文化)
(2) 讲究情调、品位,审美水平较高(有城市特征)
(3) 自我中心,行为果敢(独生子女特征)
(4) 藐视权威和领袖
(5) 爱好交友,不以外表判断人
(6) 不关心历史和政治
(7) 情绪化
(8) 追逐时尚,理智消费(重视风格)
(9) 以兴趣爱好选择职业(喜欢就好)
(10) 挣的钱与花的钱有较大差距
(11) 独立性差,依赖家庭和朋友(独生子女通病)
(12) 说话直爽,无禁忌(但说到不一定做到啊!)
(13) 无忧患意识,自我保护能力弱
(14) 厌恶一切形式上的东西(开会、典礼、作业、汇报……)
(15) 追求自然朴素的生活状态(自己却被现代化电器包围着)
(16) 乐于尝试,挑战自我(极限运动的先锋)
(17) 关注一切媒体舆论(报纸、杂志、电视、网络……)
(18) 馋(对所有美味、美丽、美妙的……)
(19) 通吃物质和精神快餐(漫画、杂志、网络;肯德基、麦当劳……)
(20) 心理压力过重(拒绝长大)

---

① 《生于80年代:拒绝长大并总觉得缺钱》,《北京青年报》2001 年 8 月 21 日。

（21）爱动物甚于爱人，爱电脑甚于爱书
（22）对异性的崇拜无动于衷（只要我爱的！）
（23）一度迷恋某种事物（因此多才多艺的不少）
（24）收藏喜爱的物品（有成就感嘛！）
（25）饮食、睡眠无规律（习惯了呀……）
（26）乐于欠债（贷款自己还）
（27）总觉得缺钱（你满足了吗？！）

一个时代有一个时代的社会主题，一个时代有一个时代的文化追求。显然，代沟是一种客观存在，并且是延递性的，在一定意义上讲它是推动社会发展的文化原动力，是社会不断进步的象征。文化需要相互包容，文化品位需要不断提升。求同存异、和谐共处、优势互补是代际处理文化冲突应有的态度，也是今天我们评价城市青年亚文化应有的价值理性。

三 城市青少年流行文化的现象学分析

"现象学的社会学"是社会学的一种流派，出现于20世纪60年代，它是德国社会思想家A.舒茨改造胡塞尔的现象学，并将之融入韦伯的行动理论和美国的互动理论的产物。"生活世界"是舒茨现象学的社会学中的一个重要概念，它强调从日常生活现象的本身出发来说明社会现象，它要求撇开任何关于人的生存价值和品格的判断，只关注日常生活世界。该理论认为日常生活是由常识、日常语言、客体、人群、位置、思想以及其他种种为个人所能直接感受的、直接把握的生活世界，是一种人们很难不以一种自然的态度对待它的世界。舒茨认为生活世界是主观的，因为个人所能直接感受、直觉把握的正是这一世界；而其主观性又是无名的主观性，因为它对任何个人表现为一种自然而然的既存的现实。普通人很难不以一种自然的态度来对待它。"生活世界"概念的提出为我们建立了一种社会分析的新视角，即从日常生活来观照文化，而不是从理性世界来看待文化，也就是要从生活世界来反观理性世界。

按照这一哲学思想与方法论原则，本书从现实的"生活世界"中对当代中国青少年流行文化现象做一盘点，以使我们借助"常识"来进一步认清当代中国青少年流行文化的一些基本特点。这里采用一组调查分析数据来展开我们的讨论，该组数据主要取自团中央宣传部、中国青少年研究中心"青少年流行文化现象与对策研究"课题组2002年6—7月所进行的问卷调查。此次调查涉及北京、上海、天津、广州、西安、昆明及 3 个地级市、3 个县城的 12 所大学、21 所中学的 2710 位大中学生。①调查分析了 1997—2002 年大约 5 年时间里，中国内地城市地区青少年群体新出现的流行文化现象。从总体上看，世纪之交的中国青少年流行文化现象主要体现在产品、产业和话语三个层面上。产品层面是指流行文化领域内所出现的前所未有的新产品。手机短信文化、Flash "闪客"文化和以 QQ 为主的网络聊天文化，可以被视为这一类现象的代表。产业层面是指以制造流行产品为主，或直接参与生产流行产品的文化产业，包括影视、音乐、出版、服饰、美容等文化产业。这些产业的产品绝大多数是非耐用品，受到时风变化的强烈影响，流行与否是产品能否售出的主要因素。比如近来在青少年中流行的影视作品《东京爱情故事》等日韩剧、《蜡笔小新》等卡通片、《不见不散》等贺岁电影、《大话西游》等"无厘头"电影，以及《还珠格格》《流星花园》等偶像剧。话语层面是指某一时期在青少年群体中广泛流行的背叛语法和逻辑的时髦语汇。流行话语并不像前两者具有物质载体，但却直接反映了流行品背后的意识形态。笔者结合上述 2002 年问卷调查统计数字，把世纪之交的中国青少年流行文化的特点概括为下列几个方面。

1. 高科技文化产品的广泛应用是流行文化的技术特点

在当代流行文化现象中可以明显地看出，以网络、手机为代表的传播技术与高科技文化产品的广泛应用是流行文化的一大特点。这从青少年高科技文化产品的拥有量上即可得到印证。问卷调查显示，被调查的青少年"个人拥有或可以自由支配使用"的电子物品（比例）为：收音机/随身听（75.9%），电视机（59.6%），录音机（50.5%），电脑（45.0%），照相机（37.5%），VCD 机（35.7%），手机（31.9%），CD 机（26.6%），电子游戏机（26.1%），组合音响（24.4%），录像机（23.3%），传呼机（20.8%），DVD 机（11.8%），MP3 机（7.4%）。此外，借助技术手段进行人际交流在青少年中也广为流行。在被调查的"上网"青少年中，有 44.6% 的人上网的主要目的之一是"找人聊天"，上网聊过天的人占 82.1%，通过聊天室、QQ、BBS、虚拟社区等途径与人聊天的人占 95.2%。发达的网络通信技术不仅带来新的电子交流方式，同时也为流行资讯提供了新的强大的传播工具，甚至网络本身就可以完成一次"流行"的全部过程。2002 年调查显示，对于近两年最为流行的词语，被调查的青少年所选择的（限选 10 个）前 10 位词语中，有 6

---

① 参见田方萌、杨长征《近 5 年青少年流行文化现象的特点》，《中国青年研究》2003 年第 2 期。

个词语与网络流行文化有关,并分别排在1—6位:"美眉"(58.5%),"QQ"(45.8%),"翠花,上酸菜"(42.2%),"网虫"(41.6%),"伊妹儿"(41.1%),"网恋"(40.8%)。调查显示,有69.2%的人平时说话或写东西时使用过这类流行语。

在今天看来,上述调查数字已经时过境迁,新的传播技术与高科技文化产品正加速其更新换代的步伐,流行文化的技术特点更加凸显,一种不同于以往的流行文化现象即将形成,具体情形还有待进一步观察。

2. 多重亚文化圈的形成是流行文化的阶层特点

作为社会分层在青少年群体中的反映,近年来中国青少年流行文化呈现出层级细化的特点。以"小资""新人类""小众化"为身份识别的阶层分化,各自展示出独具特色的文化品位。而占有不同领地的"亚文化"圈之间,又具有不同程度的相互重合的特征。比如"小资"这一流行词,就集中体现了青年阶层化的趋势。调查显示,在被调查的青少年中,有18.9%的人认为"小资"是近两年最为流行的词语之一。这个曾被主流意识形态大加批判的历史词汇,如今被赋予了某种新的文化意义。那些在中国城市写字楼里忙碌的"白领青年"们在"小资"的旗帜下,找到了归属感和身份定位。"小资"这一城市主流消费群体的出现,带动了酒吧、健身、美容等流行文化的蓬勃发展。他们的经济收入和社交场所决定了其文化欣赏品位:典雅、精致、舒适、绅士化、不落俗套,还有一点点"多愁善感"。将"小资"看作形容词而不是名词,可能更容易帮助我们理解这一流行话语。事实上,"小资"在日常生活中作为形容词出现的频率更高,比如说"你很小资",但很少有人直接问:"你是个小资吧?""新人类"是中国内地这一时期的另一流行词,与之相关的是"新新人类""新某族"之类的称谓。比起"小资"来,"新人类"所指称的群体外延不明,其文化态度也很不容易把握。但似乎都具有这样一些价值取向:年轻、新潮、前卫、刺激、暴露、狂野、奢侈和叛逆。颇具讽刺意味的是,"新人类"在精神上或许将20世纪60年代的美国"反文化运动"视为前辈,但在物质上绝对与当年的批判资本主义的精神背道而驰。在《新周刊》进行的一项对"80年代出生者"和他们的父母"买东西时最看中的因素"的调查中,所给出的选项有:品牌、质量、款式、价格和其他。其中孩子更看中"款式"(占49.1%),父母更看中"质量"(占57.9%)。对款式的强烈追求,表明了20世纪80年代出生的"新人类"消费的炫耀性特征。这种炫耀性不在于与富豪们的财富相比,而在于对自己的品位的展示,在于对自己不甘落后于时尚潮流的追求能力的展示。

与阶层化相伴的另一现象是流行文化的"小众化"趋势。研究者指出,阶层化将社会金字塔纵向切割为一些层级,"小众化"则将某一层级再横向细分为许多板块。典型的"小众化"板块,如"摇滚发烧友""欧洲电影俱乐部""DV摄影爱好者",等等,围绕这些流行文化形成了一个个小圈子,他们有各自的活动场所和交流模式,构成了多元化的文化景观。这些"小众化"板块之间互有重叠,其互动关系也很复杂,虽然他们人数并不庞大,但却是更大范围内的流行文化的策源地。比如20世纪80年代一些混迹于北京"摇滚小圈子"里的人物,后来成了家喻户晓的流行歌手。类似于营销理论中的"市场细分",青少年流行文化现象研究也需要对"小众化"的"亚文化"进行细致的分类和考察。随着网络的发达,"网络组织"日渐增多,形成了一个个新型的"小众化"板块。比如"驴(旅)友""晒客"等。当下,"00后"又成为一个越来越重要的文化分层概念。"00后"的迅速成长预示着流行文化进入了一个新的发展阶段。与"80后""90后"相比,"00后"的思想观念与文化审美更开放、更前卫,"00后"文化浪潮的形成将改变当代中国流行文化的格局。

3. 对日、韩文化产品的追捧是流行文化的跨文化传播特点

调查认为,同1978年以后的其他时期一样,欧美和港台依然是中国内地青少年流行文化最重要的策源地。但近年来中国域外流行文化输入具有的另一个鲜明特点,是以日、韩为代表的流行文化的狂飙突进。日、韩流行文化以彩妆、影视剧、劲舞表演等形式在中国城市青少年中迅速风靡,以致有人惊呼"韩流来袭"。调查显示,在被调查的青少年中,有31.0%的人认为"哈日/哈韩"是近两年最为流行的词语之一。一位青年作者曾用这样的话来描述内地青少年对日、韩等域外流行文化的追捧:"我们像港台明星那样说话,像韩国明星那样打扮,做出欧美明星的表情,像日剧那样恋爱。"

一篇名为《综述:都市男女陷入日剧狂热》的网文描述道:一个个砖头大小的纸盒上面印着东瀛的俊男靓女,里面装着十几张VCD碟片,整整齐齐地摆在音像店的货架上,你的一个女同事拿着两张打印得密密麻麻的片目正在店里按图索骥疯狂采购,几个少男少女眉飞色舞地交流着最新的片源和看片的心得以及属于反町隆史、广末凉子、中山美穗、柏原崇、藤原纪香这些名字的大小新闻……一股潮流就这样在京城悄悄涌动。你会看到从15—35岁的都市女性以及相当一批同年龄的男性都在兴高采烈地享受着对一种东西的狂热——日剧。对青春的迷惘、对真情的渴望使日剧迷们像日剧一样生活:手机常开,用

来和恋人随时随地传情达意。最好在手机盖上贴上恋人的照片，Kitty 猫等小动物图案的次之；独居，住处不大，但非常整洁，还有一个大冰箱，用来冰啤酒和贴各种留言；常泡酒吧，而且要有一家固定去处，每次点相同的饮品，和酒保搞好关系，不用开口他就会端上你要的东西；准备一个大相簿，把从小到大和同学、朋友的照片都放进去，有暗恋对象的那一张不必粘死，以便必要的时候它可以适时掉出来……①

4. 不愿长大的幼稚与无旧可怀的怀旧是流行文化的心理特点

社会心理学为我们探寻流行文化爆发的背后原因提供了一种视角。分析表明，幼稚和怀旧是近年来反映青少年流行文化的两种较具代表性的又看似反常的心理特征。表征"幼稚"的最典型现象，是《蜡笔小新》《樱桃小丸子》等一批日本卡通片在中国内地的畅销一时，它们不仅受到少年儿童的欢迎，在成人中也具有相当大的市场。此外，像《射雕英雄传》《丁丁历险记》、蔡琴歌曲等一批 20 世纪 80 年代的流行品也是热卖不衰，这些流行品帮助今天的中国青年回忆起他们童年和少年时代的最爱。不能否认这些流行品本身所具有的艺术魅力，但它们之所以能够流行，仅靠艺术魅力还不够。研究者指出，支持这些流行品市场的是青年人中一种"不愿长大"的社会心态，他们刻意地去回避矛盾，希望退缩到从前安宁的状态之中，其背后则表达了部分青少年对这个急速变化的世界的迷惘、无奈和不知所措。"幼稚"和回忆多少可以帮助他们暂时忘掉令人烦恼的一切，陶醉于想象与童年的记忆之中。网上一位作者评论道："成人世界借助漫画与卡通，缓解了现实的紧张和焦虑。他们的心被想象力的温暖包围着。于是，你可以不长大、不挣钱、不要老婆，也不考虑未来。你可以尽情地在戏谑和游戏中快乐地生活着，和那些猫猫狗狗一样，单纯而愉快地观望世界。"

"怀旧"这一主题彰显了 20 世纪 90 年代中国青年的一种"世纪末情结"。"怀旧"流行品的主流是 20 世纪民国时代中国城市的流风余韵，如 20 年代的"京华春梦"、30 年代的"金陵春梦"和 40 年代的"海上花"。尽管春梦了无痕，"小资"们还是要陶醉在自己幻想的沧桑感中，并在那些梦幻般的历史碎片中找寻往日的自己，从而完成一次自我身份定位。他们一边可以端坐在万航渡路上的百乐门舞厅里，捕捉旧世纪 30 年代的莺歌燕舞；也可以徜徉在 90 年代的淮海路上，感受时髦女郎追赶流行的脚步。而 20 世纪那些宏大的历史主

---

① 《综述：都市男女陷入日剧狂热》，2000 年 10 月 20 日，新浪网（http://ent.sina.com.cn）。

题，如民族救亡、文化启蒙、民主革命则在怀旧中被有意无意地遗忘了。并不是所有的青年人都喜欢"怀旧"，对生长于改革开放时代的"新人类"来说，他们的眼光总是指向最新鲜的事物，他们原本就无旧可怀，他们的"怀旧"其实早已被异化。手捧"老照片"其说是在回忆，不如说是在想象、猜测乃至"偷窥"。年轻人的"怀旧"自然有别于"亲历者"的怀旧，实际上这是一种"为赋新词强说愁"式的"怀旧"，是展示个人的某种小情调的象征和仪式。

5. 右手拼命工作、左手拼命刷卡是流行文化的消费特点

研究表明，消费意识在新一代青少年的意识结构中占据越来越重要的位置。调查显示，当问及"在日常生活中花钱时，您首先想到的是（什么）"时，在被调查的青少年中，有33.1%的人回答"人是最重要的，钱该花就花"，有12.7%的人回答"几乎什么都不想"，有4.1%的人回答"钱是身外之物，不花白不花"，3项合计占49.9%。青少年群体的购买行为已经再清楚不过地体现了其消费举动背后所暗含着的意念。一份时尚刊物口号式的广告词，清楚、简洁地表达了这一时期新一代青少年的消费主义生活态度：

新新 MM（美眉）新进化论
——MM 比真理可爱
社会要中兴，消费是中心
快乐无罪，花钱有理
好好时尚，天天向上
生活是一种消费，时尚是一场恋爱
爱消费，不要浪费
要资讯，你不要太逊
右手拼命工作，左手拼命刷卡
大脑指挥赚钱，小脑指挥花钱
眼睛想旅行，鼻子要恋爱，舌头想跳舞……
打折比率决定我们的智商高低，消费地图组成我们的大脑沟回
我们零储蓄，我们零压力，我们与快乐——零距离……
地球绕着太阳转，我们绕着 MM 转
美眉第二期即将出街，随刊附送超值快乐大礼包！

流行文化的消费者是把眼睛紧紧盯在"时尚"二字上的，为了时尚可以不

顾一切。从汉语语源看,时尚就是"时风所尚",与"流行"一词相同,但两者又有重要的区别。研究者指出,时尚具有前卫性、区别性和消费性特征,这是大范围的流行所不具备的。"时尚"往往是引领流行潮流的群体所崇尚的品位和风格,这是其前卫性;追求时尚的心理有意与社会其他群体区别开来,遵循着"人无我有"的原则,这是其区别性;时尚物品往往是短期的、阶段性的产品,因而也就具有了消费性。"时尚"与"流行"具有共生和互斥的双重关系,在某一物品由时尚走向更大范围的流行时,同时也会成为时尚所扬弃的对象。2001年"新生代"市场监测机构的一项大型调查表明,中国城市青少年在追求时尚潮流方面已经与国际接轨,通过这项对15个城市1.2万名12—19岁青少年的调查发现,中国有51.3%的青少年表示"我喜欢紧跟最新流行时尚";而美国青少年的这个比例为45%,英国为55.4%,法国为51.2%。在日常生活中,中国64.3%的青少年表示"我喜欢购买具有独特风格的产品",70.9%的人"希望自己成为有独特风格的人"。资料显示,美、英、法、德的青少年做出如是表示的人明显低于中国青少年。[①] 从上述分析可以看出,追求时尚已成为当代中国青少年流行文化消费性的一大特点,这在一定程度上也表现出与当前中国经济社会发展不协调的一面。

四 "大话文化"——大学校园流行文化个案分析

近年来,大学校园流行一种被称为"大话文化"的流行文学/文化现象,很值得讨论。陶东风认为:"大话实际上是超越了文学艺术范围的一种广泛的社会文化现象,它代表的是一种话语类型、文化态度、处世方式,当然也是一种写作方式。在这个意义上,我们或许用'大话文化''大话话语''大话式写作'这些术语更加准确一些。"[②]"大话文化"的兴起自然是源自电影《大话西游》的面世,而其背后反映的却是当下一种难以描摹的社会现实与社会心理,从中也折射出当代大学生特立独行的文化追求和面对社会现实所表现出的或乐观应对、或无奈逃避的复杂心态。

"大话文化"在内地大学校园的形成有一个过程。1995年8月,一部由内地与香港合拍、周星驰主演、名曰《大话西游》的电影开始在内地、香港和台

---

① 王雅林、董鸿扬:《构建生活美——中外城市生活方式比较》,东南大学出版社2003年版,第152页。

② 陶东风主编:《当代中国文艺思潮与文化热点》,北京大学出版社2008年版,第297页。

湾三地放映。可是，这部之前被普遍看好的电影在三地竟同时遭遇了票房滑铁卢，以致成为周星驰主演电影发行和放映中少有的失败个案。正当各方人士还在为这部电影的票房败绩百思不得其解时，另一个同样出乎意料的现象出现了：从1996年底开始，《大话西游》忽然成为内地高校学生中最热门的电影和最流行的话题。但是，这一迟到的《大话西游》热并不是发生在传统的电影院中，而是通过此间甫兴的盗版VCD传播开来的。1999年开始，在中国内地普及的互联网又为这场方兴未艾的《大话西游》热火上浇油，使其以更快的速度在大学生群体中蔓延和增温。在20世纪90年代的最后几年中，借助新兴的媒介和市场"潜规则"，热情高涨的大学生通过观摩影碟、建立论坛、故事新编、对白台词的活用、新版《大话西游》的创作等各种形式，将《大话西游》电影引爆成一个令人瞩目的文化现象。有人这样描述当年高校"大话"热的盛况："没有人能够计算出到底从什么时候起《大话西游》的名声开始传遍高校了。买盗版VCD的热情犹如滔滔江水不可阻挡。在各个宿舍都会隐藏几个绝对够资格的'大话迷'，由于他们的辛勤劳动，不断使用《大话西游》中的各种对白，惹得更多的学兄学弟们心里痒痒，渴望尝试一下。'《大话西游》好看'以谣言传递的速度，迅速在各大高校中传开。不懂《大话西游》、不看《大话西游》被认为是与时代脱节。根据《大话西游》改编的各种版本的故事也随之而出，年轻人以其取之不尽的热情反复欣赏着廉价盗版带来的欢愉，看《大话西游》成为像听流行歌曲一样普遍的事情。"[①] 以此为缘起，周星驰此前主演的多部电影被重新找出来观看、传播和谈论，而且人们从中似乎又有了新的发现。很多观众由迷《大话西游》进而迷周星驰，"星爷"这一兼有亲昵与崇拜之情的称呼不胫而走。2001年5月3日，周星驰在北京大学的"百周年纪念讲堂"受到了三千北大学子英雄般的欢迎，他的每一句话、每一个手势都会引起台下学生的热烈回应。

差不多与此同时，内地也开始出现了自己的"大话"文艺创作。内地最早的"大话"文艺应该是"大话"迷们在日常生活中对电影《大话西游》台词和对白因地制宜的引用。深情如"曾经有一份真诚的爱情放在我面前，我没有珍惜，等我失去的时候我才后悔莫及。人世间最痛苦的事莫过于此"；粗俗如"你妈贵姓"；饶舌如"你想要啊？你要是想要的话你就说话嘛，你不说我怎么知道你想要呢，虽然你很有诚意地看着我，可是你还是要跟我说你想要的。你真的想要吗？那你就拿去吧！你不是真的想要吧？难道你真的想要吗"；

---

① 参见张立宪编著《大话西游宝典》，现代出版社2000年版，第七章。

故弄玄虚如"我猜中了前头,可是我猜不着这结局";语言拼贴如"I 服了 You"……这些台词在各种生活情境中频频出自"大话"迷之口,其中一些甚至成为社会流行语(如"给我一个理由先")。当《大话西游》进入网络后,"大话"迷们的"大话"创作也升级为各种相对完整的"大话西游版本"。在网络版"大话西游"创作中,"大话"迷们通过对《大话西游》原始文本的改造、嫁接、移植、复制、拼贴等,创作了包含评论、随笔、小说、剧本、诗歌等各种文体在内的"大话"文本。据有关资料记载,1999 年已有四五十个"大话西游"专门网站。① 几年之后的今天,这个数字究竟是多少已经很难统计。仅在一个名为 51 haha. com 的网站上,就提供了 89 种各种版本的《大话西游》链接,诸如"大话西游之考研版""大话西游之军训篇""大话西游之献血版""大话西游之股东大会版""大话西游之中国足球版""大话西游之啤酒篇""大话西游之灌篮高手篇""大话西游之上海宝贝""大话西游之第一次亲密接触""大话西游之王朔篇""大话西游之计划生育版""大话西游之台湾大选版"……从这些网络版"大话西游"可以看出,《大话西游》的话语方式已经渗透进青年群体生活的各个方面,举凡校园生活、社会热点、通俗作家、流行电影、体育、文学、科技、经济、政治、国际争端等话题无不涉及。

2003 年是内地"大话"创作具有转折意义的一年:"大话"文本开始由口头和网络走向平面媒体,成为内地出版社的正式出版物。其中尤为值得关注的是云南人民出版社出版的《沙僧日记》《Q 版语文》等大话作品。《沙僧日记》虽然沿用电影《大话西游》的取材套路,以《西游记》作为"大话"的母本,但是其"大话"风格却有过之而无不及。该书在书市上持续走俏,总发行量达到 40 万册。作者林长治也因此一夜成名,由一个名不见经传的民间网络写手成为《青年文学·校园版》的编辑。2004 年 10 月,作者和出版商对该书重新包装,又推出了《沙僧日记》的"黄金升级版"。有研究者认为,如果说周星驰的《大话西游》在极尽调侃嬉戏之能事的同时,还保留着对爱情的一份真诚和对信仰的一份执着,那么作为它在内地的"超级模仿秀"的《沙僧日记》,则是对《西游记》原有主题思想、人物性格、伦理关系、道德观念、宗教信仰以及话语规则、叙事形式的一次全面、彻底的"侵犯"和"亵渎"。《大话西游》笑中有泪、悲喜交集的风格在《沙僧日记》中被片面发展为一种不折不扣的闹剧形式。② 《沙僧日记》的出版带动了一批以娱乐、娱情为目的的"大

---

① 参见张立宪编著《大话西游宝典》,现代出版社 2000 年版,第八章。
② 陶东风主编:《当代中国文艺思潮与文化热点》,北京大学出版社 2008 年版,第 305 页。

话"作品由网络文本转向纸媒文本,如天津人民出版社出版了慕容雪村原发表于"榕树下"网站的《唐僧情史》、中国工人出版社出版了网名"Flying Flower(飞花)"的作者原发表于北大未名站的网络小说《大话红楼》等。

  2004 年 9 月,以林长治为首的一批网络写手组成的"抽筋六人组"推出了一本针对中小学语文课本的"大话"著作——《Q版语文》。尽管投放市场后不久即因为备受争议而被禁止重印和再版,但是第一批 10 万册的销量还是证明了林长治这位内地"无厘头"高手旺盛的人气。在《Q 版语文》中,这种对经典的"戏仿"可谓登峰造极。这本同样由云南人民出版社出版、林长治主创的"大话"文本中,"戏仿"成为最基本的写作方式,在《沙僧日记》中所穿插的对语文教材部分篇目的戏仿的基础上,《Q 版语文》对内地"新时期"以来的传统语文教材展开了一次集中、全面的戏仿。从创意看,该书不仅冠以"语文"之名,而且在封面上堂而皇之地打上"全国重点幼稚园小班优秀教材"的宣传广告。从篇目看,全书 31 篇"课文"全部是正规官方版的中小学语文教材中的经典名篇,诸如鲁迅的《一件小事》(书中戏仿为《一件难忘的小事》)、《从百草园到三味书屋》(书中戏仿为《从百草园到四色书屋》)、《少年闰土》(书中戏仿为《闰水》)、《孔乙己》(书中戏仿为《孔甲己》),朱自清的《背影》(书中改为《老爸的背影》)、《荷塘月色》(书中戏仿为《荷塘夜色》),《史记》故事《将相和》,《水浒传》故事《鲁提辖拳打镇关西》,《儒林外史》故事《范进中举》,白居易的诗歌《卖炭翁》,名人故事《孔融让梨》《司马光砸缸》,安徒生童话《丑小鸭》《皇帝的新衣》《卖火柴的小女孩》,格林童话《灰姑娘》,等等。《沙僧日记》和《Q 版语文》等"大话"文本的不合正统的另类文化形象,很自然地激起各种批评之声。而这些批评本身经过媒体的传播和渲染,又以"文化事件"的形式、宿命般地成为当前"大话文化"的一个部分。在这些批评中,可以听到来自各种不同文化立场的声音,感受到当前中国内地文化生态中各种文化建构、解构以及重构力量的较量。[①] 与上述风格不同的大话作品,是 2003 年 7 月由中信出版社出版的《水煮三国》。这是一部企业管理类通俗读物,该书借用古典小说《三国演义》的人物关系和故事框架,讲述有关工商管理方面的知识,也即以《三国演义》为"底料"来煮食现代企业管理这条新鲜的"大鱼"。作者成君忆长期从事人力资源管理工作,丰富的第一手经验和生动幽默的文笔,使得该书迅速蹿红。2003 年 7 月上市,连续 6 个月蝉联全国畅销书排行榜冠军,上市 8 个月,销量

[①] 陶东风主编:《当代中国文艺思潮与文化热点》,北京大学出版社 2008 年版,第 308 页。

突破 80 万册，至 2004 年 10 月已经是第 27 次重印；因此，称之为出版界的"奇迹"并不为过。《水煮三国》的巨大成功引来无数跟风之作，在很短时间内，内地书市就涌现出几十部"大话"中国古典名著而"实话"工商管理之道的书籍。这类大话作品同样流行于大学校园，因为对于就业困难和渴望创业的在校大学生而言，这种"大话"无疑是有市场的。

作为 20 世纪 90 年代一个标志性文学/文化事件，"大话文化"何以产生、何以产生于大学校园、产生的机制是什么，这是一个很值得深思的问题。如果把大学校园"大话文化"的流行仅仅归结为大学生群体的一种引领时尚、标榜时髦的孤立行为，那就有些简单化了。表面上看，无论对创作者还是对大学生群体来说，人们从"大话"文本中直接获取的都是一种由戏仿、冒犯和颠覆所带来的快感；但事实上这种快感是苦涩的，它属于一种"弱者的战术"。法国文化人类学家、社会学家德塞图在他 1974 年发表的《日常生活的实践》中，提出了著名的"弱者的战术"观点。德塞图研究的是日常生活中大众在文化意义和象征意义上的一种"抵制"行为，着眼于大众或者说"弱者"在文化实践中如何利用"强者"或者利用强者加给他们的限制，给自己创造出一个行为和决断的自由空间。他认为，"抵制"就是在日常生活中，大众利用现有的资源，改变它们的一些功能，从而尽量符合自身的利益，它体现了生活中无处不在的弱者的权力。上面的控制越强，下面的抵制越大，大众文化就像一场游击战，弱者的策略不是要赢，而是力求不被打败。[①] 在德塞图思想的启发下，约翰·费斯克在《理解大众文化》和其姊妹篇《解读大众文化》中，提出了自己的快感理论，称其为"关于愉快的社会主义理论"。在费斯克看来，愉快的形式来自对权力、集团控制的严密的技术主义体系的反抗。公众对大众文化文本的阅读包含了双重愉快，其一是包含在反对权力集团的象征生产过程中，其二是包含在自我行为的实际生产过程中。上述观点给了我们很大启发，我们在一定程度上可以将"大话文化"在大学校园中的流行同样解读为是一种弱者的反抗战术。大学生所要反抗的，当然是那些在他们看来尚不尽如人意的文化环境与社会现实。

正如研究者所说："大话"文化所具有的滑稽搞笑、时空错乱、随意拼贴和粗俗怪诞的特征，实际上是对生存在现代市场经济社会中的人们所体验到的人生的偶然性、变易性和荒诞性的极度夸张，是对社会竞争所造成的精神和生

[①] 陆扬、王毅：《大众文化与传媒》，上海三联书店 2000 年版，第 124—125 页。

理压力的剧烈释放和缓解。[①] 1996 年底开始出现在内地高校的这股"大话"热的种种特征表明，作为港台大众文化的"大话"文化进入内地后首先是以青年亚文化的形式表现出来的，而导致这种文化形式变换的一个重要原因是内地青年亚文化的匮乏。[②] 本土大众文化与新的社会结构的冲突，暴露了当前大众文化与社会结构之间的裂隙，高校青年学生则是最早地直觉到了这个文化裂隙的存在并感受到了这个文化裂隙对他们文化生活的影响。因此，当文化感觉结构稍稍"滞后"的社会群体拒绝《大话西游》时，高校青年学生群体却巧妙地将其改造成处理社会转型时期的自我与社会关系以及群体文化与主流文化关系的青年亚文化资本。[③] 总之，"狂欢话语"是对"经典话语"的疏离，"游戏心态"是对主流文化的疏离，"幼稚化心态"是对社会责任感的疏离，"浪漫感伤心态"是对现实理性的疏离。[④] 就在这疏离一切的过程中，犬儒主义便乘虚而入了。

[①] 陶东风主编：《当代中国文艺思潮与文化热点》，北京大学出版社 2008 年版，第 298 页。
[②] 同上书，第 300 页。
[③] 同上书，第 302 页。
[④] 同上书，第 304 页。

结　语
流行文化视阈中大众传播动力学的构建
——兼谈媒体文化低俗化与媒介素养教育

一　问题的提出

美国社会学家大卫·理斯曼与两位助手在1949年出版了著名的《孤独的人群》一书。书中围绕"社会性格"与社会的关系问题，提出了三种社会导向类型。他们认为，在西方前工业社会（中世纪），人们生活在一种依赖传统引导的社会环境中，人们行动的依据是传统文化，是根据前人的经验来做事，形成的是一种传统导向的社会性格；在工业时代（始于文艺复兴和宗教改革），制约社会性格发展的动机由顺从外在的社会传统，转变为依据自己的理性，形成的是一种内在导向的社会性格，即由"受传统观念支配"变成"有独立见解的不随流俗的人"；而到后工业时代，在已进入大众消费和大众文化阶段的国家中，人们的交往关系复杂起来，人的行为动机与内在需要带有明显的社会化特征，人们格外敏感于他人对自己的评价，并根据他人对自己的评价，随时调整和塑造自己的角色。在大众传播媒介与同伴群体规范和价值控制下，人们又重新变成了"受外力支配者"。也就是说，后工业社会中的人生活在一种依赖他人引导的环境中，更多地受到他人的支配和控制，形成的是一种他人导向的社会性格。显然，在后工业社会，由于大众传媒的发达，它在很大程度上行使了"他人"的角色，人们行动的依据更多地来源于大众传媒，人们从中寻求自己的"楷模"和角色定位，寻求自己的生活方式标准。正如丹尼尔·贝尔所言："在迅速变化的社会里，必然会出现行为方式、鉴赏方式和穿着方式的混乱。社会地位变动中的人往往缺乏现成的指导，不易获得如何把日子过得比以前'更好'的知识。于是，电影、电视和广告就来为他们引路。"① 大众传播"他人导向"功能的发挥是一种"软权力"，"软权力"的一大特征就是能在潜移默化中持续发挥作用。"我们把这些叫作潜在的效果，是因为它们并非我们去寻求才发生的，也没有可以立刻看出的或者是显著的效果。虽然如此，但我们不能怀疑它们的效果的强大。我们把醒来的 1/4 至 1/3 的时间——1/4 至 1/3 的活跃的生命——用在媒介上，因此放弃了用这无法复得的生命的一部分去做些别的事的机会。我们让那些我们不知道的，甚至可能从来不会见到的媒介把关人来决定关于遥远的世界我们将看到和听到什么。我们让各种媒介，特别是电视担负了帮助我们的孩子们长大成人的任务的主要部分。虽然我们可能无法说出任何特定时间的特定节目所有的特殊的效果，但其长期的效果将存在于我们生命的所有时日之中。"②

　　历史上任何一个时期人们的日常生活，都没有像今天这样与大众传媒密不可分。罗杰·菲德勒为我们描述了这样一幅栩栩如生的现代都市文化场景，他说，在西方城市中那些乘交通工具上下班的人的典型一天是如此开始的：起床前通过床边的定时收音机去收听天气预报和交通状况，接着一边穿衣一边看早上的电视新闻或者脱口秀节目，然后在吃早餐时快速扫一眼当天的晨报，看有没有他们感兴趣的事情。在驾车去公司的路上，他们打开车上的收音机进一步收听新闻和最新的交通状况，或者收听他们喜欢的书籍朗读、音乐磁带。在办公室，一份传真过来的新闻快报同一摞关于财经方面的报纸和贸易方面的杂志排着长队，等着阅读。在整整一天中，他们通过电话、传真、特快专递、备忘录、个人接触，也许还有电子邮件和电子会议系统，同自己的同事和客户交换信息。在下班回家的路上，为了减轻压力，他们有可能收听调频电台的音乐节目，或者播放其他的磁带或激光唱盘。在准备晚餐时，广播或有线电视的新闻节目会向他们提供最新信息。而且，在方便的情况下，他们会看看那些他们在上午没有机会阅读的报纸专版。由于取决于他们的家庭条件和上下班乘车时间的长短，他们可能在晚餐后，伴随着电视、事先录好的电影、电子游戏、激光唱盘、杂志或者书本放松享受几个小时。一些人甚至会用他们的个人电脑，拨

---

① ［美］丹尼尔·贝尔：《资本主义文化矛盾》，赵一凡等译，生活·读书·新知三联书店 1989 年版，第 26 页。
② ［美］威尔伯·施拉姆、威廉·波特：《传播学概论》，陈亮等译，新华出版社 1984 年版，第 266 页。

通消费者在线网络服务系统,去搜寻信息或者加入"闲谈"一族。①

20世纪90年代是中国流行文化迅速扩张、全面登堂入室的时代。与此同时,大众传媒也如火如荼地迅猛发展。面对这一汹涌的文化大潮,我们无法对其保持缄默。正如菲德勒对西方城市日常生活与大众传媒相关性的描述,中国学者也对现实中国的文化场景发出过许多感慨。戴锦华就谈道:"无论是已成为普通家庭内景的电视机拥有量在中国城乡的惊人增长,还是在时间与空间维度及权限范围的意义上不断扩大其领地的电视节目;无论是好戏连台、剧目常新的图书市场,还是乍冷乍热、令人乐此不疲的电影、影院与明星趣闻;无论是面目一新的电台里种类繁多的直播节目,还是林林总总的热线与专线电话;无论是耳熟能详、朗朗上口的电视、电台广告,还是触目可见的海报、灯箱、广告牌、公共汽车箱体上诱人的商品'推荐'与商城'呼唤';无论是不断改写、突破着都市天际线的新建筑群落间并置杂陈的准仿古、殖民地或现代、后现代的建筑风格,还是向着郊区田野伸展的度假村与别墅群。当然,尚有铺陈在街头报摊之上的各类消闲性的大小报章与体育、军事、青年、妇女类通俗刊物,装点都市风光的时装系列、悄然传播的商品名牌知识,比比皆是的各种类型的专卖店,使城市居民区钻声不绝、烟尘常起的居室装修与'厨房革命'。如此等等,不一而足。毋庸置疑,这一特定的文化现实对中国的人文学者乃至人文学科构成了全新的挑战。"② 站在东西方不同文化背景下,学者们描绘了都市流行文化光怪陆离的场景。他们的一个共同旨趣,就是都不约而同地谈到了当代大众传媒在日常生活中的特殊身份与地位。

在近年对流行文化研究的过程中,笔者越发感到在"他人导向"社会环境里大众传媒对流行文化影响的深刻性与全面性。作为一种社会制度化安排的大众传媒,为什么能够相对独立地发挥如此巨大的影响作用?由此推论,在当今社会大众传媒为什么能够扮演一种无可替代的重要角色?大众传媒是否已演变为一种"异化"现象?在寻找答案的过程中,"大众传播动力学"一词进入笔者视线,使笔者有所感悟。20世纪80年代初,美国学者多米尼克出版《大众传播动力学》一书,首次使用了"大众传播动力学"一词,但他并没有对此做出系统阐释。笔者对这一命题颇感兴趣,试图在流行文化研究中加以理论上的延续。

---

① [美]罗杰·菲德勒:《媒介形态变化》,明安香译,华夏出版社2000年版,第93页。
② 戴锦华:《隐形书写——90年代中国文化研究》,江苏人民出版社1999年版,第1—2页。

二 大众传播动力学的基本含义

大众传播动力学当然不是一个即存的学科，也不是方法论层面的概念，对大众传播既有理论也不存在颠覆性（比如前面提到的"议程设置"功能，其实就是一种大众传播动力机制）。准确地说，大众传播动力学是新闻传播理论研究的一个新取向，是在分析与大众传媒密切相关的社会现象或理论命题时所选取的一种研究范式与视角，一种分析方法与技术。① 笔者把大众传播动力学视为一个集合名词，包含大众传媒功能、作用、影响、权力及其功能、作用、影响、权力的生成机理，实现途径与效果呈现等在内的一系列知识的总和。对既存的大众传媒功能、作用、影响、权力的阐释方法而言，大众传播动力学具有更高的理论概括力与表述的便捷性。换言之，大众传播动力学是一个上位词汇，其外延可以统领或包含（未必能替代）大众传媒的功能、作用、影响、权力等一类下位平行词汇。谈到大众传媒的主要社会功能，英国著名传播学者丹尼斯·麦奎尔（Denis McQuail）在《大众传播理论》一书中有过十分具体的描述：①信息：提供有关社会和世界事件和环境的信息；指出权力的关系；促进革新、适应和进步。②关联作用：说明、解释、评论事件和信息的意义；提供对既有权威和规范的支持；社会化；协调各种不同的活动；建构一致意见；建立优先顺序并标出相对地位。③持续性：表达主导文化，确认亚文化和新的文化发展；塑造和维护公共价值。④娱乐：提供娱乐、消遣、放松的方式；减轻社会紧张度。⑤动员：为某些社会目标而开展运动，这些目标涉及政治、战争、经济发展、工作，有时是宗教领域。他说，应该强调的是，我们无法为这些条目排出主次顺序，也不能确定它们相应出现的频率。总体而言，条目①和条目⑤与"变迁"有关，条目②至条目④与稳定性和"整合"相关。② 显然，上述种种功能都属于大众传媒的动力模式，我们完全可以借用一个概念即大众传播动力学加以统领。

当然，提出大众传播动力学这一概念的意义，并不仅仅显现在这一词汇所具有的统领、包含或表述的便捷性上。大众传播动力学的关键词是"动力"，也就是"传播力""作用力""影响力"或"媒介权力"。其核心是要阐释大

---

① 孙瑞祥：《大众传播动力学：理论与应用——以流行文化的传播动力阐释为例》，《新闻爱好者》2008 年第 11 期（下半月）。

② 张国良主编：《20 世纪传播学经典文本》，复旦大学出版社 2003 年版，第 459—460 页。

众传播动力的来源、动力的特点（与其他社会动力要素，如政治动力、经济动力、伦理动力的关系）、动力的构成、动力的类型、动力的传动（施动、释放）模式、方法与效果。大众传播的动力构成是复杂和多元的，包括感召力、动员力、扩散力、凝聚力、阐释力、暗示力、诱惑力、控制力，还可以包括视觉冲击力、听觉震撼力，等等。正是这些作用力的存在，使大众传媒在整体社会运行系统中获得了不可替代的独特角色与地位。

就大众传播动力的类型而言，因传播性质不同，大众传播动力呈现出多种向度。丹尼斯·麦奎尔在《大众传播理论》一书中指出，大众传媒既具有引起变化、自由、多样性以及零乱的离心倾向，也具有秩序、控制、整体性和聚合性的向心倾向。① 罗杰·西尔弗斯通在解读电视权力时也指出："正是因为电视是如此深入地嵌入生活中，正是因为政治、经济与社会因素自身是如此强烈地融入电视之中，我们必须把现代社会中的媒介看做是一种多种因素决定的复杂权力——更好或者更坏。"② 无论是麦奎尔还是西尔弗斯通，他们的看法无疑都是正确的，但他们没有指出在"离心倾向"与"向心倾向"，或"更好或者更坏"的二元结构外还存在第三种状态的可能性。笔者把大众传播动力呈现向度分解为正向作用力、反向作用力和"乱向"作用力三种状态。也就是说大众传媒除了具有正向、反向的传播力外，还有一种向度的存在，暂且称之为"乱向"。所谓"乱向"就是一种使问题更加复杂化的传播能量，它带给人们的是不确定性的增加而不是减少。比如，由媒介发起的对某一争议性社会现象（事件）的报道和讨论；再如，文学/文化领域区别于学者批评的"媒介批评"，等等。由于众多媒体广泛而持久的介入和信息的庞杂，无形中增加了传播噪音，使问题变得更加扑朔迷离，令人莫衷一是，呈现出"乱向"局面。而传媒"乱向"最终导致的将是社会的"乱象"。当然，无论是正向、反向还是乱向，这都是一种价值判断，并不容易取得一种共识的普适标准。麦奎尔就曾指出："解释性活动实际上会形成一种过度的、偏袒的社会控制。""在极权主义情况下，动员等同于洗脑和强制。""大众媒介的潜在重要性，必然根据所采用的视角或观点以及相关的需要和利益的不同而变化。"③ 但无论如何，大众传媒作为一种"动力"的存在却是客观事实。

---

① 张国良主编：《20世纪传播学经典文本》，复旦大学出版社2003年版，第448页。
② [英]罗杰·西尔弗斯通：《电视与日常生活》，陶庆梅译，江苏人民出版社2004年版，第6页。
③ 张国良主编：《20世纪传播学经典文本》，复旦大学出版社2003年版，第462、463页。

麦奎尔指出，长久以来理论界一直存在"以媒介为中心"和"以社会为中心"的争论。前者强调，传播方式是社会变迁的推动力，这种力量通过传播的技术手段和有代表性的传播内容来实现；后者则强调，这两者均依赖于社会的其他力量，尤其是政治与金钱的力量。① 关于这一由来已久的争论，本书在绪论中已经指出，大众传媒的动力生成机制是一个复杂系统，由传媒内外环境和社会心理等多种要素聚合而成，是个人、群体、组织乃至权力与权利等各种要素之间角力、博弈的结果。一方面我们要充分认识到主流意识形态对大众传媒的控制作用；另一方面还要充分认识到受众在与大众传媒接触中主观能动性的发挥。关于后一点，传播学中的"使用与满足"理论早已做过研究。施拉姆和波特也曾说道："大众媒介的效果部分是为传播对象怎样使用它们来决定的。如果是为了逃避现实，是一种效果；如果是为了说明现实，是另一种效果。如果是为了消磨时间，又是一种效果；如果是为了感情的和知识上的原因，又是另一种效果。"② 笔者在绪论中还概括性地讨论了当代中国流行文化的生成机制与动力源泉问题，强调了中国社会发展的世俗化是流行文化生成的政治动力；开放与自信的文化心态是其精神动力；后现代文化思潮的入场是其思想动力；消费社会与消费主义文化是其市场动力；城市化、城市精神与休闲是其社会环境动力；中间阶层与青年亚文化是其群体动力；大众传媒的议程设置是其传播动力。这种分析本身就是一种系统与综合的方法。总之，我们不应对大众传媒所能发挥的独立影响力做不切实际的夸大评估。其实在笔者看来，上述争论的结果并不重要，而争论本身却具有隐喻意义。如果大众传播没有显而易见的足够的社会能量，那么争论本身是无法成立的。

笔者以为，大众传播动力的存在既具有客观实在性，也具有主观建构性。其存在方式大体有三种形态，一是自然形成的、先在的；二是被赋予的、寄希望的；三是评价性的、结果性的。换句话说，对大众传播动力生成机制与作用机理的阐释应包含三个不同层面：一是作为一种社会存在，对大众传媒本身固有的动力能量进行分析。这种固有动力能量的存在是由大众传媒的机构特性与传播特性决定的，是社会系统先在赋予的一种机能。二是分析由"他者"的权力控制所产生的动力能量。这里的"他者"指的是大众传媒的所有者或首要公众，他们通过权力运作对大众传媒实施操纵和影响，使其权力意志得以体现。

---

① 张国良主编：《20世纪传播学经典文本》，复旦大学出版社2003年版，第449页。
② [美]威尔伯·施拉姆、威廉·波特：《传播学概论》，陈亮等译，新华出版社1984年版，第210页。

这种动力能量的形成是媒体的工具属性决定的。三是分析由大众传媒实际操作的过程与结果所显现的动力能量，也就是传统的效果研究。总之，大众传播动力学这一提法既是语义学上的一种概括与凝练，更是一种新的研究范式。它可以深入大众传播动力生成的内在机制与作用机理层面，深刻揭示其功能、作用、影响、权力的内在性。同时，这一范式为大众传播的跨学科研究提供了新的平台，或者说大众传播动力学范式对跨学科研究提出了必然要求。因为其动力生成机制与作用机理问题涉及众多学科领域，比如对暗示力、控制力的研究，就是一个与社会学、社会心理学等学科密切相关的命题。

三 大众传播动力学是流行文化研究的新视角

大众传播动力学作为一种研究范式，其理论意义与应用价值在本书对流行文化的阐释中，已经比较充分地表现出来。尽管学界对流行文化有种种定义，但有一点是统一的，即流行文化的关键词是"流行"，恰恰是这种流行性，与大众传播动力学建立了紧密的内在关联。站在大众传播动力学视角观照流行文化，可以形成丰富的研究话题，比如，围绕前面提到的大众传播的动力构成——感召力、动员力、扩散力、凝聚力、阐释力、暗示力、诱惑力、控制力等，展开分门别类的研究，有望建立一种大众传播动力学视角中的流行文化传播动力模式。所谓模式，就是"用图像形式对某一客观现象进行有意简化的描述。每个模式试图表明的是任何结构或过程的主要组成部分以及这些部分之间的相互关系"。就其优势而言，模式具有组织功能、解释功能、启发功能和预测功能。[①] 建立流行文化传播的动力模式，可以更好地把握流行文化的特点及其传播规律。由于话题与篇幅所限，本书只就传统的文学理论模式提出了自己的修正意见（见第三章第三节），但在其他方面没有提出更多的模式类型。

在大众传播动力学视角中，我们可以真切地看到大众传媒以自身的动力逻辑与策略对流行文化产生的作用。大众传媒利用现代传播技术所具有的张力和受众的"媒介崇拜"心理，以议程设置、文学/文化文本的话语重组、商业广告的策划创意、现代偶像制造等难以胜数的策略手段，为流行文化的生成与发展提供了强大的精神动力、舆论引导、欲望诱惑与行动指南。大众传媒对商业广告的运用就是一个成功案例。商业广告的动力逻辑与策略具有极大的诱惑

---

① ［英］丹尼斯·麦奎尔、［瑞典］斯文·温德尔：《大众传播模式论》第2版，祝建华译，上海译文出版社2008年版，第2—3页。

性，它以"创意"为能源，以"攻心"为策略，以重复传播为手段，以制造需求、劝导消费为目的，在推销商品的同时也推销了流行文化。大众传媒运用商业广告不仅成功地推动了流行观念的形成，还推动了人们对时尚行为的仿效与时髦物品的消费。大众传媒还善于运用文学/文化文本的话语重组策略，不断变换流行文化的文本呈现方式，使之进一步凸显流行元素与时尚特征，通过对流行文化产品的"二次传播"实现流行文化增值，扩大流行文化影响。以流行文学为例，流行文学印刷文本向影视文本、网络文本转向，或者说影视与网络运用传播技术对印刷文本进行再生产，就是当前一种典型的文学/文化文本的话语重组现象。这一文本转向或再生产过程，恰恰是大众传媒推动流行文化的重要动力逻辑与策略。

大众传播动力客观存在的一个重要的心理依据是"媒介崇拜"。媒介崇拜是现代人在"媒介化"生存状态下因媒介素养缺乏而出现的一种心理现象和思维倾向。表现为对大众传媒不加批评的过分依赖、认同、轻信和盲从，是对大众传媒的一种非理性使用。大众传媒正是自觉或不自觉地利用人们的媒介崇拜心理，通过制造传媒偶像、制造媒介事件与媒介文学事件，掌控流行文化的流行周期与流行趋向。现代偶像和偶像崇拜是流行文化的重要符号，制造现代偶像与偶像崇拜成为大众传媒操纵流行文化的又一动力逻辑与策略。大众传媒掌控下的现代偶像制造模式类似于工业生产流水线，其规模、速度、类型均在可控范围。大众传媒是现代造神机器，它运用市场这只"看不见的手"掌控着对偶像的型塑、诠释以及偶像现身和隐退的时机。事实上现代偶像就是传媒偶像，就是人为制造的"伪"偶像，这种偶像崇拜与敬畏无涉，与信仰无涉。

四 媒体文化低俗化与媒介素养教育

不可否认，流行文化在当代中国是一个充满生机与活力的新生事物，是一股不可阻挡的历史文化潮流。流行文化的兴盛打破了中国长期以来的一元主义文化发展模式，打破了文化阶层对文化的垄断这种文化特权现象，使文化（特别是狭义的文化艺术）摆脱了过去那种只依附于少数人的寄生性而获得了广泛的社会性。流行文化的发展从制度上与观念上确立了普通民众的文化主体地位，尊重了社会民众的文化选择权利，推动了中国文化的多元化进程，开创了社会文化回归大众的新纪元。今天，我们在与这种狂欢文化热烈相拥的同时，也应冷静地分析流行文化所存在的低俗、媚俗、恶俗倾向。特别是在媒体文化方面，这种低俗、媚俗、恶俗倾向所带来的现实影响是十分明显的。这似乎印证了本书第四章所提到的美国学者的一个观点：大众媒体是社会系统中的一个子系统，在市场经济条件下，它为了维持自身的生存和发展，而在与其他子系统的作用过程中形成了一个重要的特征：低品位化。这种低品位化迎合了社会中最大多数的人群的欢迎，并因此使媒介在社会中的地位牢不可破。[1] 媒体文化低俗化所造成的社会负面影响，远胜于其他文化形态。一个重要原因就是上面分析的大众传播动力的客观存在。大众传播动力是一把双刃剑，既有正向作用力、反向作用力，还有"乱向"作用力。而媒体文化的"乱向"最终导致的将是社会文化秩序的"乱象"。

2004年4月1日，新华社以"中国记协自律维权委员会呼吁新闻媒体抵制低俗之风提高娱乐报道格调"为题，播发报道。报道指出，最近一段时间以来，群众对一些媒体娱乐报道中存在的低俗之风等突出问题反映强烈，中国记协自律维权委员会负责人就此发表谈话指出：文化娱乐报道不仅要坚持正确的政治方向，同时要体现先进文化的前进方向，要着力传播和建设社会主义精神文明，着力弘扬和传承昂扬向上、朝气蓬勃的民族精神，着力营造和培育一种健康有益、轻松活泼的文化休闲氛围，以陶冶大众情操，提升文化品格，满足人民群众日益增长的文化娱乐需求。报道称，近期一些新闻媒体特别是少数生活文化类媒体为了追逐经济利益，追求市场"卖点"，迎合猎奇心理，大肆炒作明星隐私绯闻，渲染色情和暴力，对社会文化娱乐生活产生严重的消极影响，广大群众很有意见。有读者形容眼下一些媒体的文化娱乐版是"明星取代了模范，美女挤走了学者，绯闻顶替了事实，娱乐覆盖了文化，低俗代替了端庄"。还有的读者尖锐地提出"某些媒体的娱乐报道该整风了"。这位负责人表示，一些新闻媒体的低俗之风，已成为群众反映强烈的社会公害，它不仅损害群众的精神家园，污染社会风气，也损害新闻媒体的公信力，损害新闻工作者的形象。这位负责人强调，在全面建设小康社会的今天，群众的文化娱乐生活是丰富多彩的，广大群众不仅需要影星、歌星、球星给他们带来欢乐，也需要文化娱乐报道给他们带来真善美的喜悦，带来群众喜闻乐见的多样化大众化娱乐活动的享受。新闻媒体绝不能为了一时的经济利益而放弃媒体的社会责任、道德责任，新闻工作者绝不能为了"抓人眼球"而成为"狗仔队""扒粪者"，娱乐报道绝不能为了"轰动效应"而制造精神鸦片、文化垃圾。

与此同时，政府各相关部门采取了一系列整改措施，以遏制愈演愈烈的媒

---

[1] ［美］梅尔文·德弗勒等：《大众传播学诸论》，杜力平译，新华出版社1990年版，第139—155页；熊澄宇编选：《新媒介与创新思维》，清华大学出版社2001年版，第54—69页。

体文化低俗之风。比如,广电总局在 2004 年 4 月份就提出了"净化荧屏"的三大禁令和四大工程。禁令一:电视台黄金时间将禁播凶杀暴力剧。禁令二:禁止戏说红色经典。广电总局相关人士说,目前在红色经典电影改编电视剧的过程中存在着"误读原著、误导观众、误解市场"的问题,改编者没有了解原著的核心精神,没有理解原著表现的时代背景和社会本质,片面追求收视率和娱乐性,在主要人物身上编织太多的情感纠葛,过于强化爱情戏,在英雄人物塑造上刻意挖掘所谓"多重性格",在反面人物塑造上又追求所谓"人性化",当原著内容有限时就肆意扩大容量,"稀释"原著,从而影响了原著的完整性、严肃性和经典性。其中,《林海雪原》的改编就遭到了点名批评。禁令三:网络游戏节目被清出荧屏。要求各级广播电视播出机构一律不得开设电脑网络游戏类栏目,不得播出电脑网络游戏节目。四大工程包括:一是向未成年人提供优秀节目的"建设工程"。二是"净化工程"。要求所有电台、电视台等播出机构和所有电影院等放映机构,把好播放质量关,坚决消除包括广告和节目中的思想、行为、语言、形象等在内的不健康内容,让我们的银幕、屏幕和声频为青少年健康成长创造一个"绿色的"广播影视文化空间。三是"防护工程"。要求在引进广播影视节目时,要选择内容健康向上的、艺术质量水平高的,杜绝不利于青少年健康成长的作品进入中国内地。四是"监察工程"。加大对整个广播影视播放市场的监管力度,使得各项政策、方针、措施能够真正落到实处。

  政府文化主管部门以行政命令和搞"运动"的方式遏制媒体文化低俗之风,这在短期内效果是明显的,但长期效果很难令人乐观。上述一系列举措均出台于 2004 年,但今天看来,媒体文化这股低俗之风仍很强劲。比如,大量涉黄网站对不良信息肆无忌惮的传播、影视明星代言伪劣商品广告,等等。应该看到,大众传媒的公共性决定了它的文化传播的多元性,大众传媒已成为主流文化、精英文化、民间文化与流行文化等各类文化形态共同角力的博弈场,高低互现,雅俗混杂。从这一角度看,"和谐""绿色"的媒体文化建设,将是一项长期而艰巨的系统性工程。在此,笔者无法开出根治媒体文化低俗之风的灵丹妙药,但有一点想特别强调,那就是作为媒体文化、流行文化的享有者、使用者,不断提高自身的媒介素养,以抵制不良媒体文化的侵袭,这是现实可行的一种应对策略。也就是说,治理媒体文化低俗之风,既需要通过法律制度规范传媒行为实现,也需要通过增强公众自身的传媒免疫力实现。媒介素养是现代社会大众传媒高度发达背景下对人提出的一种新的能力要求。它是社会公众对大众传媒产品辨识能力、吸纳能力与批判能力的综合,表现在通过大众传媒获取信息以及分析、评价、利用和传播信息的各个方面，是现代人基本素养的构成要素。对媒介素养的培养，要通过媒介素养教育实现。媒介素养教育是现代教育的重要组成部分，是政府、社会机构及其个人实施的旨在培养公众尤其是未成年人媒介认知能力的一种学习活动，它通过自我教育、学校教育与社会教育多种方式与途径实现。[1] 媒介素养教育是指导媒介接触者正确理解、建设性地享用大众传媒资源的教育，这种教育能够使其充分利用媒介资源完善自我，参与社会发展。

媒介素养教育在西方开展得很早，英国学者早在20世纪30年代就提出了这一概念。目前，西方许多国家都将媒介素养教育纳入了正规的学校教育体系。1992年，国际大众传播研究会在巴西召开学术大会，开始将媒介素养教育列为一项独立的学科议题。在西方，早期的媒介素养教育实质上就是"媒介罪恶观"教育。在媒介素养教育发祥地的英国，早期教育工作者大多坚守一种保护主义的教育立场，力求通过媒介素养教育，使学生免受媒介所传播的不良文化、道德观念或意识形态的负面影响。这种被称为"免疫法"的教育，其目的就在于鼓励学生去"甄辨与抵制"，[2] 使学生能够防范大众传媒的错误影响和腐蚀，自觉追求符合传统精神的美德和价值观。在中国，随着西方批判学派思想的引入，媒介批判也方兴未艾，直接影响到对媒介素养教育的整体目标定位。应该说，媒介批判能力的培养是媒介素养教育的重要目标，但无论如何，一个人的媒介素养不能简单地等同于判断和估价媒介信息的意义与价值的能力，不能简单地等同于媒介批判能力。我们注意到20世纪90年代以来，一种超越早期保护主义的媒介素养教育理念已在英国脱颖而出，这种情形也同样发生在澳大利亚、加拿大等国。新的理念将媒介素养教育的目的定位在培养媒介接触者的媒介理解力、媒介参与力以及有效地创造和传播信息的能力上。可以乐观地估计，随着中国媒介素养教育的全方位开展，一个更加"和谐""绿色"的媒体文化、流行文化环境必将展现在我们面前。

---

[1] 孙瑞祥：《新闻传播与当代社会———一种传播社会学理论视阈》，天津社会科学院出版社2003年版，第271页。

[2] ［英］大卫·帕金翰：《英国的媒介素养教育：超越保护主义》，宋小卫译，《新闻与传播研究》2000年第2期。

附录一

学贵得师，亦贵得友

——我与导师孟昭毅先生二三事[*]

天津师范大学新闻传播学院　孙瑞祥

（2009 届博士毕业）

我与导师孟昭毅先生实属有缘。我们都属狗，他年长我一轮。我们都是 1978 年高考入学。1982 年他毕业留校，我从复旦大学分配来校，在他任教的中文系新闻教研室工作。虽然我们从事的学科不同，但当年在六里台校区那幢老旧的三层小楼里，也是经常见面聊天。特别是我娶了他们同年级同学崔欣为妻（孟先生在 1978 级甲班，我夫人在乙班），我们的话题自然又增加了几分亲近。不曾想，24 年后我竟成为孟先生的学生，这也算是我们两人之间一段有缘有份的佳话吧。

今年喜迎孟先生古稀寿。无以为念，我就用一组记忆的碎片回溯我们的师生情、兄弟谊，以示贺忱。

促膝谈心

1998 年，孟先生荣任中文系主任。正值寒假，他不辞辛苦登门到一些老师家中叙谈，虚心求教中文系发展大计。临近春节的一天他来到我家，不巧我和家人外出未能谋面。开学不久，他主动把我叫到办公室，两个人进行了一次至

---

[*] 原载黎跃进、亢西民主编《多样性对话与话语建构：孟昭毅先生七十寿辰纪念文集》，中国戏剧出版社 2015 年版。

今印象深刻的交谈。

有一个时期，我所在的新闻学专业隔年招生，班级少，教学工作任务不重，我便利用课余时间从事社会兼职。我结合新闻教学需要，先后兼任国家部委主办的《经济消息报》驻天津记者站站长、天津日报特约记者、《今晚报》通讯员。我还结合广告教学需要，到一家中外合资（中方为我校）广告公司任副总经理和创意总监。那段时间，我确实忙得很，开着"红大发"，手持"大哥大"，市内外、国内外转了不少地方。

忙于社会事务，我是乐此不疲，但科研有所忽视。孟先生看在眼里，急在心上。那天，在六里台一间十分拥挤的系领导办公室里，他以系主任和老大哥的双重身份找我交谈。先是对我的社会活动与专业教学不脱钩这一做法表示肯定，同时提醒我要在科研上多用心，多出成果。他还现身说法，讲了许多他在北京大学访学的经历和治学体会。他说，你是复旦大学新闻学系毕业的高才生，学校当年是从市人事局把你"挖"过来的。现在你虽然已晋升副教授，但在科研和学科建设上你要更多发挥作用。

说到"挖"人，此事的确不假，这里还有一段小插曲。1980年天津师大恢复新闻学专业招生，师资短缺。1982年春，时任新闻学专业主任的赵传蕙老师得知复旦的一个"新闻科班"要分配到天津日报，当晚就来到时任天津日报社社长兼总编辑的石坚先生家里"要人"。赵主任恳切地说，这个毕业生分配到报社充其量是个好记者，但如果他当了教师，就可以培养众多好记者。一席话最终说通了石坚先生。

当接到市人事局一纸调令来师大教书，起初我是心不甘、情不愿的。从小我父亲就告诉我记者是"无冕之王"，高考填报的第一志愿就是新闻学专业，四年本科培养了我的"记者情结"。如今刚出校门一下子就成了教书匠，情绪落差很大。所以，寻找机会做兼职记者是对我自己的一种心灵慰藉。时间不长，我就发表了一百多万字的各类新闻作品。1994年还获得天津市人民政府办公厅颁发的"宣传天津先进个人"奖（借此机会，也为当年的自己"吹吹牛"吧）。

孟先生自然了解这些情况。不过，那次领导委婉的批评和老大哥善意的提醒的确对我触动很大。此后，我的身心渐渐回归书斋。2004年，我申报教授一次成功，当时作为学科评审组组长的孟先生很是为我高兴，我也没有辜负那次他与我的促膝谈心。

忝列孟门

一个时期以来，我的学术旨趣在文化研究方面，在新闻传播学院开设"大众文化传播研究"选修课程。2005年我与夫人崔欣（天津新华职工大学副校长、三级教授）合做出版专著《大众文化与传播研究》。

鉴于我的研究方向与王晓平教授、孟昭毅教授领衔的我校比较文学与世界文学博士方向相近，2005年，时任新闻传播学院党总支书记兼副院长的籍祥魁先生鼓动我以同等学力报考该方向博士生。开始我是既兴奋又犹豫。兴奋的是可以获得个博士"头衔"，犹豫的是我已年届半百，也已晋升教授，成为硕导，而且报考的导师是我夫人昔日大学同学，不免有些难为情。籍先生对我鼓励有加，他说，无论是从个人进步还是学科建设角度，你都应该提高学历。他还把报考表格亲自送到我家门，让我很是感动。籍先生亲自带我找到孟先生谈了他的这番看法，得到孟先生的充分理解与支持。2006年秋我顺利入学，成为孟门高龄弟子。

正如当初我的犹豫，一时间，我这位高龄弟子成为好友们的"揶揄"对象。因为校园里有多位同事都是孟先生和我夫人的大学同学，他们时常拿"辈分"与我开玩笑。不仅如此，连我的"学生"也拿我"开涮"。1984年新闻学专业毕业留校的许椿是孟先生的同学（相差两届）和同事。我1982年分配到天师大后成为许椿的班主任（辅导员）。许椿虽然年长我半岁，但留校后一直对我"毕恭毕敬"以老师相待。我读博后情形发生了"逆转"，许椿不无得意地说，你现在是我同学的学生了，我还用再叫你老师吗。我打趣地说，你别得意，你儿子许天（正在我校读大四）的毕业论文还在我手里呢，他能否顺利毕业可全看你的表现了。许椿先生2011年因公殉职，英年早逝。今天回忆起这些往事别有一番滋味在心头。

我非常珍惜在职读博这段经历。那两年，学校要接受教育部本科教学质量评估，我作为新闻学系主任整天忙得不亦乐乎。多亏老师们的理解支持和同学们的热情帮助，使我得以用三年时间顺利提前毕业获得学位。在学期间，除了导师孟先生经常的耳提面命外，王晓平教授、曾艳兵教授、曾思艺教授、黎跃进教授、赵利民教授（现任文学院院长）、郝岚教授（现任文学院副院长）等或亲自授业，或热情指点，或不断鼓励，使我感动不已，在此道一声谢谢。

奖掖后进

天津师大文学院与新闻传播学院原本是一家,孟先生是我的老领导。1998年他任中文系主任。2000年12月中文系更名为文学院,他任建院院长。同年,我任新闻学专业主任。2003年新闻传播学院成立后,我任新闻学系主任。

我与孟先生同事三十余年,我从老领导、老大哥的为人做事上获益甚多。比如,在精品课建设方面,2005年,由孟先生主持的"外国文学史"课程被评为"国家级精品课",这是我校第三门取得该项荣誉的课程,来之不易。在他的榜样力量鼓舞下,我也组织团队积极谋划精品课建设。我从孟先生的网络课程中汲取经验,不断充实完善我主讲的课程。经过三年努力,"广告策划创意学"于2008年成功获批天津市精品课。取法乎上,仅得其中,也算是小有成果吧。

2001年,我与夫人崔欣合作申请到天津市社科立项"大众文化与传播研究"。论著结项出版前,我请孟先生做成果鉴定。他热情地给出下面一段评语:"这是一个颇具前沿性的理论与实践命题,是对国内现有的相关研究成果的一个新的理论推进。研究者提出的一些观点和看法,都具有较高的学术价值、理论创新意义与现实指导性。是国内近年来在大众文化研究方面比较有特色的一项成果。"显然,这些毫不吝啬的溢美之词是老大哥对我们的一种褒奖和鼓励。

2012年我任新闻传播学院副院长,主要分管教学工作。孟先生此时已卸任文学院院长,调任我校津沽学院(独立学院)常务副院长。得到我的任职消息孟先生非常高兴,对我的工作情况非常关心。记得有一次我到他办公室求教,他直言不讳向我"灌输"他的管理哲学。其中一句话让我印象深刻,他说,在学院管理制度建设上既要积极,又要稳妥,谨记"有例不轻言破,无例不轻言立"的道理,我受益良多。

孟先生有多个学术专家头衔,是市校两级教学督导,经常主持一些项目评审工作。每每关涉到我院的一些项目申报,他都主动提醒我们一些注意事项。每每有利好评审结果,他也总是在第一时间给我打电话报喜祝贺。有些项目未能申报成功,他也总是帮助我们总结经验教训。

孟先生在学问上自成一格,宅家读书,天涯阅世,动静相宜,知行合一。他是一个不知疲倦的"工作狂",每每见到他,总会给你带来一种强大气场,从他身上感受到的永远是一种"正能量"。卸任文学院院长后,孟先生又成为一个狂热的"背包客",与一批年轻博士"驴友"们游历世界,遍访名胜,追寻异域文化之精华。如今年届古稀的孟先生精神矍铄,劲头十足,在他身边做事,你没有理由偷懒。

行文至此,我记起明末清初思想家唐甄在《潜书·讲学》中所言:"学贵得师,亦贵得友。师者,犹行路之有导也;友者,犹涉险之有助也。"清代大学士李惺在《西沤外集·冰言补》中也有言:"师以质疑,友以析疑。师友者,学问之资也。"孟先生之于我,既是良师,又是益友,还是老大哥。师友兄鼎力相助,吾生幸甚。

2015 年 4 月 于天津梅江体适居

附录二

我与传播学大师面对面

——纪念威尔伯·施拉姆访华35周年[*]

天津师范大学新闻传播学院 孙瑞祥

虽为一面之缘,却长久念兹在兹,此话用在我身上十分贴切。那段发生在1982年春季的难忘记忆就印证了这一点。

在中国传播学发展史上,有一位扮演"布道者"角色的关键人物,他就是美国传播学"鼻祖"威尔伯·施拉姆(Wilbur Schramm,1907–1987)。1982年4月至5月间,施拉姆由他的学生香港中文大学余也鲁教授陪同访问中国,先后到访广州、上海和北京,开启了"传播学进入中国的破冰之旅。"(余也鲁言)。机缘巧合的是,当时正在复旦大学新闻系读书即将毕业的我,有幸在自己上课的教室里与这位传播学大师面对面,并且给他拍了照。学生时期的这段难忘经历,使我和我所在的"7813"(复旦大学新闻系1978级序列号)群体成为传播学中国发展的亲历者、见证人。

2017年是施拉姆访华35周年,也是他仙逝30周年。在这一特殊时刻,在中国传播学兴盛蕃昌的今天,在这一问世不久的《中国新闻传播教育年鉴》平台上,回忆并记录这段与施拉姆的一面之缘,别有一番滋味与意义。

其实,在见到大师本人以前,传播学以及施拉姆本人的大名我们已有耳闻,这应该得益于我们是复旦大学新闻系的学生,近水楼台先得月。复旦大学新闻系创建于1929年,是中国历史最悠久、名仰海内外的新闻教育机构。早在建系之初,第一任系主任谢六逸教授即提出"期与国外大学新闻学科媲

---

[*] 原载孙瑞祥《我与传播学大师面对面——纪念威尔伯·施拉姆访华35周年》,《中国新闻传播教育年鉴(2017)》,武汉大学出版社2017年版,第510页。

美"的办学目标。1935年,新闻系举办"世界报纸展览会",展出33个国家的2000多种报纸,被誉为"中国新闻史上的创举"。复旦大学老校长、著名教育家陈望道教授于1941年出任新闻系主任,把"好学力行"作为系铭,并由他发起创办"新闻馆"。"复旦新闻馆,天下记者家"这副对联,一时间名闻遐迩。能够进入复旦大学新闻系读书,不知是多少年轻人的梦想。我们这批1978级大学生是幸运的。作为"文革"后首次全国统考招录,全国有近六百万人参加考试,只录取了二十七万人,其中就包括我们7813班六十一名幸运儿。

对知识的渴望和对大学时光的珍惜,使同学们入学伊始就一头扎进图书馆、阅览室饱读群书。我清楚地记得,在新闻系资料室书架上陈放着一套1956年创办的介绍国外新闻学研究成果与动向的内刊《新闻学译丛》。我从其中刘同舜和郑北渭两位老师当时发表的文章中,第一次读到了一个完全陌生的词汇"群众思想交通"。这是介绍有关 Mass Communication 的文章,当时这个词汇被译为"群众交通"或"群众思想交通",这应该是我见到的国内最早介绍传播学相关知识的文章了。

传播学在中国的发展可谓一波三折。记得我的恩师丁淦林先生当年曾提及,我们的系主任王中先生早在1957年初就在课堂上引用过大众传播学的有关知识。但随着反右斗争的开展,传播学译介工作被迫中断。1977年后,随着高考制度改革和学术研究的回归,传播学研究逐渐得到复兴。就在我们即将进入大学之际,1978年7月,郑北渭老师在系编《外国新闻事业资料》第1期上发表了翻译文章《公众传播工具概论》、《美国资产阶级新闻学:公众传播》。同年11月,《外国新闻事业资料》第2期又刊登了陈韵昭老师译自美国传播学家埃德温·埃默里的文章《公众传播的研究》。1981年6月,居延安老师完成了国内首篇以传播学为题的硕士论文《美国传播理论研究》并通过答辩。特别值得一提的是,1980年陈韵昭老师为我们班开设了介绍西方新闻学、传播学的选修课程,1981年她在系编《新闻大学》上连载《传播学讲座》,深受同学们欢迎。王中先生和葛迟胤先生在给我们开设的新闻理论研究课程上,也提到过一些传播学知识。

追忆这段历史是要表明,作为新闻学专业学生,我们从1978年入学伊始就开始接触了解传播学,对施拉姆其人其事也有了一定印象。但在改革开放之初那个特定年代里,我们从未奢望有一天能亲眼见到这位大洋彼岸的传播学大师。

施拉姆此次破冰之旅,源自当年在广州举办的全国"电化教育讲习会"。

1978年我国电化教育重新起步后，教育部组团到香港考察。在香港中文大学传播研究中心参观时，传播系主任余也鲁教授介绍了传播理论、媒介与教育的关系。同行的广东省高教厅领导深受启发，随即邀请余也鲁到华南师范大学做学术报告。余教授欣然接受，并提出到美国邀请他的老师施拉姆一同前来。经过两年多的准备，师生二人终于成行。

1982年4月21日，时任美国夏威夷大学东西方研究中心传播研究所主任的威尔伯·施拉姆携夫人和余也鲁一道来华，在广州举办了为期一周的全国"电化教育讲习会"，主要介绍现代传播和媒体教育。施拉姆的"教育传播理论"不是在美国，而是首先在中国公开发表，之后又在余也鲁教授协助下建立了中国特色的"教育传播理论"。不曾想，此次讲习会的消息迅速传到了上海和北京。复旦大学、中国社会科学院新闻所、中国人民大学等单位随即邀请他们访问上海和北京。几经商讨，他们最终决定延长留华时间至5月初，这就促成了我们与传播学大师在上海的一面之缘。

这里要记录一段小插曲。人们常用"宣伟伯"来称呼施拉姆，很多人只知道这是余也鲁先生给他取的中文名，但取名的具体由来和寓意却鲜为人知，我也没有在公开发表的文献中找到相关说法。在我的记忆中，余也鲁先生是向我们做过解释的。余到美国邀请施拉姆一同访华，启程前他对老师说，我们要去的中国是一个神秘的国度，他们拥有悠久的传的历史。但是在汉语中并没有"传播"这一词汇，对传播学概念更是陌生。作为传播学家你要去中国演讲，必须让他们能够产生亲近感，给你取一个中文名字便于交流。施拉姆欣然接受了这一建议。余也鲁说，中国有一个家喻户晓的词汇与传播的含义最接近，那就是"宣传"，你就叫宣伟伯吧。也就是说你是在宣传研究方面的一位伟大的长者（施拉姆来华时已75岁高龄）。我听说他中文名字还有一个写法是"宣伟博"，意为施拉姆是在宣传研究方面的一位伟大的博士，这也是说得通的。之所以我对余也鲁讲的取名字的故事印象深刻，是因为当时我就在想，他们不愧为研究传播学的大师，取名字本身不就是一种传播的行为和艺术么。

施拉姆一行在复旦大学主要有两场学术活动，一次是在4月29日举办的大型报告会，在一个可容纳300人的阶梯教室进行，我看到有学者在文章里对此次报告会有所提及。但事实上在报告会以前还举办过一次小范围座谈会，似乎没有文章提到过这次座谈会，我借此机会做一个补记。

我班同学李晓露对施拉姆复旦之行至今记忆深刻。据他回忆，那次座谈会也就二三十人参加，包括我们班和77级部分同学。我的印象中还有王中、郑北渭、舒宗侨、陈韵昭等几位老师在场。记得座谈会是在 4 月 28 日,一个阳光明媚的上午,地点在第三教学楼南面的一间教室里,讲桌上摆放着鲜花。施拉姆和余也鲁步入教室时向同学们挥手致意,同学们鼓掌欢迎。他们师生二人西装革履,笑容可掬,分坐在一对藤椅上。施拉姆满面红光,仪表堂堂,瘦高个,很精神,但说起话来有点柔声细气,与外貌似乎不大般配。余也鲁个头稍显矮小,戴副眼镜,显得精明干练。当时有同学戏言他不像是教授,那做派很像是十里洋场的一个洋买办。我们当时都学过专业摄影,学校发给我们每人一架海鸥 135 单反相机用于实习。那天我和几位同学都给他们拍了照片,珍藏至今。印象中我班陈小鹰同学拍的照片最好,抓到了施拉姆演讲时那眉飞色舞的精彩瞬间。

据李晓露同学回忆,座谈会伊始余也鲁首先讲话,他十分幽默地说,天不怕地不怕就怕广东人说普通话,我做不得翻译,请贵系陈韵昭女士代劳吧,谢谢,随即起身鞠躬。座谈会从始至终气氛热烈亲和,互有问答。记得李晓露同学当场提问:传播与宣传的关系若何?如果说传播是"客观"性质的信息广播行为,那么,是否宣传不算其内?施拉姆谈了自己的观点,并且说这个问题很好,值得研究。

在 4 月 29 日的报告会上,施拉姆和余也鲁分别发表演讲。施拉姆讲的主题为"报纸的力量和电视的力量",同时对美国传播学研究的情况做了一些介绍。记得他说,传播是人类的天性,人是最讲究传播的动物。婴儿呱呱坠地时第一声啼哭,就是一种传的行为,宣示一个新生命的开始。施拉姆一个半小时的演讲结束后,余也鲁开始第二讲。他利用电视纪录片的形式介绍了香港中文大学新闻传播系的教学情况,并就"在中国有无进行传播研究的可能"谈了看法,首次提出了"中国传播学研究"这一主题。

与大师面对面无疑是兴奋的。那时的大学生多有记日记习惯,我也不例外。其中就有那天与施拉姆一行见面的记录,原文是这样的:

今天上午,美国东西方研究中心博士、传学奠基人宣伟伯和他的大弟子香港中文大学传播系教授(主任)余也鲁来到我系,与我班见面并讲话"电视与报纸"。

宣伟伯的传学理论三年级时陈韵昭副教授给我们讲过,虽然目前在我国有些理论还不适用,但理论本身是很有价值的。那时就想见见。这位传学大师。

宣伟伯今年七十五岁,但看上去最多六十岁,满面红光,瘦高个,很精神，长得有点像美国总统里根。他讲话时有个习惯动作，双手总爱做成一个"A"金字塔形，而且挤眉弄眼很风趣。

　　余也鲁做翻译。他们说是第一次合作，常常出现戏剧性场面，往往是余的中文还未译完，宣就开讲了。最后不得不采用拍桌子为号的方法。

　　讲演后，同学们递条子提问题。刘晓红提了两个，其中一个是宣传与魔弹说的关系。宣说这个问题提得好可得个"A"。

如果说在学生时代我就对传播学有什么深刻理解，甚或说对施拉姆来华意义有何洞见，那是言过其实。但作为新闻学专业即将毕业的大四学生来说，能有这样一个与大师面对面的机会确实是倍感荣耀的，这大概就像今天年轻人那种"粉丝"或"追星"的感觉吧。

施拉姆复旦之行是短暂的，从4月27日抵沪到4月30日离沪赴京不过三天多时间，但一面之缘给我的记忆却是长久而深刻的。应该说施拉姆在中国对传播学的布道，对我们那一代年轻人产生了直接或间接影响。我们班上著名的"三剑客"祝建华、陈怀林、赵心树就在毕业不久赴美攻读传播学博士，他们以后的学术生涯与传播学研究结下了不解之缘。我本人在大学从事新闻传播教学科研至今已整整35年，施拉姆传播学思想对我产生的影响也是潜移默化的。记得我入职天津师范大学新闻学专业后首次登台讲授"新闻采访学"，就组织了一次模拟新闻发布会。我运用拉斯韦尔"五W模式"分析发布会质量，同学们感到耳目一新。

如果今天让我归纳施拉姆那次破冰之旅的意义及其影响，我想用"顶天立地"四个字概括。所谓顶天，就是传播学作为"舶来品"最终与新闻学一并晋升为一级学科，意味着传播学在中国大陆的学科地位得到确立与公认。所谓立地，就是中国人一向陌生的传播概念从此脱去神秘，走向日常，成为大众生活实践的一部分。施拉姆来华当年的11月23日至25日，首次全国传播学座谈会（后统称为第一次全国传播学研讨会）在北京召开。会议提出对西方传播学要"系统了解，分析研究，批判吸收，自主创造"，这就是后来人们所称的"十六字方针"，由此中国掀起了传播学研究的第一次高潮。在2012年施拉姆访华30周年之际，多位学者撰文纪念。随着传播学在中国逐渐成为显学，人们越发深刻认识到1982施拉姆中国之行的开创性意义。

白驹过隙，转眼已经35年。一面之缘，终身受益。如今，每每和学生们谈及这段历史，我都有一种荣耀之感。作为传播学中国发展的见证人和参与者，我有责任把这段历史和感受记录下来，也算是对施拉姆中国之行35周年、仙逝30周年的一个纪念吧。

附录三

孙瑞祥旅游通讯作品选

——刊载于《天津日报》（1989—1992）

作品一：招回读书郎——四川印象之三

成都市教委一个统计数字表明，该市87级的10万多名初中生，从初一到初三年级的3年中，总共有2万多人中途辍学，流失率高达21%。乐山市某乡6所初中的87级学生，入学数为715人，毕业时仅剩497人，3年流走219人，等于流走了一所初中。南充地区小学流失率10%以上的有两个县，初中流失率13.5%以上的有5个县。

人们惊叹、议论、担忧：庞大的流失队伍意欲何往，症结何在？

可悲　书山无路"钱程似锦"

这支流失大军大都是把书袋改成钱袋，卷入了商品经济的大潮之中。

成都某校初二·一班流失的7名学生，有6个成了个体户，有的俨然成了小老板。一个辍学贩烟的小男孩，穿着西装革履，不无得意地回校对老师说："我每月获利一千余元，花钱的零头比你的工资高。"

值得注意的是，这些辍学经商者，大部分在校时成绩不佳。他们出走的原因，在一定程度上反映了教育本身的失误。片面追求升学率，嫌弃、厌恶后进生现象在许多教育部门严重存在。一些学生形象地把师生关系喻为"警察与小偷"，他们说，宁愿做个快乐的"单身汉"，也不愿因成绩孬站在被告席上被老师奚落。与其在独木桥上摔下来，不如开创新天地。金钱的诱惑，学校对他们的冷淡，使一些学生的价值观发生了倾斜。

可叹　一个无法回避的现实

面对日益严重的流失大军的出现，"招回读书郎"的呼声遍及社会。然而，教师在规劝学生返校时的苦口婆心，却显得那样苍白乏力，远不如在课堂上讲课得心应手。想不到的是学生在向教师做"策反"工作却是振振有词：

"莫当这个教书匠了。你一个月的工资，还不够我半个月的烟钱呢！"

"你大学毕业，教龄27年，一家三代才住20多个平方；我们'老头'小学文化，经商不到6年，现在有自己的楼房。读书的优越性在哪里？"

教师笑笑说："这是暂时现象，慢慢会正常起来的。"

学生寸步不让："你都50多岁了，一个人经得起几个你这样的暂时呢？"

……

一个无法回避的现实！在新旧体制交替中出现的"体脑倒挂"这一不合理现象，成了新的"读书无用、读书吃亏"和"与其交钱读书，不如辍学赚钱"的诱因。实际上，我们正在培育着新一代文盲产生的土壤，这绝不是耸人听闻。

可喜　出路在于改革

为迅速扭转这一严重的教育危机，今年以来，四川省教育部门及舆论机构，纷纷商讨对策。人们一致认为，扭转这一危机的根本出路，在于深化教育体制的改革。商品经济对教育的冲击，暴露出教育体制上的许多弊端，增强了教育改革的紧迫感。

要招回流失生，首先要调动并保护学校办学的积极性。改变义务教育由国家统包的做法，教育经费来源实行多渠道，包括中央、地方拨款、企业提供、社会团体和个人捐助、收学杂费、国际援助及向外贷款等形式。解决"体脑倒挂"根本在于国家在劳动人事工资制度上拿出新政策。

此外，还要大力宣传义务教育法，堵塞社会不正当招工渠道，端正办学思想，运用法律、行政、思想教育、经济的手段，多管齐下。

（孙瑞祥　董建津　1989年11月13日）

作品二：夜泊万县——四川印象之七

长航六十号轮，上午十时从重庆的朝天门码头出发，经过十个小时的江上颠簸，当晚八时便到了万县。

轮船要在万县停靠二小时，然后驶入江心抛锚宿夜，转天再进入令人神往的三峡。

说实话，巴蜀圣地乐山、峨嵋是无人不晓的，但知道万县的人恐怕就未必有那么多了。在中国的版图上，这里的确是一个不大引人注目的地方。

沿着码头拾级而上，迎面看到的第一家字号，就是一个用灯箱制成的、写有一个硕大的"舞"字的茶座。里面传出一段音量过于夸张又有些不大时髦的流行曲。舞厅门庭洞开，却不见一个舞者，仿佛在以逸待劳，专门迎候我们这些他乡之客。

迎面是一条横街，看上去并不很长。然而，人的密度却很高。蹲着的、猫腰的、直挺的，各个都在守护着自己眼前的一堆交换物；也有高声喊叫、沿街小跑追赶主顾的。我们的到来，给这座灯火阑珊的小镇，带来了不少生气。

据说，每有轮船靠岸，这里就成了最热闹的地方，成为万县一景。几乎万县的商界精英都聚到了这里：男、女、老、少；坐地的、赶场的、客串的；土皇帝、小财东……他们穿着在略显昏暗的路灯下，很难辨出色彩的衣服，两眼紧紧盯着，只是那匆匆过客怀揣着的各色钱包。见多了大都市的油腔滑调、心怀叵测，同行人提醒我们：小心上当！

我们本不过是想下地走走，想不到满眼所见，尽是大筐小篓，刚刚下树的桔子，和那装满全街，令北方人钟爱的竹席，藤椅之类。想不到几个小时前在重庆刚品味过川菜的"麻、辣、烫"，在这即将出川的夜晚，又领略到川桔的甜、酸和川竹的精、巧。

万县的宝贝给我们留下的印象是：便宜。一公斤桔子仅8角；一只儿童藤椅才7元；一对竹席也不过三十块。

买桔子，有人东看西挑，折腾了足有二十分钟，可对方只是笑，就是不着急。当你决定要买时，对方早已拿着秤等在那里了，多放上几个也无所谓。

你即使问遍了价不买，他们也不介意。只是抱着卷好的席子围着你转，伸出双手，让你看那上面的老茧。十六七岁的孩子，手茧已经很厚了，万县人的生意就是这样做。

这里见不到大都市司空见惯的商霸作风，见不到起哄吵闹的劣术，见不到打托帮衬的骗局，更见不到因争一席之地而大打出手，大家同卖一种货却心平气和，相安无事。一张诚实的嘴，一双期待的眼，一副憨厚的脸和一颗并不贪婪的心，仅此而已。

当然，万县人绝不是木头一块，他们也有"商"气，也知道把价抬高点等你去划。不过，这和同饮一江水的南方某些大城市，连价也不让问的鬼头精们相比，恐怕是"商"气不足，"土"气有余了。

土有土的赚法，洋有洋的赚法。万县人的生意经，也不失一种风格。

经过一场近乎"掠夺"式的采购以后，匆匆过客们都背上了沉重的负担。同时，在我们的脑海中，也注入了某些新的思索。

一则为喜。地处川东过去较为贫困的万县人，在商品经济大潮的冲击下，终于悟出了一些道道，他们已不满足于家有隔夜粮式的温饱型小日子，告别了靠天吃饭的单一经济模式，要在更加广阔的天地中一展身手。尽管他们给人的印象是尚有些不谙熟商道之憾，但毕竟是迈出了可喜的一大步。

二则为惜。外面的世界真无奈，当万县人好不容易搭上商品经济的特别列车时，不知是否意识到，他们只赶上了"末班车"。长江把万县截为南北，似乎也使万县人失去了很多机会。眼下，他们还只能从事那些与自己的价值观念相吻合的商品经济活动，一切都显得有些不太入时。在他们的商品意识中，还留有小农经济、画地为牢的阴影，还缺乏竞争、外向的经营胆略。

（孙瑞祥　1989 年 11 月 29 日）

作品三："牧童短笛"鼓浪屿

有人说，来福建的人如果没到厦门，只能算是踏进八闽半只脚；而到了厦门没去鼓浪屿，那半只脚的意义也不复存在了。这虽说是一种笑谈，但也道出了鼓浪屿在福建人心目中的位置。

新年钟声刚过，我们便从莆田南下，慕名踏上这座小岛，去寻找那"半只脚"的梦境。

鼓浪屿位于厦门市西南郊，四面环海，是一个孤悬海外的袖珍小岛，只有几条跨海轮渡，把小岛与腹地联在一起。

我们早有耳闻：这里是一个以"石蛋地形"为其地貌特色的花岗岩丘陵

区。"日光岩"是这座岛屿的顶峰,海拔九十多米,日出东方,先照此石,故曰"日光岩",为东南海上奇景之一。

我们早有耳闻:这里是著名的"海上花园",杉木、栲树、樟树、荔枝、龙眼、桂圆……满山遍野,四季飘香,娇绿欲滴。

我们还早有耳闻:这里是"万国建筑博览会",抗日战争前,帝国主义列强占领时留下的一幢幢洋房依然健在,它既给我们的民族史附加了辛酸的一页,又为这美丽之岛增添了几分异国情调。

……然而,当我们登上小岛,第一次呼吸到鼓浪屿的气息时,似乎觉得我们所寻找的并非是那暖融融的日光岩,也并非是那万木葱茏的海上花园以及那万国建筑的异都情调。我们仿佛从这温馨的空气里嗅到了另一番滋味。

鼓浪屿地处闽南,方言是极不好懂的。刚一上岛我们便问路。一位蹲在街口洗衣服的中年妇女笑着说:"第一次上岛,还是先到日光岩看看,从这里往下走就是……"想不到普通话说得既标准又好听。我们问他怎么说得这么好,她红着脸说:"学呗,来岛上的游客很多,我们都成了业余导游了。"

在店铺林立的岛中闹市龙头路上,我们看到男女店主们各个表情怡然、衣着大方。繁忙时百问不厌,令顾客如沐春风;闲暇时他们隔着柜台相互低声细语,一片安详自得的景象。鼓浪屿人做生意,从不喝五吆六的,家家店堂洞开,悉听顾客挑选。我们在岛上走街串巷地转了大半天,没见到一个吵架拌嘴的,邻里之间和睦相处。中饭刚过,在海滩、绿地,三五成群的读书郎便聚在一起或走或卧地念书、作画,好一派"牧童短笛"的南国风光。

在这座方圆仅一点七平方公里的小岛上,布满了宽不过数米的"阡陌交通"。这里没有汽车,看不到自行车,更不见工厂的烟囱。这里没有噪音,没有污染,没有大都市难以排遣的诸多烦恼;有的只是鸟语花香和庭院中不时传出的悠扬的乐声——据说,早在解放初期,这里的人家百分之八十都有钢琴,不少音乐家就诞生于此,素有"音乐之岛"的美称。

读书声、音乐声、交谈声、嬉笑声伴着海涛阵阵,构成了鼓浪屿人恬静生活的主旋律。

岛上一日,与其说我们是在搜奇览胜,寻访自然之美,不如说我们是在感受鼓浪屿人的精神之美。下面这段文字,也许是对我们这种感受的一个最好注脚:

鼓浪屿这几年在社会主义精神文明建设中,从抓文明市民教育入手,以创五好家庭为基础,把社会公德教育渗透到社会各个方面,创造出了一个团结、和谐、文明向上的社会环境。全区两万多人口,五好家庭总户数达百分之八十五点一七，文明楼院占百分之七十五点一五，并赢得全省爱国卫生红旗单位称号，成为厦门市第一个无鼠害区。他们还通过举办孕妇学校、家长学校、老人大学等，使家庭科学知识教育得到普及。

（孙瑞祥　1990年1月12日）

作品四：津风渐习八闽地

　　走下波音737客机的舷梯，福州以遍野碧绿的南国秀色迎接我们。满街的融融南风，满耳的南音软语，使人几乎忘却了千里之外冰封雪地的北国。

　　但机场外"北京啤酒"的巨型广告牌，首先向我们通报了南北商品流通的讯息。走进商店，我们更惊讶地发现，不远千里来自天津的商品也跻身于琳琅满目的柜台之上，竞相争购的人群无言地显示出这些商品的魅力。在强劲的南风占有压倒优势的八闽市场，一股带着渤海湾咸味的津风正在习习吹拂。

　　福建省百货公司总经理卢香保二十几岁便从事商业工作，目睹八闽市场几十年来的风云变幻。他向我们介绍说：福建省历史上是上海产品的传统市场。天津产品从六十年代初期开始进入福建市场，并逐渐有所扩展。目前市场占有量紧随上海、江苏、浙江之后，已跃居第四位。

　　在福建市场上占有较大优势的天津传统产品，主要包括化工、染料、棉纺织品、运动器材等。福建目前尚无洗衣粉厂家，每年约需调入洗衣粉一万余吨，而天津产的加酶洗衣粉洗净度高，价格适中，市场日趋扩大。福建的球类、手风琴、大型运动器材市场，也几乎全部为天津产品占据。具有北方特色的天津产特殊体型纺织品，弥补了南方厂家品种的不足，也有一定销路。近几年，除了传统的优势产品，天津的铝制品、白板纸、五金制品等也以其上乘的质量，适中的价格打入福建市场，并形成一定规模。前不久近百家厂商在福建市场展开的化妆品大战中，天津的一些化妆品异军突起，占据了一席之地。尤其值得一提的是，天津的威娜宝洗发香波、护发素，以其神妙的洗、护发功效赢得了福建消费者的青睐，成为市场疲软风潮中少有的紧俏货。

　　津风习习吹入八闽市场，与福建同属华东六省的江苏、浙江也没有在一旁袖手旁观。他们充分利用其紧临福建的地利之便，更以其独到的经营方略，在八闽市场上刮起一股强劲的江浙风。江浙厂家花色品种齐全,价格低廉的各类小商品基本占领了福建市场;针纺织品市场占领量逐步扩大,已足以同上海厂家抗衡;家用电器也逐步在福建市场打开销路。与此相反,上海的厂家却依然摆着"老大哥"的架子等客户上门,使市场占有量日趋萎缩。除了自行车、缝纫机等几类商品外,上海产品在福建市场一统天下的局面已不复存在。

强劲的江浙风压倒津风,直追上海,其中自有缘由。同天津厂家打了十几年交道的卢香保总经理分析说,天津产品在福建市场的扩展首先受到运输的限制,由于铁路运力紧张,车皮不足,合同执行率只能达到百分之七十。要根本解决这一问题看来得在海运上动些脑筋。此外,天津一些厂家目光短浅,在商品属于紧俏货的时候不是抓住有利时机扩展市场,反而觉得奇货可居,结果往往坐失良机。曾在天津当了十几年兵的福建省商业厅业务物价处副处长许永祥,十分恳切地说,天津厂家似乎都不大重视宣传、树立自己的形象,舍不得花钱做广告,许多本来很有竞争能力的产品却不为消费者所知。这番话确实点到了病处,福州的电视机普及率极高,但我们在蓉城滞留数月,只在起士林西餐厅开业的广告中听到久违的"天津"二字。而江浙一带厂商的广告,却已多到令人目不暇接的地步。

江浙两省的厂家在经营上颇有不少独到之处。他们大多是由厂家直接同福建的批发、零售部门打交道,流通环节的减少使其在价格上占尽优势。一些厂家还规定,货至商业部门可以延期二到三个月付款;不好销的产品可以调换品种或规格;商业部门收到货后如果半年内调低价格,损失由厂方负担……一系列的优惠办法,为流动资金十分紧缺的商业部门解除了后顾之忧,增加了其经营保险系数,所以深受欢迎。这无疑为江浙产品拓展福建市场打开了方便之门,难怪江浙风越吹越盛了。

八闽市场,风云变幻。津风习习渐入,海风疲弱渐退,江浙之风势不可挡。其中奥妙,难道不值得我们深思?

(王继然 孙瑞祥 1990年1月18日)

作品五:鞋城莆田

在京、津、沪等大城市的鞋摊上,如果你偶尔看上了一双入时的运动鞋,翻看一下产地,十之五六都标着福建,更确切地说是福建的莆田。即便是那些写着洋文的世界名牌，也多是由莆田出口，又被鞋商以高出几倍的外汇买回来的。从某种意义上可以这么说，中国的鞋业在福建；福建的鞋业在莆田，莆田已俨然成为一个世界瞩目的小型鞋城。

莆田过去号称荔城——荔枝之城，如今，随着商品经济和对外开放的发展，莆田人又多了一份鞋城的荣耀。我们来到莆田，早已不是荔枝的季节，好客的主人一面遗憾地向我们"道歉"，一面如数家珍地谈起了这顶新获的"桂冠"。

莆田一九八三年建市，有二百五十万人口。然而，这里的制鞋从业人员却有十万之多，七十八条制鞋生产线装备着全市一百五十多个制鞋厂。年产量五千万双，产值四亿，创汇五千万美元，为福建省鞋业之冠。

据该市制鞋生产协调小组的同志讲，莆田的制鞋业是从一九五八年由手工业白手起家的，当时，只有莆田和仙游两个厂，到一九七二年一直是小打小闹，职工不过二百，产值不过百万。一九七八年开始走横向联合之路，利用农村厂房，把粗加工转入乡镇企业，开始了低档鞋的大批量生产。一九八四年发展到十七个乡镇的五十多个加工点。

鞋城的真正起步，要从一九八七年算起。是年，国家有关部门来莆田考察，认为这里已具备了良好的鞋业发展前景，决定把莆田作为制鞋基地来重点发展。当年就引进了八条运动鞋生产线，开始了高档鞋生产的历史。一九八八年，引进外资、侨资工作进展顺利，三资企业达十五家，开始加工世界四大名牌运动鞋当年创汇二千四百万美元。在开发世界名牌产品的同时，他们又独创出自己的"三路"牌运动鞋，产品质量达到国际标准，荣获轻工部出口创汇优秀产品的金龙腾飞奖。目前，莆田的鞋种类，已达一千五百余种，远销美、英、澳、荷等二十余个国家和地区。

莆田鞋城的崛起，靠的是什么？

一是莆田特殊的地理位置有助于吸收外资。莆田位于福州以南一百公里，距厦门不过二百公里，与港台水陆较近，运输便利。同时因地处福厦之间，消费水准既低且又能享受福厦建设发展的成果，是一个既不太偏僻又不太显眼的地方，港、台一带商人愿意在这种地方投资。

二是莆田为著名的侨乡，海外关系众多。仅以一个小镇为例，全镇六万户居民，在海外的亲属却多达九万户，所以莆田吸收侨资方便。据悉，台湾鞋机、鞋材和鞋厂等业者近两年赴大陆投资的生产线有二百余条，这其中有不少都投向了莆田。

三是莆田的劳动力素有廉、勤、优三大特点。莆田人多地少，低廉的劳动力价格、勤苦的劳动作风以及优良的生产技艺，使莆田的制鞋工业在产品质量、价格、款式以及交货期上，都拥有较强的竞争优势。

（孙瑞祥　1990年2月4日）

作品六：芙蓉国里觅津味

　　阳春三月，我们来到"白沙如霜雪，赤岸若朝霞"的岳麓山下、橘子洲头。徜徉于秀色可餐的湘江两岸，我们不无遗憾地发现，偌大的芙蓉之国，竟然津味难寻。不要说煎饼馃子、老豆腐之类，就是在"三北"市场呱呱叫的天津名牌货，在这里也是凤毛麟角。

　　为嗅到一点家乡的气息，我们在店家林立的长沙市中山路、五一广场一带转了两天，结果令人大失所望。在一家中型规模的绣湘商场，我们从一楼到三楼，挨着柜台看产地，满眼所见，不是南京、上海、宁波，就是广州、佛山、顺德，唯独不见"天津"二字。在繁华的市区看遍了路牌广告，只见到天津空调器公司一块特约经销维修部的灯箱，相反，江南一些省份的广告却醒目得刺眼。

　　在绣湘商场服装部，我们问一位女售货员："你们这里有天津的服装吗？"女售货员笑着回答："没有。不过，我们的服装早已打入了天津，前年，我就在天津的龙门大厦站了一年柜台，卖得蛮不错咧……天津有什么名牌？对不起，我一时还说不上。"

　　带着寻访津味的急切心理，我们来到了湖南省最有名气的中山路百货大楼。这是一家年营业额超过1.5亿元的大型商场，是全国大型百货商场经济联合会成员单位。我们在他们组织的"90年名优商品全省批发业务恳谈会"上，见到了大楼总经理李树先同志，并向他提出了"天津商品在湖南"这一问题。

　　年近六旬的"老商业"李树先，操着浓重的湘音对我们说："我和天津工商界打了多年交道，对天津商品总的印象是三条：一是质量好，二是价格廉，三是讲实惠。比如载重自行车、针锦织品、化妆品、洗涤用品等。但总的说来，湖南市场沪广味很浓，京津味很淡，似乎对华南这半壁河山，京津工商界均无恋战之心。"

　　"不过，天津产品在湖南，也有很成功的例子。"李树先总经理继续说，"比如天津通信广播公司生产的北京牌电视机，就一直脚跟很稳。分析其原因，我以为，除了质量、款式、价格占有优势外，坚持上门服务是其成功的奥妙所在。'天通'早在10年前就与我们建立了业务联系，公司领导常来搞市场调研，在我省精选了5个特约经销维修点，就是在产品最走俏时期，他们也坚持每年发货500台，赢得了商业信誉。近几年，北京牌在湖南的销售收入年均稳定在0.5亿元以上。这次批发会，公司邓敬之副经理亲自带队参加，征求用户意见，不到5天，零售就卖出近300台，已成为湖南人有口皆碑的产品……遗憾的是，这样的产品在湖南并不多。"

中山路百货大楼一位搞服装调研10年之久的行家杨惠兰，向我们介绍说，三年前，我们进过一批天津衬衣，但销路不佳，以后我们便断了联系。现代市场，你退别人就进，这两年，江浙一带的一批毫不知名的小厂异军突起，他们以新潮、薄利和宣传挤进了湖南。他们在省台大作广告，组织模特现场表演，结果顾客蜂拥。比如上海鸿运服装厂生产的进口复合领、电脑绣花衬衣，一个周日就卖了5万元。天津衬衣主要问题就是款式慢三步、衣领下水起皱，包装粗糙、硬度不够，所以，湖南人不大喜欢。

百货部熊经理说，其实，天津有些产品在湖南还是蛮受欢迎的，比如二日化生产的郁美净系列产品就十分抢手，一瓶防皱霜卖24元，照样有人买。看来，天津的问题不是质量，关键是对湖南市场缺乏了解，产品宣传不够，工作没到家。我搞百货多年，天津除了二日化，几乎没有人与我们联系，供求总不见面怎么能行！

看来，天津产品在湖南，并非是人见人厌的"弃儿"，关键是我们如何看待湖南市场。

（孙瑞祥　1990年6月7日）

作品七：珠海，滦河水流过的地方

"轰隆"一声巨响，打破了珠海这座秀丽城市往日的宁静。

从弥漫的硝烟中，钻出了一群虎虎有生气的小伙子。咦，好熟悉的面孔，这不是家乡父老时常念颂的引滦英雄吗！

还是那身装束：头戴安全帽，脚穿解放鞋；还是那股劲头：坚毅、深邃、不苟言笑……

当家乡人品味着第一杯用滦河水浸泡的香茶时，我们就开始追寻着这些津门新老乡的足迹。

两年前，这支与山结缘的队伍，打着背包来到了珠海。这里有座板樟山，是横在市区的一大交通障碍，严重阻碍特区经济发展。打通板樟山，修一条双洞公路隧道，特区人下了大决心。在众家竞争中，远在北国的引滦英雄把这一工程稳稳地抓在了手中。

这是一个完全陌生的世界，这是一场具有特殊意义的战斗。要说工程难度，在英雄们的眼里，实在不算什么，不过是打两个1千多米长，混凝土吊顶的隧道。可这是兵改民后铁道部十八局在江南的首役，工程质量在检验着他们，特区人在注视着他们，开放城市复杂的环境在考验着他们。

用他们的话说，珠海是一个被"花花世界"所包围的社会。钻惯北方"土"洞子的他们，钻起这"洋"洞子来，着实不大习惯。他们要经受的考验实在太多了，金钱、洋货、女人随时向你招手。听说工地要购进建筑材料，许多人找上门来，发货票本一甩，金额任你填，发财的机会有的是。在拱北海关一带你蹓上一圈，准有人对你"围追堵截"，换外币的、兜售洋破烂的，还有那眉来眼去的，稍不留心，就会"折"在里面。

可两年过去了，人们发现，板樟山隧道在延伸，可英雄们的本色却丝毫未减，"花花世界"里的一切，均与他们无缘。有人讥笑他们是"傻冒"，可你哪里知道，这种"傻冒"在这支队伍里却多得很。机修工小徐，胃切除三分之二，坚持出满勤、干满点。一次空压机出毛病，派他去柳州买配件，为不误使用，30多公斤重的铁家伙，硬是一个人背了回来。

说到这支队伍，当年指挥引滦11号隧道工程的营长、现任十八局珠海工程总调度长的王广斌动情地说："我们就是来让人家品头论足的，引滦是英雄，在特区也要成好汉！"

这是支清苦的队伍。在内地，80元的工资还算过得去，可在这里，160元却紧巴巴的。一个壮汉的月收入，还不及特区一个刚工作小职员的一半。这一比，谁能没点想法？可他们心里有杆秤：我们原本就不是来享福的。当珠海人家家为拥有一台大屏幕彩电而奋斗的时候，他们却在远离家乡的山洞子里，默默奉献着自己的青春年华。

委曲、埋怨、闹情绪？不，身在特区的引滦英雄们，对待生活有一种独特的理解，他们从没有泯灭对美好未来的憧憬。在简易的宿舍区，他们用自己粗壮的大手，写出了一幅幅祝福吉祥的对子贴在门上；在别无长物的工棚内，他们用空酒瓶装上水，插满一朵朵清香扑鼻的夹竹桃。望着眼前这一切，不禁使人萌生出无尽的遐想……

（孙瑞祥　杨宗友　1990年6月19日）

作品八：草原无处不飞歌

八月，对于内蒙古人来说，是个好梦成真的收获季节。八月的大草原碧空如洗，白云如画，草场丰美，五畜兴旺。自古以来，蒙古族富有传奇色彩的"诈马宴"、"敖包会"、"那达慕"等民间活动，都选在这个季节举行。八月，充满诱惑；八月，给人的感受，是歌。

东到科尔沁，西到阿拉善，北到呼伦贝尔，南到鄂尔多斯，漫步在那莽莽苍苍的草原森林，以及一望无际的千里沃野，这里简直就是歌的海洋。

内蒙古素有"歌海"之称。生活在这块广袤无垠的土地上的蒙、达斡尔、鄂温克、鄂伦春等各族人民，自有其豪放豁达、热情开朗的独特性格，同时也形成了表现他们生活和感情的粗犷、爽朗的民族歌曲。

歌之于牧民，是生命的一部分。清晨，当火红的太阳露出地平线的时候，鄂温克牧民，策马挥鞭，把羊群赶到草场。一夜细雨，使如毯的草浪更加油绿。羊儿啮草、马儿低鸣、鞭儿弄响，一曲美妙的田原秋牧歌便这样形成了。

牧民的歌，千姿百态，说不尽，数不清。在呼伦贝尔一座别致的蒙古包里，十六岁的小姑娘乌云得意地说，羊群有多少，歌就有多少。

当地一位民歌研究者介绍道，蒙古族民歌多得实在无法统计，因为能歌善舞的草原牧民，个个都是作曲家。他们常把自己最熟悉、最喜爱的东西，编成歌曲即兴演唱。俗话说："十里不同风、百里不同俗。"古老的蒙古族民歌，主要分长调和短调两种，长调多用蒙语演唱，流行于牧区。如音乐舞蹈史诗《东方红》中的《赞歌》就是长调民歌。短调民歌多流行于沃野千里的河套平原、土默川平原及其他半农半牧的地区，多用汉语演唱。不管你能否听懂，那一曲曲尾声悠长高亢、音调激昂动听的民歌，都在诉说着一段美丽的传说，都在寄托着一片赤诚的祝福。

草原的歌，必与酒相伴，无歌不饮酒，无歌不成席。初到尹克昭盟，多情的鄂尔多斯姑娘，在蒙古包前一字排开，手捧哈达和美酒。看这架势，同行们你推我让，谁也不肯打头阵，怕的是先听到那首祝酒歌、必先饮那碗"下马酒"。因为牧民劝酒的方式实在简单得难以拒绝，姑娘们一副庄重的神情，站在那里，唱个不停，直到你觉得面红耳热……

酒不醉人歌醉人，纵有百杯千盏量，怎敌过千歌万曲情！

（孙瑞祥　1991年9月17日）

作品九："查干依德"牧民情

以骑射定天下的蒙古族人，对白色有一种特殊的感情。你看天空的云朵、地上的羊群、手中的哈达，还有那独特的蒙古包，无一不为白色。富于幻想的蒙古族牧民，把草原上最美丽的季节八月，奉之为"查干萨日"，即"白色的月份"。

最能体现这白色民族特点的，莫过于他们的饮食了。按照草原历法，每年从五月开始到七、八月间，正是五畜肥壮、乳液丰富的时候，这是蒙古人开始扎挤牝马乳、酿制马奶酒的美好季节，从这时起，草原便步入以乳食为主的白色世界。

乳食及其肉食、茶食，是草原餐桌上须臾离不了的三宗宝，牧民们把极富感情色彩的称谓"查干依德"，送给了洁白的乳食品，并把它作为招待贵客的吉祥之物。如果在牧民的毡房里享受到一餐美妙的"查干依德"宴，那真是福份不浅。

"查干依德"的制作技术，从元代开始日臻完善。相传元世祖忽必烈曾在上都设置过大型皇室奶食品基地，使奶食品制作成为专业。据说清皇室专用的"查干热呼德"（白奶豆腐），存放几年不酸不软不变质，是一般人可望而不可即的珍品。如今的草原奶食品大家族，可谓人丁兴旺。将鲜牛奶放入桶内，搅烂后使其发酵，等脂肪浮在上面呈白色，"白油"就做好了；将鲜奶放入锅里，用小火烘，稍滚，用勺扬，使奶沫浮在上面，同时点上生奶，奶上即成一层皮，用筷子挑起，放在通风处阴干，就是"奶皮子"；将茶砖捣碎，装入小布袋，放入开水中熬煮片刻，加入鲜奶，待茶奶交融，即为"奶茶"。此外还有奶豆腐、奶果子、奶子酒……琳琅满目，不胜枚举。

要说最为有趣的，还是饮马奶酒。马奶是内蒙古重要的奶资源之一，营养十分丰富。马奶酒，又叫蒙古酒，是奶食品中最为贵重的饮料，它采用发酵法制成，一般先用牛奶制成酒，再放鲜马奶发酵两三天即可饮用。而且，酒精度不高。在锡林郭勒，我们欣赏到一场别开生面的饮马奶比赛。只见五名选手席地而坐，每人面前摆着一套九只木碗，总容量是十三斤。裁判一声令下，五名选手争先恐后，场上一片欢腾。结果锡林浩特市达布希勒图苏木乡牧民杰日格勒，只用一分半钟，一口气饮下全部马奶，比第二名快了十一秒，令观众瞠目。看选手们那饮完后抹抹嘴的得意神情，实在馋煞了在座各位。难怪七百年前成吉思汗作诗"愿得朝朝赐我尝"。

虽说牧民的饮食结构如今已发生了巨大变化,但"白色食物"恐怕永远也不会从他们的餐桌上消失。与其说他们是对白色的崇拜,毋宁说他们是在追求一种美好圣洁的理想。

(孙瑞祥　1991年9月19日)

作品十:"历史的后院"不再宁静

国产"运七"载着我们从呼和浩特飞向呼伦贝尔盟海拉尔区,一位朋友说,你们是在走向"历史的后院"。

据说,1961年夏天,著名历史学家翦伯赞、范文澜先生,在内蒙古寻古时,曾"揭穿了一个历史的秘密",他们发现呼伦贝尔草原是"内蒙古游牧民族历史舞台的后台",大兴安岭是"历史幽静的后院"。

然而,当我们走下舷梯,第一次拥抱这块土地时,扑面而来的已不再是幽静的草原气息。1988年元月,国务院批准呼盟为"改革试验区",从那一天起,"历史后院"终于开启了那把锈蚀了两千余年的门锁。

祖祖辈辈靠畜林吃饭的呼伦贝尔人,第一次在自家门前坐上了飞机;第一次无拘无束地和外国人谈判;第一次把生意做到了首都、上海、广州……兴奋、惊喜和跃跃欲试的表情,挂在每个人的脸上。

在呼伦贝尔大地上驱车行走,一座座新厂房令人振奋,一块块广告牌使人心喜,一个个新鲜事叫人激动。海拉尔区副区长张小弟,这位吃了20多年草原饭的上海知青,兴奋地告诉我们,在盟府海拉尔这块昔日的荒凉的土地上,目前已建起大小工厂750多家,产品达3000种,去年全市工农业总产值达307亿元,这里的乳品业、牧业机械和粗纺毛呢,已蜚声海外。他打趣地说,现在要我离开这方热土,八匹马拉我也不走。

在鄂温克自治旗,我们拜访了孟根索木旅游点70岁牧民德钦格力格,老人别无嗜好,专门收集名片。我们问他为什么,他说,做生意要讲信息,我是老了,可说不定这些四面八方来的名片,对旗里搞活经济有用。

了不起的商品意识!别看鄂温克旗没有半寸边境线,就是凭着这种意识,他们率先走出家门,在苏联建起了内蒙古第一家商店。

凭着这种意识,远居深山老林的鄂伦春人,竟也放下猎枪大办起工业来。

一批铅锌白银、碱化工、矿泉水的合作合资企业，搞得红红火火，他们还破天荒地在北京建立起自己的商务机构。

"打通两端、网开一面、让利在先、得利其中"。循着这一思路，呼盟试验区三年来，建立了满洲里、黑山头、室韦、阿日哈沙特、胡刘也图、额布都格口岸和过货点，形成了"三贸齐上，六口通商"的外贸格局，成为我国内陆边疆通商口岸最多的地区。三年来，接待国外来访团队350多个、国外和港澳地区旅游观光者一万余人、考察讲学的国内专家学者2000多人，派往国外的工程技术及劳务人员1500多人次。三年来，呼盟每年出口商品收购总值达1亿元人民币，对苏、蒙边贸日盛一日，去年成交额已突破60万瑞士法郎。

或许，这一切在大都市人看来都很微不足道，但当我们惊呼"深圳速度"的时候，不要忘记"历史后院"正在发生的，也同样是划时代的。

（孙瑞祥　1991年9月22日）

作品十一：风情这边独好

说起内蒙古的旅游资源，真是应了"正大综艺"里的台词，"不看不知道，世界真奇妙"。

内蒙古幅员辽阔，东西狭长，地界"三北"，太阳从东方升起，要两个小时才能照遍全境。大自然赐给这里的草原、森林、湖泊、沙漠以及古迹和民俗，构成了别具北方风采、塞外情韵的内蒙古"六大奇观"，景景生情、处处有意。

六大奇观，草原为最。内蒙古的天然草场面积辽阔，牧草达1000多种。已开放的草原旅游区有呼伦贝尔森林草原和草甸草原、锡林郭勒典型草原风貌和距呼和浩特较近的"召河"、"灰腾锡勒"草原。漫步在无涯芳草之中，好不叫人逍遥物外、情荡神驰。

钟情野趣的人，乘坐草原列车到大兴安岭去体验莽林风光。那里拥有我国保存完好、一望无际的原始林区，有鸟类300多种、兽类100多种，其中列入国家保护的珍贵稀有动物就达40多种。若在山林间转上几天，敖鲁古雅可看驯鹿，鄂伦春能观狩猎。

民俗旅游风情别具。被称为蒙古族"男儿三艺"的骑马、摔跤、射箭，一展马背民族之彪悍；传统的鄂尔多斯舞、安代舞、盅碗舞更显草原姑娘之婀娜；坐上勒勒车令人发思古之幽情；饱餐烤全羊保你叹天下之无双，若是得机会在牧民的蒙古包里美美睡上一觉，真可谓三生有幸。

内蒙古旅游业作为一种商业性开发，是从1979年开始的，短短12个春秋，这项无烟工业得到了迅猛发展。截至目前，先后对外开放了呼和浩特、包头、满洲里、海拉尔、扎兰屯、乌兰浩特、通辽等19个市旗。12年中已接待了32个国家和地区旅游者达13万人次，累计创汇800万美元。旅游业已成为内蒙古自治区非贸易外汇收入的主要来源。

旅游一举，百业振兴。几年来，内蒙古旅游业带动了城建，促进了经济发展。

（孙瑞祥　1991年10月4日）

作品十二："漠草三旅"咏叹

丑末寅初，东方既白。一辆辆用毡子、芦席或桦树皮蒙盖的牛车，在饱含晨露的莽莽草原上行进。"叮叮当当"车铃之声不绝于耳，"塞塞窣窣"队队牛羊尾随其后，为那朦胧中春的原野秋的原野，花的原野雪的原野，平添了几番情趣。那硕大的桦木车轮，背负着生活、背负着希冀，从秦汉滚到宋辽，从成吉思汗滚到红旗飘飘，硬是滚出了一个红彤彤的新世界。

这便是蒙族牧民世代相依的"勒勒车"。"勒勒"是赶车牧民吆喝牲口的声音，一个不能再朴实了的名字！

"勒勒车"是牧民自己制造的，可拉水、运燃料、搬蒙古包，还可用于婚丧嫁娶。车轮较高，直径达一米四、五，相当于牛身高度，轴轮为桦木制成，耐磕碰、车身轻，宜在草原、沙滩行走，在泥草或积雪中通行阻力小，不易深陷。

在二十世纪以前，草原各地与外界的联系，草原自身的行路搬运，除了传统的"勒勒车"，还有马和骆驼，被誉为内蒙古"漠草三旅"。

"马是牧民的翅膀"。内蒙古最有名的马是呼伦贝尔市额尔古纳市的三河马、锡林郭勒盟的乌珠穆沁马和正蓝旗的上都河马。这几种马的体质结实苍健，极耐粗放饲料，以其耐苦耐劳著称，日行可达100至150公里。相传，唐太宗的"昭陵六骏"之一"特勒骠"，就是乌珠穆沁马。

骆驼是沙漠地区主要交通工具。在内蒙古西部的八丹吉林、腾格里、毛乌速……瀚海之上，常可见驼队鱼贯而行，特别在冬季，那高耸的驼峰，成为牧民抵御风寒的自然屏障。骆驼虽不善于飞奔疾驰，但腿长步子大，行走稳健，持久力强，日行约60至70公里，用于骑乘的骆驼，其速度和持久力都不次于一般马匹。

"漠草三旅"的故事，无疑是一首古老的歌谣。如今的内蒙古天上有走廊，路上有交通，河湖有航道，牧民手里有摩托，"勒勒"之声早已被轰鸣的马达声所淹没。旧日留下的不足2千公里的简易公路以及86辆破烂不堪的"万国"牌汽车也早已成为历史。

内蒙古东西狭长，过去，西部人到东部需先到北京转哈尔滨或齐齐哈尔，再倒车到海拉尔，几经周折，最快也得四五天。10年前自治区有了自己的"草原列车"，全程2475公里，把内蒙古东、中、西部联为一体，两天两夜便可直达终点。如今，自治区12盟市均有铁路通行，公路总里程达43万多公里，民用汽车已达12.7万余辆。民航已在呼和浩特、包头、锡林浩特、通辽、赤峰、乌兰浩特、海拉尔设7个机场，均有正式航班直飞北京，首府呼和浩特机场还有正式航班连通区内各机场，并可直达广州、武汉、石家庄、西安、太原、沈阳、上海、南京等地。流经区内四盟三市的黄河，旧时仅有几条原始的"西瓜皮"式木船，洒下了纤夫多少血和泪。如今这里已是帆影点点、渔运两旺。

尽管陆海空"新三旅"来势迅猛、牧业机械化也初具规模，但牧民们却难以割舍那旧时的依恋。人们是要把那"漠草三旅"刚毅坚韧的性格永铸心头。

（孙瑞祥　1991年10月8日）

作品十三："走西口"新语

每个民族都有自己一本读不尽的书。在内蒙古马背民族这部浩繁的历史长卷中，"走西口"便是最为可歌可泣的一页。如今人们读到它，仍不免悲喜交加，掩卷长思。

"走西口"的故事可追溯到明朝。李自成兵败后，部分起事者为躲避清朝的追捕，纷纷携家眷出塞谋生。康熙、光绪年间，"走西口"更极一时之盛。前期是由于清政府对卫拉特准噶尔部进行战争，招募大量内地汉民到内蒙古垦荒务农以供军需；后期由于庚子赔款，财政枯竭，为解决财政困难、缓和矛盾，清政府实行"新政"，一改限制内地人入蒙政策，首先在土默特地区实行"移民实边"，推行"垦务"以增税赋。

当时，大部分内地人举家北徙，多是以张家口西面的杀虎口为通道，故留下"走西口"一典。虽说用历史的眼光看，"走西口"来的人，与当地蒙民融为一体，为传播农耕经验做出了巨大贡献，受到后人永久的念诵。但在那金戈铁马的年月，"走西口"毕竟是一幅不堪回首的悲怆流民图。

而今，当历史翻动新的一页的时候，旧日"走西口"的人们何曾料到，在内蒙古大地上，一支新型的"走西口"大军又在形成。

这支新兴"走西口"大军的出现，是从1981年开始的。是年，国务院制定了发展经济协作"可先在内蒙古试点"的决策，紧接着第一次华北省区经济技术协作会在呼和浩特召开。一系列横向联合、招揽人才的优惠政策纷纷出台。从此，辽阔的内蒙古大地就像一块磁石，牵动着内地、牵动着沿海、牵动着千万人的心。四面八方有识之士打点行装，上演了一幕幕全新的"走西口"壮歌。

在内蒙古从西到东走了半个多月，他乡之客随处可见，南腔北调随时可闻。在鄂尔多斯高原之巅的东胜区，我们与77岁老人牛耀武攀谈。这位自治区成立后第一批由河北吴桥来内蒙古传艺的"老西口"，指着眼前景物说，40年前我随单位来这里组建东胜杂技团，那时的东胜县几乎看不到几支烟囱，自行车也不过50辆。如今你看，来了那么多外地人，可热闹啦！呼伦贝尔市乡镇企业处王处长，深有感触地说，今日"走西口"的人，的确为我区经济发展立了大功。他举例说，牙克石皮革厂因缺乏技术企业即将下马，正急得没法时，你们天津的老师傅风尘千里来此救火，使这个厂起死回生。

自治区人大常委会副主任布特格其向我们介绍说，自治区搞横向联合10年来，在参加华北五省市区、东北三省一区、沿黄河八省区经济协作的同时，又与沿海、内地和少数民族自治区开展了多层次、多渠道的协作，10年间仅来内蒙古落户的各类人才就上万人，短期合作者不计其数。10年完成协作项目4065项，新增产值20亿元、利税4.5亿元。

如果说，昔日的人们多为谋生而"走西口"，那么今天"走西口"的人，却在被一种现代意识所驱使，体现了开发西部的进取精神。

（孙瑞祥　1991年10月15日）

作品十四："响沙湾"沉思

玩，有时也是一种沉重。

当我们在内蒙古的"银肯响沙湾"游览时，便产生过这种说不清的感觉。

沿包头至西安的柏油公路南行，跨过黄河大桥，便迈上了海拔1200米的鄂尔多斯高原，眼前展现的是闻名世界的库布其大沙漠，大漠东端一隅，便是"响沙湾"。

说来也真叫奇妙，缘这块状如新月的沙丘，爬至40米高的沙顶，用双手拨动沙子往下滑，沙子便会嗡嗡作响。若抓把沙子用力摔，居然会发出蛙鸣之声，你如仰卧其上，顺势下滑，还会有明显的震颤感。尤其令人费解的是，除此一隅，整个大漠却声息皆无。

没有人考证过响沙湾鸣叫了多少年，更无人确论它到底缘何而作响。响沙湾的传奇五彩缤纷，不过，人们都宁愿接受这样一种说法：这里曾经也是一片"风吹草低见牛羊"的地方……

当我们承蒙主人的美意，在响沙湾尽情欢娱的时候，一种沉甸甸的感受时时侵扰心头。望着眼前这片浩瀚的不毛之地，这响沙似乎在向人们诉说"大漠风尘日色昏"般的深沉故事。做为人文风景，无疑这是大自然一种美的馈赠；但作为经济环境，它又何尝不是大自然向我们发出的一种呻吟、一种哀告！

由眼前的响沙湾，联想到那些还未曾作响的众多沙漠、戈壁、荒滩和沙地。据全国治沙部门提供的信息，我国的沙漠和沙漠化土地面积已达153.3万平方公里，占国土总面积的15.9%，已超过现有种地面积的总和，而且每年沙漠土地还以2100平方公里的速度向人类进逼。

占我国沙漠面积15.8%的内蒙古，沙情更为严峻。全区沙漠、戈壁及沙地等总面积占自治区总面积53.5%。可怕的是近30年，沙漠化土地平均每年以500万亩速度不断扩大。随之而来的，还有耕地盐渍化和钙积化、水土流失、干旱、水资源不足、自然灾害频繁以及草场退化等。据介绍，五十年代内蒙古每头家畜有草场3.3公顷，到七十年代缩小了2/3。呼伦贝尔大草原五十年代没有严重退化，到八十年代每年退化9.3万公顷，速度惊人。

据专家对现代沙漠成因分析，属人类经济活动造成的沙漠化土地占91%。可见，人类经济活动与环境不相协调，是土地沙漠化的主要原因。解铃还须系铃人，人类造成的病痛，还须由人类自行医治。

可喜的是，近些年内蒙古一直把防沙治沙，作为地区发展的政策之一，并投入大量资金，在保护和扩大林草植被、建立防风林带、封沙育林育草等方面，取得明显效果。仅以哲里木盟的库伦旗为例，过去这里风沙肆虐、水土流失严重，1983年被列入全国水土保持重点治理区。8年间共治理34条小流域、造林46万亩、种草35.6万亩、建梯田35万亩，80%以上农牧户脱贫，收入从过去的80元提高到420元。治与不治大不一样。

"银肯"在蒙古语中是"永久"的意思。但愿响沙湾永远"银肯"。但愿内蒙古的沙漠永远不"银肯"。

（孙瑞祥　1991年10月17日）

作品十五："国门"满洲里感言

如果把祖国的版图喻为一只报晓的金鸡，那么，满洲里便是那高耸的"鸡冠"。当改革开放的壮歌举国高唱的时候，这鲜红夺目的"鸡冠"，也在剧烈地抖动着。

满洲里，以"国门"所在被世人瞩目。满洲里人的情感与命运也牢牢地系在这巍峨的国门上。这里的一砖一石、一草一木，镌刻的不仅仅是祖国神圣不可欺的疆域，还有这座边陲小镇的几多悲喜、几度兴衰。

这是一块熠熠发光而又饱经忧患的土地。早在三万年前的旧石器时代晚期，这里便有了人类的活动。一万多年前的中石器时代，处于"新人"阶段的"扎赉诺尔人"就生活在这里，创造了举世瞩目的"扎赉诺尔文化"。此地原名为"霍尔津布拉格"，意为"兴旺之泉"。现名"满洲里"是俄国1901年修筑中东铁路时，对进入中国首站的命名。

"满洲里"考其词义，是说从这里开始，就是清王朝统治的领土了。然而，自《尼布楚条约》以来的几百年间，这里就从未有过平静的日子。有边无防、只防不贸、打后再建……历史与现实常与满洲里人开玩笑。

满洲里人的脸上真正绽出舒心的笑容，那还是三年前的事。1988年初，国务院把这座边境城市辟为经济改革实验区，从此满洲里的历史掀开了新的一页。如今，当你踏上这片土地，一股清新的气息便会扑面而来。

这种不寻常的气息，首先是从国门传递出来的。这是一座宽数十米、砖石结构的门型塔楼，双行的国际铁路和一条笔直的跨国公路，从这里穿越。这是我国与苏联、东欧各国通商贸易陆路运输的重要口岸，是东亚和欧洲物资联运的主要通道。先进的换装机械，快速准确的分拨以及良好的仓储条件，使这里成为我国最大的陆运口岸。漫步在素有"欧亚大陆桥"之称的国门，满眼所见，一派繁忙景象。一列列装满载重汽车、化工产品、建筑材料的火车交错疾驶，一辆辆载满劳务人员、旅游者的大轿车进进出出。据悉三年中，这里的货物吞吐量达862万吨，难怪海关边检时常人手告急。

国门的开放，拓宽了满洲里人的视野，许多过去不敢想、不能做的事，如今已成寻常之事。在闻名遐迩的满洲里小商品一条街上，每天都聚集着不同肤色的人群，他们用手势、表情传递着商品信息。换出去的是腰包、运动服和泡泡糖，换回来的是皮靴、呢大衣和望远镜。满洲里人把这古老的"易货贸易"玩得干练而潇洒。如今听满洲里人说话，那真是言必称苏欧港澳，到牧民家中座客，还要小心他考问美元和卢布的比值。域外的景况牵动着满洲里人的心，他们比任何时候都更加关注时局，因为他们知道，三年的实验区建设得来不易。弹指三年间，满洲里的边贸成交额达4亿瑞士法郎，实现利润2989万人民币。国外经贸伙伴由原先的1个发展到186个，并与国内20多省市700多家企业建立了贸易关系……

如果说，三年的成就只表现在一串数字上，那真小瞧了满洲里人。创造出这可喜业绩的深刻底蕴，是那表现在13万满洲里人身上的"让利得利、争利无利"的大口岸意识；是那"打破常规、新事新办"的创造性魄力；是那"无功即过、敢为天下先"的开拓进取精神。

（孙瑞祥　1991年10月30日）

作品十六：人参忧喜录

踏上吉林这片土地，参香扑鼻而来。大街小巷，柜台橱窗，红的、白的、干的、鲜的，泡酒的、入药的，令人目不暇接。世界人参在中国，人参世界是吉林，此言委实不虚。

据史料记载，中国是世界上最早发现、使用和种植人参的国家。早在一千九百年前，《神农本草经》就对人参的药用功能作过详尽论述。在全球极其少量的分布中，吉林长白山区是世界公认的人参主产区。

人参居关东三宝之首，人称百草之王，其独特成分，被推崇为治疗与滋补佳品。曾几何时，吉林人参炙手可热，成为国际倒爷眼中的抢手货，不少人从中大捞了一把。

然而，当我们去冬在参乡采访时，却惊奇地发现，往昔那挂在丰收后参农脸上的喜悦，被一声声长吁短叹所代替。甚至我们还听说，有的参农一度被这百草之王折腾得险些丧了性命。

抢手，原本是件好事。可发生在参乡的一些怪现状，恰恰就与这"抢手"有关。4年前，当吉林人参走俏时，一些人犯了盲目冒进的老毛病。一夜之间，政府批地，银行贷款，大干快上，千军万马摇身变为参农。

人参对生长条件要求十分苛刻，一棵山参的成熟，少需十几年，多则上百年。由于森林遭到破坏性开采，加之人工大量挖掘，野生山参地球上已不多见，需要人工栽培。问题是有些人也太对他不起、太漫不经心了，拿它简直就像拔萝卜、刨土豆，驾车赶集一样。

1989年，丰收后的参民们，满以为能大捞一把，把外国人逐一请到了家门口。谁料想，目睹了粗放经营的老外们，原有的那点对人参的神秘感，一下子荡然无存。一些人见势不妙，你争我夺，互相杀价，可怜的百草之王从此身价大跌，不少参农更是大蚀其本，叫苦不迭。时至今日，其阴影未散。

辩证法又给我们上了一课。

不过，忧中有喜的是，大乱中不乏有识之士。以全国最大的西洋参、人参精、龙岗山参生产基地于一身而闻名的吉林省爱林制药厂，便是其中之一。他们处变不惊，乱中取胜。自1976年自办参场至今，坚持按野生人参自然生产的方式进行管理，仅开发的西洋参制品一项，就形成了8个系列100多个品种，在日本、泰国、香港等地一直保持稳定的市场。

人参生产占农业总产值70%的抚松县更是如此，他们果断地砍掉了25%的人参种植面积，向质量和品种要效益，相继问世的人参冲剂和人参可乐等8大系列36个品种市场看好。不久前，吉林大学与省旅游服务公司推出的中试产品——鲜人参蜜片，也博得了外商的青睐。

（孙瑞祥　1992年3月10日）

作品十七：感谢雾凇

桂林山水、云南石林、长江三峡誉冠中西，久负盛名。可曾几何时，吉林雾凇也悄然脱颖，一跃并入中国四大奇特自然景观之列。个中情由，颇值玩味。

此次关东之行，我们有幸目睹雾凇丰采。徜徉于秀色可餐的吉林十里松江大堤，满眼玉树琼花。吉林雾凇入主"四奇"确属当之无愧。不过吉林数日，我们却时时另有一种感觉，与其说吉林雾凇是大自然的恩赐，不如说它是吉林人创意的产物。

雾凇俗称树挂，原本自古有之。早在1500年前，史书便有"寒夜结冰如球，见晛乃消，齐鲁谓之雾凇"的记载。相比之下，吉林雾凇却有"小巫"之感，它的生成与丰满电站的建立结伴而来，至今不过半世纪之遥。然而，就是这位年轻后生、就是这种非一地所独有的自然现象，如今被充满现代意识的吉林人巧妙地抬出来，洋洋洒洒地做了一篇大文章。

特色具，城市兴。随着公关意识的输入，许多地区都在为实现内求团结，外求发展而定位自己的坐标。独居慧眼的吉林人，以雾凇为轴心，搞出了一整套雾凇搭台、经贸唱戏、体育文艺旅游交往四桥铺路的连本喜剧，此举赢得口碑载道。

以去年为例，短短十余天的雾凇节，引得中外宾客6千余人云集江城，签订经济技术协议117项，产品成交额4.7亿元。今年雾凇节经贸成果更是直线上升。

靠了雾凇，吉林市成功举办了全国第六届冬运会；靠了雾凇，吉林市被吸收为世界北方冬城协会正式会员，并初步争得1996年举办年会资格；靠了雾凇，吉林市一跃成为东北吸引入境旅客超万人的三大城市之一，并在一定程度上打破了中国旅游业南热北冷的旧格局。

雾凇推销了吉林，吉林人也迎接了挑战。"226644"是一部吉林人家喻户晓的市长公开电话，有苦有冤都可在此宣泄。电话设立8年，从未间断，日均接话20余次，8年受理各类问题6万余件，成为政府对内加强凝聚力的重要渠道。用吉林市副市长陈桂荣的话说，景由心造，我们就是要让吉林老百姓在无忧无虑中欣赏雾凇美景。

吉诺尔电器公司巧借雾凇别出心裁，他们租用飞机在吉林上空抛撒传单推销企业形象，并大量散发宣传品，使初到吉林的人一下子把吉诺尔和雾凇深深地印在了心中。

今年雾凇节，东关宾馆和江城宾馆接待了200多位外商，一时直播电话成了紧俏货。市邮电局闻讯多方筹措贷款，联系设备，为两个宾馆开通了384门程控交换机，速度之快前所未有。他们说，雾凇稍纵即逝，逼得我们也得提高效率。

人人争说雾凇好。雾凇为古老的关东大地注入了全新的活力。

（孙瑞祥　1992年3月15日）

作品十八：江城冬韵

有人说，春天是万物骚动的季节，可在北国江城，关东父老对那无色的冬日却一往情深、无限眷恋。初到江城，只要你在严寒的大街上走一圈，便不难理解冰雪之于关东人的那份特有的情缘。

地处高纬度的吉林市，一年要有5个多月平均气温在零度以下。高寒的气候环境，使这里的人们几乎有半生要与冰雪为伴。缘与此，关东人创造了一系列色彩缤纷好看好玩的冬之韵、雪之情。

江城冬韵，除了尽人皆知的雾凇，恐怕就首推那条不冻的松花江了。松花江源远流长，唯有穿城而过的一股S型江面隆冬而不封冻。因为上溯15公里处有个丰满电站，江水经机组搅动后倾泻而下，保持了4摄氏度左右的水温。在不冻的松江上戏水，成为江城冬韵之一景。

每天中午，便会看到一队队冬泳爱好者，胜似闲庭信步般地在江中畅游。每每此时，堤岸上便有穿着各色防寒服的捧场者聚拢而来，指指点点、比比划划，为江中健儿股劲加油。围观者中有的一时技痒，便也悄然更衣下水。此时江中那滑动的波纹和着堤岸上那吱吱作响的踏雪声；倘若幸遇雾凇，再和着那挂满树枝、头发、胡须的霜花，一幅奇妙的江城冬韵图，便展现在人们面前，真是此景只应江城有。

一条不冻的江河到底培养出多少冬泳高手，到底给多少人带来冬的乐趣，谁也无法说清。江城冬泳普及率居全国之冠，此言恐怕不会过分。在江城，我们与一位7旬老人李健民攀谈，他边穿衣边乐呵呵地说，我已坚持了八年，电脑测定我是未衰型，就是身体比我年龄还年轻。

一进腊月，关东不少人家就要动手赶制冰灯，人们要把对美好生活的期冀注入那一斧一凿的砍削之中。吉林市是东北冰灯文化的发源地，最早的冰灯是吉林渔民冬季捕鱼的工具。把蜡烛放入冰罩，置于冰窟窿周围诱鱼上钩。后来便演化为一种喜庆运动。据说光绪十七年（1891年）吉林就曾举办过大型冰灯游园活动。如果说冬泳和冰灯还非关东一地所独有，那么放河灯可算是吉林人别无分号的专利。早在二百年前史书便有"江中以船上载荷花灯，顺流如万朵金莲浮于水面……"的记载。早先每年农历七月十五放河灯，是一种超度亡灵的迷信活动。如今人们利用松江不冻的特点改在了寒冬腊月，成为吉林冬韵的又一绝活。

去冬我们有幸观赏到放河灯的盛况。入夜时分，一支支用纸糊成、底部浸蜡、由装蜡烛的河灯从远处顺流而下，红的绿的，一双双一盏盏，似渔火如流萤，顷刻铺满整个江面。江上辉煌灿烂，江边人头攒动，好一个"秦淮春江花月夜"。

江城冬之韵，理不尽，描不完。那马拉雪橇，高山滑雪，白肉血肠，松江白鱼……一座现代化的冰雪体育旅游城正在崛起。吉林人好福气。

（孙瑞祥　1992 年 3 月 19 日）

作品十九：珲春——新的热门话题

当人们把改革开放的瞩目点纷纷伸向深圳、上海的时候，地处关东深处的珲春，正悄然涌起一场变革的浪潮。有人断言，用不了多久，这座古老而陌生的历史后院，便可走向开放的前台，成为国人新的热门话题。

这是一块不寻常的土地。"一眼望三国，犬吠惊三疆"便是这块土地的真实写照。珲春地处三国交界，中、俄、朝在这里山水相连、日月同辉。珲春市敬信乡的防川村是三国交界的鼎足地带，从这里沿图们江顺流而下，约 15 公里即可进入日本海。

独特的地理位置，使珲春在很久以前就成为开放型商埠，同日本、朝鲜、俄罗斯诸国之间有着频繁的贸易往来。其中同日本的往来始于唐代渤海国的全盛时期，史家称这里为"海上丝绸之路"。遗憾的是到了六十年代，往昔的喧闹销声匿迹了。不投资、不建厂、站岗放哨成了珲春人唯一的重任，直到1984年，这里才取消了边境管理区的禁令。此时人们发现，遭受了历史戏弄的珲春，比外面的世界落后了一大截。

值得欣慰的是，挣脱了羁绊的珲春人，如今终于从千呼万唤始出来的开放春风中，又嗅到了海洋的气息。那一系列得天独厚引为自豪的地缘优势，像吹尽黄沙的金子，被人们重新认识、再度捧起。

素有"金木水火土五行俱全"之称的珲春，具有多元立体开发的优势。这里矿藏资源面积大、储量多，有珲春、凉水、敬信、春化四大沉煤盆地，远景储量达 12 亿吨，是吉林省的最大煤田。黄金储量居全省第二位。这里森林密布、水草丰茂，依附于森林的各种野生动植物资源十分丰富。

这里还具有十分特殊的人际关系。早在 1870 年，朝鲜遭受特大灾荒，一大批朝鲜边民涉江来此定居谋生，至今与朝鲜保持密切的往来。由于历史上沙俄和日本侵占珲春多年，加上边贸往来和拓荒者的涌进，珲春与日、俄也存有千丝万缕的联系。在这座人口不足 20 万的城市中，仅归侨就有 200 多户。错综交叉的人际关系网，为珲春的开放奠定了"人和"的基础。

珲春是关东父老的骄傲。在延边自治州首府延吉和边境城市图门采访时，我们发现，当地人说话三句不离珲春。在长途汽车站，去珲春的车最多，人也最多。据州委宣传部同志介绍，目前国内已有几百个单位派员来珲春考察，伺机站脚；十几个县市争与珲春联姻。韩国、中国台湾权威报刊也纷纷撰文介绍，并共称珲春为名符其实的东北"金三角"。

目前，继 62 公里图珲二级公路开通、长春至珲春微波电话交付使用后，65 公里的图珲铁路也竣工在即。珲春，一座金子般的城市，正等待人们去淘漉。

（孙瑞祥　1992 年 3 月 30 日）

作品二十：大有希望的工程

延边人有句传辈的口头禅，叫作"宁肯挨饿，不可失学"。每每谈及教育，延边人便不无自豪地说，"希望工程"在我们这里，早已不是什么希望，而是真切的现实。

在延边我们发现，这里建设最好的是学校，最受宠的是背书包的孩子。有一组数据足以说明问题。早在 1952 年，这里便普及了小学教育，到 1958 年初中教育也基本得到普及。全州现有高校 5 所、各类成人高校 20 所。人口普查表明，每万人中具有各种文化程度的人数，均高于全国平均水平，儿童入学率高达 99.8%。"教育之乡"的美称当之无愧。

延边素有重教的优良传统，在这个朝鲜族聚集的地方，有两件事最让人瞧不起，一是不孝敬老人，二是不好好念书。亲朋好友相聚，谈论最多的也是这两件事。在图们，我们和一位出租车司机攀谈，他告诉我们，他自己是高中毕业，两个孩子一个在读大学，另一个在念职校，言语间透着惬意和欣慰。

州民委副主任韩龙珠向我们介绍说，延边重教的一大特点是舍得投入。在这个老少边穷地区，每年教育经费支出平均递增14.9%，超出全州经济增长率1倍以上。其次是全社会乐于支教。延吉市从去年开始搞了一个"五年计划"，每个职工从工资中拿出1%用于校舍建设。并不富裕的汪清县鸡冠乡，从1985年起，便采取乡里投资和群众集资方法，拿出60万元使全乡10所校舍实现了砖瓦结构。

延边流传着一句话，"山山金达莱，村村烈士碑"。光荣的革命传统与现代教育的完美结合，使这方热土充满了温馨与祥和，穷吵恶斗之事在这里几乎找不到市场。

知书达理的延边人，把自己的"希望工程"铸造在老人和孩子身上，敬老爱幼蔚然成风。他们为自己创造了一个独特的民俗节日——老人节。每逢8月15日，全州各县市都要举行隆重的庆祝活动，评选模范家长和模范夫妻，评选德高望重的长者，同时还要表彰模范儿媳等孝子贤孙。此时各家各户都要张灯结彩，载歌载舞，为老人敬酒献礼。朝鲜族还十分重视老人的六十花甲、七十晋甲和小孩周岁生日，在延吉我们看到不少为举行这类活动而设立的生日饭店，几乎个个门庭若市。

"六·一"本是儿童的节日，但在延边早已演变成全民的喜日，每到这一天全州百姓笑逐颜开，大人也穿上节日盛装，其隆重程度真不亚于春节。

（孙瑞祥　1992年4月16日）

参考文献

一 论著部分

孟昭毅：《比较文学通论》，天津人民出版社2000年版。
曾艳兵：《西方后现代主义文学研究》，中国社会科学出版社2006年版。
罗　钢、刘象愚主编：《文化研究读本》，中国社会科学出版社2000年版。
罗　钢、王中忱主编：《消费文化读本》，中国社会科学出版社2003年版。
陶东风主编：《当代中国文艺思潮与文化热点》，北京大学出版社2008年版。
陈平原、山口守编：《大众传媒与现代文学》，新世界出版社2003年版。
舒　扬：《当代文化的生成机制》，中央编译出版社2007年版。
单　波：《20世纪中国新闻学与传播学应用新闻学卷》，复旦大学出版社2001年版。
段忠桥：《当代国外社会思潮》，中国人民大学出版社2001年版。
司马云杰：《文化社会学》，中国社会科学出版社2001年版。
易益典、周拱熹：《社会学教程》，上海人民出版社2001年版。
单世联：《现代性与文化工业》，广东人民出版社2001年版。
南　帆：《双重视域——当代电子文化分析》，江苏人民出版社2001年版。
胡大平：《崇高的暧昧——作为现代生活方式的休闲》，江苏人民出版社2002年版。
潘知常、林　玮：《大众传媒与大众文化》，上海人民出版社2002年版。
扈海鹂：《解读大众文化——在社会学的视野中》，上海人民出版社2003年版。
王岳川：《后现代主义文化研究》，北京大学出版社1992年版。
王岳川：《中国镜像：90年代文化研究》，中央编译出版社2001年版。

陈　刚：《大众文化与当代乌托邦》，作家出版社 1996 年版。
蒋原伦：《媒体文化与消费时代》，中央编译出版社 2004 年版。
高宣扬：《流行文化社会学》，中国人民大学出版社 2006 年版。
邹广文：《当代中国大众文化论》，辽宁大学出版社 2000 年版。
孙英春：《大众文化：全球传播的范式》，中国传媒大学出版社 2005 年版。
贾　明：《现代性语境中的大众文化》，上海人民出版社 2007 年版。
单小曦：《现代传媒语境中的文学存在方式》，中国社会科学出版社 2008 年版。
王　宁：《消费社会学》，社会科学文献出版社 2001 年版。
李红秀：《新时期的影像阐释与小说传播》，四川大学出版社 2007 年版。
金元浦：《接受反应文论》，山东教育出版社 1998 年版。
马航飞：《消费时代的缪斯：20 世纪 90 年代以来中国小说的欲望叙事研究》，中国社会科学出版社 2008 年版。
陈立旭：《都市文化与都市精神——中外城市文化比较》，东南大学出版社 2002 年版。
王雅林、董鸿扬：《构建生活美——中外城市生活方式比较》，东南大学出版社 2003 年版。
张国良：《新闻媒介与社会》，上海人民出版社 2001 年版。
张国良主编：《20 世纪传播学经典文本》，复旦大学出版社 2003 年版。
陆　扬、王　毅：《大众文化与传媒》，上海三联书店 2000 年版。
陶东风、金元浦、高丙中主编：《文化研究》第 1—3 辑，天津社会科学院出版社 2000 年、2001 年、2002 年版。
风笑天：《社会学研究方法》，中国人民大学出版社 2001 年版。
樊　葵：《媒介崇拜论：现代人与大众媒介的异态关系》，中国传媒大学出版社 2008 年版。
崔　欣、孙瑞祥：《大众文化与传播研究》，天津人民出版社 2005 年版。
孙瑞祥：《新闻传播与当代社会——一种传播社会学理论视阈》，天津社会科学院出版社 2003 年版。
钟　琛：《当代文学与媒介神话：消费文化语境中的"媒介文学事件"研究》，华夏出版社 2008 年版。
邹贤尧：《广场上的狂欢：当代流行文学艺术研究》，中国社会科学出版社 2008 年版。
周海波：《传媒时代的文学》，人民文学出版社 2007 年版。

金惠敏：《媒介的后果——文学终结点上的批判理论》，人民出版社2005年版。

李清霞：《沉溺与超越：用现代性审视当今文学中的欲望话语》，中国社会科学出版社2008年版。

王晓明主编：《在新意识形态的笼罩下——90年代的文化和文学分析》，江苏人民出版社2000年版。

熊澄宇选编：《新媒介与创新思维》，清华大学出版社2001年版。

戴锦华：《隐形书写——90年代中国文化研究》，江苏人民出版社1999年版。

孟繁华：《众神狂欢——当代中国的文化冲突问题》，今日中国出版社1997年版。

周　毅：《传播文化的革命》，浙江人民出版社2001年版。

刘登阁：《全球文化风暴》，中国社会科学出版社2000年版。

孙瑞祥主编：《广告策划创意学》，天津人民出版社2007年版。

孙瑞祥：《广告策划与创意原理》，天津社会科学院出版社1996年版。

［美］丹尼尔·戴扬、伊莱休·卡茨：《媒介事件》，麻争旗译，北京广播学院出版社2000年版。

［美］尼尔·波兹曼：《娱乐致死》，章艳译，广西师范大学出版社2004年版。

［英］约翰·汤林森：《文化帝国主义》，冯建三译，上海人民出版社1999年版。

［美］马克·波斯特：《第二媒介时代》，范静哗译，南京大学出版社2000年版。

［美］罗杰·菲德勒：《媒介形态变化》，明安香译，华夏出版社2000年版。

［美］玛格丽特·米德：《文化与承诺——一项有关代沟问题的研究》，周晓虹、周怡译，河北人民出版社1987年版。

［英］阿雷恩·鲍尔德温等：《文化研究导论》修订版，陶东风等译，高等教育出版社2004年版。

［英］迈克·费瑟斯通：《消费文化与后现代主义》，刘精明译，译林出版社2000年版。

［加］哈罗德·伊尼斯：《帝国与传播》，何道宽译，中国人民大学出版社

2003年版。

［加］哈罗德·伊尼斯：《传播的偏向》，何道宽译，中国人民大学出版社2003年版。

［法］波德里亚：《消费社会》，刘成富、全志刚译，南京大学出版社2000年版。

［美］沃尔特·李普曼：《公众舆论》，阎克文等译，上海人民出版社2002年版。

［英］丹尼斯·麦奎尔、［瑞典］斯文·温德尔：《大众传播模式论》第2版，祝建华译，上海译文出版社2008年版。

［美］麦库姆斯：《议程设置：大众媒介与舆论》，郭镇之、徐培喜译，北京大学出版社2008年版。

［英］罗宾·科恩、保罗·肯尼迪：《全球社会学》，文军等译，社会科学文献出版社2001年版。

［英］雷蒙德·威廉斯：《文化与社会》，吴松江、张文定译，北京大学出版社1991年版。

［美］威尔伯·施拉姆、威廉·波特：《传播学概论》，陈亮等译，新华出版社1984年版。

［美］丹尼尔·杰·切特罗姆：《传播媒介与美国人的思想——从莫尔斯到麦克卢汉》，曹静生、黄艾禾译，中国广播电视出版社1991年版。

［美］约翰·费斯克等：《关键概念：传播与文化研究辞典》第2版，李彬译注，新华出版社2004年版。

［美］约翰·R.霍尔、玛丽·乔·尼兹：《文化：社会学的视野》，周晓虹等译，商务印书馆2002年版。

［美］丹尼尔·贝尔：《资本主义文化矛盾》，赵一凡等译，生活·读书·新知三联书店1989年版。

［美］弗·杰姆逊：《后现代主义与文化理论》，唐小兵译，陕西师范大学出版社1986年版。

［美］杰姆逊：《晚期资本主义的文化逻辑》，生活·读书·新知三联书店1997年版。

［美］乔治·瑞泽尔：《后现代社会理论》，谢立中等译，华夏出版社2003年版。

［美］埃弗里特·M.罗杰斯：《创新的扩散》第4版，辛欣译，中央编译出版社2002年版。

［美］约翰·费斯克：《理解大众文化》，王晓珏等译，中央编译出版社2001年版。

［德］奥斯瓦尔德·斯宾格勒：《西方的没落》，齐世荣译，商务印书馆1995年版。

［美］雪莉·贝尔吉：《媒介与冲击——大众媒介概论》第4版，赵敬松译，东北财经大学出版社2000年版。

［美］戴安娜·克兰：《文化生产：媒体与都市艺术》，赵国新译，译林出版社2001年版。

［加］马歇尔·麦克卢汉：《理解媒介——论人的延伸》，何道宽译，商务印书馆2000年版。

［德］阿诺德·豪泽尔：《艺术社会学》，居延安译，学林出版社1987年版。

［德］齐奥尔格·西美尔：《时尚的哲学》，费勇等译，文化艺术出版社2001年版。

［美］杰弗瑞·戈比：《你生命中的休闲》，康筝、田松译，云南人民出版社2000年版。

［英］雷蒙·威廉斯：《关键词：文化与社会的词汇》，刘建基译，生活·读书·新知三联书店2005年版。

［英］多米尼克·斯特里纳蒂：《通俗文化理论导论》，阎嘉译，商务印书馆2001年版。

［法］加布里埃尔·塔尔德：《模仿律》，何道宽译，中国人民大学出版社2008年版。

［美］E. M. 罗杰斯：《传播学史》，殷晓蓉译，上海译文出版社2002年版。

［美］约书亚·梅罗维茨：《消失的地域：电子媒介对社会行为的影响》，肖志军译，清华大学出版社2002年版。

［美］巴伦·李维斯、克利夫·纳斯：《媒体等同》，卢大川等译，复旦大学出版社2001年版。

［德］彼得·科斯洛夫斯基：《后现代文化——技术发展的社会文化后果》，毛怡红译，中央编译出版社1999年版。

二 论文部分

樊　星：《论八十年代以来文学世俗化思潮的演化》，《文学评论》2001年第2期。

谭冰若、苏夏等：《对当前音乐问题的讨论》，《新华文摘》1981年第6期。

费孝通：《文化自觉和而不同》，《民俗研究》2000年第3期。

王忠武：《大众文化与社会发展》，《山东大学学报》2001年第1期。

许长山、曾云莺：《大众文化的二重性及其价值引导》，《华北水利水电学院学报》2001年第2期。

邹广文、常晋芳：《当代大众文化的本质特征》，《学海》2001年第5期。

王忠武：《大众文化与社会发展》，《山东大学学报》2001年第1期。

彭万荣：《中国当代流行文化的生成机制》，《文艺研究》2001年第5期。

张荣翼：《关于当代流行文化特征的思考》，《文艺研究》2001年第5期。

陆万胜：《通俗文化现象的理论思考》，《齐鲁学刊》2002年第4期。

刘海龙：《从费斯克看通俗文化研究的转向》，《国际新闻界》2002年第4期。

潘知常：《流行文化与孤独的大众》，《东南大学学报》2002年第1期。

高亚萍：《"亚文化"视野中的青年流行文化》，《中国青年研究》2003年第5期。

陆玉林：《什么是"青少年流行文化"》，《中国青年研究》2003年第2期。

吴烨宇：《青少年流行文化现象产生的动因》，《中国青年研究》2003年第2期。

毛晓红：《流行文化时尚对大学生社会化的影响分析》，《现代教育科学》2003年第1期。

黄　琴：《对689位初中生阅读〈Q版语文〉的调查分析》，《科学教育》2005年第5期。

张玉霞：《青少年流行文化研究》，《当代传播》2007年第5期。

孙瑞祥：《传播社会学：发展与创新》，《天津师范大学学报》2004年第2期。

孙瑞祥：《文本呈现：传播形态变迁的文化意蕴》，《新闻知识》2008年第

11 期。

孙瑞祥：《大众传播动力学：理论与应用——以流行文化的传播动力阐释为例》，《新闻爱好者》2008 年第 11 期（下半月）。

孙瑞祥：《当代中国流行文化生成的动力机制——一种分析框架与研究视角》，《天津师范大学学报》2009 年第 3 期。

孙瑞祥：《后现代消费观与广告欲望书写逻辑》，《新闻知识》2009 年第 11 期。

孙瑞祥：《当代流行文化研究路径与方法》，《新闻爱好者》2010 年第 6 期。

孙瑞祥：《大众传媒引领时尚潮流的策略与机制——重读罗杰斯的〈创新的扩散〉》，《新闻爱好者》2013 年第 12 期。

崔　欣、孙瑞祥：《媒介素养教育的大众化与实现途径》，《天津成人高等学校联合学报》2004 年第 6 期。

崔　欣、孙瑞祥：《语境化：大众文化研究的一个理论问题》，《天津成人高等学校联合学报》2003 年第 3 期。

任湘怡：《"极速"时代的媒介文化——美国传播学者评媒介文化新动向》，《国际新闻界》2000 年第 2 期。

郭镇之：《媒介崇拜与经验认同》，《北京广播学院学报》1992 年第 6 期。

方　平：《清末上海民办报刊的兴起与公共领域的体制建构》，《华东师范大学学报》2001 年第 3 期。

陶东风：《批判理论与中国大众文化批评》，《东方文化》2000 年第 5 期。

向　荣：《背景与空间：九十年代中国文学的文化语境》，《社会科学研究》2000 年第 2 期。

［美］J. 希利斯·米勒：《全球化时代文学研究会继续存在吗？》，《文学评论》2001 年第 1 期。

［英］大卫·帕金翰：《英国的媒介素养教育：超越保护主义》，《新闻与传播研究》2000 年第 2 期。

金惠敏：《趋零距离与文学的当前危机》，《文学评论》2004 年第 2 期。

单小曦：《电子传媒时代的文学场裂变》，《文艺争鸣》2006 年第 4 期。

司金銮：《我国文化消费与消费文化研究之概观》，《兰州大学学报》2001 年第 6 期。

秦志希、刘　敏：《新闻传媒的消费主义倾向》，《现代传播》2002 年第 1 期。

高冠钢：《大众文化：当代文化的主角》，《复旦学报》1988 年第 3 期。

马惠娣、刘 耳：《西方休闲学研究述评》，《自然辩证法研究》2001 年第 5 期。

李良荣：《中国新闻改革 20 年的三次跨越》，《新闻界》1998 年第 6 期。

刘 微：《变化中的新闻内涵——美国主要媒体 20 年来新闻报道的变化》，《国际新闻界》1999 年第 5 期。

赵月枝：《公众利益、民主与欧美广播电视的市场化》，《新闻与传播研究》1998 年第 2 期。

田方萌、杨长征：《近 5 年青少年流行文化现象的特点》，《中国青年研究》2003 年第 2 期。

黄成盛：《当代中国知识分子的人沟》，《思想理论教育》1989 年第 3 期。

陶东风：《研究大众文化与消费主义的三种范式及其西方资源》，《河北学刊》2004 年第 5 期。

姚登权：《后现代文化和消费主义》，《求索》2004 年第 1 期。

金民卿：《西方大众文化理论研究评介》，《哲学动态》1999 年第 10 期。

后　记

2018年是一个不寻常的年份，对我而言，本书在今年出版具有特别意义。

2018年，是中国新闻传播教育与研究开启100周年、中国改革开放40周年、中国新闻传播教育改革40周年。本人可以说是中国新闻传播教育40年大变革的亲历者与实践者。1978年，我作为天津市塘沽区第四中学应届高中毕业生，考入心向往之的复旦大学新闻学系新闻学专业。1982年毕业分配到天津师范大学，开始从事新闻传播教育工作。4年的新闻学子，36年的新闻"先生"，整整40年我没有离开新闻传播教育与研究。今年也是本人的花甲之年，本书付梓，也算是送给自己的一份贺岁礼吧。

呈现在方家面前的这部论著，是在我的天津市社科规划重点课题研究基础上形成的博士论文，成稿于2009年初，是对世纪之交中国大陆流行文化的一种现象学描述与归因研究。它以当代流行文化为研究对象，以流行文化（特别是媒体文化、流行文学）在当代中国的现实存在为核心研究内容，以当代中国流行文化的生成机制、传播动力分析为研究重点。其主旨是要解读与阐释影响（推动）当代中国流行文化生成和发展的要素构成、要素的作用机理与动力方式。我以为，对流行文化的研究不是一种探寻规律的实验科学，而是一种探求意义的解释科学。因此，"阐释"是其基本的研究方法与论述策略。

本人对流行文化（大众文化）这一都市文化现象的理论关注由来已久。整整20年前的1998年秋，我应邀到欧洲访问。在为期两周的时间里，我走访了法国、德国、意大利、奥地利、比利时、卢森堡、荷兰、梵蒂冈8个国家的十几个主要城市。虽然是浮光掠影，但满眼所见欧洲大都市当代绘画、音乐、服饰、美食、街头艺术等流行文化符号，给我留下深刻印象。徜徉于德国法兰克福闹市区，联想到著名法兰克福学派对大众文化的批判，我对大众文化产生进一步探究的浓厚兴趣。

2003年，我与夫人崔欣（天津市新华职工大学三级教授、原副校长）合作申请到天津市"十五"社科研究规划项目"大众文化与传播研究"，并于

2005 年出版结项成果《大众文化与传播研究》一书，该论著于 2008 年获得天津市第十一届社科优秀成果三等奖。这一成果对我的后续研究起到了重要支撑作用。正是凭借对这一领域的研究积累，我从 2006 年春季开始，为天津师范大学新闻学专业本科生开设了"大众文化与传播"（后更名为"大众文化传播研究"）选修课程。

就在 2006 年开设新课程的当年，我获得了在职攻读博士学位研究生的机会。我以同等学力考取了天津师范大学"比较文学与世界文化"专业博士研究生，有幸师从孟昭毅先生（详见附录一）。在导师的支持鼓励下，我得以按照自己的兴趣继续对大众文化进行理论研究。这期间，我成功申请到天津市社科规划重点项目——"当代流行文化生成机制与传播动力研究"，发表了系列论文，为博士论文的最终形成奠定了基础。

我的博士论文是在天津师范大学文学院博士生导师孟昭毅教授（时任天津师范大学文学院院长）悉心指导下完成的。在论文开题、撰写和答辩阶段，天津师范大学文学院博士生导师王晓平教授、曾艳兵教授、曾思艺教授、黎跃进教授、赵利民教授、郝岚教授等，提出了宝贵意见和建议。在此感谢上述各位老师对我学业上的指导和帮助。

感谢天津师范大学研究生院、文学院以及我供职的新闻传播学院领导和老师们，在我攻读博士学位期间，他们从多个方面给予我大力支持。感谢南开大学文学院的王立新教授、赵航教授，他们审阅了我的论文，对我的研究成果鼓励有加。感谢天津师范大学社会科学处领导，他们热情帮助我申请到天津师范大学学术著做出版基金，使本书获得出版资助。

在论文撰写期间，天津师范大学新闻传播学院传播学专业 2006 级硕士研究生王明伟、2007 级硕士研究生刘瑶、2008 级硕士研究生靳玉婷等同学，协助我完成论文资料搜集和文字录入工作，在此一并感谢。本书引用诸多文献资料，在此对原作者表示谢忱。引文注释如有缺漏，本人深表歉意并欢迎批评。

书后附有本人发表过的两篇纪念文章和一组旅游通讯作品。附录一记录了我与导师孟昭毅先生的交往。附录二回忆了 36 年前我聆听传播学"布道人"美国学者威尔伯·施拉姆先生精彩演讲的情形。20 世纪八九十年代，为了实现自己的"记者梦"，我在教书之余兼任《经济消息报》驻天津记者站站长、《天津日报》特约记者和《今晚报》通讯员。累计发表消息、通讯、报告文学等作品一百余万字。1994 年获得天津市人民政府办公厅颁发的"宣传天津先进个人"奖。1989—1992 年，我受天津日报社委派，以特约记者身份到国内一些省份采访调研，在《天津日报》连续刊发数十篇旅游通讯，受到读者好评。附录三是其中的 20 篇作品，以示纪念。

最后，我要感谢我夫人崔欣和在加拿大定居的女儿孙雯、女婿林佑舆。来自家人的关爱与支持始终是一种力量。

孙瑞祥

2013 年 5 月 初稿于天津梅江体适居

2018 年 8 月 定稿于加拿大多伦多